MW01622100

Looking at the U.S. 1957-1986

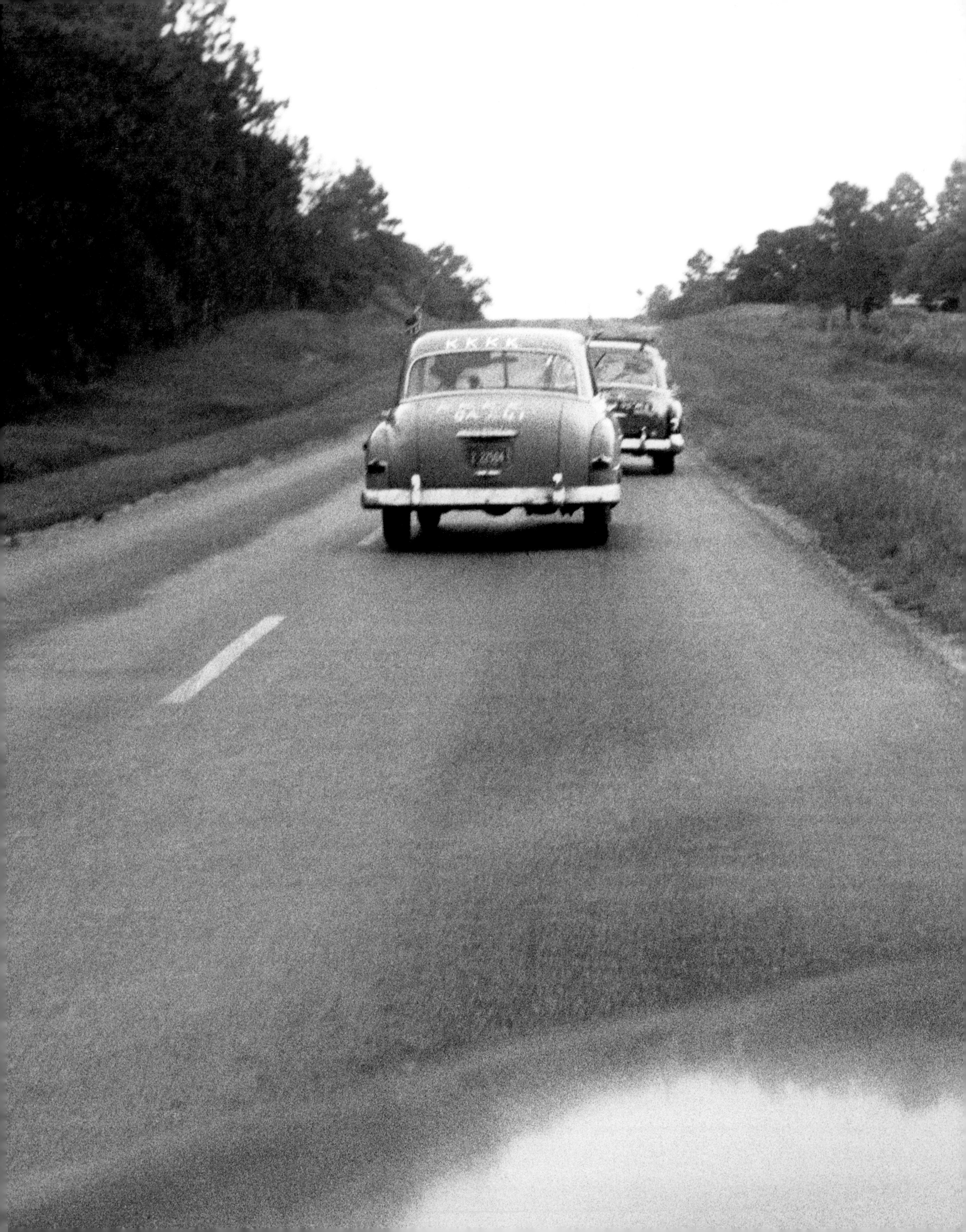
KKKK

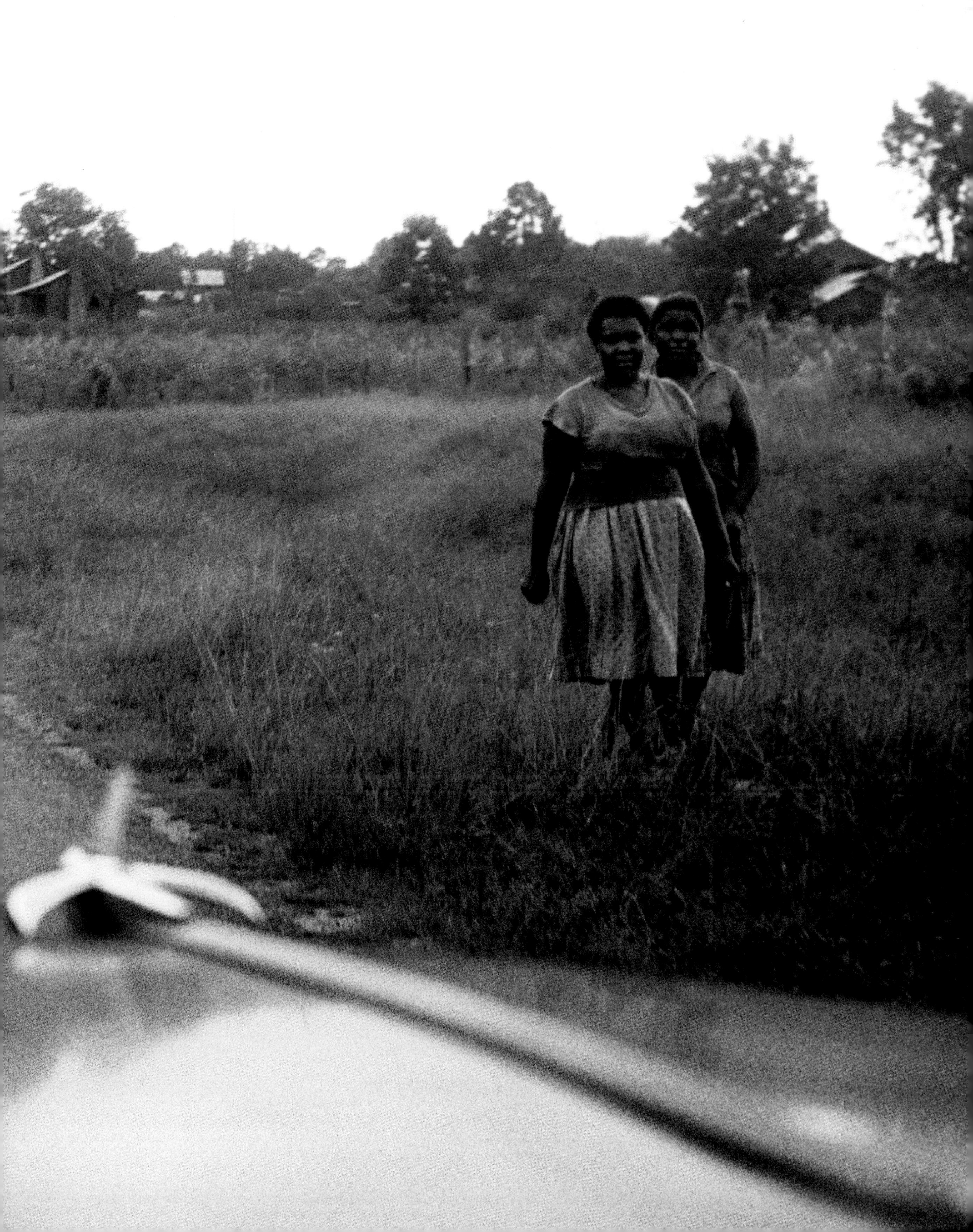

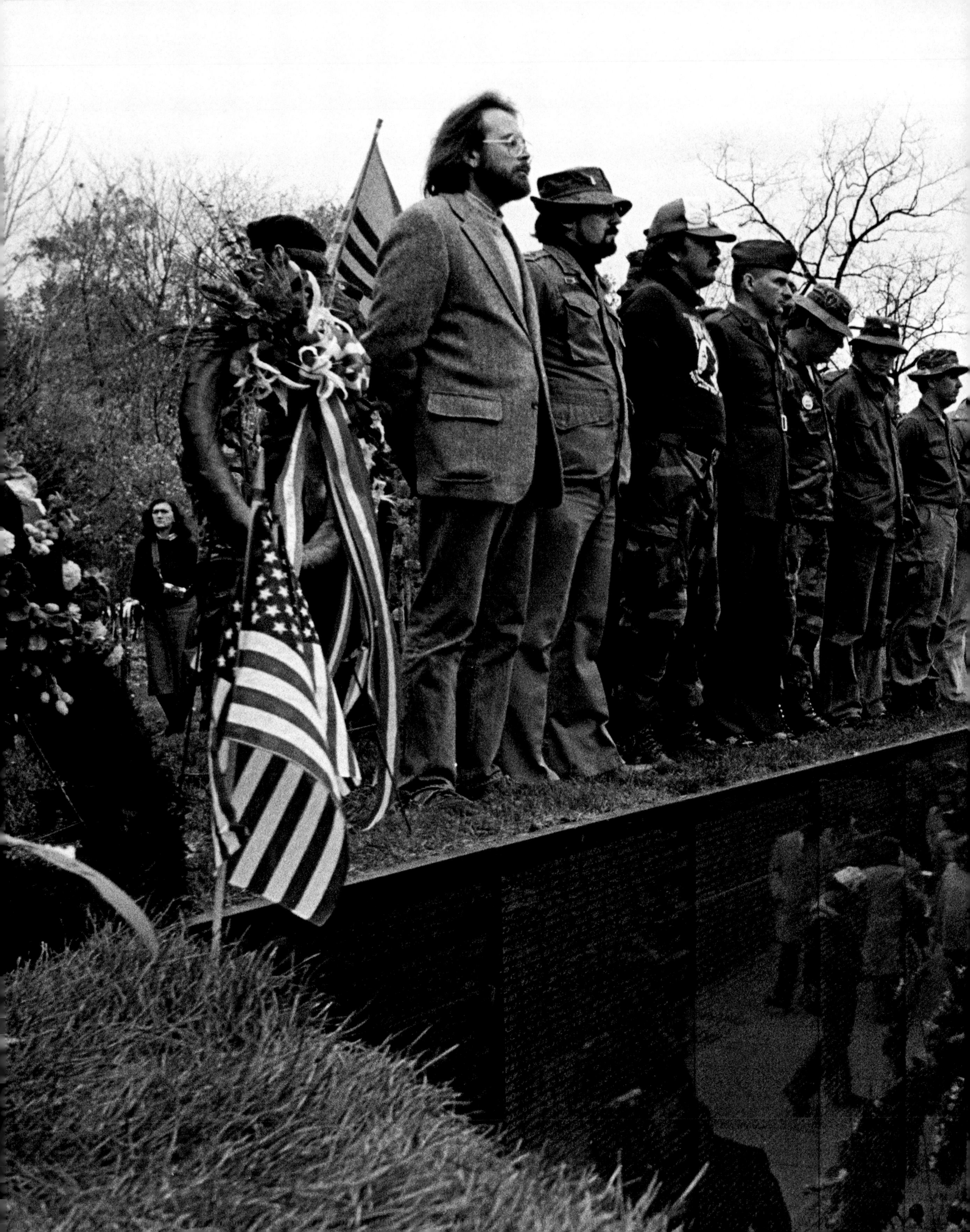

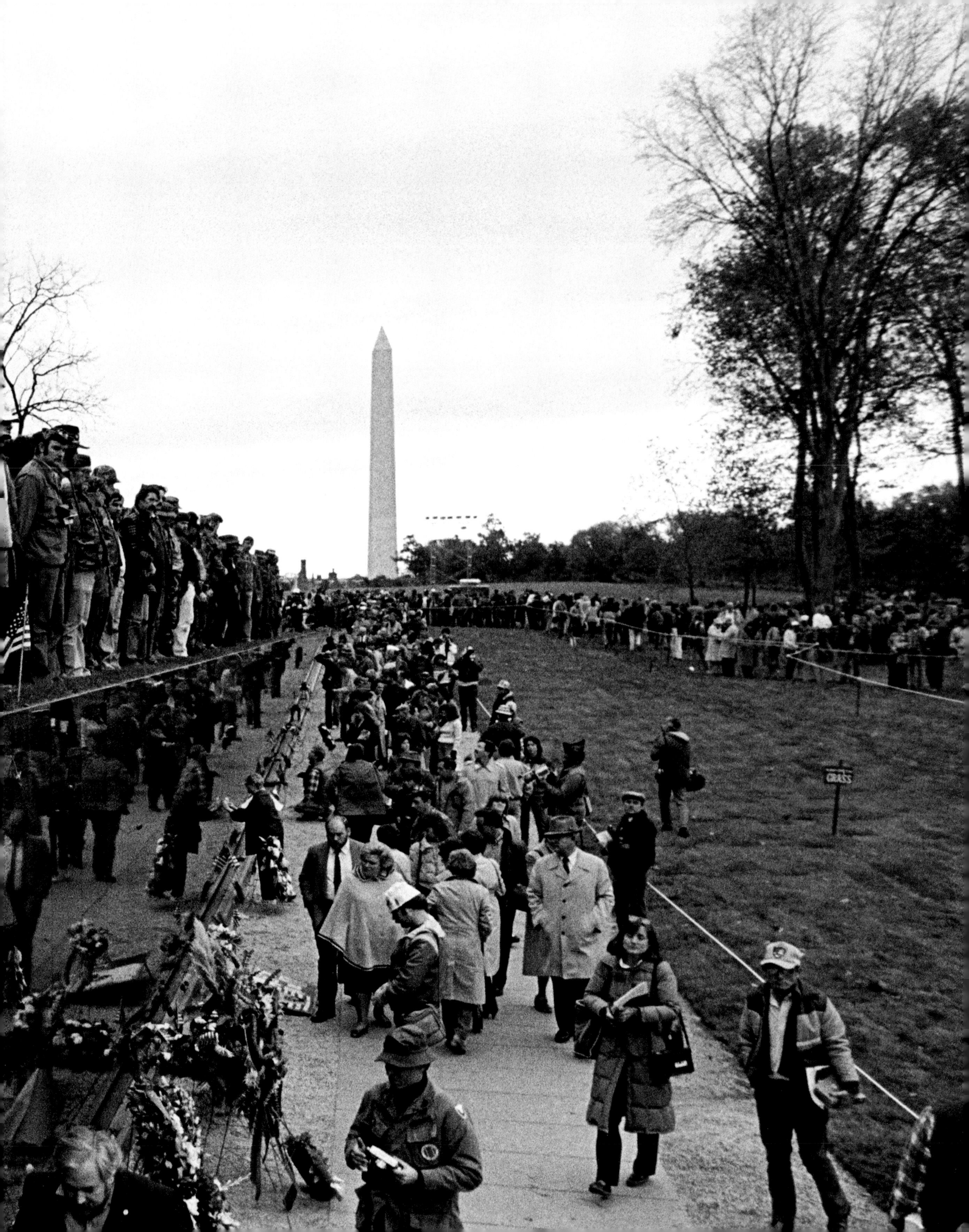

Frederick Baldwin & Wendy Watriss

Looking at the

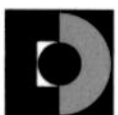 Musée de la Photographie, Charleroi

U.S. 1957-1986

Mets & Schilt publishers, Amsterdam

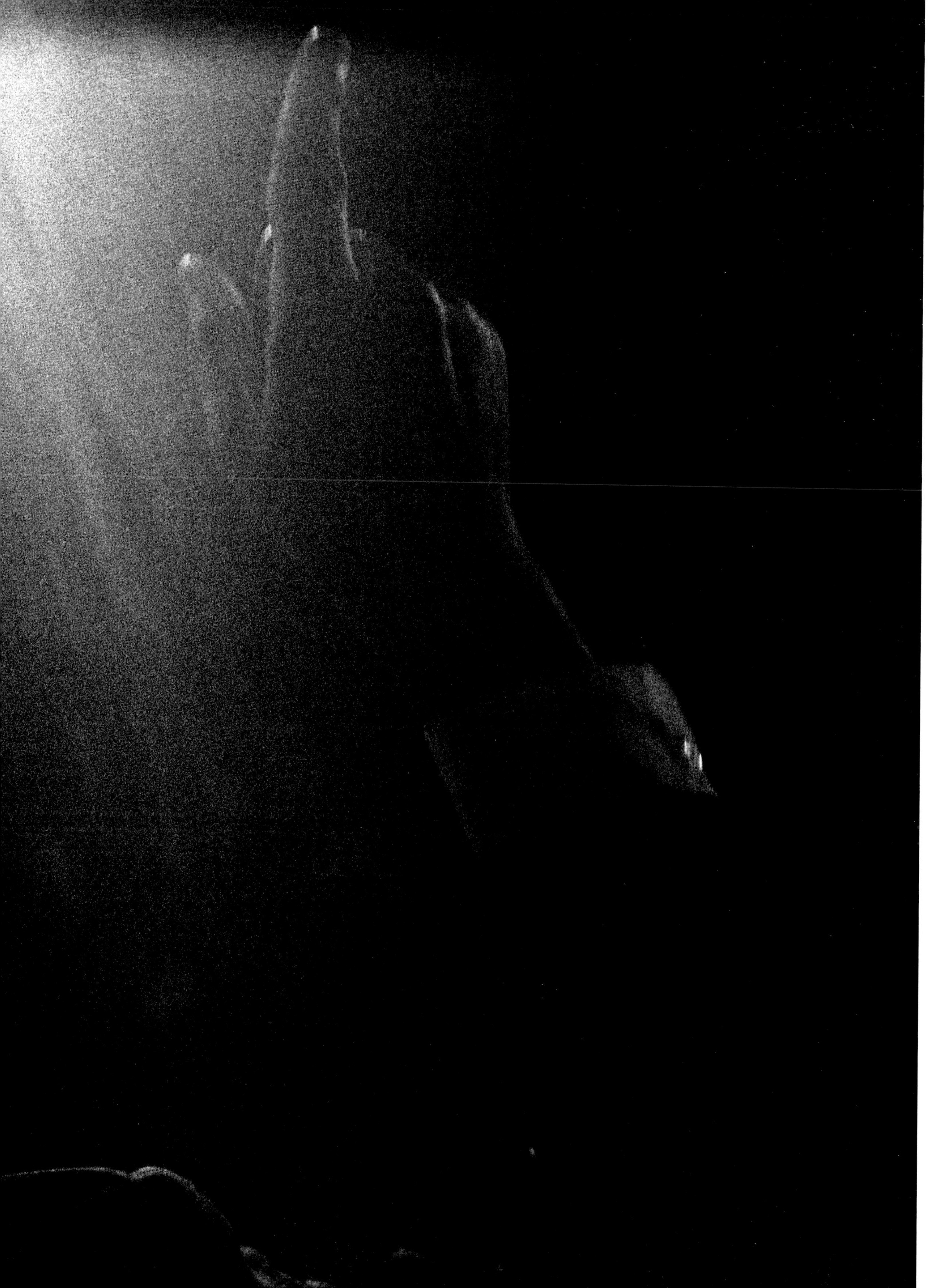

◂ The Civil Rights Movement, a moment of inspiration.
Martin Luther King, Jr. at the Municipal Auditorium,
Savannah, Georgia, 1964

◂ Un moment d'inspiration, mouvement pour les droits civiques.
Martin Luther King, Jr. à l'auditorium municipal,
Savannah, Géorgie, 1964

Surviving in beauty

Essay by Xavier Canonne

There is a photograph, among many others, taken by Frederick Baldwin and Wendy Watriss at the Buchanan Farm, at the start of the 1970's, where a black woman is kneeling, in the corner of a room, between two curtained windows that light her from both sides. She kneels beside a small cast iron stove which has a box of ashes in front of it. The room is bare, poor without being wretched, furnished with only a rocking-chair and a high chair. In another photograph, the rocking chair is occupied by a man who is dozing, one finger touching his forehead. The other hand on his knee and his shoes seem enormous, evidence of his work or the weariness it inflicts on him. The angle of the shot, slightly different from the previous photo, shows the headboard of a bed, concealed under a light cover. Another photograph shows both people, she from the back, walking in a field with an apron held up at her waist and wearing a straw hat, and he driving a tractor on the horizon. If you ignored certain aspects of their surroundings, you might think these photographs had been taken by Dorothea Lange for the photographic survey of the Farm Security Administration because so little seems to have changed since the years of the *New Deal* after the stock market crash of 1929 and the Great Depression. Without a doubt, the two people in these photographs are surviving, albeit poorly, and they are the owners of their own land. But you cannot fail to be taken aback by the iconographic similarities with the past when people were working the land with equally little use of machinery. It is the gap between the urbanised America of the Nixon era, of which we have so many images, and that of rural America or, in this case, Texas. Those images have been so embedded in our thinking that we forget how precarious they can be until we encounter rural places where, unlike towns, so little seems to have changed.

The photographs of the Buchanan farm are among the earliest pictures taken by Frederick Baldwin and Wendy Watriss during their first collaborative project that took them in a car and trailer along the back roads of Texas to learn more about their own country and, in the process, initiate a professional and personal relationship, which has united them for nearly forty years.

It was one year earlier, during the summer of 1970, that they met in New York, and found numerous things in common: They both came from privileged backgrounds and had spent a great deal of their younger lives outside the U.S. because their families were working in foreign affairs for the American government. Wendy Watriss became a journalist and reporter for national newspapers

Survivre dans la beauté

Essay par Xavier Canonne

Il est, parmi tant d'autres, une photographie prise par Frederick Baldwin et Wendy Watriss à Buchanan Farm au début des années septante, d'une femme noire dans l'angle d'une pièce, entre deux fenêtres garnies de rideaux qui l'éclairent latéralement. Elle se tient auprès d'un petit poêle en fonte devant lequel est posé un bac à cendre ; la chambre est dépouillée, pauvre sans être misérable, qu'un rocking-chair et une chaise haute complètent. Sur une autre photographie, le rocking-chair est occupé par un homme qui somnole, un doigt sur le front : la main posée sur le genou et les chaussures semblent énormes, témoignant de son travail, de la lassitude qu'il lui cause ; l'angle de prise de vue, légèrement différent de celui de la photographie précédente, laisse entrevoir la tête d'un lit qu'une couverture claire recouvre. Une autre photographie enfin les montre tous deux, elle de dos, vêtue d'un tablier retenu aux hanches, coiffée d'un chapeau de paille, qui marche dans un champ, lui à l'horizon monté sur un tracteur. Si l'on ne prend garde à certains éléments du décor, l'on croirait ces photographies faites par Dorothea Lange, issues de l'enquête photographique de la Farm Security Administration, tant rien ne semble n'avoir changé depuis les années du *New Deal* qui suivirent le krach boursier de 1929 et la Grande Dépression. Sans doute ceux-là survivent-ils tant bien que mal d'un champ dont ils sont les propriétaires, mais l'on ne peut que s'étonner de la récurrence iconographique – le travail de la terre où le recours à la machine semble assez rare – comme du décalage entre l'Amérique urbanisée de l'ère Nixon dont nous sont parvenues tant d'images, et celle d'un Texas rural, profond que l'on ne soupçonne pas si précaire, comme si, à la différence des villes, rien n'avait là vraiment changé.

Ces photographies sont parmi les premières réalisées par Frederick Baldwin et Wendy Watriss lors de leur premier projet commun qui va les emmener en caravane sur les routes du Texas, à la découverte de leur propre pays, initiant une relation tant professionnelle qu'affective qui les unit depuis bientôt quarante années.

C'est un an auparavant, durant l'été 1970, qu'ils se sont rencontrés à New York, se trouvant nombre de points communs : ils sont tous deux issus de la haute bourgeoisie et ont passé une grande partie de leur jeunesse hors du pays, leurs familles travaillant pour les affaires étrangères du Gouvernement américain ; Wendy Watriss, après avoir été journaliste et reporter pour des journaux nationaux, est devenue productrice pour la télévision, couvrant le Printemps de Prague, les conséquences de la guerre du Viêt-Nam et la politique des Etats-Unis sur l'usage des drogues ; journaliste freelance, elle s'est tournée

and later worked as a television producer, covering the Prague Spring, the consequences of the war in Vietnam and the policies of the United States on drug use. As a freelance journalist, she turned to photography in the 1970's – working for international publications and non-governmental organisations in Africa, Central and South America and Europe. Frederick Baldwin, after having fought in the Korean War as an infantryman in the U.S. Marine Corps, began work as an independent photographer for various magazines and then became involved in the Civil Rights Movement. Later he photographed poverty and isolation in rural communities in Georgia and used his photographs to help get medical care for these communities. In the late 1960's, he became Peace Corps director in Sarawak, Malaysia.

Each had their own path, their own method, and each of them had lived through great social change and upheaval in U.S. society since the end of the 1950's, including the fight of black people for civil rights against segregation and discrimination, the peace marches against military involvement in Vietnam and the emergence of feminist movements.

What they have in common is that they are "activists," and they are self-taught in photography. Their combined photographic, documentary and journalistic experiences have not led to classical reportage of events, but rather long-term immersion in the subjects they photograph.

The choice of focusing on Texas was linked to the history of the state, its human and geographic character. After liberating itself from Mexico in 1836, Texas was an independent country for ten years before joining the Union in 1845. A year later, the Oregon Treaty confirmed that Texas was the exclusive property of the United States of America. After Alaska, Texas is the second largest state in the U.S. It is the biggest producer of cotton and petrol. The largest herds of cattle and sheep are found in Texas, and rice, wheat and fruit are abundant there. The state has a powerful economy and a high growth rate, and it is populated by diverse communities, white, black and Hispanic. It is in Texas that the legendary figure of the pioneer was forged, and with it, the no less mythical figure of the cowboy which the whole of (U.S.) America eventually adopted, often using it to justify its aims, expansionist policies, and its wars against "evil."

In the 1960's, however, 25% of Americans were still living below the poverty line – on less than $3,000 dollars a year for a family of four – and one in two black families was poor. Contrary to accepted ideas, 70% of poor families were white. Despite its appearance, Texas had not escaped these statistics. The *Lone Star State* was a remarkable observation ground, rich in experiences for Frederick Baldwin and Wendy Watriss.

depuis peu vers la photographie, travaillant pour les organisations non-gouvernementales en Afrique, en Amérique Centrale et du Sud et en Europe. Frederick Baldwin, après avoir participé à la Guerre de Corée comme fusillier-marin, a travaillé en tant que photographe indépendant pour divers magazines et s'est impliqué dans le mouvement des droits civiques ; il a photographié l'isolement des communautés rurales, les aidant par ses photographies à suppléer à l'absence de structure médicale, puis a travaillé pour le Peace Corps en Malaisie.

Chacun de leur côté, à leur façon, ils ont vécu les grands changements sociaux et les bouleversements de la société américaine depuis la fin des années cinquante, la lutte de la communauté noire pour les droits civiques, contre le ségrégationnisme et les discriminations, les marches pour la paix, contre l'engagement militaire au Viêt-Nam, l'émergence des mouvements féministes.

Ils ont en commun d'être autodidactes en photographie et sont ce qu'il convient d'appeler des «activistes». Ils vont conjuguer leur expérience photographique, documentaire et journalistique non dans le reportage classique d'un séjour mais dans une immersion qui prendra vite l'apparence d'une installation.

Le choix porté sur le Texas est lié à son histoire, à ses caractéristiques humaines et géographiques. Durant dix années, s'étant délivré du Mexique en 1836, il sera une nation indépendante avant que de rejoindre l'Union en 1845, le traité de l'Oregon confirmant l'année suivante la propriété exclusive du Texas aux USA. Il est avec l'Alaska le plus grand état par sa superficie, est le plus grand producteur de coton, de pétrole ; c'est au Texas que vivent les plus grands troupeaux de bovins et de moutons ; le riz, le blé, les fruits y abondent ; état puissant par son économie, son taux de croissance, il est occupé par diverses communautés, blanches, noires ou hispanisantes.

C'est aussi au Texas que s'est forgée la figure légendaire du pionnier, et celle, non moins mythique du cow-boy que toute l'Amérique adoptera, justifiant ses fins, sa politique d'expansion, sa lutte contre le «mal», son volontarisme.

Dans les années 60 pourtant, 25% des Américains vivent sous le seuil de pauvreté – moins de 3000 dollars par an pour une famille de quatre personnes – et une famille noire sur deux est pauvre. Contrairement aux idées reçues, 70 % des familles pauvres sont blanches. Le Texas n'a, malgré les apparences, pas échappé à ce constat. Pour Frederick Baldwin et Wendy Watriss, le *Lone Star State* va s'avérer un remarquable terrain d'observation riche d'expériences.

Les clichés, a-t-on coutume de dire, ont la vie dure mais ce sont pourtant les photographies qui s'efforcent de les contrer, réfutant les idées toutes faites, soulevant un autre coin du voile. C'est à quoi

Clichés, it is said, have a hard life, but it is through photographs, which work to counter them, that clichés can be refuted entirely or another corner of their veil can be lifted. This is what the new couple was engaged in doing. They prepared for the Texas journey by investigating and collecting numerous documents and studies to examine more closely the official histories of Texas and the United States in which so much was omitted. They decided to focus on three regions and counties settled by people of different and distinct origins: southeast and southwest Texas along the Mexican border where Hispanics have settled; central-west Texas with white European communities of German origin; east-central Texas, with African American and white communities from the older U.S. South. The Texas they have photographed is far from the major highways and large cities, and it challenges the old mythologies.

Shortly before her death in 1965, Dorothea Lange expressed her concern about not seeing the initiation of other photographic missions like the Farm Security Administration and she said she feared she would not see the recording of new economic data or the creation of new social reports. Wendy Watriss and Frederick Baldwin were doubtlessly unaware of her concern, but this did not prevent them from having been inspired by her work and the traditions of documentary photography.

Their Texas project was not commissioned. To start the Texas work, they relied on their own funds – for a long time living on an unbelievable $3 dollars a day. A car was the best means of transport to many of these areas; the trailer was a way to live cheaply and have an open door to people like the Buchanan family with whom they became neighbours, parking and living in their field. In addition to the trailer, they set themselves up in an improvised office in one small town to give themselves another method of slowly blending into community life.

In the photographs, each community is considered in turn, according to its own characteristics, attitudes, customs and history. The subjects photographed in each area were not predefined by the photographers. Instead, they worked in concentric circles, discovering and recording moments of daily life, the evidences of social class, and the ceremonies – religious, scholarly, social and sportive – that shape collective existence and reflect its origins. Everything in this work has informative value: people's dress, their hair, their food, their way of standing in front of the lens or ignoring it, as well as their surroundings, landscapes – the arid plains of cattle ranchers and the fertile fields of farmers, the almost geometrically shaped Baptist churches and the farmhouses built from stone.

va s'employer le couple nouvellement formé qui prépare son périple par la collecte et l'étude de nombreux documents et d'enquêtes, les confrontant à une histoire officielle des Etats-Unis qui compte quelques lacunes. Ils vont au préalable s'attacher à déterminer trois zones d'enquête, trois comtés où vivent des communautés d'origines distinctes : celle, hispanisante, vivant au sud-ouest du Texas, le long de la frontière mexicaine et du Rio Grande ; celle, blanche, au centre de l'état à Gillespie County, d'origine allemande, celle enfin à l'est du Texas, communauté afro-américaine. C'est un Texas loin des villes qui croissent, loin des *highways*, qu'ils vont photographier, le confrontant au mythe, une autre Amérique dont ils vont s'efforcer de faire le portrait. Photographier pour mieux comprendre, certes, mais aussi pour collecter des images dont ils pressentent qu'elles auront bientôt valeur de témoignage, ajoutant un chapitre illustré à l'histoire de la nation américaine, celui d'une décennie dont on ne mesure pas encore l'intérêt.

Peu avant son décès en 1965, Dorothea Lange s'inquiétait de ne voir initiées d'autres missions photographiques à l'égal de la Farm Security Administration, craignant de ne voir enregistrées les nouvelles données économiques et les nouveaux rapports sociaux qui s'établiraient alors. Sans doute Wendy Watriss et Frederick Baldwin l'ignoraient-ils, mais l'on ne peut s'empêcher de relever cette coïncidence temporelle, comme cette continuité dans la tradition documentaire, l'exemple ayant inspiré ça et là quelques photographes de grands chemins. C'est sans être commissionnés, comptant sur leurs propres fonds – longtemps trois dollars par jour, l'on croit rêver – qu'ils vont financer cette enquête ; la voiture sera le meilleur moyen d'accéder à ces zones reculées, et la caravane celui de vivre à peu de frais, la porte ouverte sur le sujet, tel ce couple d'agriculteurs dont ils devinrent des voisins improvisés, occupant leur champ, ou s'installant dans l'officine improvisée d'une petite ville, une autre manière de s'y fondre progressivement.

Les communautés vont être envisagées successivement selon leurs différents aspects, mœurs, coutumes et histoire. Il n'est pas de présupposé, de façon d'y trouver ce que l'on cherche. C'est par cercles concentriques qu'ils procèdent, enregistrant les instants du quotidien, du labeur déterminant la classe sociale, mais aussi ces cérémonies – religieuses, scolaires ou sportives – ces rites qui cristallisent le groupe, rappelant ses origines. Tout ici prend valeur informative, le détail vestimentaire, la coiffure, la nourriture, cette façon de se tenir devant l'objectif ou de l'ignorer comme le théâtre de l'activité, ces paysages, terres arides d'éleveurs, terres généreuses d'agriculteurs, églises baptistes à la rigueur géométrique ou fermes construites en pierre. Ici s'arrêterait sans doute la comparaison avec Dorothea Lange : les photographies du couple ne privilégient pas

Here, comparisons with Dorothea Lange end: The photographs of the Buchanan farm couple do not focus primarily on formalist aesthetics, instead they seek to bring together as much information as possible in a single image or series of images that sometimes become a photographic sequence, linked by a single individual, as in *Saturday Night at Home,* or the cotton pickers with their centuries-old method of farming. There is nothing spectacularly dramatic or strictly chronological in the presentation of the interconnecting histories of people and places that engaged Frederick Baldwin and Wendy Watriss – weddings, baptisms, funerals, graduation, charity events, beauty contests, and the black rodeos which we are not used to seeing in Western films. There are few close-ups presented in this selection of the Texas series. The images are generally medium to wide-angle, and they clearly show a bond with the subjects of the pictures. No image seems to have been done from a hidden position, none indicates moral or ironic judgments which would be misplaced here.

Barely a hundred years after the Civil War over slavery and the late nineteenth century "range wars" when farmers triumphed over ranchers and the vast plains were fenced, the sons and grandsons of pioneers have become part of a nation strengthening itself and trying to come to terms with integration. One of the main constants that can seen in these photographs is that communities often settle close to one another without ever really associating with each other and the divisions of social class operating within groups continue to entrap people in imposed social models.

Survival is a word which is brought up frequently in relation to the work of these two photographers: individual and collective 'survival' as it relates to the precarious existence of different groups and communities, such as the Mexican farm workers and seasonal workers along the Mexican border – people who are dependent on food aid programs and the target of political organisations of Americans with Hispanic origins that proclaim the social and cultural values of "La Raza."

In 1957, before the Texas work, Frederick Baldwin documented a procession of the Ku Klux Klan near Savannah, in southern Georgia. The ultra racist movement, which had appeared in the South at the end of the Civil War during *Reconstruction,* was experiencing one of its periods of resurgence after the Supreme Court delivered an opinion ordering the de-segregation of schools in the South in 1954 and the National Guard was sent to Arkansas and Alabama to enforce it. What these photographs show are the preparations for a Klan parade, the drawing of ominous KKKK initials and religious slogans on cars bearing U.S. and Confederate flags in front of children who join in the "entertainment," the pres-

l'esthétique formelle, voulant avant tout concentrer le plus d'informations dans une image, une scène pouvant être l'objet d'une séquence photographique, un personnage en devenant le fil conducteur, comme dans *Saturday night at home* ou les cueilleurs de coton aux machines centenaires.

Rien de spectaculaire ou d'événementiel dans ces photographies qui sont comme la chronique d'existences parallèles que Frederick Baldwin et Wendy Watriss accompagnent, mariages, baptêmes, funérailles, remises de diplôme, fêtes de charité, concours de beauté ou des cow-boys noirs, un rôle auquel ne nous a pas habitué le western au cinéma. Peu de gros plans en cette suite texane, des cadrages moyens et larges plutôt, et cette évidente complicité avec ceux qui en sont les modèles : aucune image ne semble dérobée, aucune ne dénote de jugement moral ou une ironie qui seraient ici déplacés, même si apparaît à distance la sanction du spectateur devant une Amérique récente et déjà si lointaine. Fils, petit-fils de pionniers – l'on est cent ans à peine après la guerre civile, moins encore de cette « guerre des barbelés » qui vit les agriculteurs triompher des éleveurs et les grandes plaines se morceler –, ils sont à la fois les acteurs d'une nation qui se conforte et s'ancre plus profondément en sa conscience collective et les victimes d'un malaise social, d'une difficulté à s'intégrer.

En ce sens, et c'est sans doute le constat majeur que l'on peut dresser en comparant ces photographies, c'est que les communautés se côtoient sans véritablement s'associer, les clivages opérant au sein même du groupe, de façon horizontale, par classes sociales, les contraignant à une compétition constante selon le modèle social imposé.

C'est aussi cette survie qu'évoque de façon récurrente le travail des deux photographes, qu'il soit mené individuellement ou de façon commune, traitant de la précarité de l'existence de groupes et de communautés souvent fragilisées, les *Farm workers* mexicains dans les exploitations agricoles du sud-ouest, des saisonniers à la frontière avec le Mexique, ceux qui vivent des programmes d'aide alimentaire, de l'émergence d'une organisation politique des américains d'origine hispanique proclamant les valeurs culturelles de « La Raza », entre autres.

Déjà en 1957, Frederick Baldwin livrait le reportage d'une action du Ku Klux Klan près de Savannah, en Géorgie du sud. Le mouvement ultra raciste apparu dans le sud à la fin de la guerre civile, durant la *Reconstruction*, connaissait alors l'une de ses périodes de résurgence, la Cour suprême ayant en 1954 rendu un avis ordonnant la déségrégation des écoles du sud, la garde nationale ayant été envoyée en Arkansas ou en Alabama pour le faire appliquer. L'on y suit les préparatifs d'un défilé du Klan, le dessin des initiales fatidiques et des slogans religieux sur les voitures arborant la bannière étoilée devant des enfants associés au « divertissement » et des noirs perplexes,

ence of perplexed black people, the arrival of a procession carrying people in sinister costumes perched on a convertible driving past complicit police, and the county sheriff sitting in the front row of a show that would finish in front of the County Courthouse with the erection of an illuminated cross. These pictures reveal a Ku Klux Klan that does not come from the white upper classes or WASPs (White Anglo-Saxon Protestants), but rather from the classes of small farmers, workers, retailers, and employees of the middle classes, many of whom have strong nationalist and religious beliefs. The continuing influence of the numerous religious and evangelical communities in the U.S. has been demonstrated again and again in recent American presidential elections.

A logical follow-up to his photographs about the Klan is Frederick Baldwin's work on the protests and marches of black people for civil rights some years later, also in Savannah. Circumstances had changed: John Fitzgerald Kennedy, formerly the youngest President of the United States, had succeeded Eisenhower in 1960. Although the first two years of his presidency indicated a certain "wait and see" attitude on the question of segregation, he did order military protection for the first black student at the University of Mississippi in 1962. The following year, Kennedy proposed a law to ban segregation in public spaces, but it was his successor, Texan Democrat Lyndon Johnson, who would oversee the passage of the Civil Rights Act in 1964, forbidding discrimination and segregation on the basis of race, color, gender or origin in public spaces. The law, that Kennedy had delayed bringing to a vote, would later cause Democrats to lose elections in the South for many years afterwards.

In the meantime, the influence of the preacher Martin Luther King continued to grow, particularly after the Rosa Parks affair in 1955, when the black woman was imprisoned for sitting in a seat reserved for whites on a bus in Montgomery in Alabama. In Savannah, a black student, Benjamin Van Clark, sparked off one of the many protest demonstrations taking place throughout the South at this time, culminating in the March on Washington D.C. in 1963 when much of America heard the famous *"I Have a Dream"* speech. Faithful to the character of the Movement, Frederick Baldwin records not only the protest marches, but also the actions of Martin Luther King's supporters exhorting black people to vote – pictures of the longshoreman *Big Lester*, with his impressive demeanor, urging the most indecisive to register; the car that transported would-be voters; voter registration lines; the participation of progressive white people; and the speech of Martin Luther King, providing one of his most moving portraits

l'arrivée du cortège dans la rue principale de la ville où, comme à la parade, les chevaliers à la sinistre silhouette défilent sans masques, juchés sur une décapotable, devant la police complice, le shérif assis aux premières loges d'un spectacle qui trouvera sa conclusion devant le *Courthouse* où est dressée la croix illuminée. Pour répugnantes que soient ces pratiques et écœurante la passivité – le mot est faible – des autorités, elles témoignent également de la peur de petits groupes devant une autre communauté accusée de tous les maux, dont celui d'être d'une autre couleur de peau, de prendre le peu de richesse que procure le travail et, accessoirement, de ne pas respecter à la lettre les Ecritures : le Klan n'est pas l'émanation des classes supérieures des blancs ou de la «WASP» (White anglo-saxon protestant) mais celui de petits agriculteurs, d'ouvriers, de commerçants ou d'employés issus des classes moyennes ou inférieures aux réflexes nationalistes et religieux. L'histoire des Etats-Unis est aussi à lire au travers de ses nombreuses communautés religieuses et évangélistes comme l'ont encore démontré les récentes élections présidentielles.

À cette série du Klan répond logiquement celle des manifestations et des marches noires pour les droits civiques qu'entreprend Frederick Baldwin dans le même Savannah quelques années plus tard. Les données ont alors changé : John Fitzgerald Kennedy, le plus jeune président des Etats-Unis, succède en 1960 à Eisenhower et, si ses deux premières années de présidence dénotent quant à la question du ségrégationnisme un certain attentisme, il devra ordonner la protection militaire du premier étudiant noir à l'Université du Mississipi en 1962 avant que de proposer l'année suivante une loi interdisant la ségrégation dans les lieux publics ; ce sera son successeur, le démocrate texan Lyndon Johnson, qui fera adopter en 1964 la loi sur les droits civiques, le *Civil Rights Act*, interdisant les discriminations et la ségrégation fondées sur la race, la couleur, le sexe ou l'origine dans les lieux publics, cette loi que Kennedy avait tardé à faire voter, les démocrates perdant dès lors pour de nombreuses années les élections dans le sud. D'autre part, l'influence du pasteur Martin Luther King n'a cessé de croître depuis l'affaire Rosa Parks, cette femme noire emprisonnée en 1955 pour s'être assise dans un bus sur le siège réservé à un blanc, à Montgomery en Alabama. À Savannah, c'est le cas d'un autre étudiant, Benjamin Van Clark, qui suscitera l'une des nombreuses marches, culminant en 1963 avec celle de Washington où l'Amérique entière entendra le célèbre discours *I Have a Dream*. Fidèle à la démarche de récit, Frederick Baldwin enregistre non seulement les marches de protestation, mais aussi l'action des partisans de Martin Luther King pour encourager les noirs à voter – terrible faciès de boxeur que celui de *Big Lester* exhortant le plus indécis

as Reverend King leans against a wall with a wistful and melancholy gaze.

With these photographs, Fred Baldwin did not work as a reporter commissioned to do a story on the Movement and simply going from meeting to meeting. The inspiring atmosphere of these images shows the passion Baldwin felt when he was photographing this key period of U.S. history and the people who embodied its hope.

From the general to the particular, from those who made history to those who were the subjects of it, Fred Baldwin's work turns towards a small community in southeast Georgia, not far from the Savannah River. White people were living in this small place, far from everything and, above all, far from the march of history. Isolated and withdrawn, they lived in wooden houses and trailers, among families who intermarried and made a subsistence living by hunting, fishing, and fixing used vehicles. They lived like a community of people who might cease to be. From one face to another, common traits appear between generations, but there are also handicaps and anxiety.

Between 1960 and 1970, there were hundreds of places like this across the U.S., but no Martin Luther King came to fight for these small forgotten communities. When the world did come to them, it often verified their disconnection and difference, as can be seen in the photograph of an adolescent, on the doorstep of a house, contemplating the image of Brooke Shields in the centre pages of a magazine. 'Survival' marks these images, but they also show the solidarity of the group, people's tenderness towards children and the elderly, and a history which does not come down to a struggle between good people and bad people.

In the 1960's, during the years of Lyndon Johnson and the *Great Society* reforms, all the U.S. was supposed to profit from these changes, but the intended effects of the changes were shattered by the radicalization of the black movement and the Vietnam War. There were social and racial problems, like the 1965 Watts Riots in Los Angeles, and the military involvement in Vietnam sparked, among other things, the emergence of protest groups of Vietnam War veterans, for whom the return to civilian life was often very hard.

Beyond the official history, promoted by the U.S. government and the agencies dedicated to publicizing this history, there is the story of Vietnam War veterans organising themselves. One of their most visible achievements would be the creation of the Vietnam Veterans Memorial, the long marble wall in Washington D.C., not far from the obelisk and inscribed with the names of those who died in Vietnam. The Memorial does not come from the gov-

à s'inscrire – les files à l'inscription, les voitures pour transporter les futurs électeurs, la participation des progressistes blancs et les discours du pasteur King, offrant de celui-ci l'un de ses plus émouvants portraits, le regard vague et mélancolique, adossé à un mur. L'ambiance exaltante de ces images montre l'engouement de Baldwin à photographier une époque charnière pour l'histoire des Etats-Unis et ceux qui en incarnent l'espoir. Elle n'en fera pas pour autant un reporter allant de meeting en meeting, le photographe accrédité d'une cause. Du général au particulier, de ceux qui font l'histoire à ceux qui la subissent, il va alors se tourner vers une petite communauté du sud-est de la Géorgie, non loin de la Savannah river, où il séjournera. L'histoire serait si simple si tous les salauds avaient la même couleur : dans cette petite bourgade ne vivent que des blancs, loin de tout et surtout loin d'une histoire en marche dont ils n'ont pas même conscience. Isolés, vivant repliés entre familles qui s'unissent et s'épousent, ils vivent entre maisons de bois et caravanes, comme une tribu blanche qui se serait arrêtée ; la chasse, la pêche, les réparations de véhicules usagés leur tient lieu de subsistance ; d'un visage à l'autre les traits communs apparaissent, les générations, mais aussi les handicaps, l'inquiétude et surtout l'absence d'espoir qui paralyse le groupe : personne, pas un Luther King, ne viendra lutter pour ces petites communautés oubliées – il en est des milliers d'autres – et si, par les revues, la télévision, le monde vient se rappeler à eux, c'est pour affirmer cruellement cette différence et cet abandon, telle cette photographie d'un adolescent au seuil de la maison contemplant l'image de Brooke Shields aux pages centrales d'une revue.

C'est de survie encore dont témoignent ces images, mais aussi de la solidarité d'un groupe, de sa tendresse envers les enfants, les personnes âgées, plus fragiles encore, d'une histoire qui ne peut se résumer à une opposition entre bons et méchants. C'était aux Etats-Unis, pourtant, entre 1970 et 1980.

Les années Lyndon Johnson, les réformes de la *Great Society* – tout le monde doit profiter de l'abondance – vont se briser sur la guerre du Viêt-Nam, sur la radicalisation du mouvement noir. Si il ne détourne pas des problèmes sociaux et raciaux, telles les émeutes de Watts à Los Angeles en 1965, l'engagement au Viêt-Nam va en ses conséquences susciter l'émergence d'autres groupes, celui des anciens combattants dont on sait combien le retour à la vie civile pour ceux qui en auront survécu sera parfois pénible. En parallèle de l'histoire officielle, celle que le gouvernement et ses services s'emploieront à raconter, faisant d'une défaite avant un retrait, un autre sujet de bravoure, les vétérans vont peu à peu s'organiser. L'une de leurs plus évidentes réalisations sera l'édification à Washington D.C., non loin de l'obélisque, du *Vietnam Veterans*

ernment or older veterans groups close to the government, but from Vietnam veterans themselves, the majority of whom were draftees. For four years, between 1982 and 1986, Wendy Watriss photographed them at the Wall with great solemnity. The blocks of marble line up, reflecting the sky and, when backlit, the outlines of those who come to pray. It became the location for a collective expression, unusual for the United States, except perhaps later in the public grieving at Ground Zero after the September 11, 2001 attacks. At the Memorial, everyone is united: blacks, whites and Hispanics, the disabled and the survivors, in uniform and in civilian clothes, pacifists and soldiers, in memory of a war.

Offerings of flowers, flags, photographs, post cards, and symbolic acts such as honoring a comrade, drinking a beer in memory of a fallen soldier, or tracing a name on the wall, all express the private and collective communion that Wendy Watriss recorded in multiple ways. From detail to overview, the wall is never treated as a background, but rather as the central focus for scenes that expand and overlap into each other, with clouds, trees and the outlines of the crowd going into the wall and through it as if it were a transparent pane of glass.

Like a cry, that of a complaint that cannot be shouted out alone, the *Agent Orange* series of photographs (1981-1986) by Wendy Watriss preceded and paralleled the Memorial work. The work is immersed in the day-to-day reality of Vietnam War veterans. Thousands of U.S. soldiers, formerly in Vietnam, and also their families, live with the reality and the fear of illnesses caused by toxic chemical substances, particularly dioxin, present in the tons of defoliants used in Laos, Vietnam and Cambodia by U.S. soldiers between the middle of the 1960's and the start of the 1970's. Cancers, partial paralysis, skin rashes, premature aging, deterioration of circulatory and immune systems are some of the symptoms of these fatal illnesses which not only attack those who were directly exposed to them, but also their children, who inherit genetic deformities. Here again, It was the veterans themselves and their families who protested and created advocacy groups to help each other. They pressed for legislation that would provide medical care for them because the government refused to recognise these problems and downplayed their significance. The government did not want to bear the financial consequences of these illnesses.

From 1981-1984, Wendy Watriss photographed veterans suffering from the effects of Agent Orange, and also their children. Sometimes the children are alone and sometimes with their fathers. It is very moving to see the effects of war that persist

Memorial, ce long mur de marbre gravé des noms de ceux qui sont morts au Viêt-Nam. Le monument n'est pas l'émanation du gouvernement ou des groupes de vétérans qui en furent proches – les militaires professionnels – mais des vétérans eux-mêmes, majoritairement des appelés. Wendy Watriss le photographiera dans sa grande sobriété durant trois années, entre 1983 et 1986, blocs de marbre alignés réfléchissant le ciel et, en contre-jour, les silhouettes de ceux qui viennent se recueillir. Il est le lieu d'une expression collective à laquelle les Etats-Unis ne nous ont guère habitués, sauf peut-être à Ground Zero après les attentats du 11 septembre 2001. Tous s'unissent ici, noirs, blancs et hispanos, mutilés ou rescapés, en uniforme ou en civil, pacifistes ou soldats, dans le souvenir d'une guerre qui, si elle n'aura brisé tous les clivages, les aura unis un temps dans une même condition de vaincus.

Offrandes de fleurs, de drapeaux, de photographies, de cartes postales, actes symboliques comme l'accolade, la bière avalée au souvenir d'un compagnon ou le calque d'un nom sur le mur, ils sont au travers des moments photographiés l'expression d'une seule communion que Wendy Watriss enregistre en multipliant les approches, du détail au plan général, le mur n'étant jamais traité comme un fond, mais comme le décor de scènes qui se multiplient, les nuages, les arbres et les silhouettes de la foule semblant le traverser telle une plaque transparente.

Comme en écho, celui d'une plainte qui semble ne pouvoir être criée seule, répondent la série des photographies de *Agent Orange*, menée en parallèle à celle du mur de 1981 à 1986 par Wendy Watriss, immergée dans la réalité des vétérans. Des milliers d'hommes aux Etats-Unis, anciens du Viêt-Nam, mais aussi leurs familles, vivent dans l'angoisse d'une série de maladies causées par des substances chimiques toxiques, surtout la dioxine, présentes dans les tonnes de défoliants utilisés au Laos, au Viêt-Nam et au Cambodge entre le milieu des années 60 et le début des années 70 par les militaires américains : cancers, paralysies partielles, lésions cutanées, déformations corporelles ou vieillissement prématuré sont quelques-uns des symptômes de ces maladies à l'issue fatale ne s'attaquant pas seulement à ceux qui ont été exposés : les enfants les contractent aussi par hérédité, présentant à la naissance des déformations corporelles. Ici encore, la reconnaissance de ces maladies a été la lutte des vétérans, le Gouvernement américain ayant refusé de les reconnaître avant que de les minimiser, puis de faire condamner les compagnies chimiques, une façon de se protéger de recours ultérieurs. Ce seront les vétérans eux-mêmes qui s'organiseront en associations pour s'entraider, l'administration officielle, pas plus que la sécurité sociale, ne voulant supporter les conséquences financières de ces maladies.

through generations and shatter destinies of both parents and children. They are part of the dark pages of U.S. history that cannot be closed. The gaze of Wendy Watriss is direct, almost surgical, looking at the detail of a hand, the distortion of a face, the accelerated aging of a veteran of Mexican origins or the heartbreaking photograph of a small boy, the son of a veteran, gazing at his deformed hand. There is nothing to add to these photographs, so much of their strength is in their brevity and the drama of the plea living inside them, a cry against all wars and against forgetting. Going beyond the act of photography, Wendy Watriss worked with Vietnam veterans to use these photographs to successfully pressure the government to put into place special medical and psychological treatment programs for Vietnam War veterans.

Frederick Baldwin and Wendy Watriss. Wendy Watriss and Frederick Baldwin. The two names are almost like one because so much of their work is a product of shared research and interest. Their stories, like their names, are legendary and their curiosity is insatiable: You meet them in Paris, Greece, Asia, Germany, Charleroi, Argentina, Mexico, Brazil, everywhere where photography is spoken about and presented, and where there is action about human rights and social justice.

In 1986, rather than promoting their own photography, they created, in Houston, Texas, where they decided to settle, one of world's largest photographic events, FotoFest. It has become an example for the whole field of photography, an international crossroads for photographers, critics, professionals, organisers, directors, and a constantly curious public. They have not abandoned photography but have chosen to open doors to other artists, inspiring many other events, expositions, publications and debates as well as the emergence of new talents and their recognition, further confirming the importance of images in our society by helping them travel with greater freedom beyond their own borders.

Writing about the photography of Frederick Baldwin and of Wendy Watriss is to look at thirty years of history in the United States. It is not the official history or even the best known history, but a series of histories about smaller communities, representative and universal, and the peoples who make up these communities. It is also about the large issues they fight for and the struggle to achieve dignity and place in the socio-ethnic mosaic of the United States and its future. Their photographs speak of the hope of a people and their desire to live with justice, not simply 'surviving in beauty'.

Wendy Watriss n'a pas seulement photographié les vétérans atteints par la maladie, mais aussi leurs enfants, isolés ou avec leur père, et rien n'est plus émouvant que de voir au travers des générations se prolonger cette guerre sournoise brisant encore aujourd'hui des destins, comme si cette sombre page de l'histoire américaine ne se pouvait définitivement tourner. Le regard de Wendy Watriss se fait direct, presque chirurgical, le détail d'une main, la distorsion d'un visage, le vieillissement accéléré d'un vétéran d'origine mexicaine ou cette photographie bouleversante d'un garçonnet de huit ans, fils d'un vétéran, contemplant sa main déformée. Il n'est rien à ajouter à ces photographies, rien à retirer non plus, tant leur concision est leur force et le drame qui les habite un plaidoyer contre toutes les guerres, contre l'oubli. Elles ont contribué à l'action des vétérans pour contraindre le gouvernement à mettre en place des programmes spéciaux de traitements médicaux et psychologiques.

Frederick Baldwin et Wendy Watriss. Pourquoi n'écrit-on pas, comme on le devrait d'une façon élégante, Wendy Watriss et Frederick Baldwin ? C'est que ces deux noms n'en font qu'un, inséparables dans la vie, qu'on ne songeait à dissocier, tant leur œuvre procède d'une même recherche, d'un travail que l'on s'emploierait en vain à séparer car c'est une logique collective qui le conduit au travers des sujets explorés. Leurs silhouettes comme leurs noms sont légendaires et leur curiosité inlassable : on les croise à Paris, en Grèce, en Asie, en Allemagne, à Charleroi, en Argentine, au Mexique, au Brésil, partout où l'on parle de photographie, où l'on en montre, mais aussi partout où l'on parle des droits humains et de justice sociale.

Plutôt que de promouvoir leur propre œuvre, ils ont créé en 1986 à Houston au Texas où ils ont choisi de se fixer, l'une des plus grandes rencontres de photographies, la FotoFest, devenue un exemple pour le monde entier, carrefour international pour les photographes, les critiques, les professionnels, commissaires et directeurs, et pour un public sans cesse plus curieux. Ainsi n'ont-ils pas délaissé la photographie mais ont suscité par ces multiples rencontres, ces expositions, publications et débats, l'émergence de talents, leur reconnaissance, affirmant chaque fois plus d'importance aux images en notre société, en les faisant voyager par-delà les frontières, dans la plus grande liberté.

Ecrire à propos du travail de Frederick Baldwin et de Wendy Watriss, c'est évoquer cinquante années de l'histoire des Etats-Unis. Non celle, la plus courante et officielle, qui va de l'est à l'ouest, mais celle, exemplative et universelle, de petites communautés, groupes ou minorités qui la forment, souvent dans la lutte, pour prendre place dans cette mosaïque socio-ethnique, dans la complexité d'une histoire qui n'est pas près d'être terminée. Photos émouvantes mais rarement

In the beautiful Western film *The Searchers* by John Ford, a woman of German origin, sitting next to John Wayne on the veranda, says to her husband: "No Lars. It just so happens we be Texicans. Texican is nothing but a human man way out on a limb. This year and next, and maybe for a hundred more. But I don't think it'll be forever. Some day this country's gonna be a fine, good place to be." Let us hope that the United States of America, which recently elected its first black President, remembers the images of Frederick Baldwin and Wendy Watriss and the long path that they have taken together through the U.S. and its history.

tristes, elles ne se contentent pas d'une charge critique mais disent aussi l'espoir d'un peuple, son désir de mieux vivre, avec plus de justice et moins de mépris, non celui de survivre dans la beauté. Dans le beau western de John Ford *The Searchers* (La Prisonnière du désert), une femme d'origine allemande, assise auprès de John Wayne sous la véranda, dit à son époux : «Lars, nous vivons au Texas. Ici les gens luttent pour survivre. Aujourd'hui, demain, peut-être pour cent ans encore. Mais ça cessera un jour et je ne crois pas qu'il en sera toujours ainsi. Un jour il fera bon vivre ici». Puissent les Etats-Unis d'Amérique qui se sont réveillés ce matin avec le premier président noir de leur histoire, mieux connaître les images de Frederick Baldwin et de Wendy Watriss, ajoutées à des milliers d'autres, et se souvenir des étapes d'un long chemin parcouru ensemble.

Frederick Baldwin

Georgia

Knights of the Ku Klux Klan 1957
Les Chevaliers du Ku Klux Klan 1957

Civil Rights 1963-1964
Les Droits Civiques 1963-1964

Southeast Georgia 1969-1975
La Géorgie du sud-est 1969-1975

Knights of the Ku Klux Klan (KKKK)

After the defeat of the Confederate States in 1865 in the U.S. Civil War, slavery was abolished and the agricultural base of the U.S. South was turned upside down with the freeing of the black labor force. During the Reconstruction years immediately after the Civil War, the Knights of the Ku Klux Klan (KKKK) were formed by groups of white landowners, who sought to keep black people under control through the introduction of terror tactics. This included night riding with masked white people wearing bizarre costumes that have survived to this day. Poor white farmers were recruited into the Klan until it became an organization dominated by radical citizens who preached racial hatred and segregation in order to provide exploited and uneducated rural white people a belief system that would differentiate them from exploited rural blacks. The lynching of black citizens was not a frequent occurrence in the South but its effect was pervasive and as late as the time these pictures were taken in 1957.

The KKKK public motorcade, discovered by the side of the road late Saturday morning in 1957 near Pooler, Georgia, north of Savannah, Georgia, was headed to Reidsville, the county seat of Tattnall County. On Saturdays, people came to shop in Reidsville, the small market town that served the surrounding population of poor farmers raising tobacco, corn, and cotton.

The motorcade culminated on the steps of the County Courthouse, after passing in review before the townspeople and the town's chief political and law enforcement officials, the Mayor and Chief of Police as well as the County Sheriff. The events provided an eerie glimpse of the underside of rural life and white power in Georgia. The men and women decorating the cars with racist symbols provided a disturbing perspective. The women, children and perhaps even the men involved are not evil, larger-than-life monsters of bigotry and fear mongering, but rather victims clinging to the only mark of difference between themselves and the exploited blacks – the color of their skin. (FB)

Les Chevaliers du Ku Klux Klan (KKKK)

Après la défaite des Etats confédérés en 1865 pendant la Guerre civile américaine, l'esclavage fut aboli et la base de l'agriculture du sud des Etats-Unis fut chamboulée par la libération des travailleurs noirs. Pendant les années de reconstruction qui suivirent immédiatement la Guerre civile, les Chevaliers du Ku Klux Klan (KKKK) furent formés par des groupes de propriétaires terriens blancs qui cherchaient à maintenir la population noire sous contrôle grâce à l'introduction de pratiques de terreur. Cela comprenait des cavalcades nocturnes revêtus de costumes bizarres recouvrant aussi le visage, costume qui existe toujours aujourd'hui. De pauvres paysans blancs étaient recrutés dans le Klan jusqu'à ce qu'il devienne une organisation dominée par des citoyens radicaux prônant la haine raciale et la ségrégation afin de fournir aux blancs ruraux exploités et non-instruits un système de croyance qui les différencierait des noirs ruraux tout aussi exploités. Le lynchage de citoyens noirs n'était pas très fréquent dans le sud mais son effet était persuasif et durait encore quand ces photographies furent prises en 1957.

Le défilé public de voitures des Chevaliers du KKKK, découvert le long de la route un samedi de 1957, en fin de matinée près de Pooler au nord de Savannah, en Géorgie, était mené jusqu'à Reidsville, le siège du comté de Tattnall. Le samedi, les gens allaient faire leurs achats à Reidsville, petite ville de magasins qui fournissait la population avoisinante de pauvres fermiers cultivateurs de tabac, maïs et coton.

Le défilé de voitures atteignait son point culminant sur le parvis de la *County Courthouse*, après avoir passé en revue la population de la ville ainsi que les officiels du pouvoir politique et de la police, c'est-à-dire le maire et le chef de la police ainsi que le Shérif du comté.

Ces faits offraient une vision inquiétante de la vie rurale et du pouvoir blanc en Géorgie. Les hommes et les femmes ornant leurs voitures de symboles racistes donnaient une image désastreuse. Les femmes, enfants et peut-être même les hommes impliqués n'étaient ni des démons ni des monstres sectaires mais plutôt des victimes se raccrochant à la seule marque pouvant les différencier des noirs exploités, la couleur de leur peau. (FB)

Family decorating car,
Pooler, Georgia, 1957

Famille décorant sa voiture,
Pooler, Géorgie, 1957

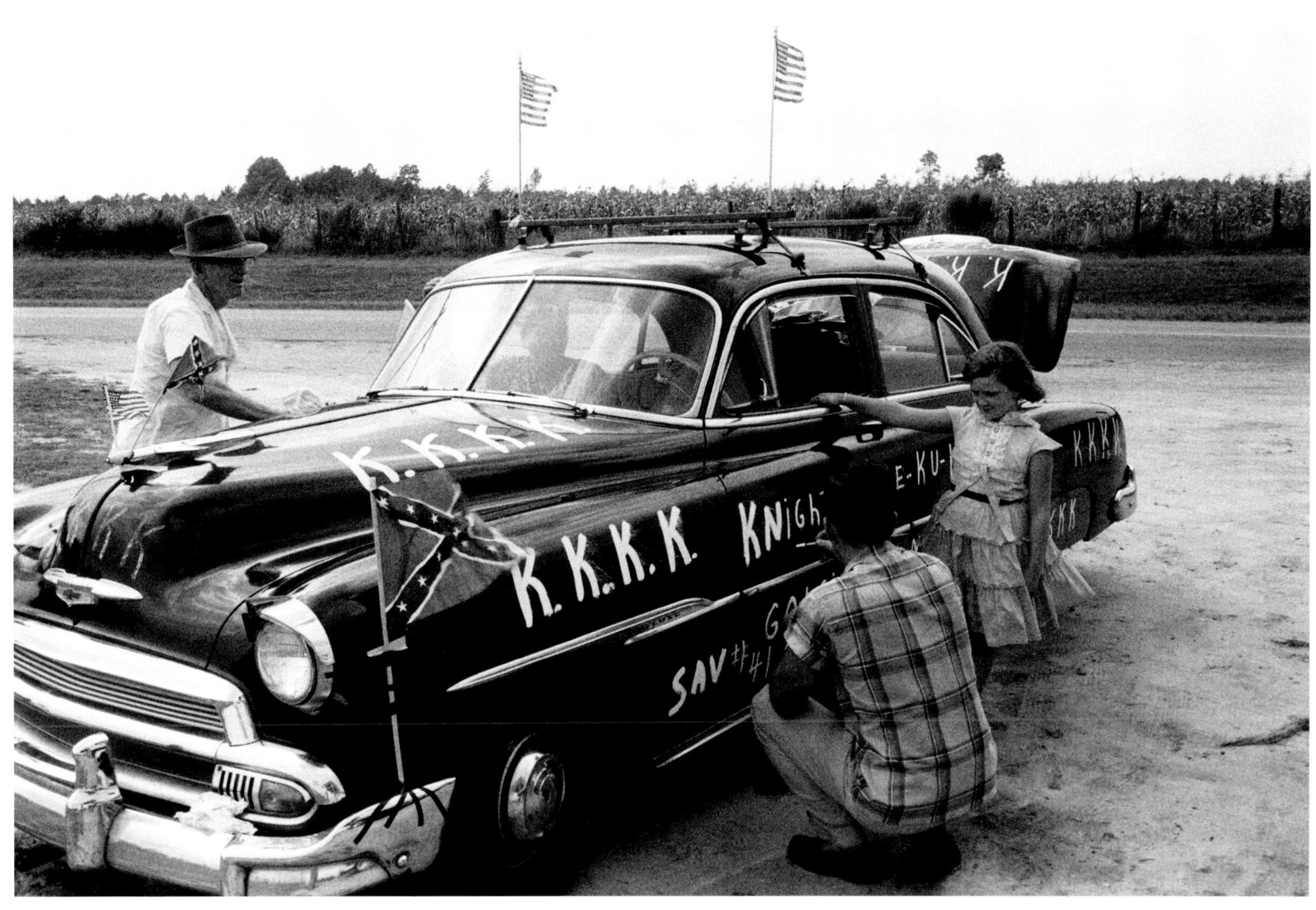
K.K.K.K.

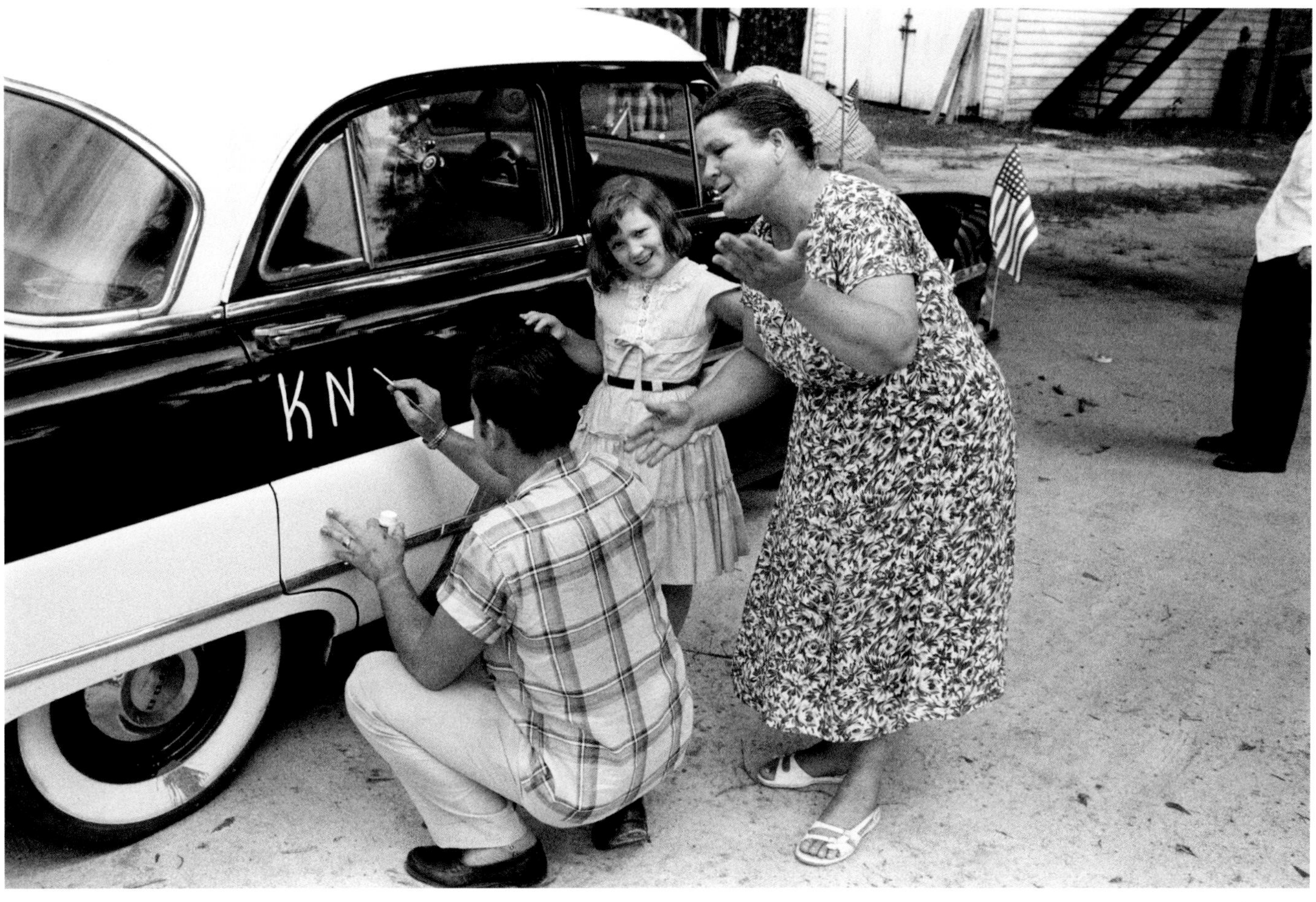
KN

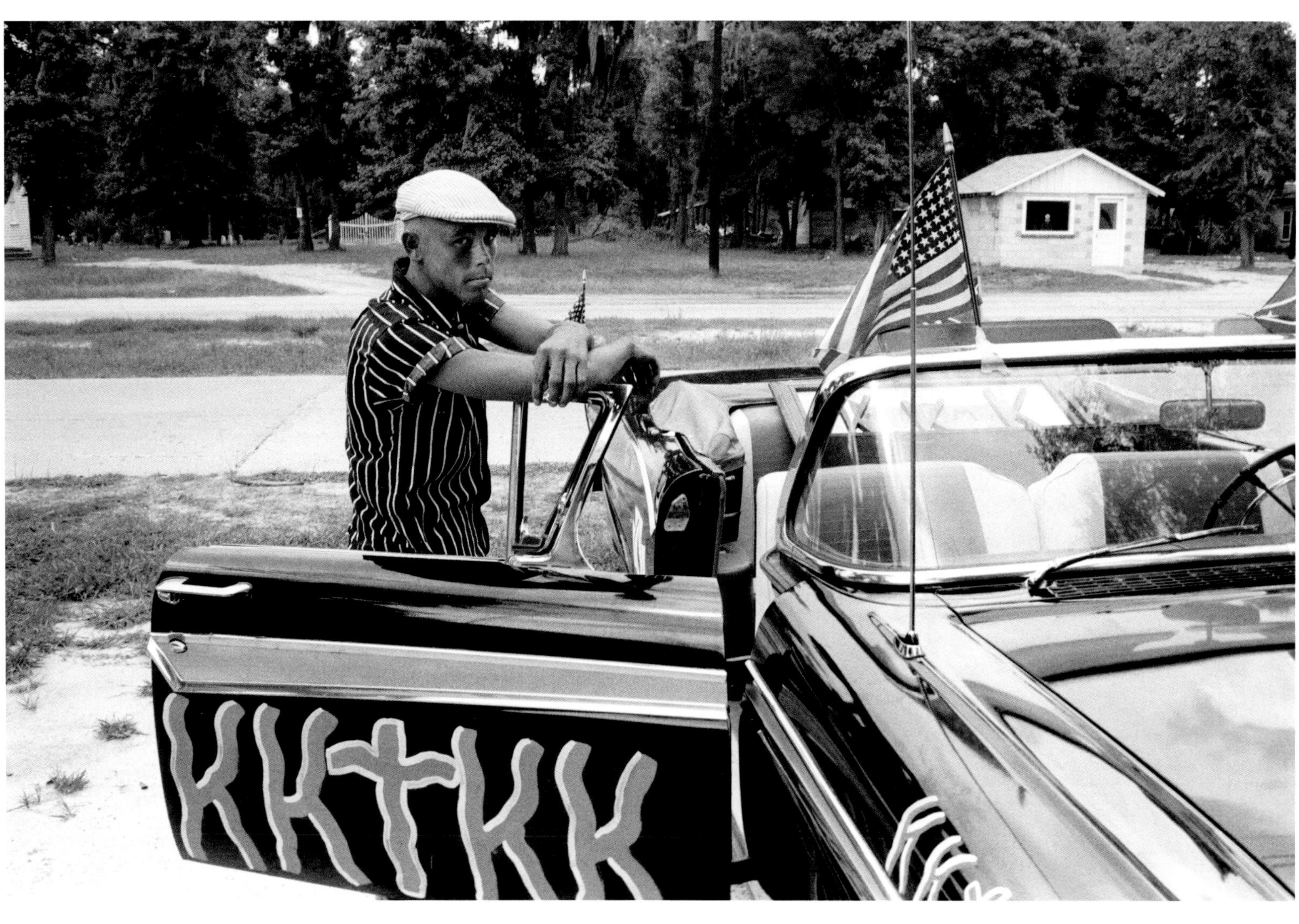

Meeting place before the convoy,
Pooler, Georgia, 1957

Point de rendez-vous avant le convoi,
Pooler, Géorgie, 1957

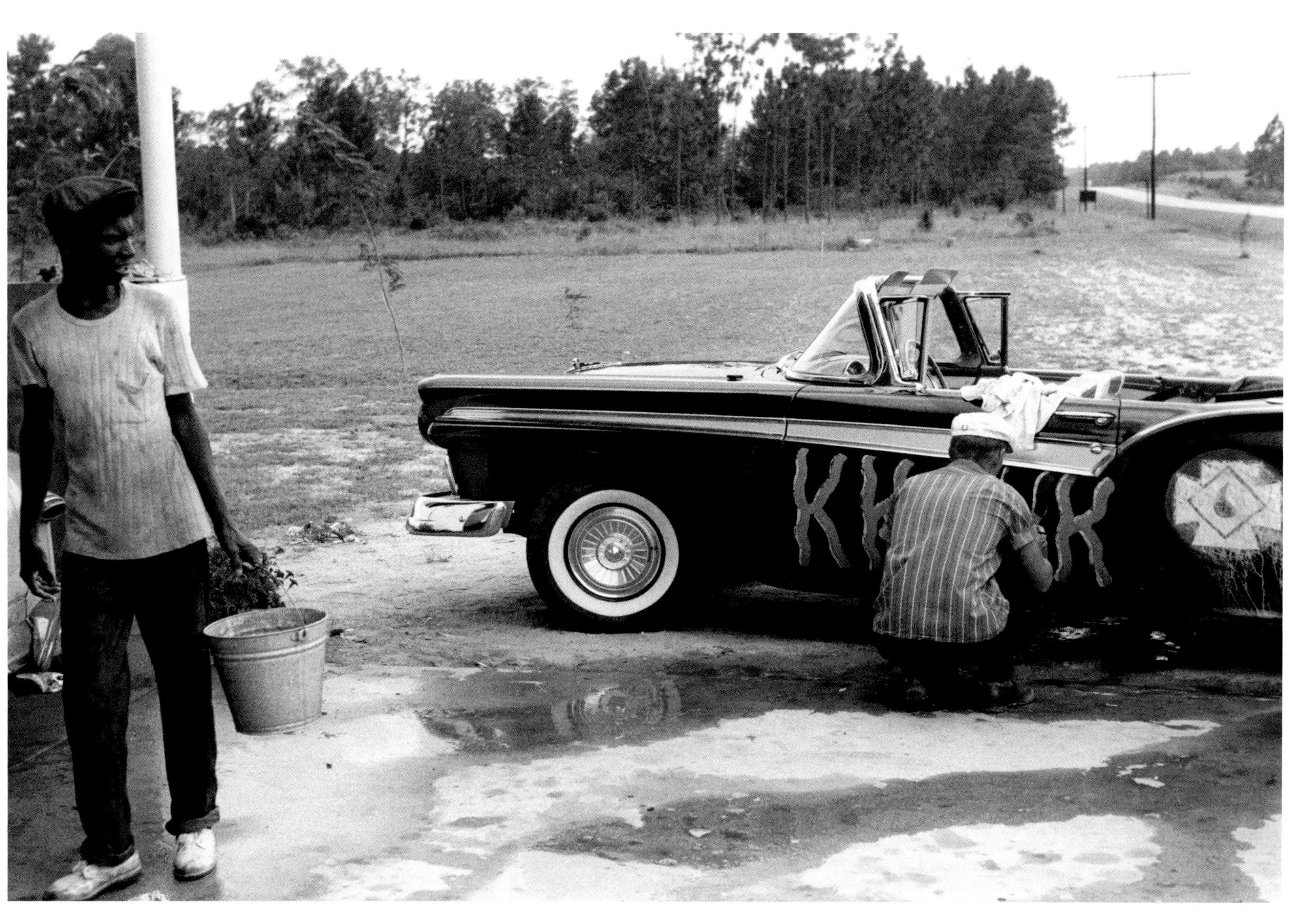

Stop to repair rain damage, Highway 288, Georgia, 1957

Arrêt pour réparer des dégâts dus à la pluie, Route 288, Géorgie, 1957

▸ Gas stop, Highway 288, Georgia, 1957

▸ Station-service, Route 288, Géorgie, 1957

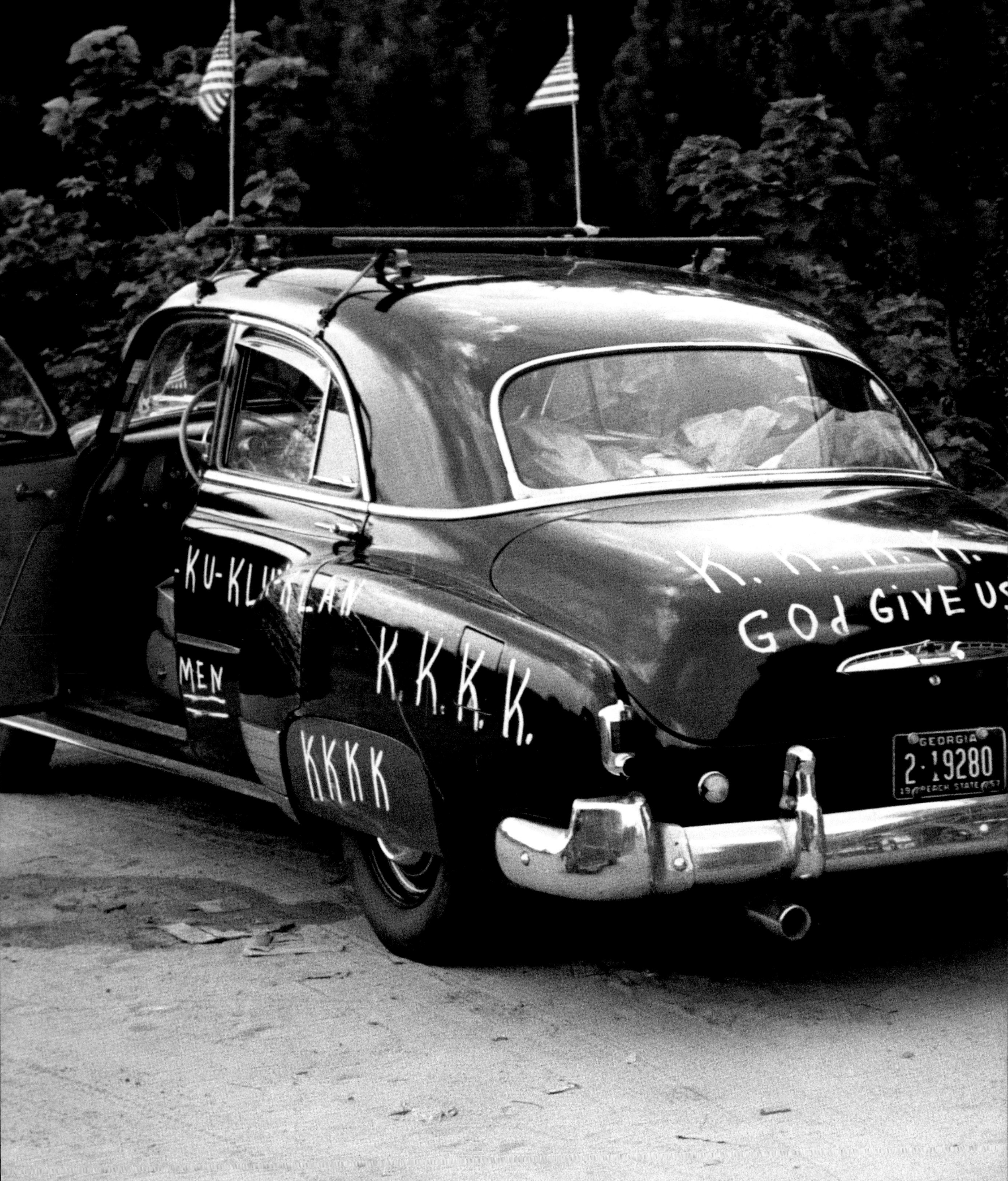

K.K.K.K.
KKKK
MEN
GOd GIVE US
GEORGIA
2-19280
PEACH STATE

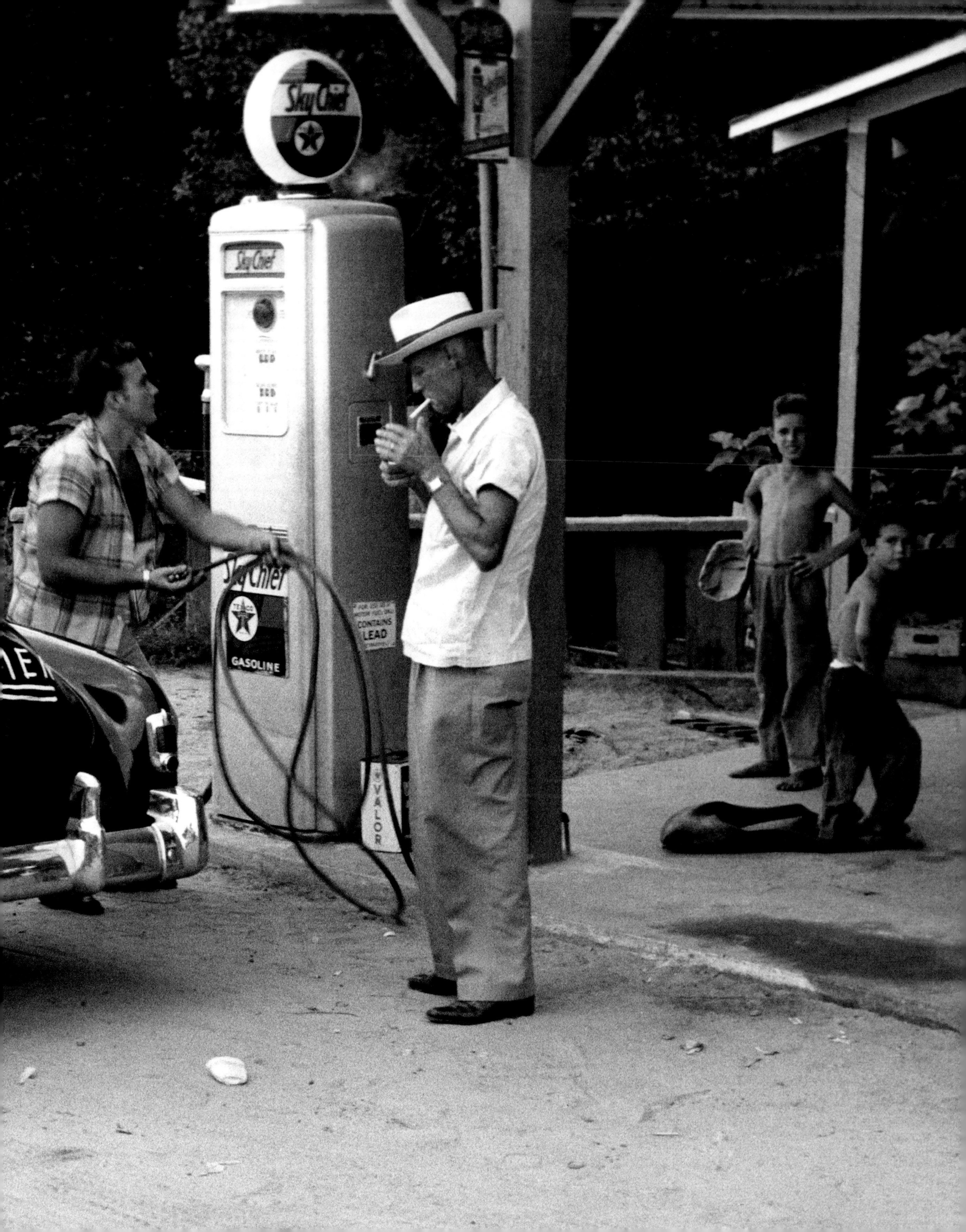
Sky Chief
Sky Chief
Sky Chief
GASOLINE
CONTAINS LEAD
VALOR

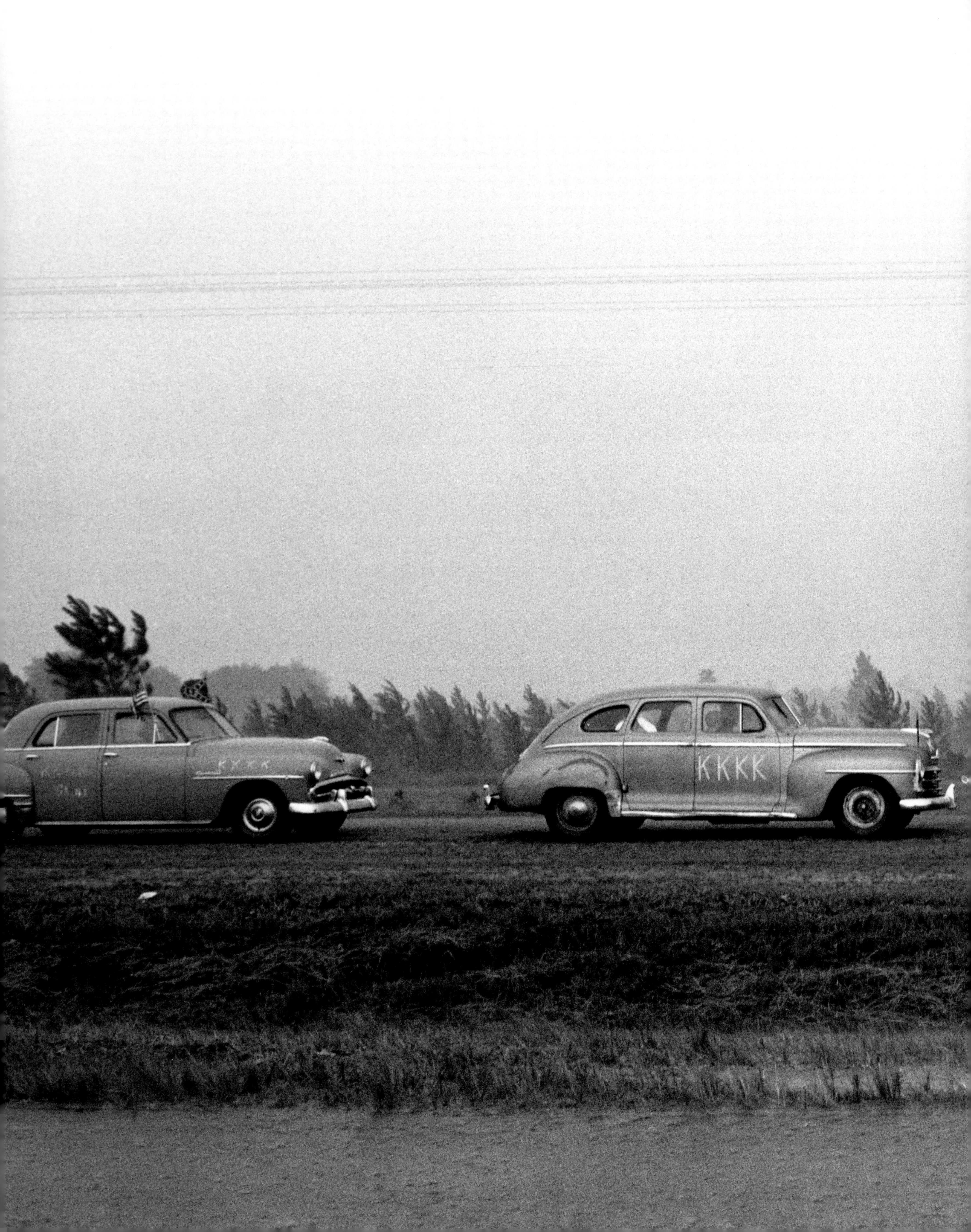
KKKK

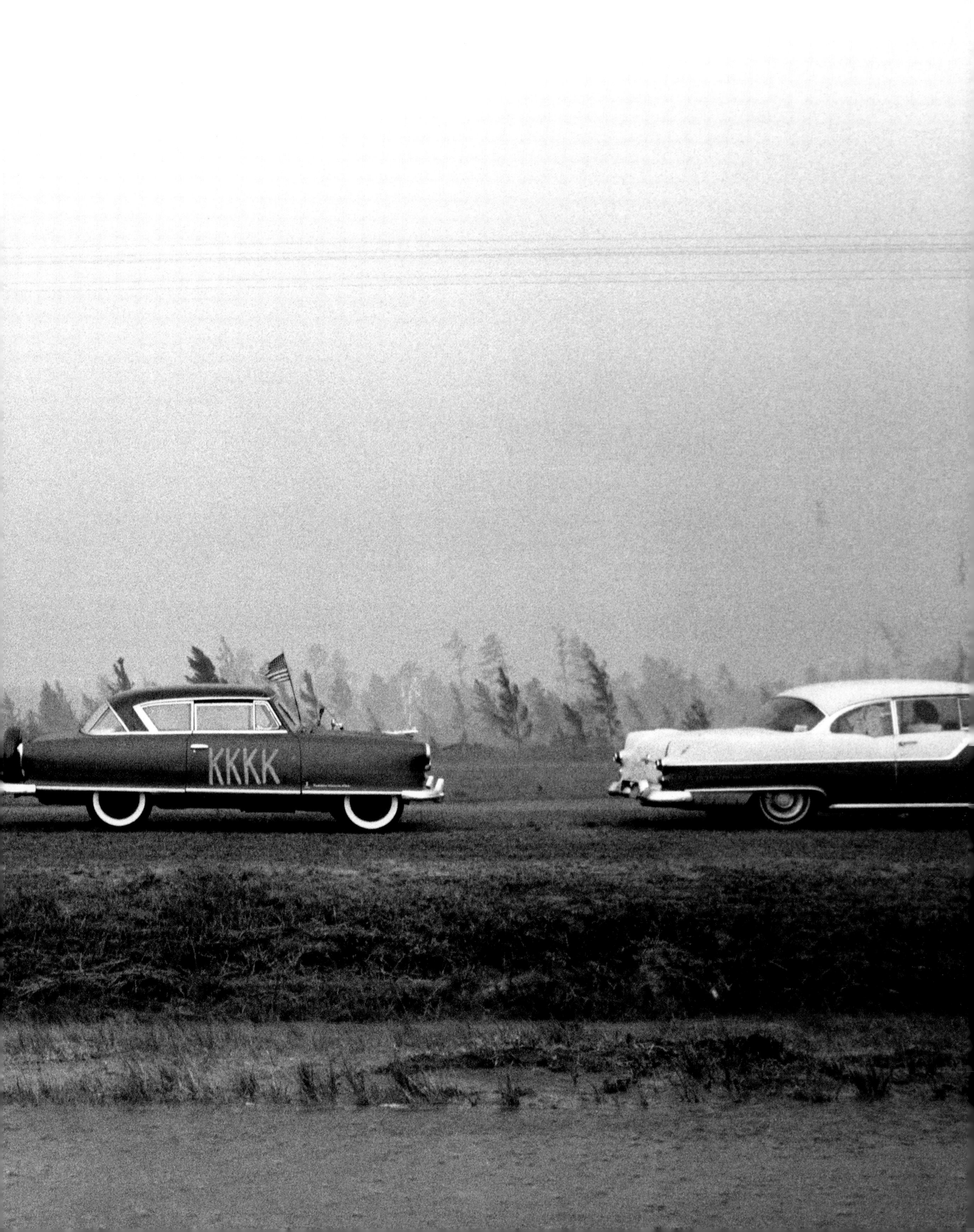
KKKK

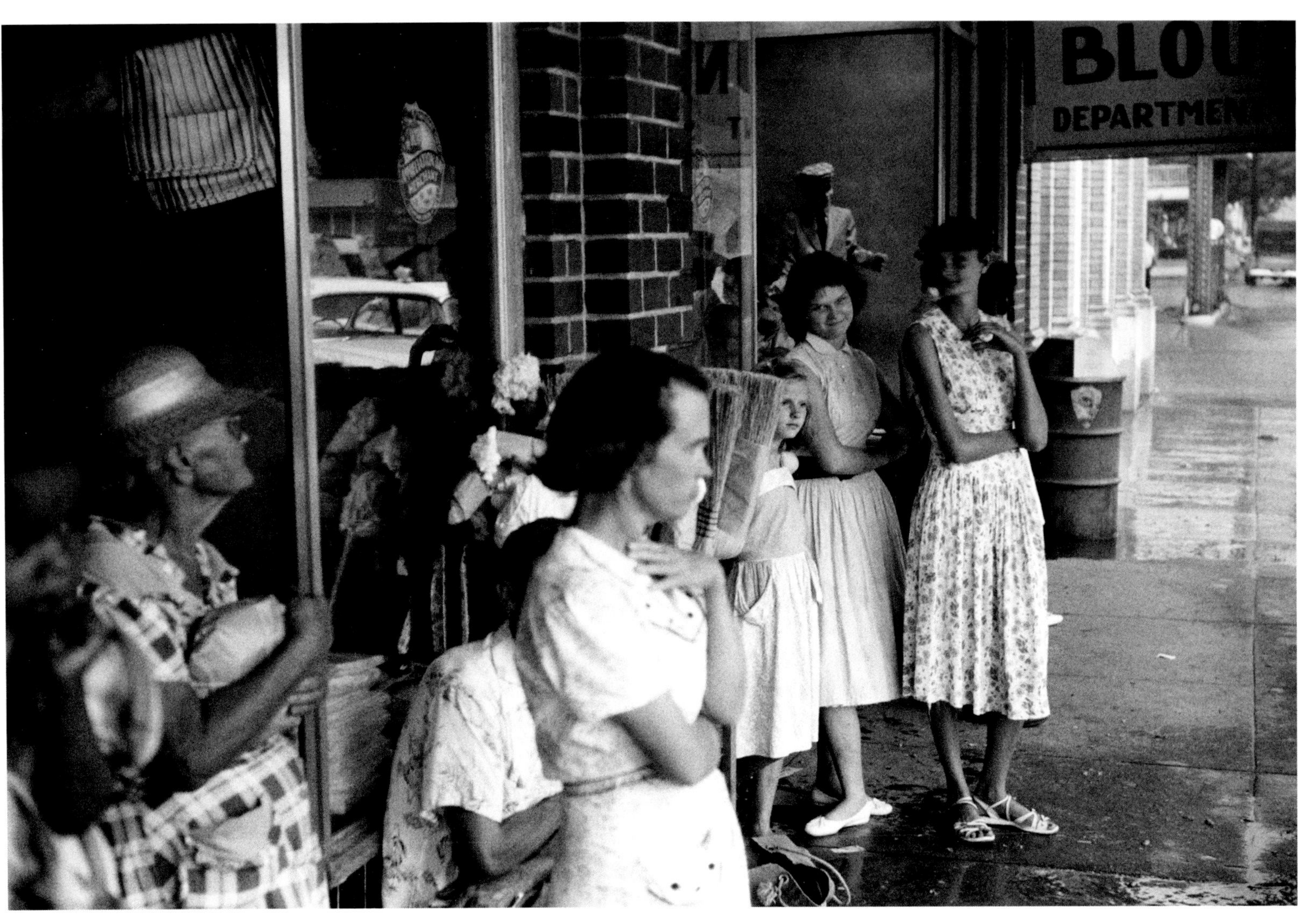

◂ KKKK convoy stops outside Reidsville, Highway 288, 1957

◂ Le convoi du KKKK s'arrête en dehors de Reidsville, Route 288, 1957

Saturday afternoon on Main Street, Reidsville, Georgia, 1957

Samedi après-midi sur la Grand-rue, Reidsville, Géorgie, 1957

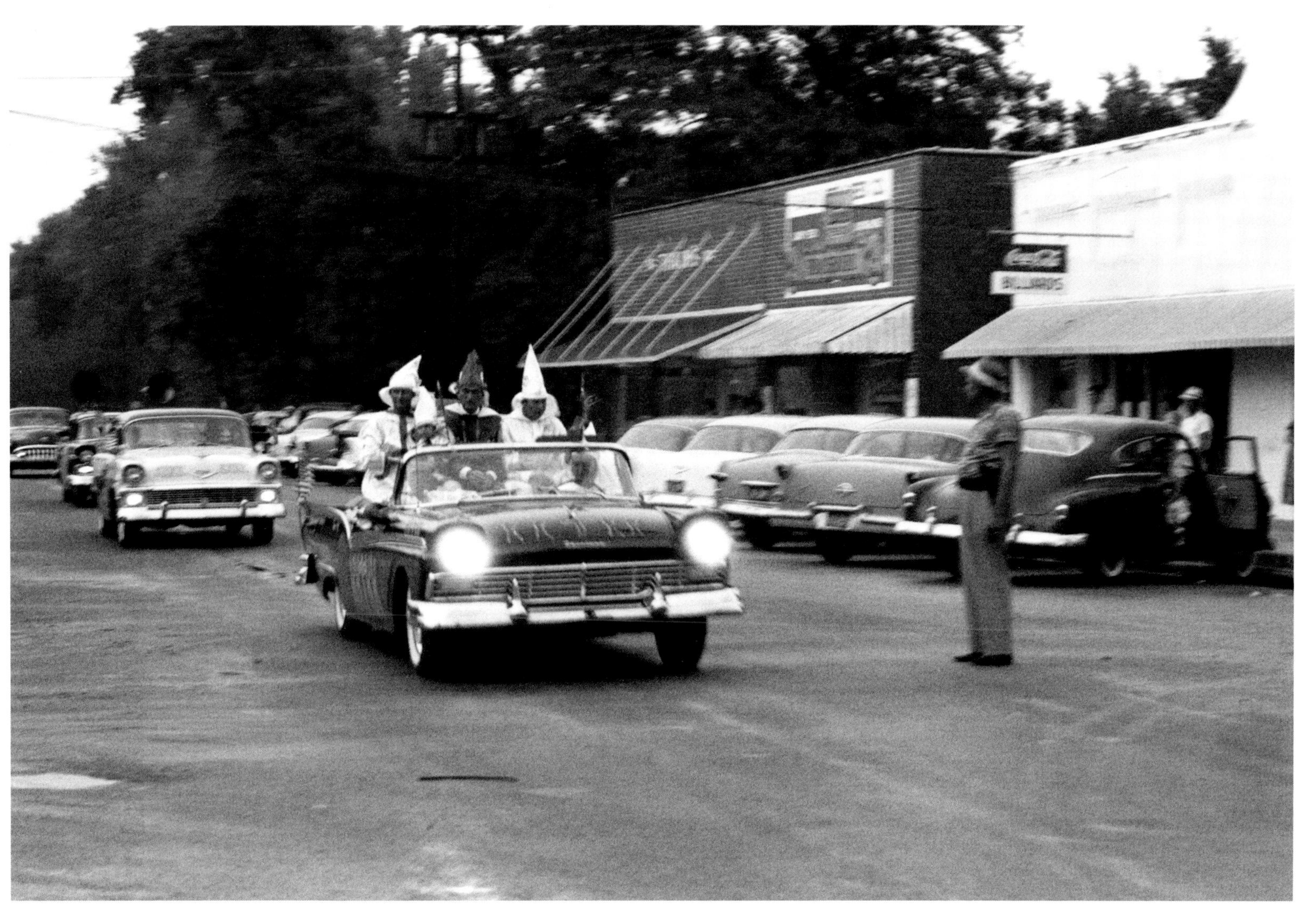

KKKK arrives in Reidsville, Georgia, 1957

Le KKKK arrive à Reidsville, Géorgie, 1957

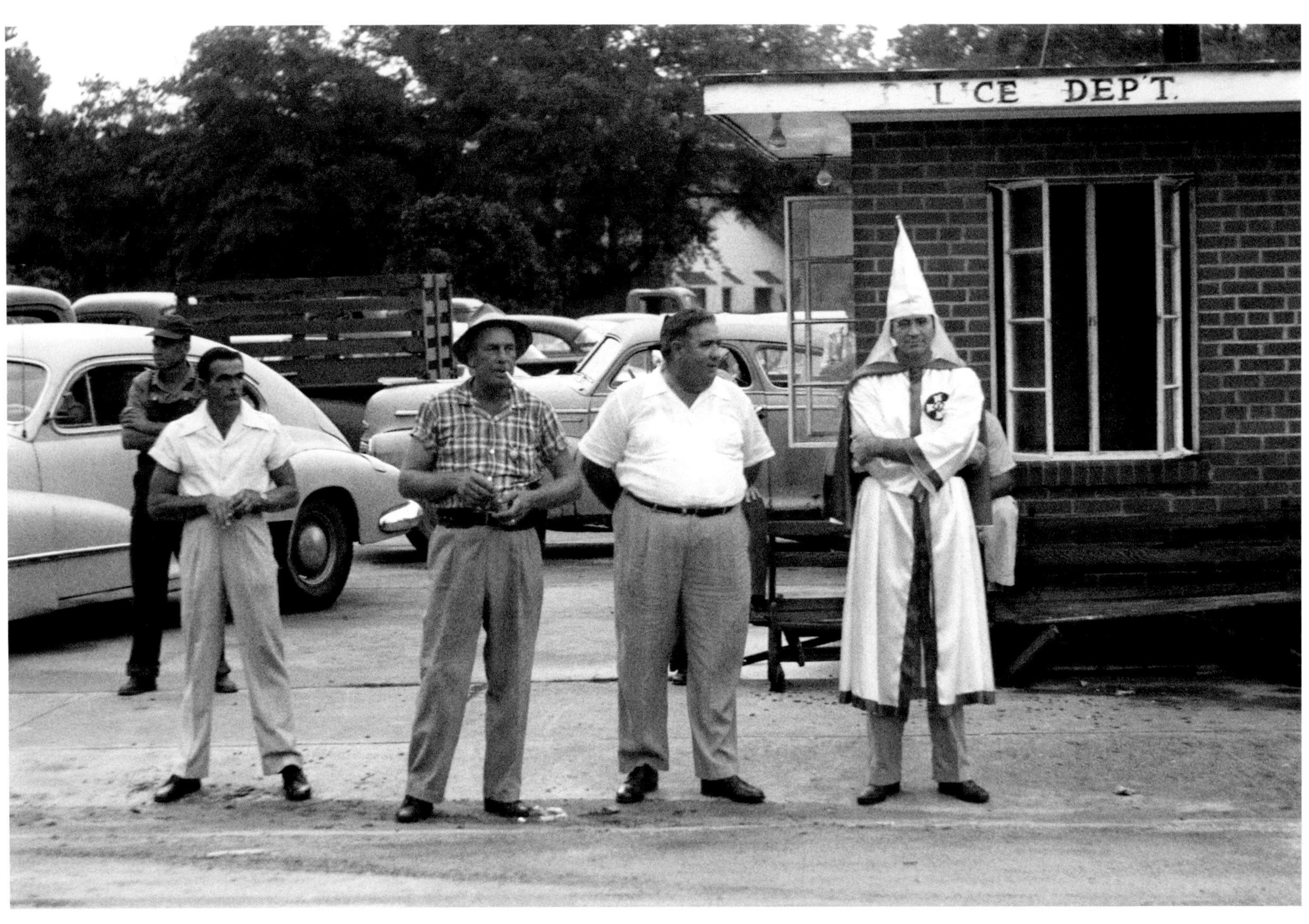

Reviewers in front of police booth,
Reidsville, Georgia, 1957

Spectateurs devant le bureau de police
Reidsville, Géorgie, 1957

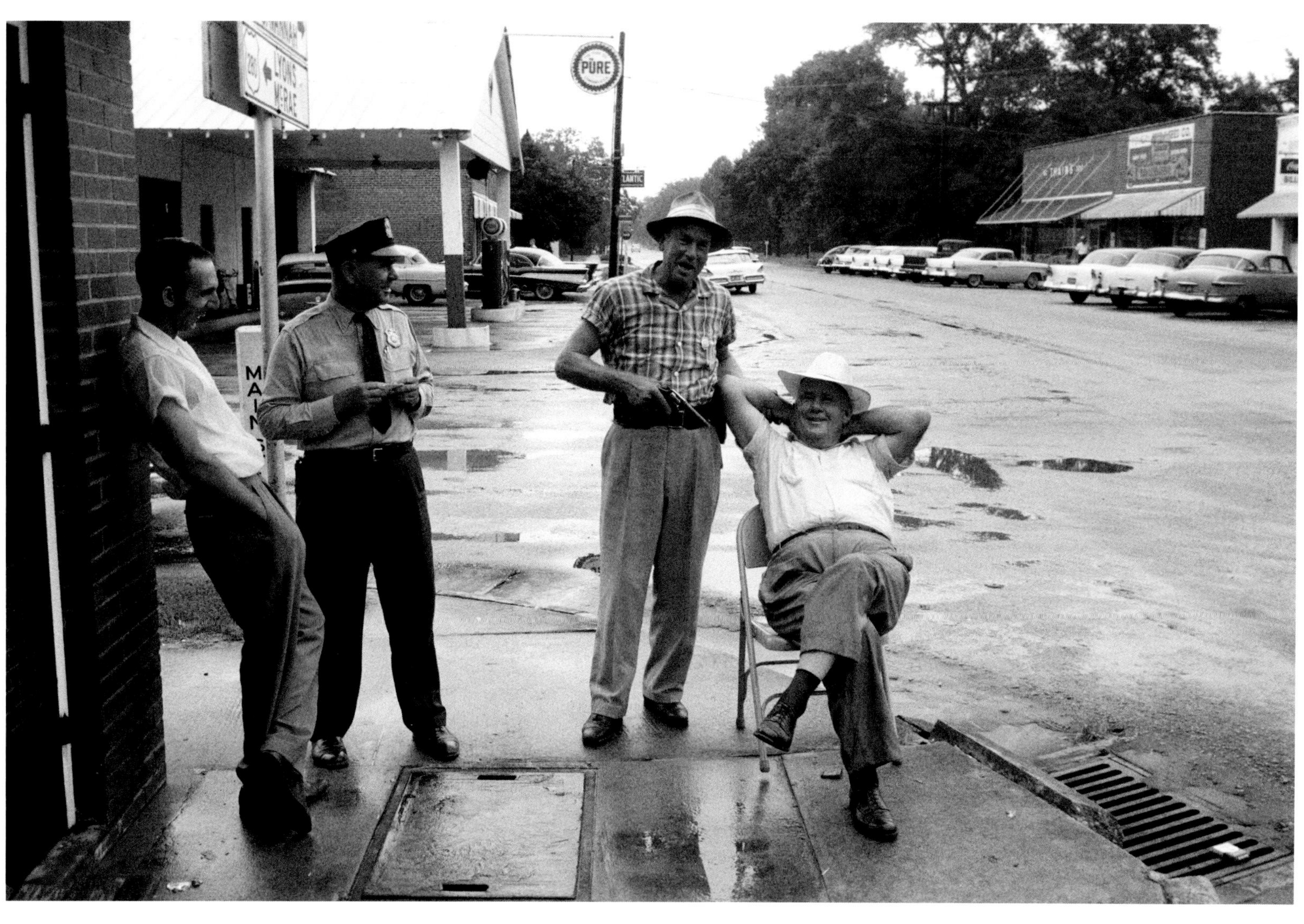

Chief of Police clowning with the Sheriff, Reidsville Georgia, 1957

Le chef de la police faisant le pitre avec le Shérif, Reidsville, Géorgie, 1957

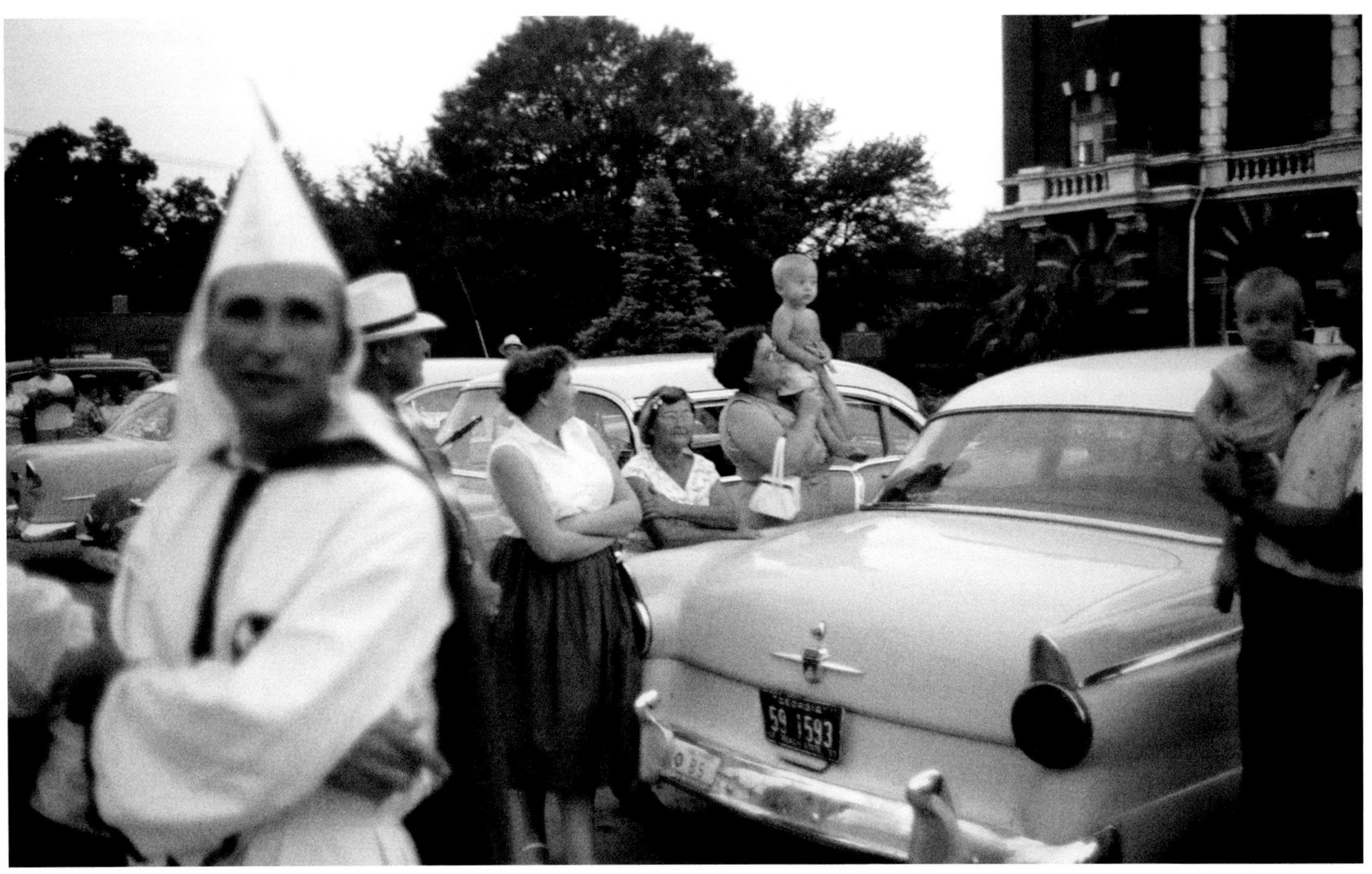

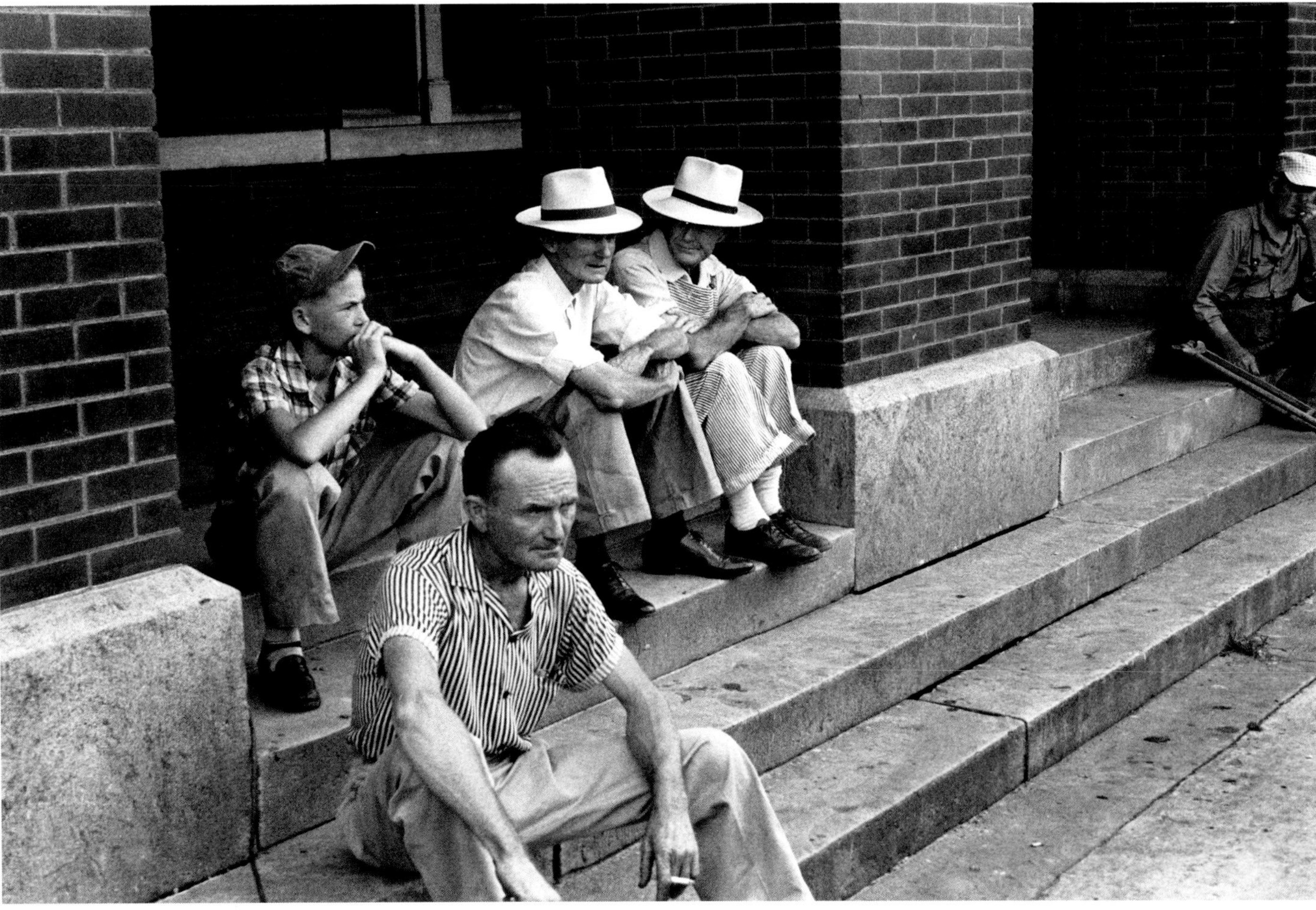

KKKK families in front of the County Courthouse, Reidsville, Georgia, 1957

Familles du KKKK face à la *County Courthouse*, Reidsville, Géorgie, 1957

Men on the Courthouse steps, Saturday afternoon waiting for rally, Reidsville, Georgia, 1957

Hommes sur les marches de la *County Courthouse*, samedi après-midi, attendant le grand rassemblement, Reidsville, Géorgie, 1957

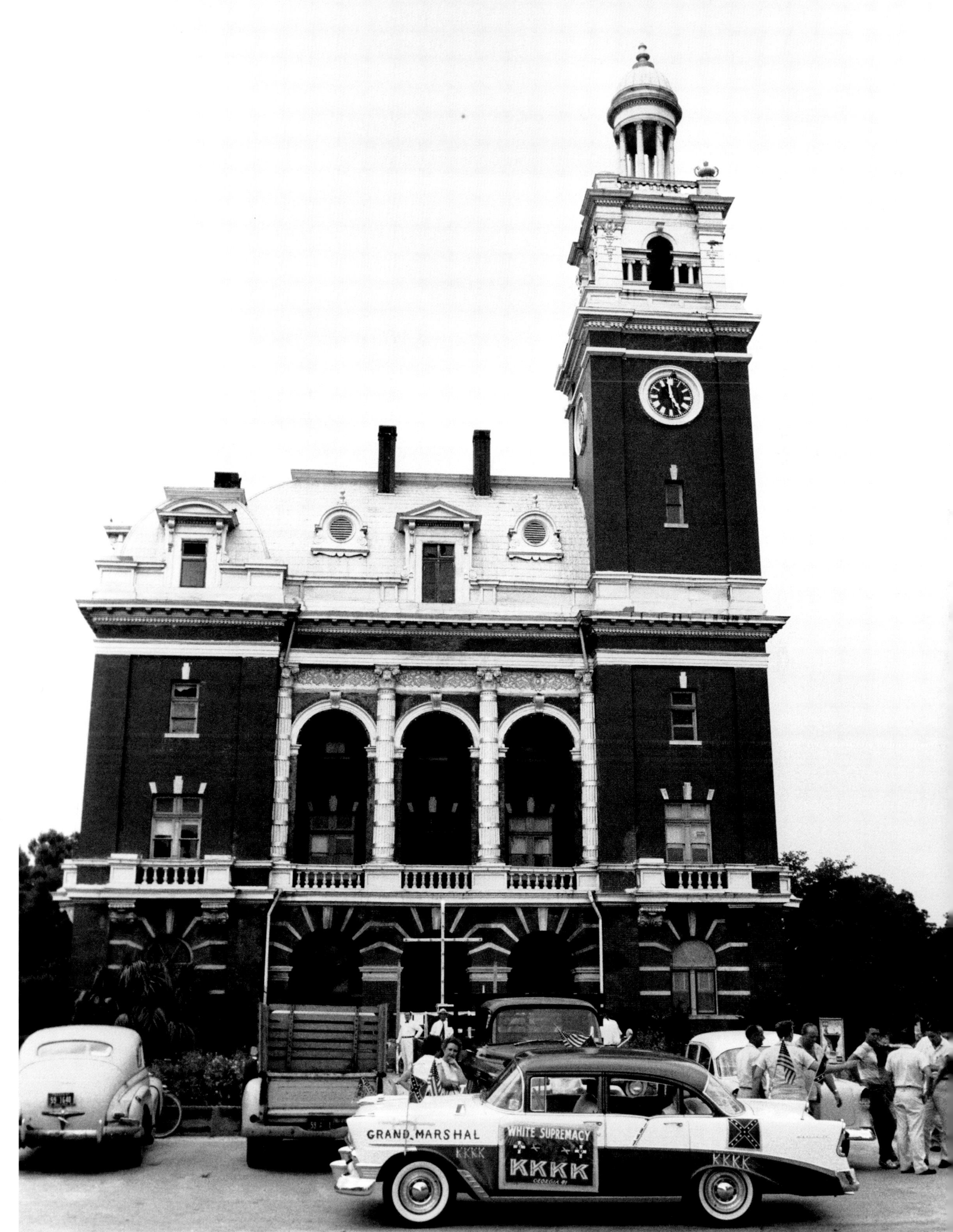
GRAND MARSHAL
KKKK
WHITE SUPREMACY
KKKK
KKKK

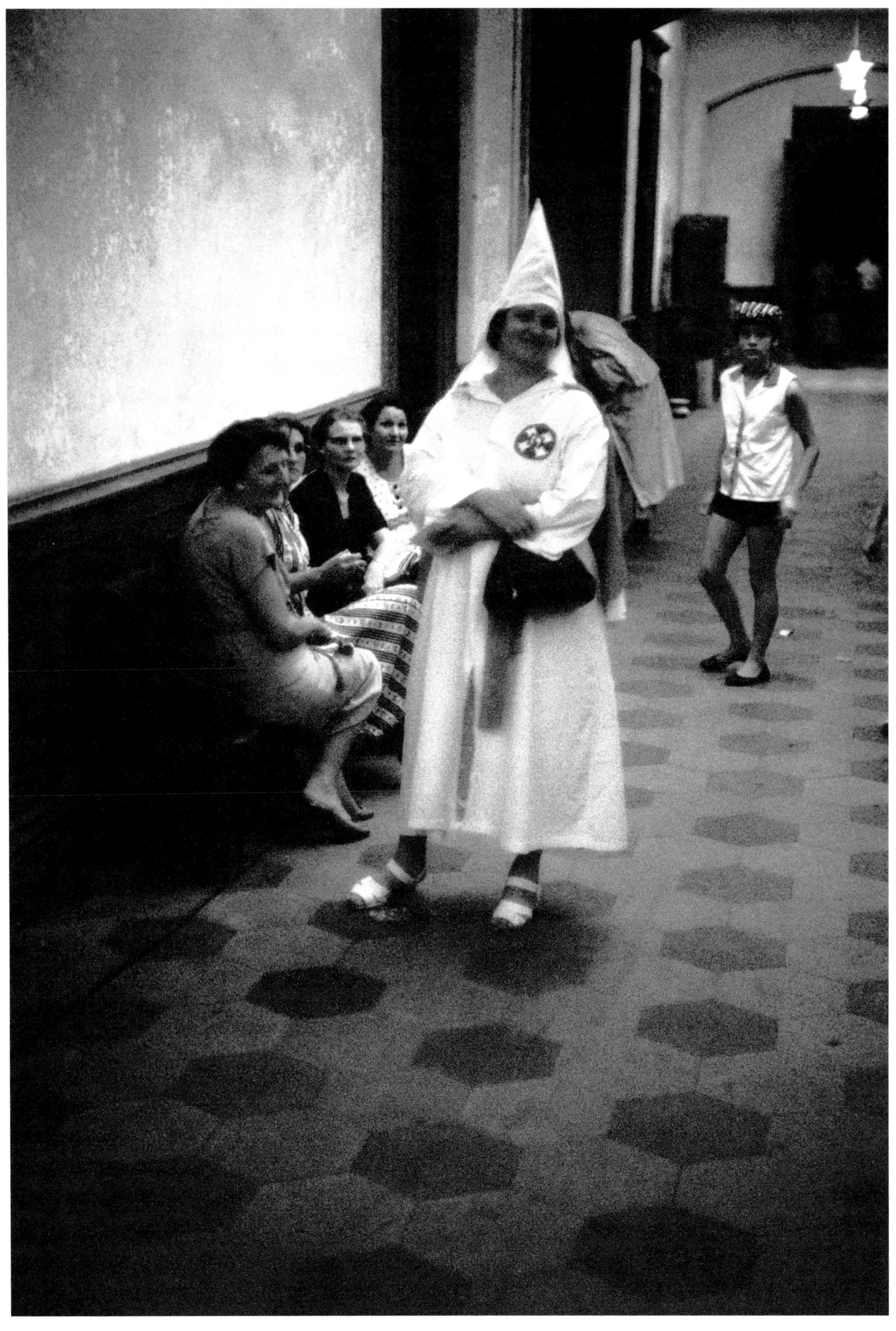

◂ KKKK in front of the County Courthouse, Reidsville, Georgia, 1957

◂ Le KKKK face à la *County Courthouse*, Reidsville, Géorgie, 1957

Klans lady in the County Courthouse, Reidsville, Georgia, 1957

Femme du Klan dans la *County Courthouse*, Reidsville, Géorgie, 1957

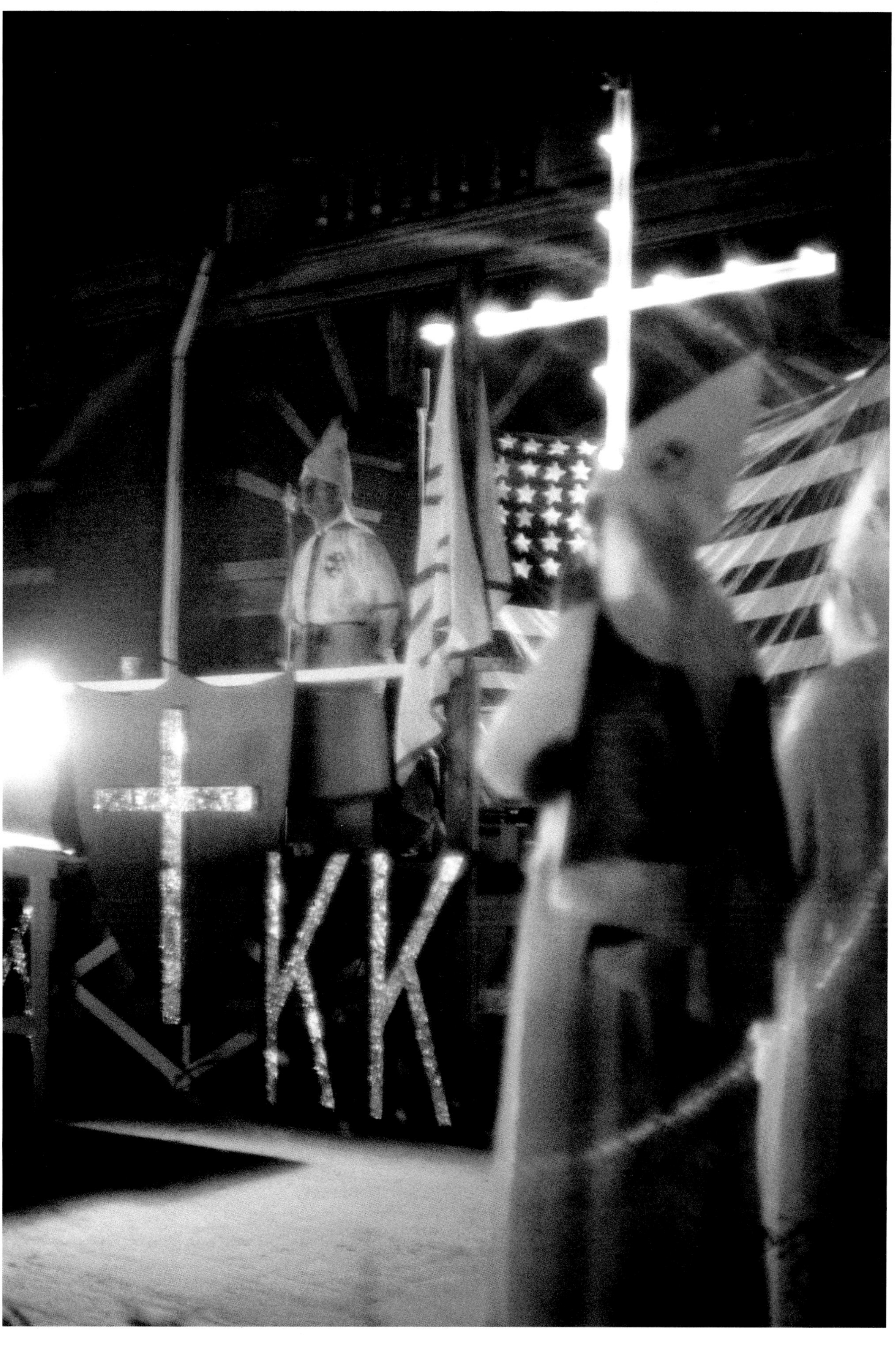

Grand Kleegle making speech,
Reidsville, Georgia, 1957

Discours du Grand Keegle,
Reidsville, Géorgie, 1957

▸ KKKK Rally in front of the County
Courthouse, Reidsville, Georgia, 1957

▸ Rassemblement du KKKK devant la *County
Courthouse*, Reidsville, Géorgie, 1957

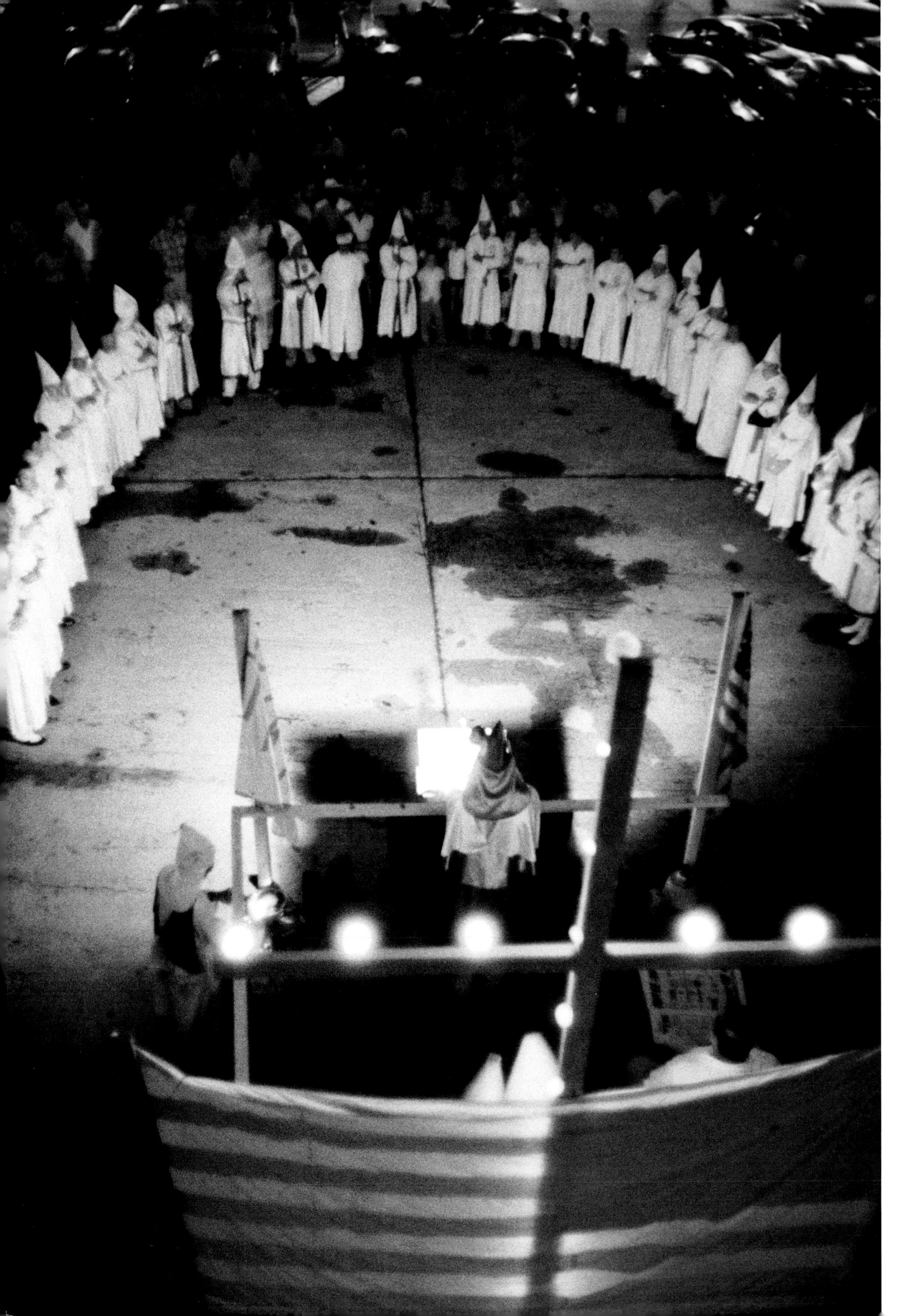

Civil Rights

In the early 1963, Savannah, Georgia was in the process of dramatic social change. Thousands of African American protesters, including a large number of students, were demanding access to movie theaters, restaurants and other public accommodations. Many young people were jailed during the "long hot summer" of 1963, but by the fall of the same year, white officials in Savannah came to an understanding with black leaders, and, in the fall of 1963, restaurants, movie theaters, golf courses and hotels were opened to the public at large. Nobody in Savannah wanted the violence that had brought national notoriety to Selma and Birmingham, Alabama. Civil rights activities continued, however, around the issue of voter registration, and the Chatham County Crusade for Voters stepped up the registration of African American voters.

Young black high school students led by Hosea Williams, a wounded veteran from World War II, along with longshoremen of union Local 1414, with its predominantly black membership, became a powerful recruiting force for the Chatham County Crusade for Voters.

"Big Lester" Hankerson, a longshoreman, was an imposing presence and recruiter, who exited hundreds of black citizens from bars via the "ballot bus", to the County Court House, registering them to vote during the pivotal years of 1963-1964.

The arrival of Reverend Martin Luther King, Jr. in Savannah to speak at the Municipal Auditorium was the culmination of this period of the black Civil Rights movement in the city. These Civil Rights photographs show a rare inside look at the organization of the movement in Savannah that began with young high school students.

Ironically, one of these young people, Otis Johnson, who had been the first black student to enter Armstrong State College in Savannah and helped make these photographs possible by integrating this photographer into the activities of the Chatham County Crusade for Voters in 1963, is now Mayor of Savannah, Georgia. Today, Chatham County is represented by a black state senator, three black state representatives, three county commissioners, three school board members, and several elected judges, a situation which brings to mind recent changes in the politics of the United States. (FB)

... the struggle in Savannah and all across America was waged by, and must be continued by, courageous men and women, boys and girls, who answer the call to hold our country to its highest ideals as expressed in the Declaration of Independence, the Constitution, and the Bill of Rights ... What about you?
Mayor Otis Johnson September 2008

Les Droits Civiques

Au début de l'année 1963, Savannah en Géorgie fut le cadre d'un sérieux changement social. Des milliers de protestants afro-américains dont un grand nombre d'étudiants, réclamèrent l'accès aux cinémas, restaurants et autres services publics. Beaucoup de jeunes gens furent écroués pendant le «long hot summer» de 1963, mais, avant la fin de la même année, les élites blanches de Savannah arrivèrent à un accord avec les leaders noirs, et, à la fin de 1963, les restaurants, cinémas, cours de golf et hôtels furent ouverts à un public plus large. Personne à Savannah ne désirait la violence qui connut un retentissement national à Selma et Birmingham, en Alabama. Les activités des droits civiques continuèrent, cependant, à propos de la question du droit de vote, et la croisade du comté de Chatham en faveur du vote mena au droit de vote des Afro-américains.

Les jeunes étudiants noirs de l'école secondaire menés par Hosea Williams, un vétéran blessé de la Seconde Guerre mondiale, avec les dockers de l'Union locale 1414, au haut taux de membres noirs, devinrent une puissante force de recrutement pour la croisade du comté de Chatham en faveur du vote. «Big Lester» Hankerson, un docker, était un recruteur charismatique, qui motiva des centaines de citoyens noirs, allant des bars via le «ballot bus» (le bus des votants) à la *County Courthouse*, les faisant voter pendant les années clés de 1963-1964.

L'arrivée du révérend Martin Luther King, Jr. à Savannah pour tenir un discours à l'auditorium municipal fut le point culminant de cette période du mouvement noir pour les droits civiques dans la ville. Ces photographies sur les droits civiques montrent un rare regard porté de l'intérieur sur l'organisation du mouvement à Savannah qui commença avec les jeunes étudiants de l'enseignement secondaire.

Paradoxalement, un de ces jeunes gens, Otis Johnson, qui fut un des premiers étudiants noirs à entrer au collège d'état Armstrong à Savannah et qui aida à la réalisation de ces images en faisant participer le photographe aux activités de la croisade d'état de Chatham en faveur du vote en 1963, est aujourd'hui le maire de Savannah en Géorgie.

De nos jours, le comté de Chatham est représenté par un sénateur d'état noir, trois représentants d'état noirs, trois commissaires de comté, trois membres de direction d'école, et quelques juges élus, une situation qui rappelle de récents changements dans la politique des Etats-Unis. (FB)

... la lutte à Savannah et dans toute l'Amérique fut menée, et doit continuer de l'être, par des hommes et des femmes courageux, des garçons et des filles, qui répondent à l'exigence de maintenir notre pays dans ses plus hauts idéaux, comme ils furent exprimés dans la Déclaration d'Indépendance, la Constitution et la Charte des Droits ... Qu'en est-il de vous ?
Le maire Otis Johnson, en septembre 2008

Singing Freedom Songs, Savannah, Georgia, 1963

Chansons pour la liberté, Savannah, Géorgie, 1963

▸ The Ballot Bus, Savannah, Georgia, 1963

▸ Le bus des votants, Savannah, Géorgie, 1963

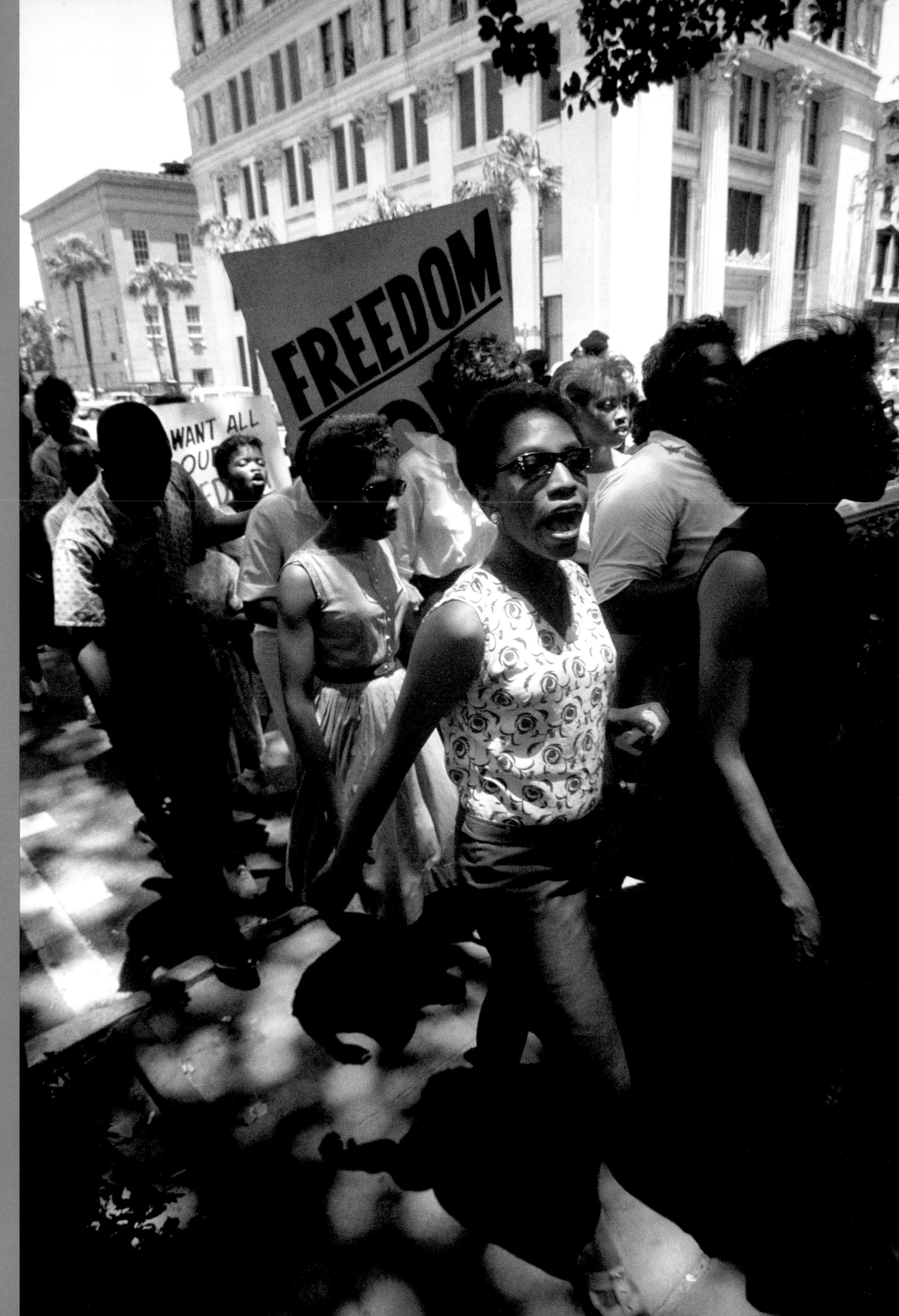
FREEDOM
WANT ALL

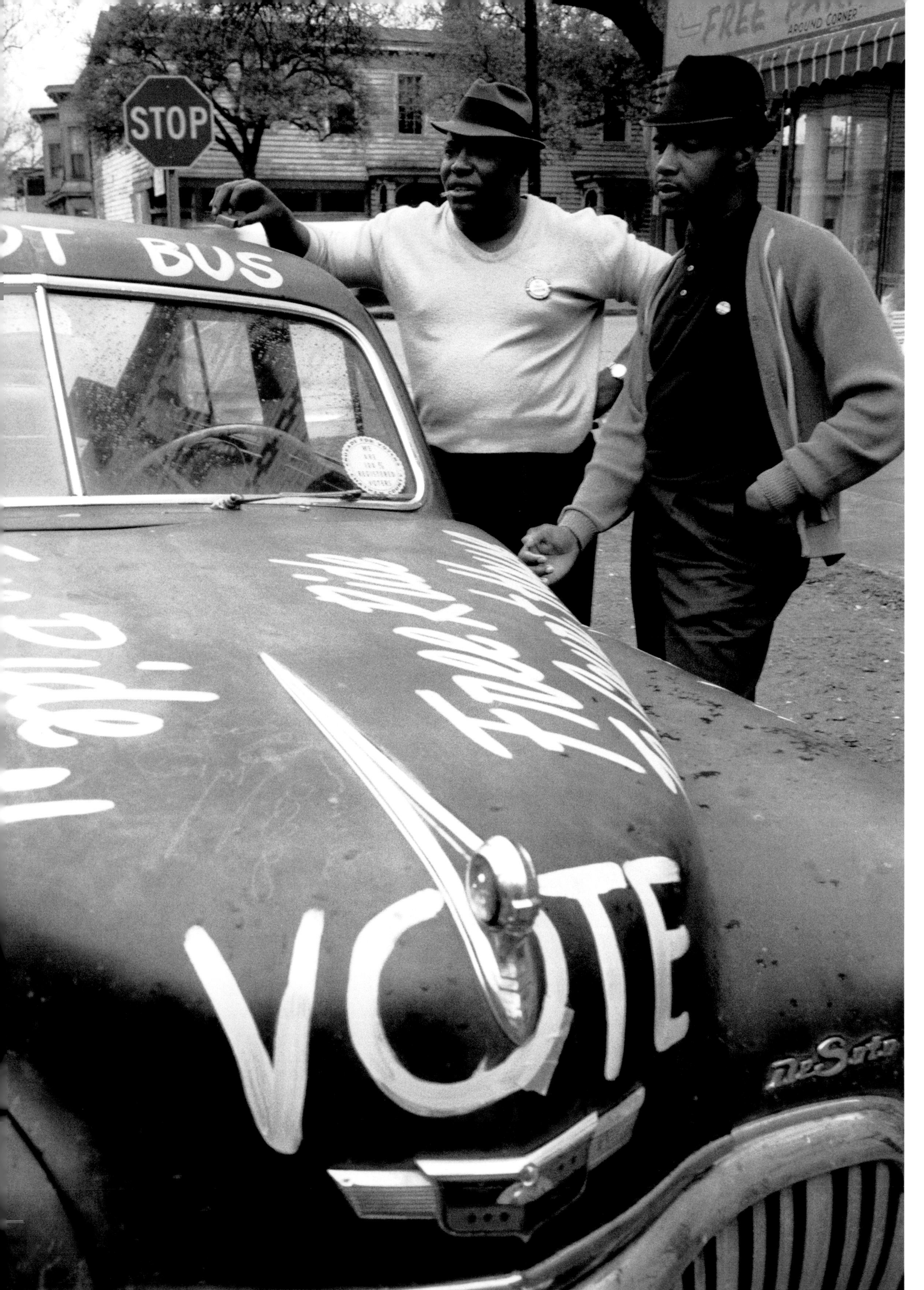

STOP
BUS
VOTE
AROUND CORNER
DeSoto

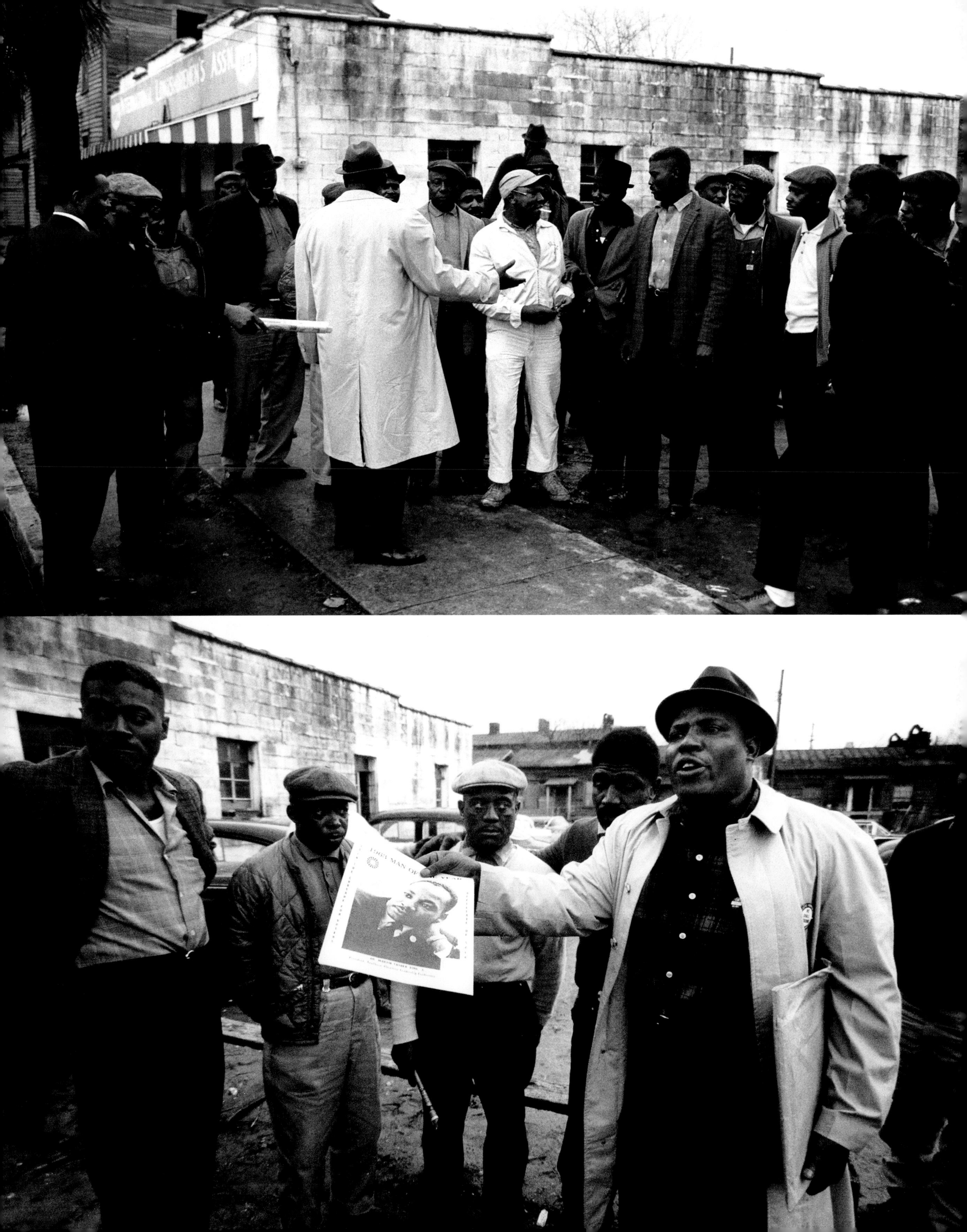
1963 MAN OF

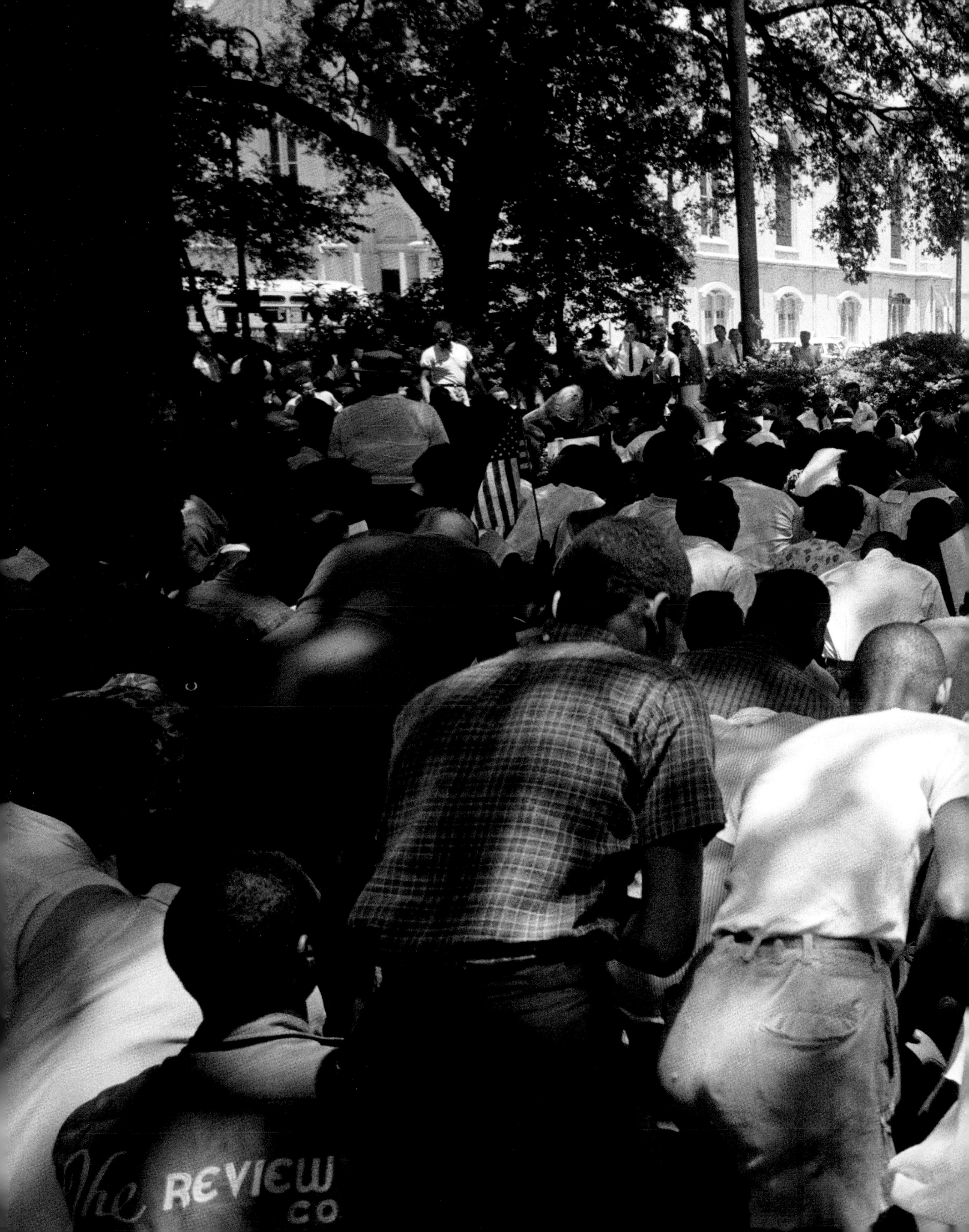
The REVIEW
CO

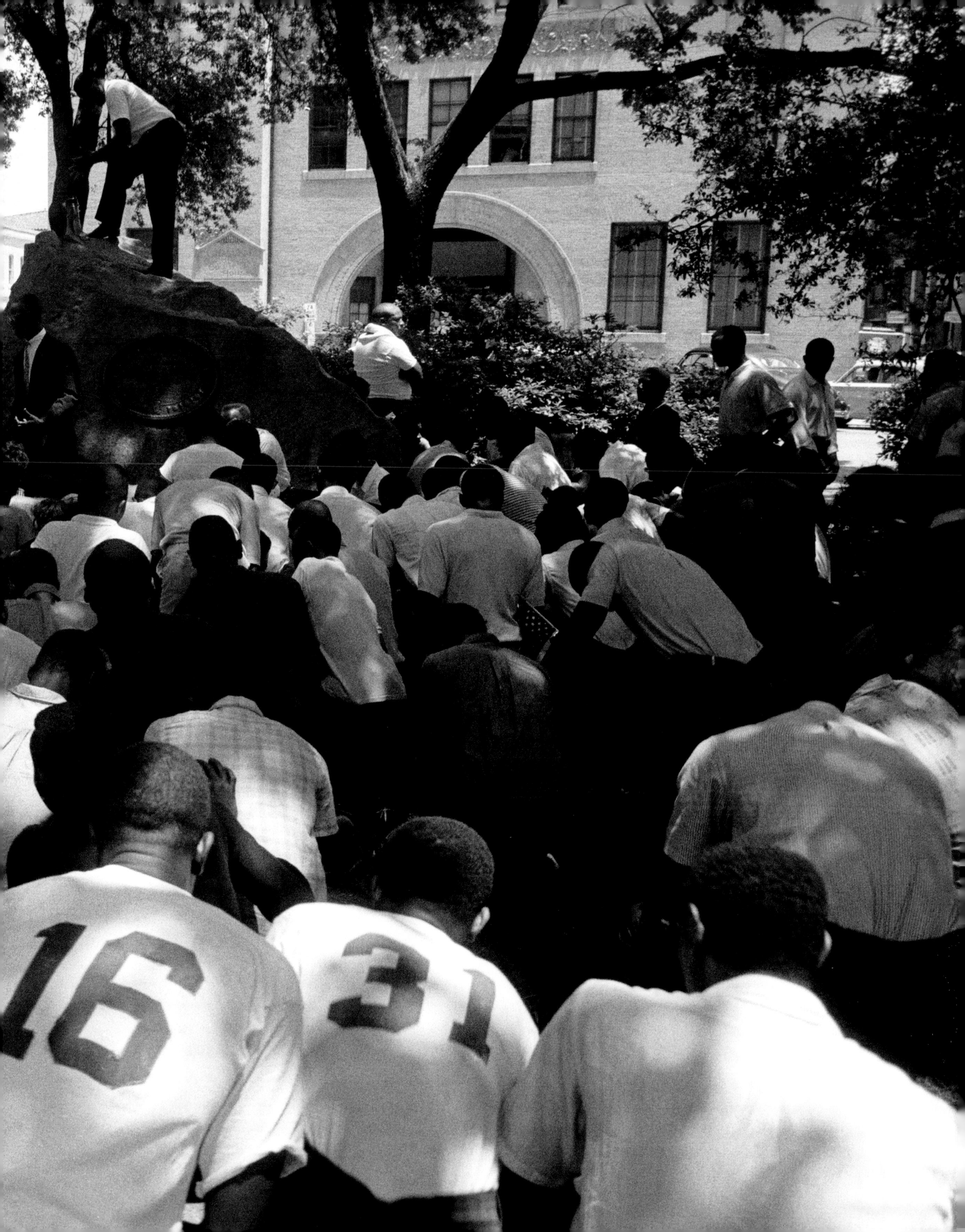
16
31

◂ Hosea Williams preaching from Tomo-Chi-Chi's Rock, Wright Square, Savannah, Georgia, 1963

◂ Hosea Williams prêchant depuis le rocher Tomo-Chi-Chi, Wright Square, Savannah, Géorgie, 1963

Civil Rights Workers posing with Ballot Bus, Savannah, Georgia, 1963

Militants des droits civiques posant devant le bus des votants, Savannah, Géorgie, 1963

Hosea Williams, recruiting Longshoremen, Longshoremen's Hall, Savannah, Georgia, 1963

Hosea Williams recrutant des dockers, salle des dockers, Savannah, Géorgie, 1963

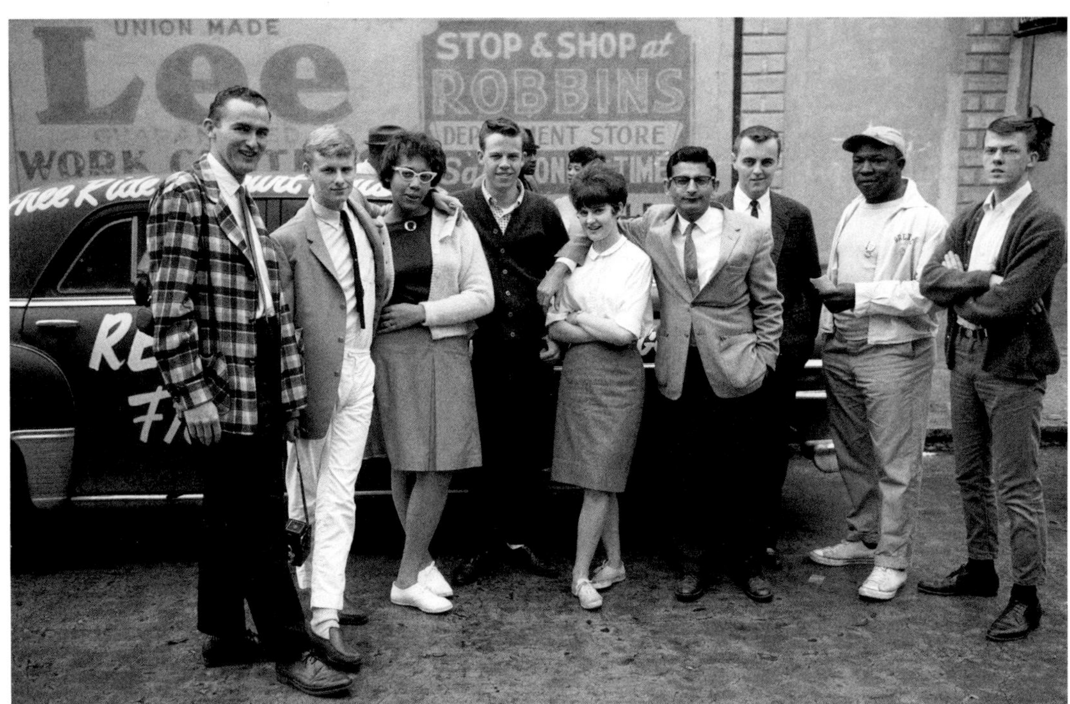

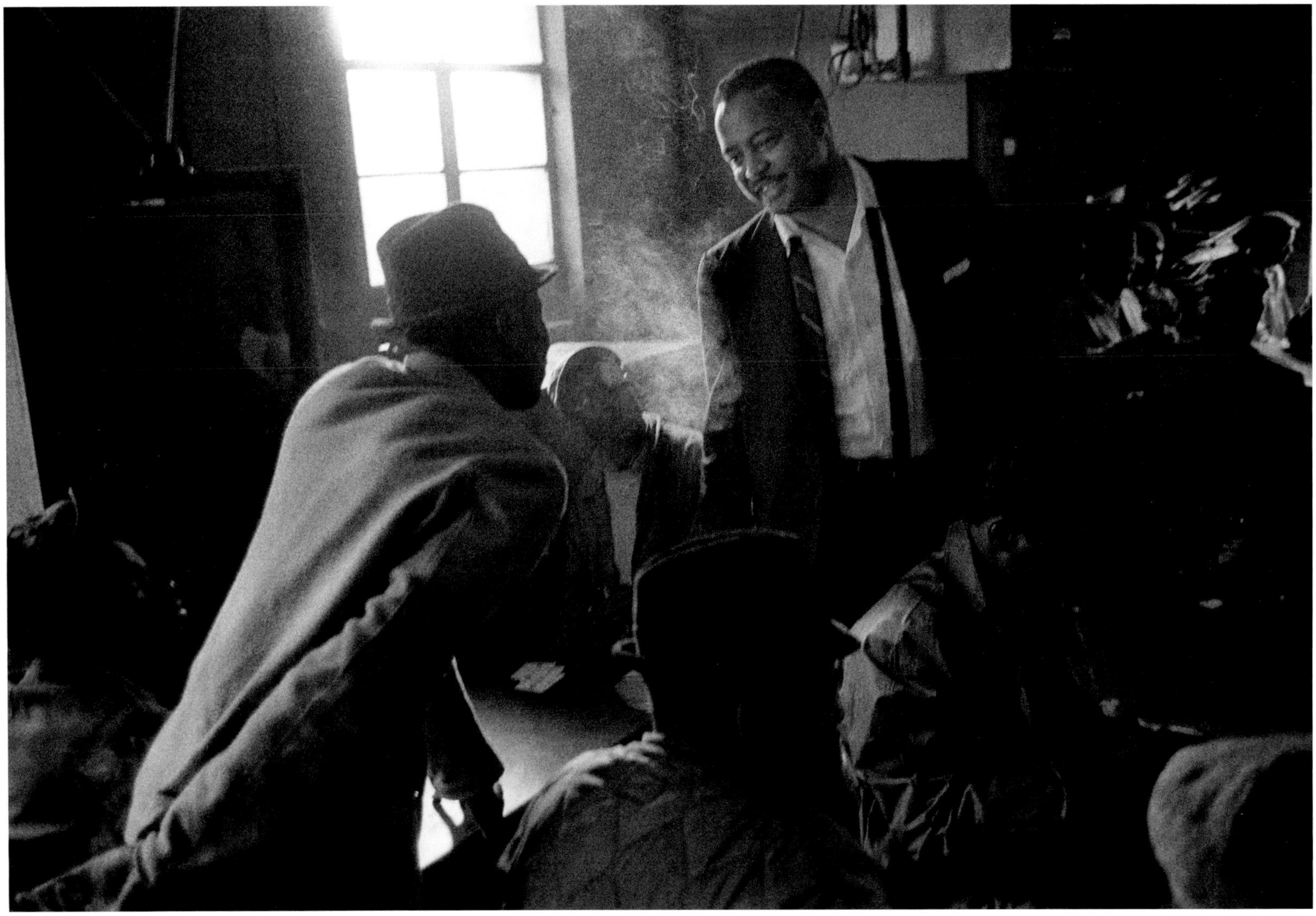

◂◂ "Big Lester" and "Trash" Recruiting Longshoremen, Longshoremen's Hall, Savannah, Georgia, 1963

◂◂ «Big Lester» et «Trash» recrutant les dockers, salle des dockers, Savannah, Géorgie, 1963

◂◂ Longshoreman "Big Lester" exhorting longshoremen to register to vote, Longshoremen's Hall, Savannah, Georgia, 1963

◂◂ Le docker «Big Lester» exhortant les dockers à s'inscrire pour le vote, salle des dockers, Savannah, Géorgie, 1963

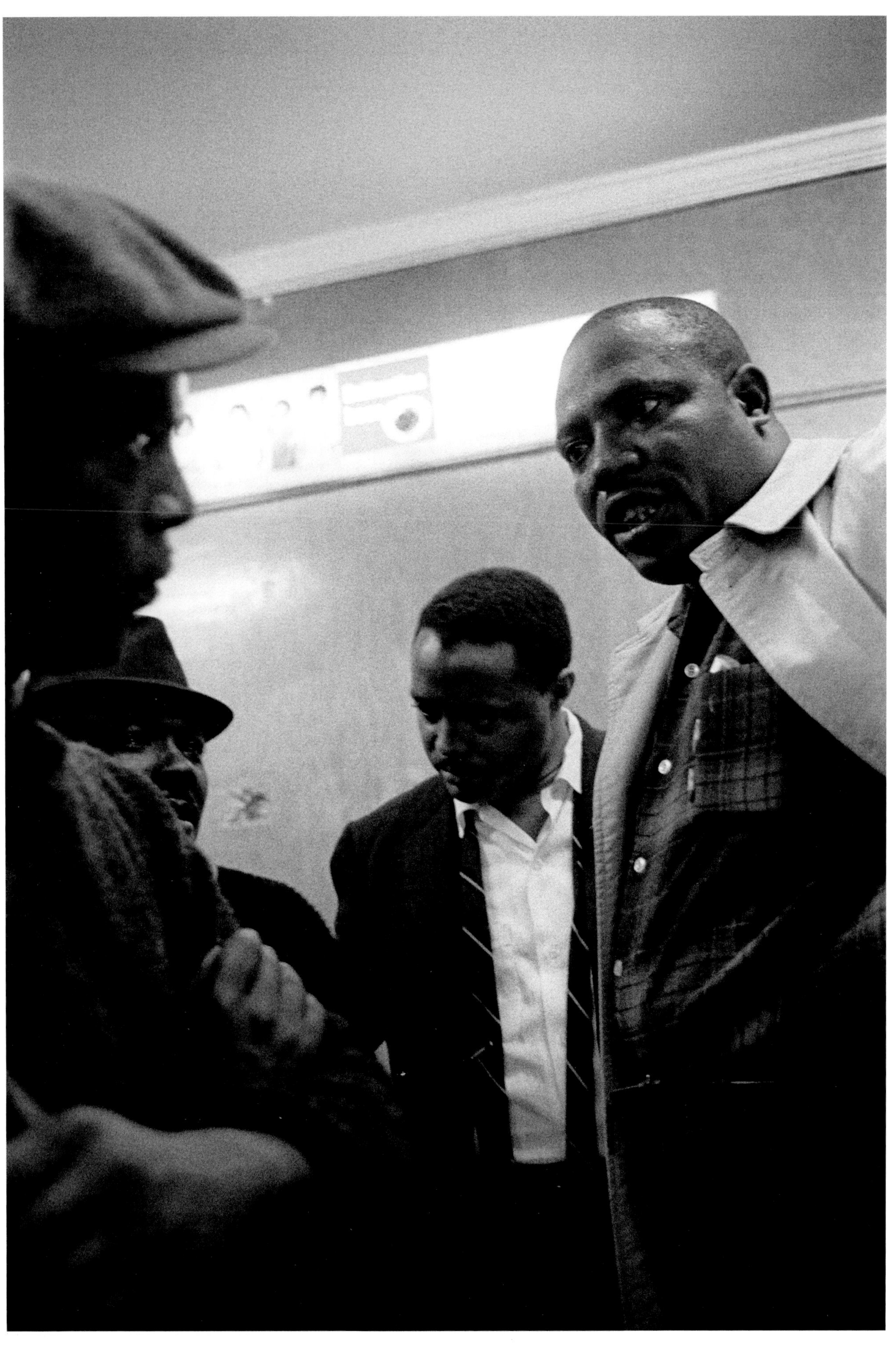

“Big Lester” makes a point about voter registration, Savannah, Georgia, 1963

«Big Lester» fait le point sur l’enregistrement des votants, Savannah, Géorgie, 1963

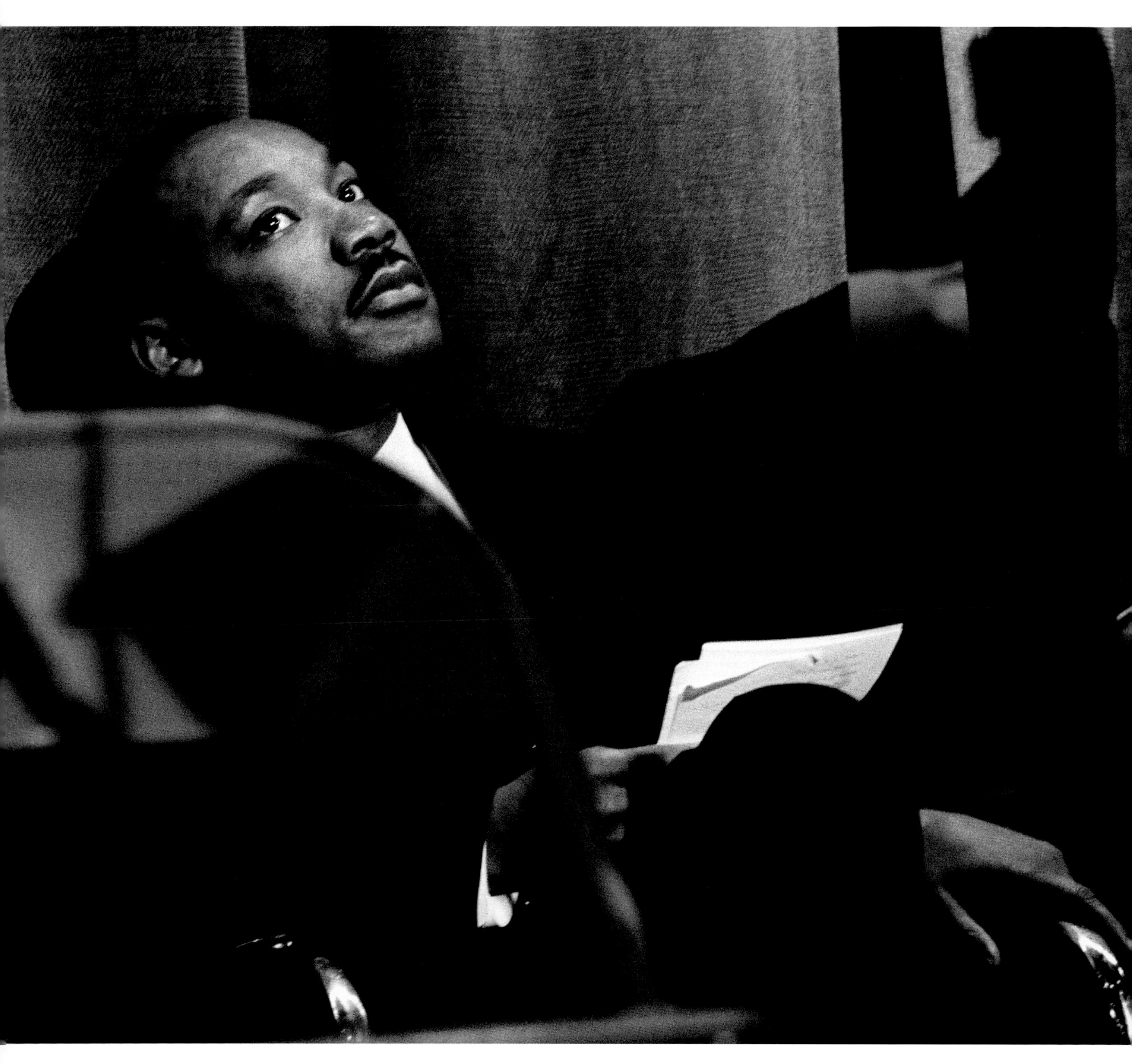

Martin Luther King, Jr. in a moment of relaxation before his speech at the Municipal Auditorium, Savannah, Georgia, January 1964

Martin Luther King, Jr. dans un moment de détente avant son discours à l'auditorium municipal, Savannah, Géorgie, janvier 1964

Voter registration, Chatham County Courthouse, Savannah, Georgia, 1963

Enregistrement des votants, Palais de Justice du Comté de Chatham, Savannah, Géorgie, 1963

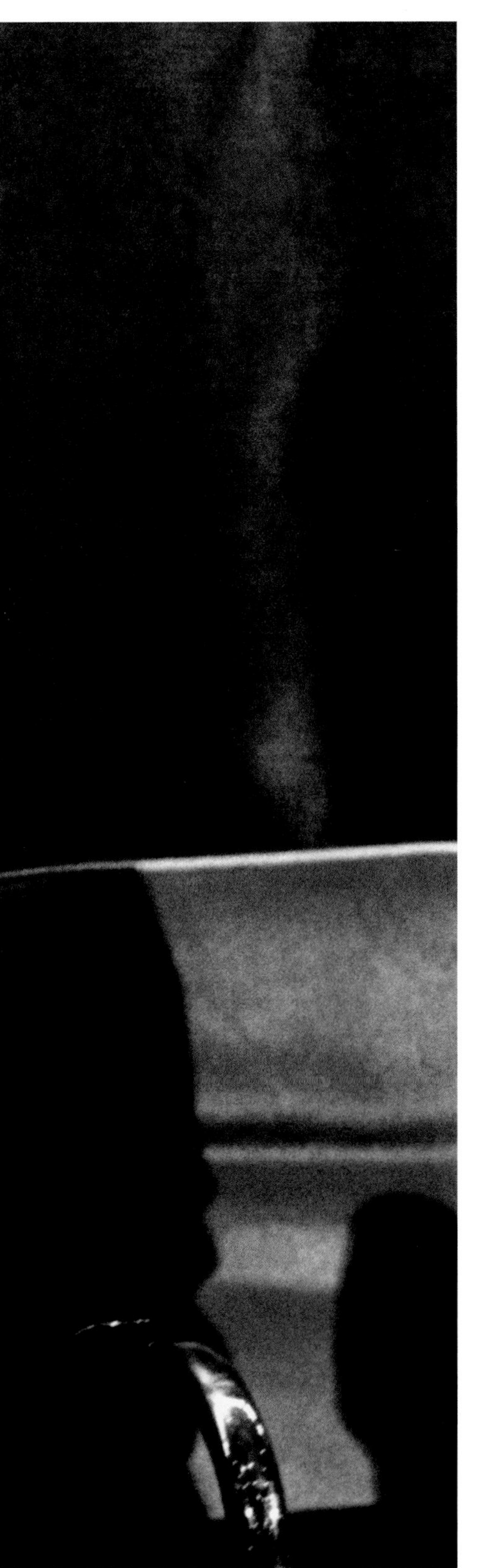

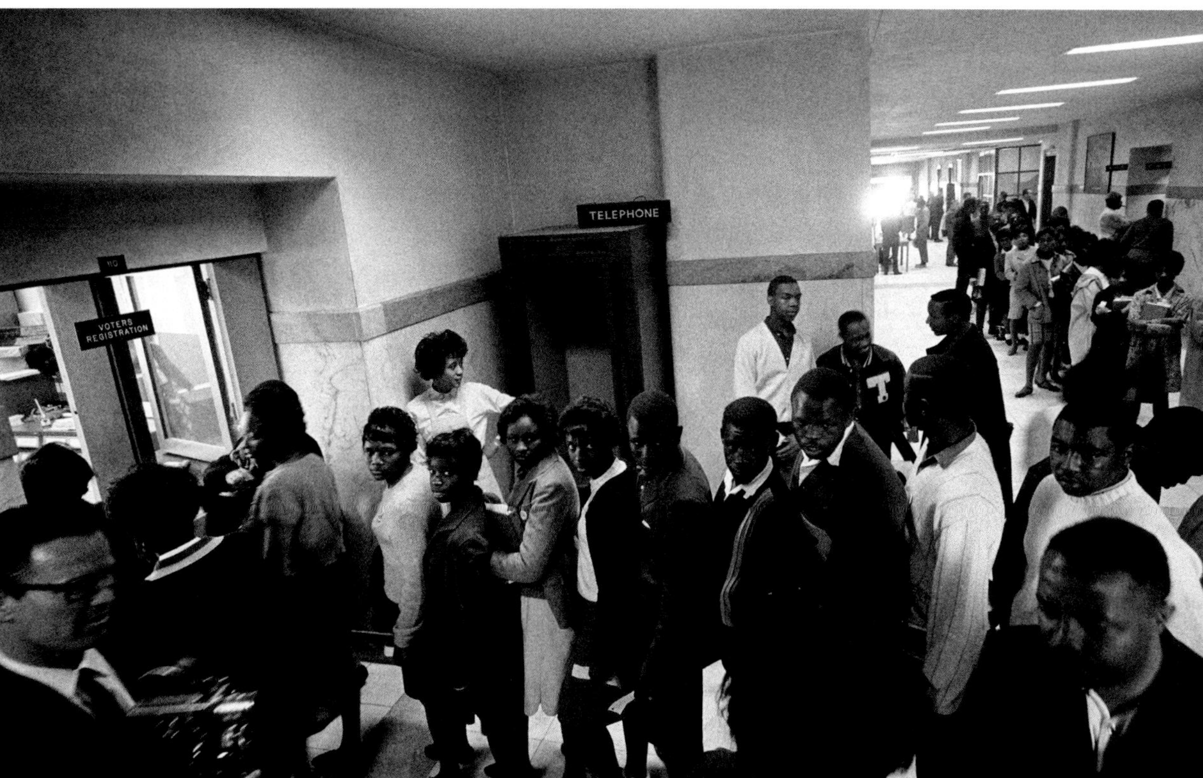

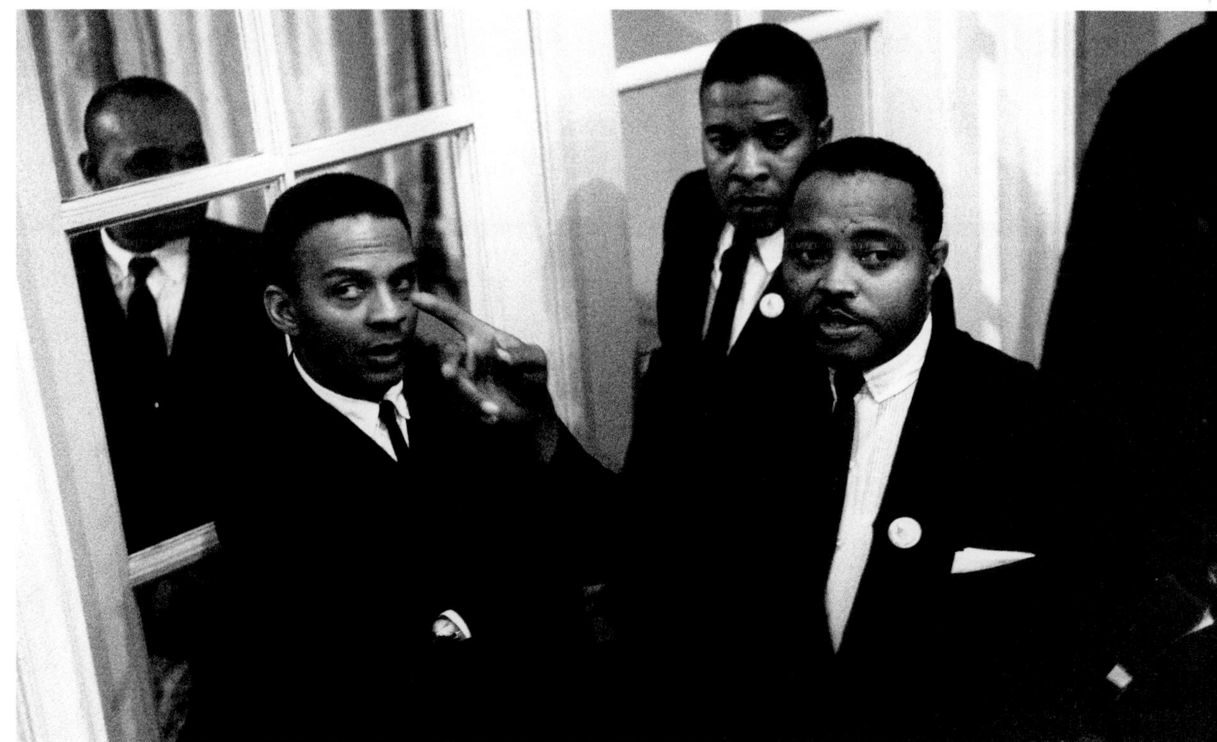

Civil Rights Movement leaders (l. to r.) Andrew Young, B. Clarence Mayfield and Hosea Williams waiting for Martin Luther King, Jr., Municipal Auditorium, Savannah, Georgia, January 1964

Les dirigeants du mouvement pour les droits civiques, (de g. à dr.) Andrew Young, B. Clarence Mayfield et Hosea Willams, attendant Martin Luther King, Jr., Auditorium municipal, Savannah, Géorgie, janvier 1964

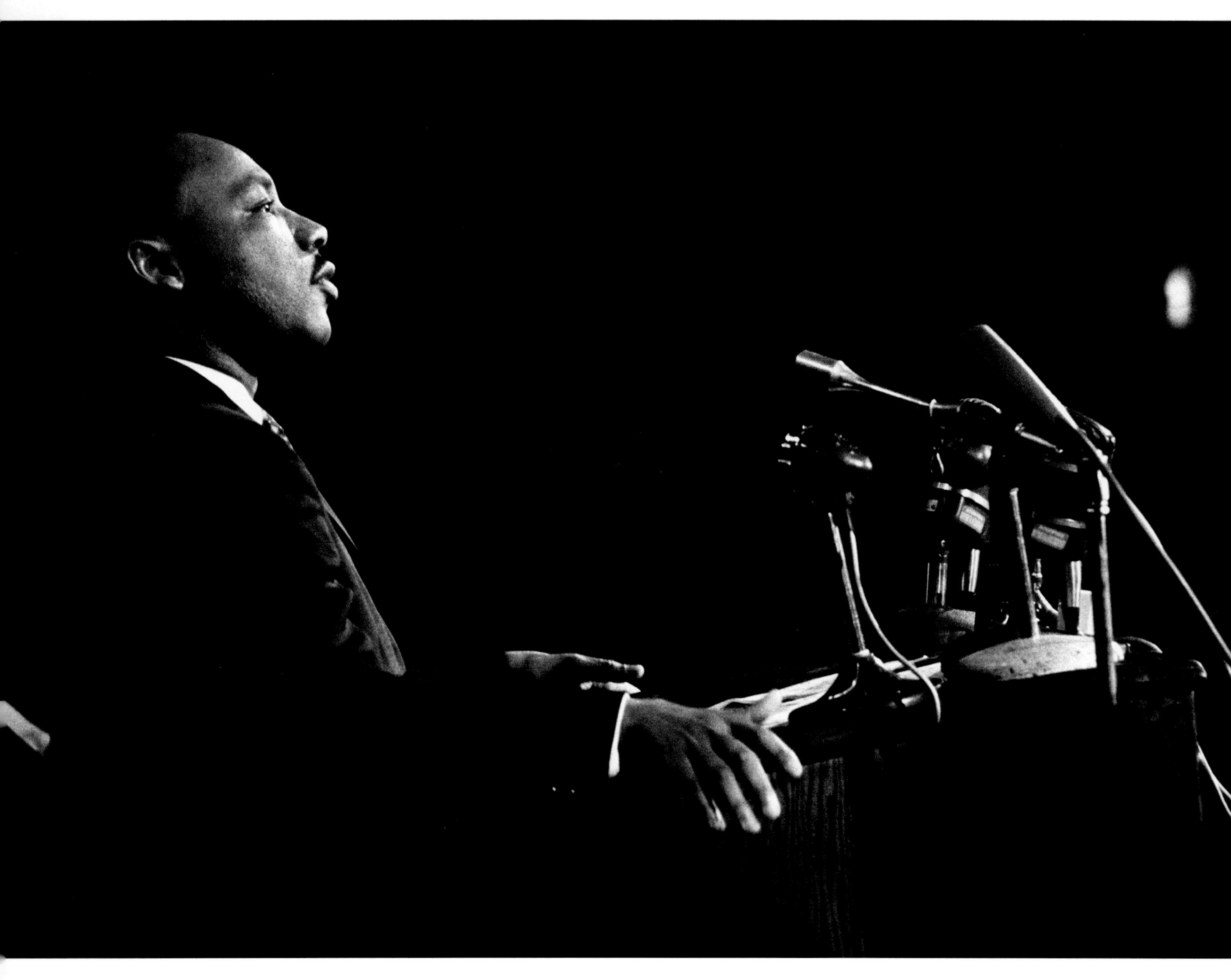

Martin Luther King, Jr. speaking at the Municipal Auditorium, Savannah, Georgia, January 1964

Martin Luther King, Jr. parlant à l'auditorium municipal, Savannah, Géorgie, janvier 1964

Southeast Georgia

There is a spit of land in southeast Georgia that cuts through the pine woods, bounded by creeks and bottomland swamps. You get there over back roads lined with cypress stumps, oaks, and sweet gum trees that seem to go on forever.

Some people say that the situation of the people who live here came about because the area is so isolated – so far removed from populous areas and so deep in the backwoods and swampland of the rural South. Others trace their problems to one small weather-beaten woman of several generations past who is said to have left 10 illegitimate children behind when she died. But nobody knows the real truth. A lot of things that are said about these people have no relation to reality. But one thing is certain: The people on this land live out of mainstream, and they are poor. They are particularly isolated, but their poverty is not unlike that of many people in parts of the rural U.S. South in the mid- and late 20th century.

For most of the past hundred years, life here has been a struggle against disease, debts, mortgaged crops, malnutrition, lack of education, and the minimal income from road and sawmill work. Since the 1930's a few moonshine stills have provided extra cash. On this land, improvements have come slowly – electricity in the late 1940's; a single tractor and a few cars in the 1950's; telephones in the early 1970's and finally mobile homes and indoor plumbing in the early 1980's.

I chose to work with these people over a period of years for three reasons: Originally I felt that it was outrageous that any citizens of a country as rich as the United States would be left to live the way these people were living. Then I became fascinated with the survival process of people and families who have been so cut off socially and economically from the rest of society. Finally I came to respect and admire these families who have managed to retain the qualities of affection, family loyalty, tolerance and warmth in the face of such difficulties and ostracism. Much of their daily existence is starkly bleak, but knowing them now, I would say that the people of this land are the opposite of the 'fearful freaks' that other people say they are. Instead, they are people who have found within themselves a great source of humanity and warmth, which they are willing to share with others. The 'fearful freaks' are elsewhere. (FB)

La Géorgie du sud-est

Il existe un morceau de terrain dans le sud-est de la Géorgie qui coupe à travers les bois de pins, entourés de criques et de marécages. On y arrive par des petites routes le long desquelles des souches de cyprès, des chênes et des arbres à gomme sont alignés à l'infini.

Certains disent que la situation des gens qui vivent ici est ce qu'elle est parce que la région est trop isolée – si éloignée des régions peuplées et très profondément située dans les bois et les marécages du sud rural. D'autres imputent leurs problèmes à une petite dame basanée vieille de plusieurs générations dont on dit qu'elle abandonna dix enfants illégitimes quand elle vint à mourir. Mais personne ne connaît la pure vérité.

Beaucoup de choses qui furent dites à propos de ces gens sont sans relation avec la réalité. Mais une chose est sûre : les habitants de cette région vivent en marge de la société et sont pauvres. Ils sont particulièrement isolés, mais leur pauvreté n'est pas différente de celle de beaucoup d'autres personnes qui vivaient dans l'Amérique rurale du sud au milieu et à la fin du XXe siècle.

Durant les cent dernières années et plus, vivre ici a été un combat contre les maladies, les dettes, les récoltes à hypothèque, la malnutrition, le manque d'éducation et le revenu minimal du travail venant de la route et de la scierie. Depuis les années 30, quelques ventes illicites d'alcool ont apporté des rentrées supplémentaires. Sur ce territoire, les améliorations ne sont arrivées que très lentement – l'électricité à la fin des années 40 ; un seul tracteur et quelques voitures dans les années 50 ; des téléphones au début des années 70 et finalement des caravanes et de la plomberie au début des années 80.

J'ai choisi de travailler avec ces gens pendant plusieurs années pour trois raisons : j'ai senti au départ qu'il était outrageant que des citoyens d'un pays aussi riche que les Etats-Unis vivent de cette manière. Ensuite, j'ai été fasciné par le processus de survie des gens et des familles qui furent tant coupés du reste de la société tant sur le plan social qu'économique. Finalement, j'en vins à respecter et admirer ces familles qui ont réussi à garder leurs qualités d'affection, de loyauté familiale, de tolérance et de chaleur humaine face à tant de difficultés et d'ostracisme. La plus grande partie de leur existence quotidienne est vraiment difficile mais, en les connaissant maintenant, je dirais que les gens de cette région sont l'opposé de ces «épouvantables monstres» comme certains les appellent. Au contraire, ce sont des gens qui ont trouvé en eux une grande source d'humanité et de chaleur qu'ils désirent partager. Les «épouvantables monstres» sont ailleurs. (FB)

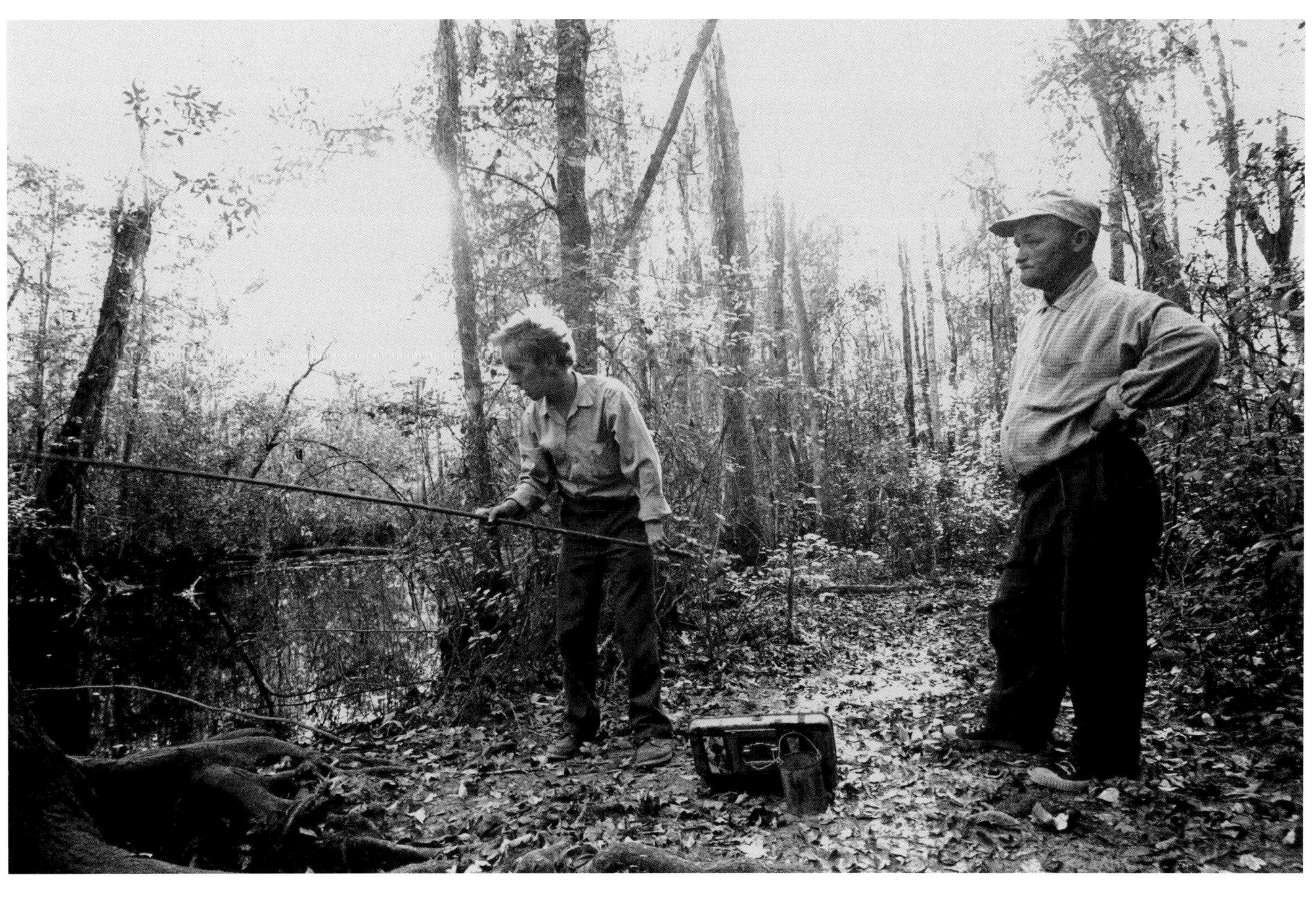

Southeast Georgia, 1969-1970 Sud-est de la Géorgie, 1969-1970

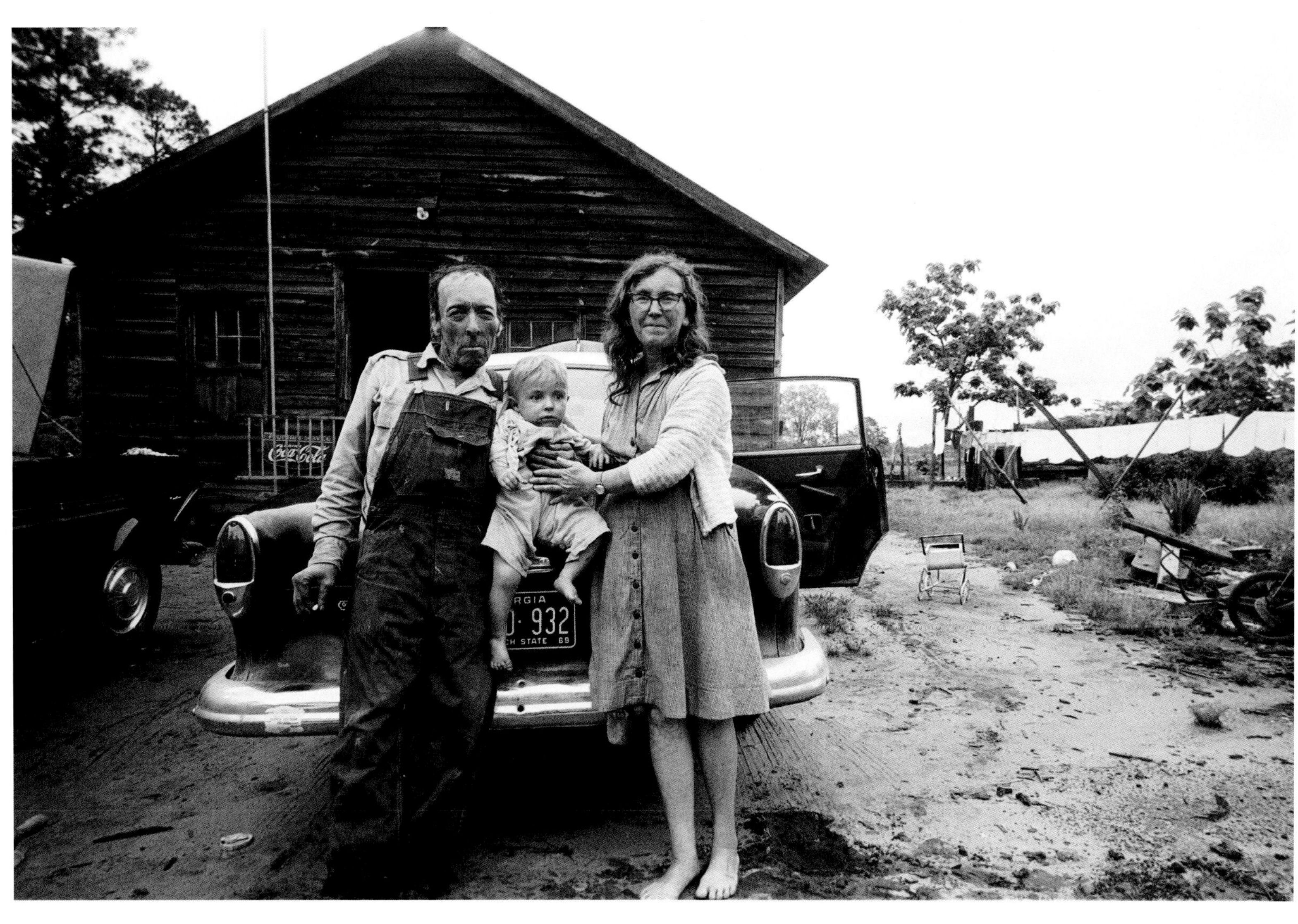

 Southeast Georgia, 1969-1970

Sud-est de la Géorgie, 1969-1970

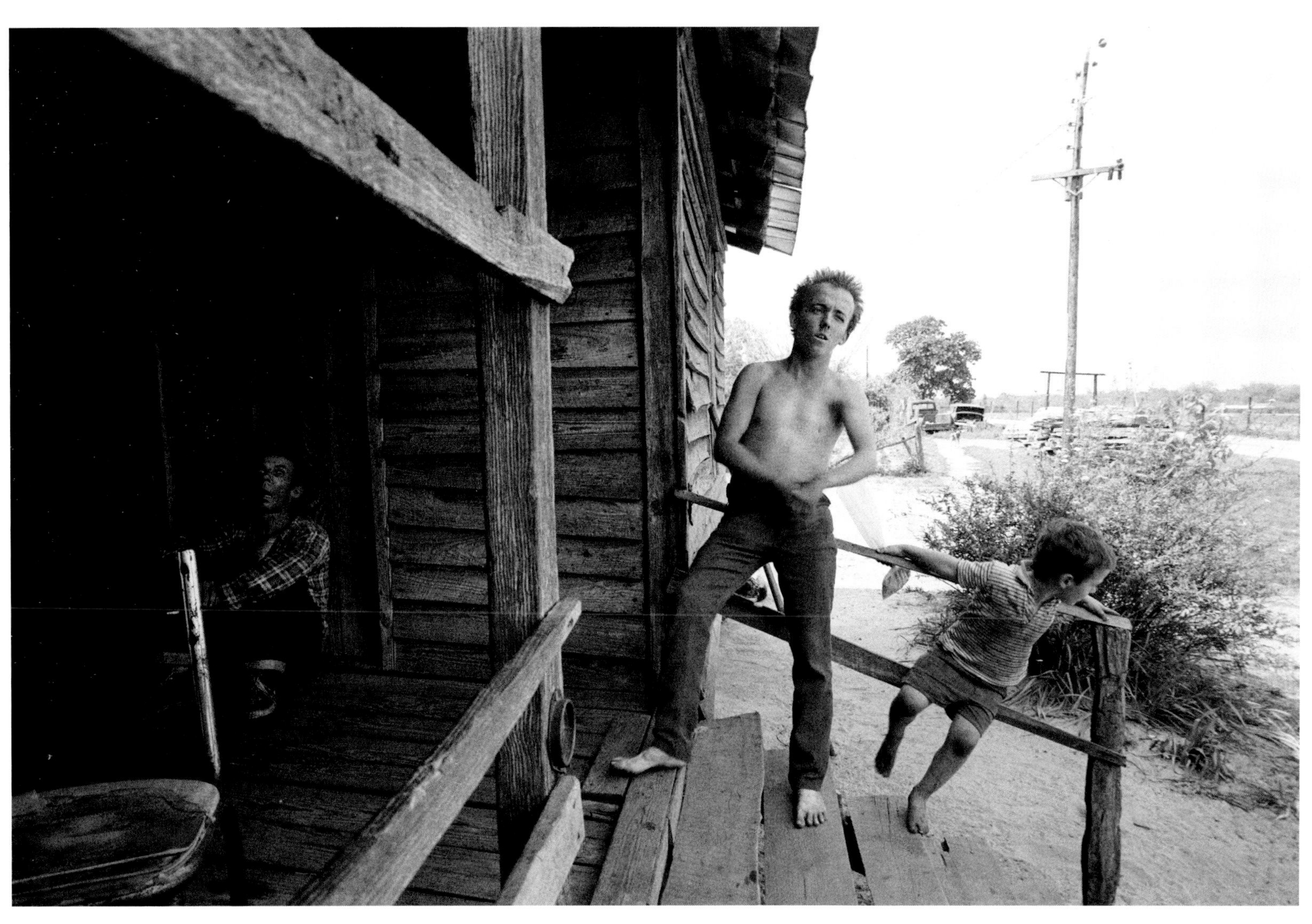

Southeast Georgia, 1969-1970 Sud-est de la Géorgie, 1969-1970

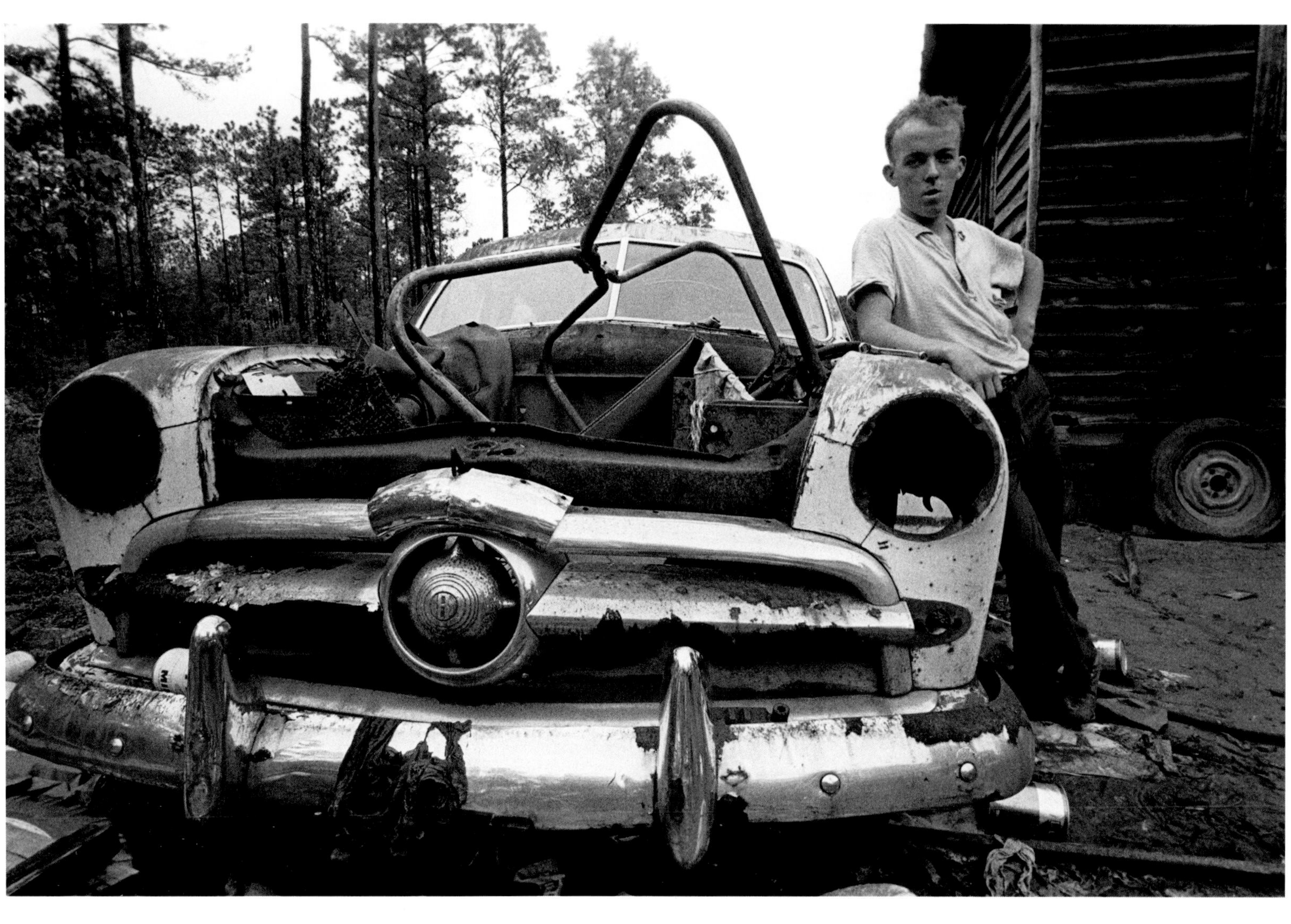

 Southeast Georgia, 1969-1970 Sud-est de la Géorgie, 1969-1970

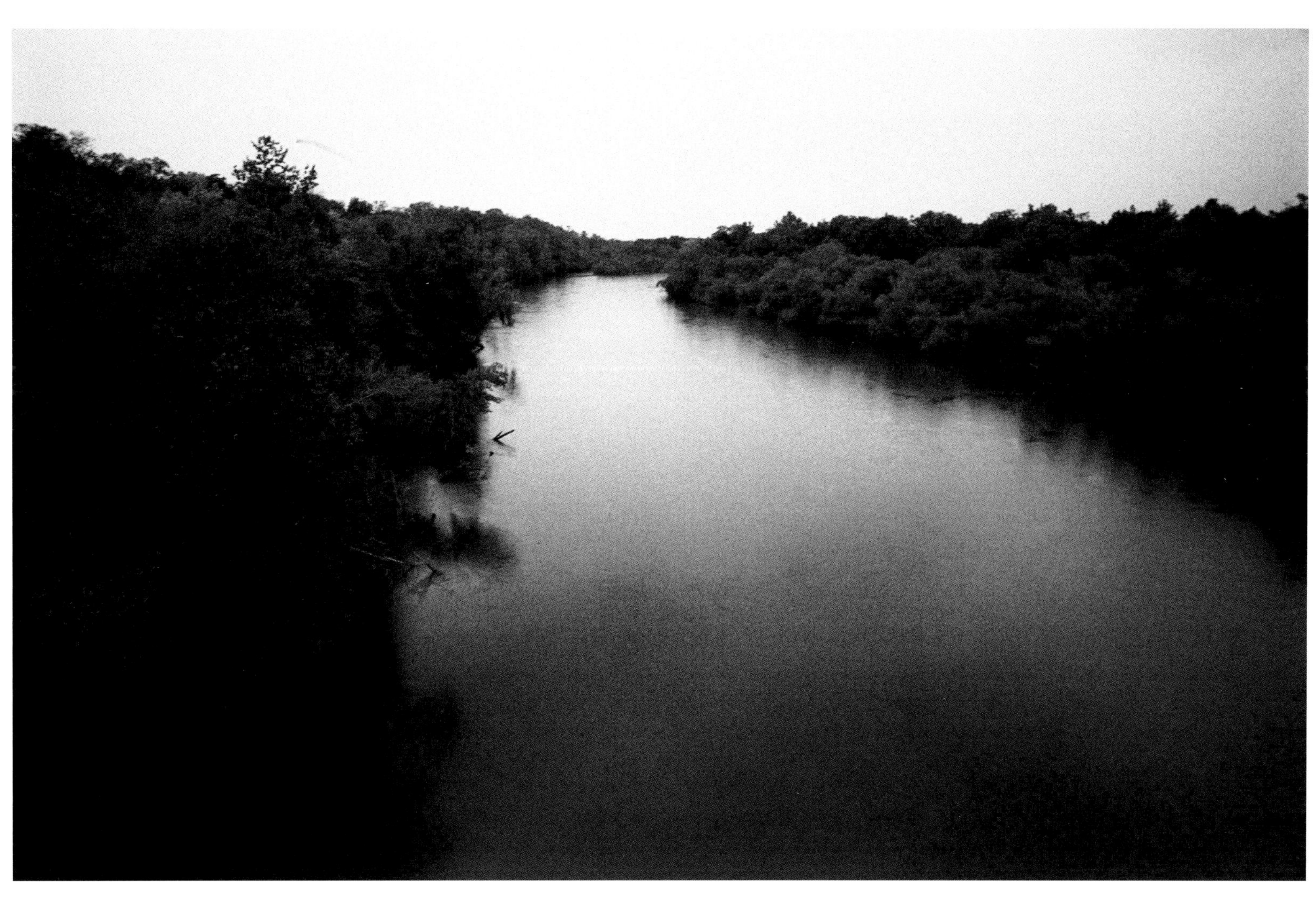

Nearby Savannah River,
Southeast Georgia, 1969-1970

Près de la rivière Savannah,
sud-est de la Géorgie, 1969-1970

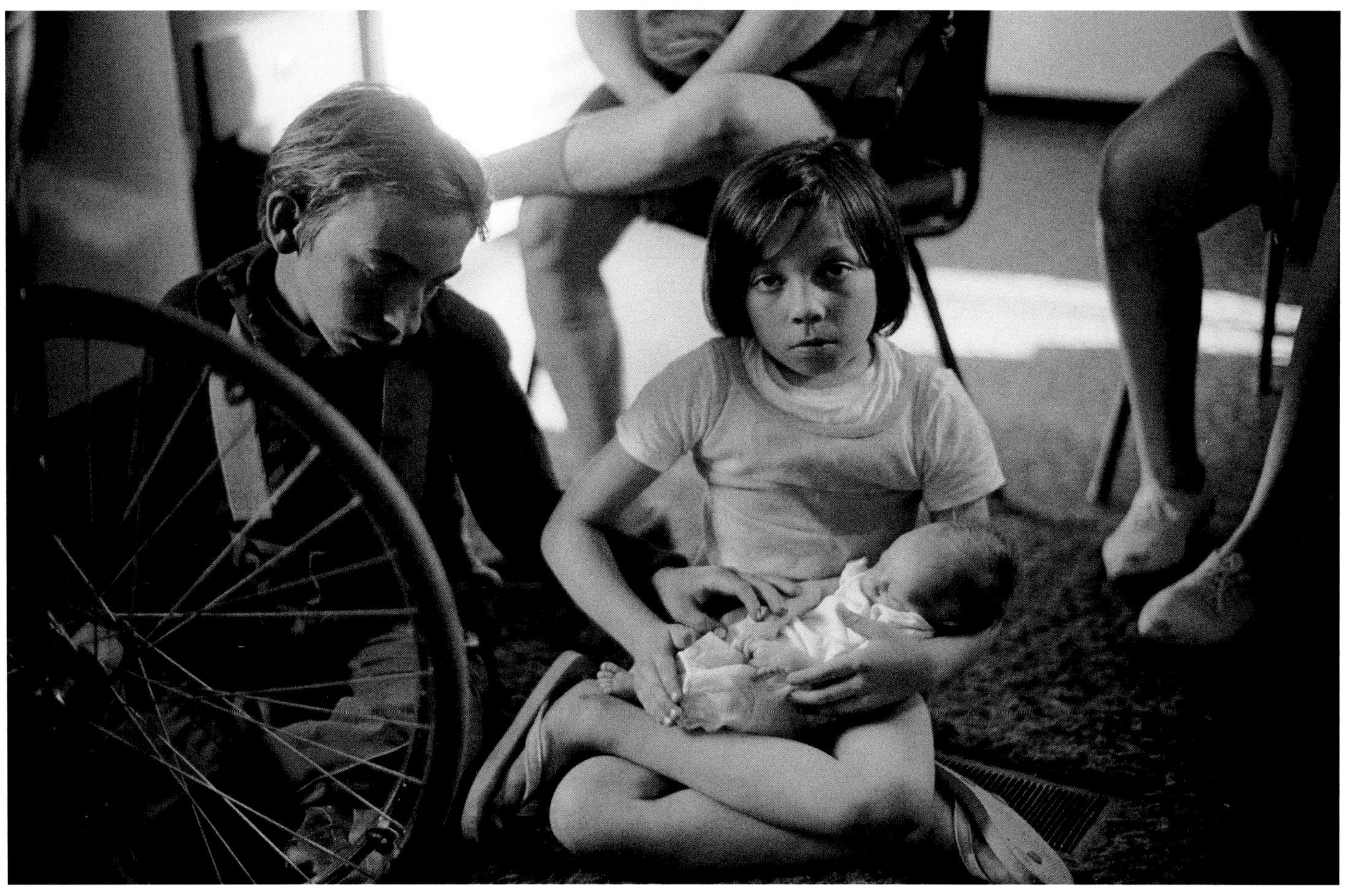

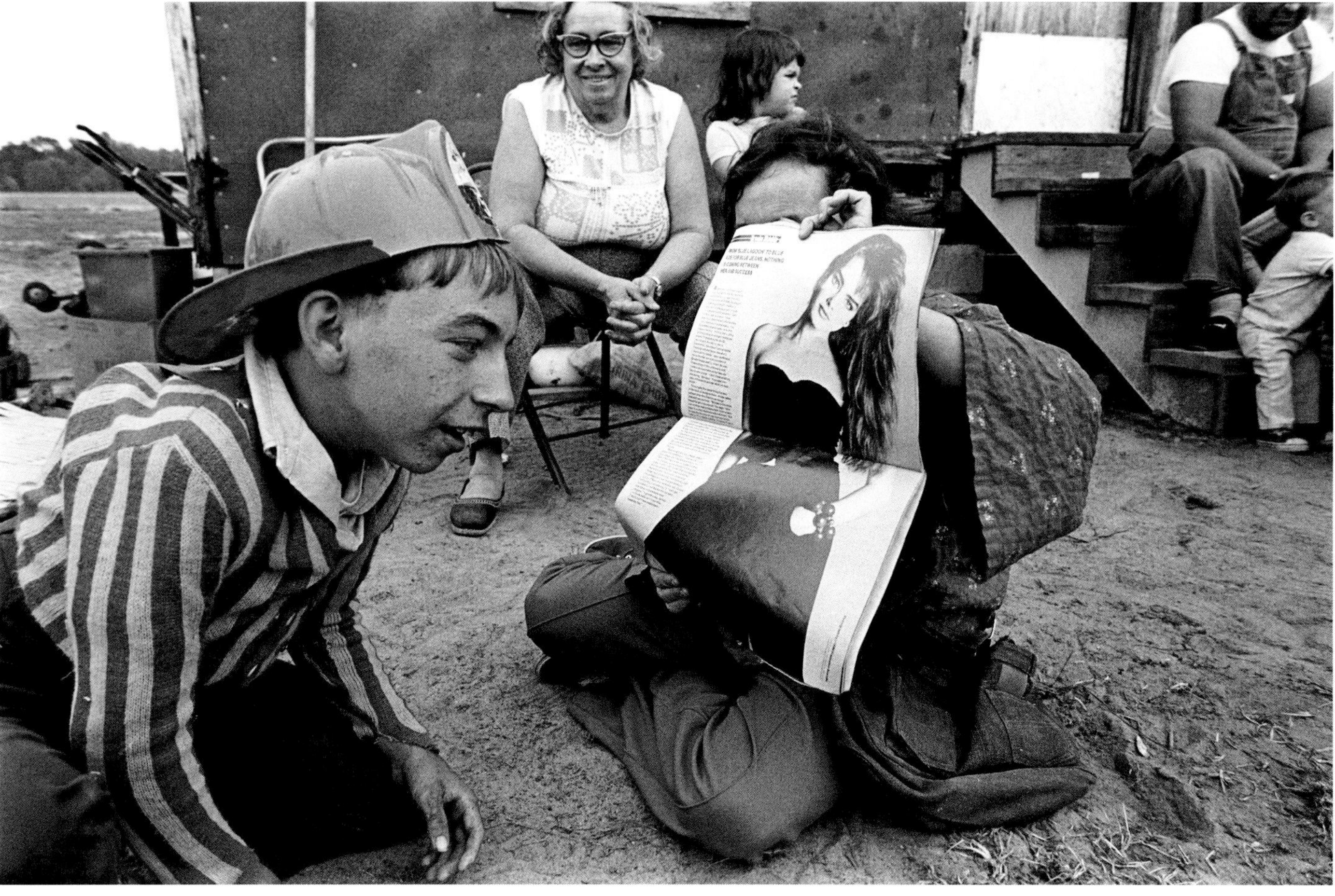

 Southeast Georgia, 1975

Sud-est de la Géorgie, 1975

Brooke Shields,
Southeast Georgia, 1975

Brooke Shields,
sud-est de la Géorgie, 1975

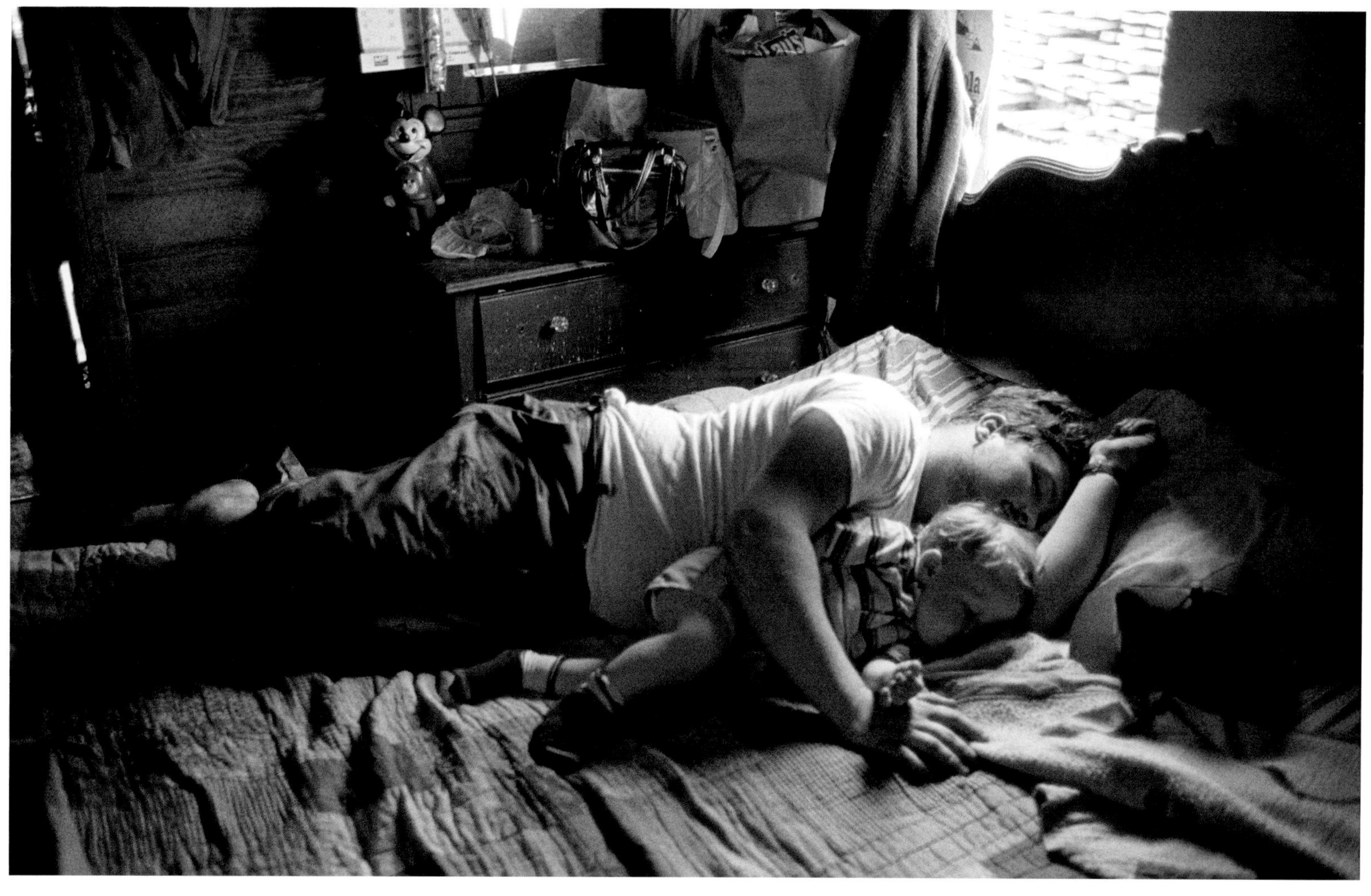

Southeast Georgia, 1975

Sud-est de la Géorgie, 1975

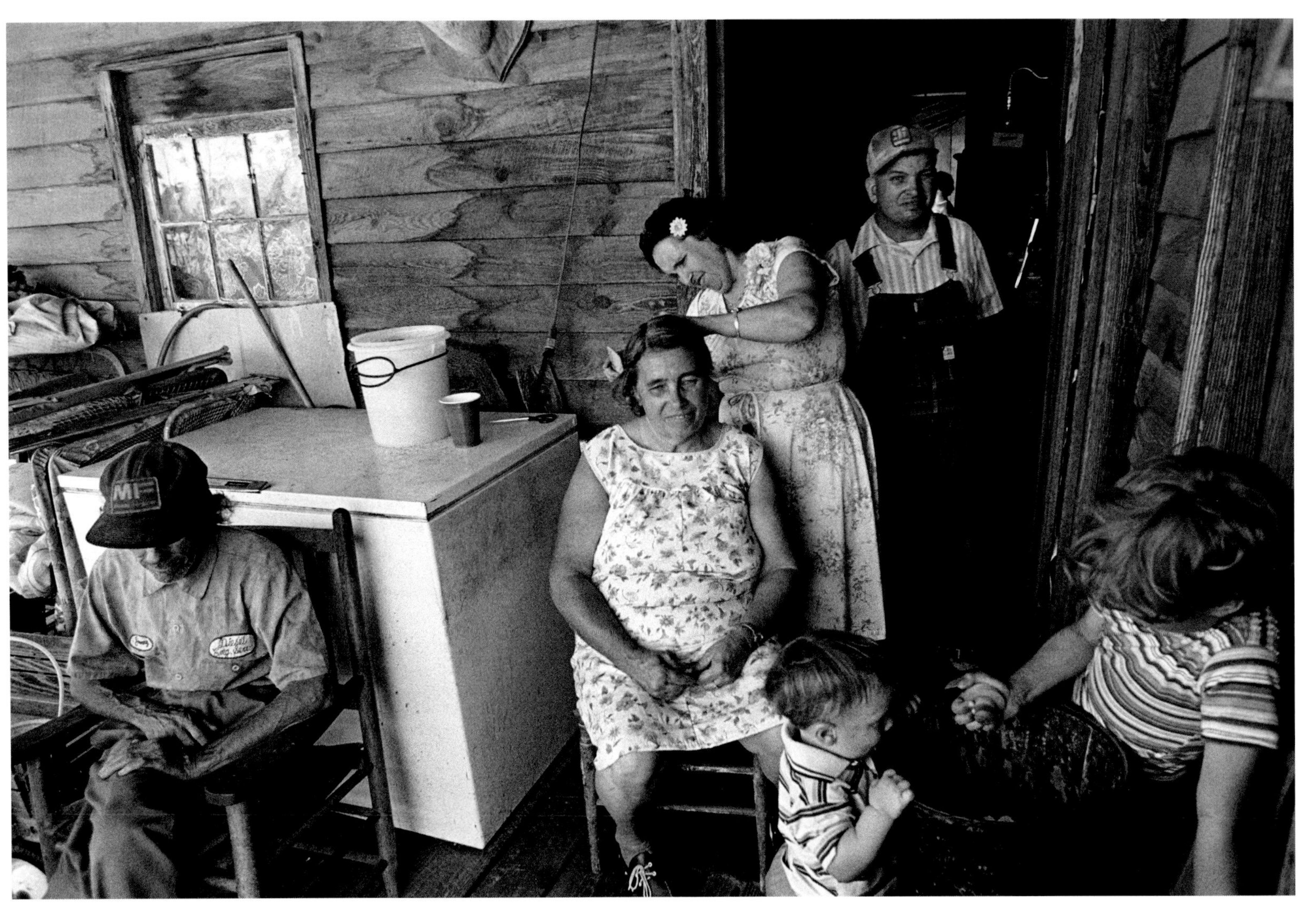

 Southeast Georgia, 1975 Sud-est de la Géorgie, 1975

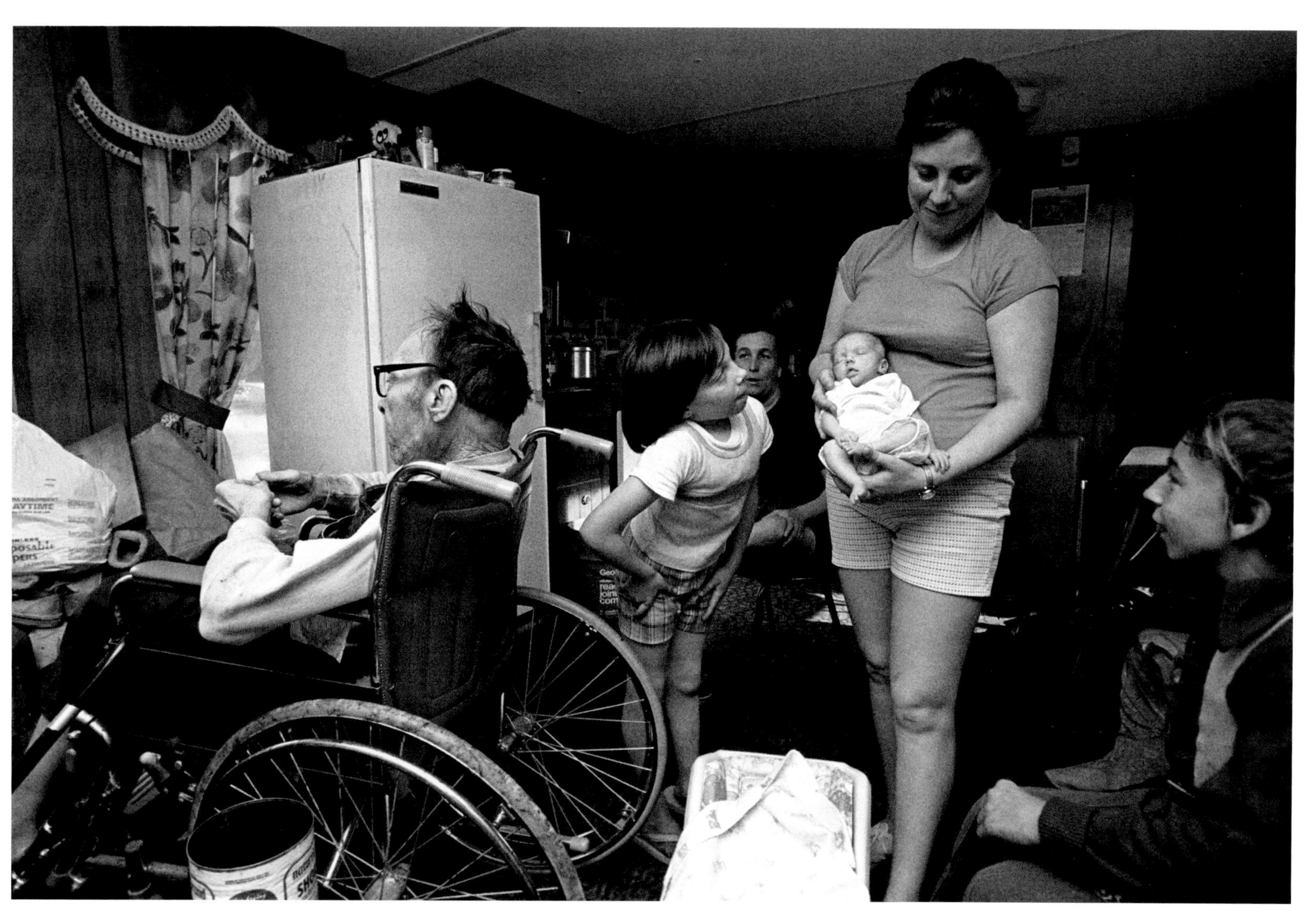

Southeast Georgia, 1975

Sud-est de la Géorgie, 1975

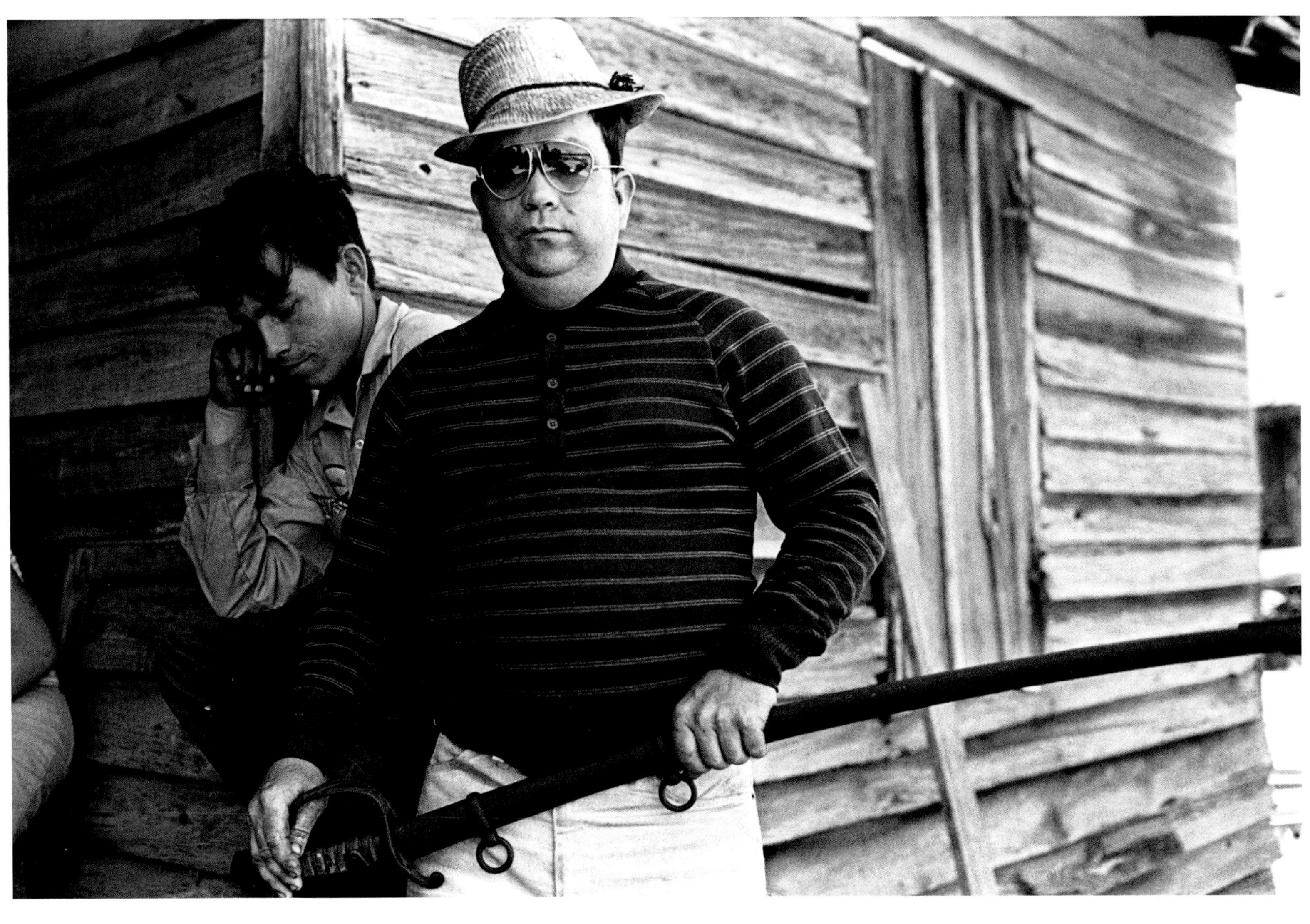

 Old Confederate Sword, Southeast Georgia, 1975 Vieille épée de Confédérés, sud-est de la Géorgie, 1975

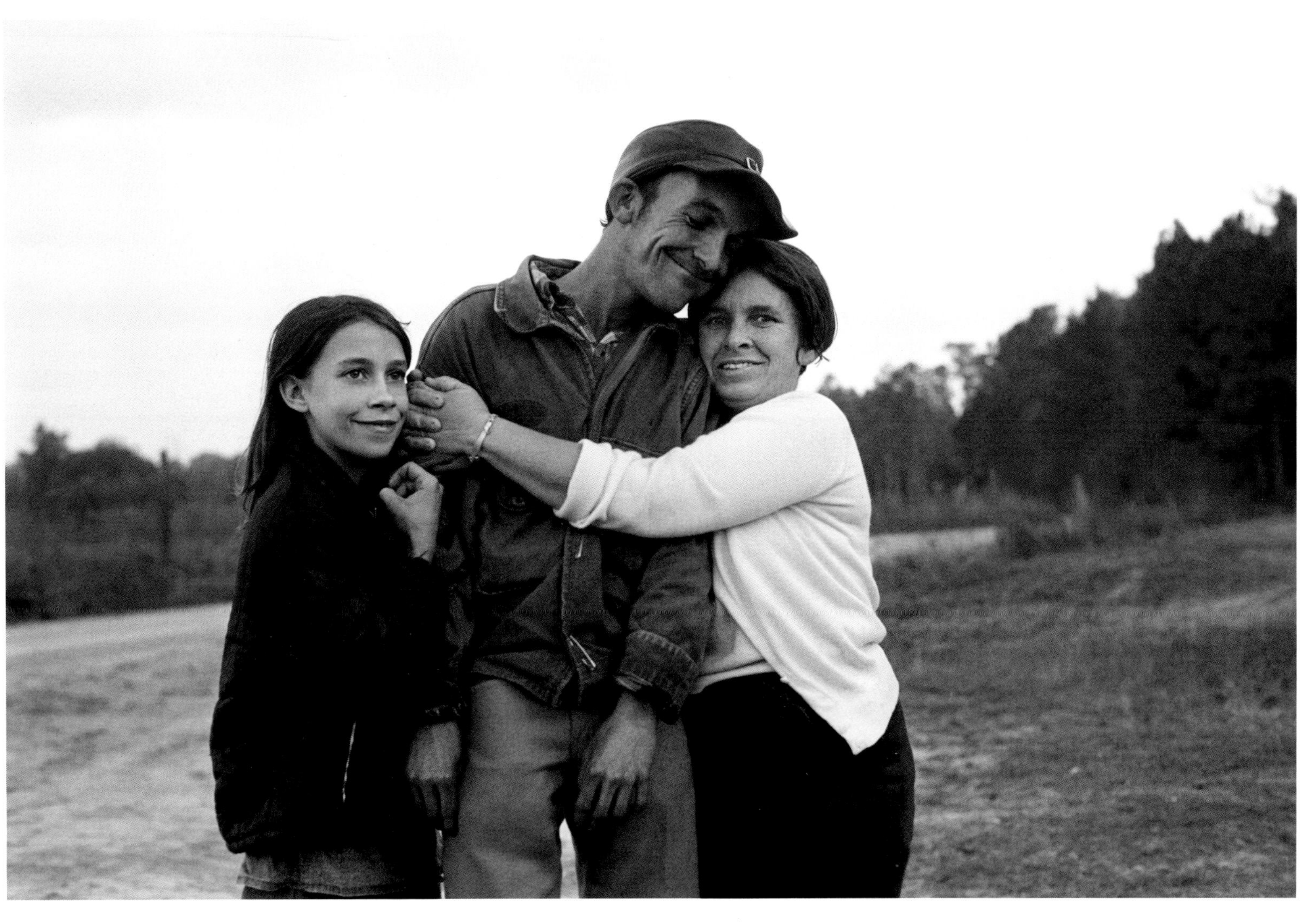

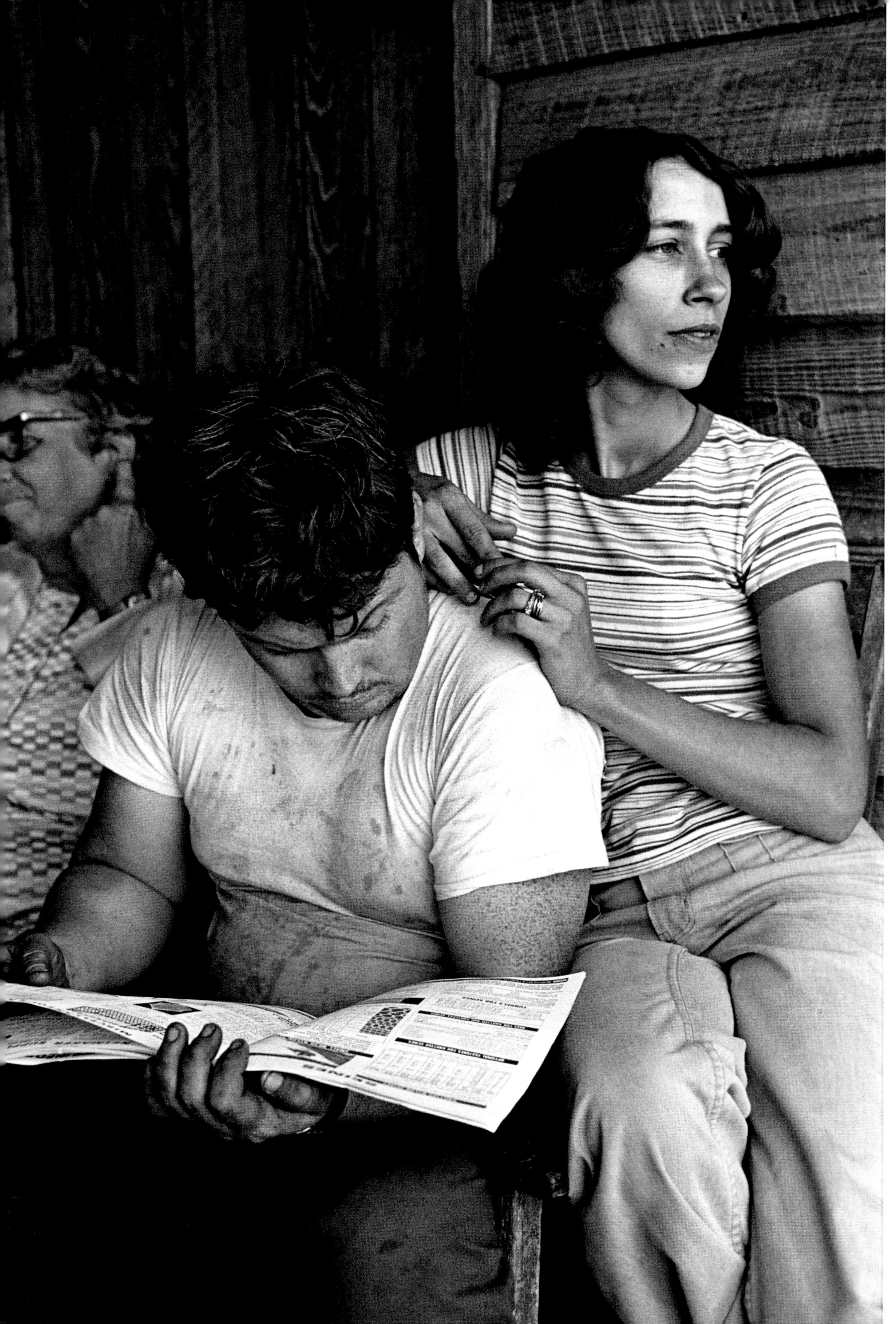

Wendy Watriss & Frederick Baldwin

Texas

1971-1984

Central-West Texas – The German Settlements
Le centre-ouest du Texas – Les communautés allemandes

East-Central Texas – The Southern Frontier, black and white
Le centre-est du Texas – La frontière du sud, noirs et blancs

South Texas – The Mexican Frontier
Le sud du Texas – La frontière mexicaine

An American Experience

The size of Texas, its wealth and peculiar history – for 10 years a nation within a nation – have given it a special place in American mythology. Its legends have become America's legends, and its heroes were national folk heroes. Historically, it has been the symbol of a dream – rags to riches, larger than life, and, almost always, from cowboy to oilman, white, Anglo-Saxon and Protestant. It was a dream that has been, for many years, as one historian said, "an Anglo-Saxon gift to an Anglo-Saxon nation."

But this is a misconception. Texas, like the United States itself, has always been a crossroads, shaped by the confluence of different cultures interacting with one another. These photographs are part of a long project documenting three cultural crossroads, three Texas frontiers whose history and character have helped shape the state today and reflect important parts of the heritage and experience of the United States as a whole.

Une expérience américaine

L'étendue du Texas, sa prospérité et son histoire particulière – pendant dix ans une nation au sein d'une nation – lui ont conféré une place spéciale dans la mythologie américaine. Sa légende est devenue la légende de l'Amérique tout entière comme ses propres héros sont devenus ceux de tout un peuple. Il est le symbole d'un rêve, d'un conte de fée, démesuré, et, presque toujours, du cow-boy au pétrolier, blanc anglophone et protestant. Un rêve qui fut longtemps, comme un historien le décrivit, comme « un cadeau anglo-saxon à une nation anglo-saxonne ».

Mais le Texas, comme l'Amérique du Nord, a toujours été un carrefour, formé de la rencontre de différentes cultures dialoguant entre elles. Ces photographies sont extraites d'un long projet traitant de trois carrefours culturels. Trois frontières du Texas dont l'histoire et les caractéristiques ont aidé à former l'état moderne et continuent de refléter des aspects importants de l'héritage américain et de sa culture.

Central-West Texas
The German Settlements

There are Texans who say the Hill Country west of Austin, Texas is "God's country." But to others who have struggled to make a living from its willful climate and stony hillsides, it can be a tough and unforgiving land. In the late 1840's, at the end of independent nationhood for Texas, thousands of German men and women immigrated to the Texas frontier, lured by promises of fertile soil and easy opportunity. Some of the German immigrants were part of the European emigrations of 1848, but many came as part of a scheme by German noblemen to begin settlement on the western edge of the Anglo Texas frontier.

The German immigrants found themselves on a remote limestone plateau deep inside hostile Comanche Indian territory, miles from any marketplace and west of the 30-inch rainfall line. The early isolation of these settlements, their struggles for survival and deep commitment to community and culture gave this frontier a different character that has made itself felt in unexpected and continuing ways: early and open opposition to the rest of Texas over slavery and secession from the Union, rejection of Protestant fundamentalism and the Temperance movements, belief in cooperative societies, and the long-time absence of a cowboy culture.

Among German farm families, there was no tenant farming when most of Texas and the South were mired in it. Farms were small and run by family labor. Unlike most parts of the 19th century frontier, German farmers fenced their lands. Towns and farmhouses were built of limestone and made to endure. The area's open and long-term allegiance to Republicanism survived despite the pressures of a solidly Democratic South for more than 100 years after the Civil War.

With the passing of the stigma of two World Wars and the growth of Texas cities, the German settlements of central-west Texas have been discovered by the modern urban entrepreneurs of the American West. The limestone hills, the stone farmhouses, the German dance halls and county fairs have inspired a new kind of speculation. When the country & western singer Waylon Jennings sang about this region in his popular ballad "Luckenbach, Texas," its culture became mass commodity and inter-twined with the state's mythic cowboy history. For the descendents of German immgrants, who were 80-90 percent of the region's population for over 150 years, it has been a new kind of cultural coming to terms. (WW & FB)

Le centre-ouest du Texas
Les communautés allemandes

Il y a des Texans qui disent que le Hill Country à l'ouest d'Austin au Texas est «le pays de Dieu». Mais pour d'autres qui ont combattu pour se forger une vie dans ce climat difficile et ces collines de pierres, il est plutôt considéré comme rude et sans pitié. À la fin des années 1840 et de la lutte pour un Texas indépendant, des milliers d'Allemands, hommes et femmes, immigrèrent à la frontière du Texas, attirés par les promesses d'un sol fertile et une opportunité facile. Quelques immigrants allemands faisaient partie des émigrations européennes de 1848 mais beaucoup venaient en raison d'un programme élaboré par des nobles allemands qui voulaient s'installer à la limite occidentale de la frontière anglo-texanne.

Les immigrants allemands s'installèrent sur un plateau de calcaire reculé sur le territoire hostile des Indiens Comanches, à des kilomètres des lieux de commerce et à l'ouest de la ligne de précipitations. L'isolement de leurs établissements, leurs luttes pour la survie ainsi que leur profond engagement dans la communauté et la culture conférèrent à cette frontière un caractère différent qui se fit sentir de manière imprévue et continuelle : une opposition précoce et ouverte vis-à-vis du reste du Texas concernant l'esclavage et la sécession de l'Union, le rejet du fondamentalisme protestant et des mouvements de tempérance contre l'alcool, la croyance en des sociétés coopératives, ainsi que pendant longtemps l'absence de la culture 'cow-boy'.

Parmi les familles de fermiers allemands, il n'existait pas de propriétés fermières métayage alors que le Texas et le sud étaient embourbés dans ce système. Les fermes étaient petites et fonctionnaient grâce au travail familial. Contrairement à beaucoup d'endroits de la frontière au XIXe siècle, les fermiers allemands clôturaient leurs terres. Les villes et les fermes étaient construites en calcaire, faites pour durer. L'ouverture des régions et la fidélité à long terme vouée au républicanisme ont survécu pendant plus de cent ans après la Guerre civile malgré les pressions d'un sud solidement démocratique.

Après les séquelles des deux Guerres mondiales et l'agrandissement des villes texanes, les établissements allemands du centre-ouest du Texas furent découverts par les entrepreneurs modernes de l'ouest américain. Les collines de calcaire, les fermes en pierre, les salons dansant allemands et les foires de comté ont inspiré un nouveau style de spéculation. Quand le chanteur de musique country et originaire de l'ouest, Waylon Jennings, parla de cette région dans sa chanson populaire «Luckenbach, Texas», cette culture devint un produit de masse entrelacé de références à l'histoire mythique des cow-boys de l'Etat. Pour les descendants des immigrants allemands, qui formèrent 80 à 90 % de la population de la région pendant plus de 150 ans, ce fut un nouveau style de culture qui s'imposait. (WW & FB)

Husband and wife,
German American farmers, 1973

Mari et femme,
fermiers germano-américains, 1973

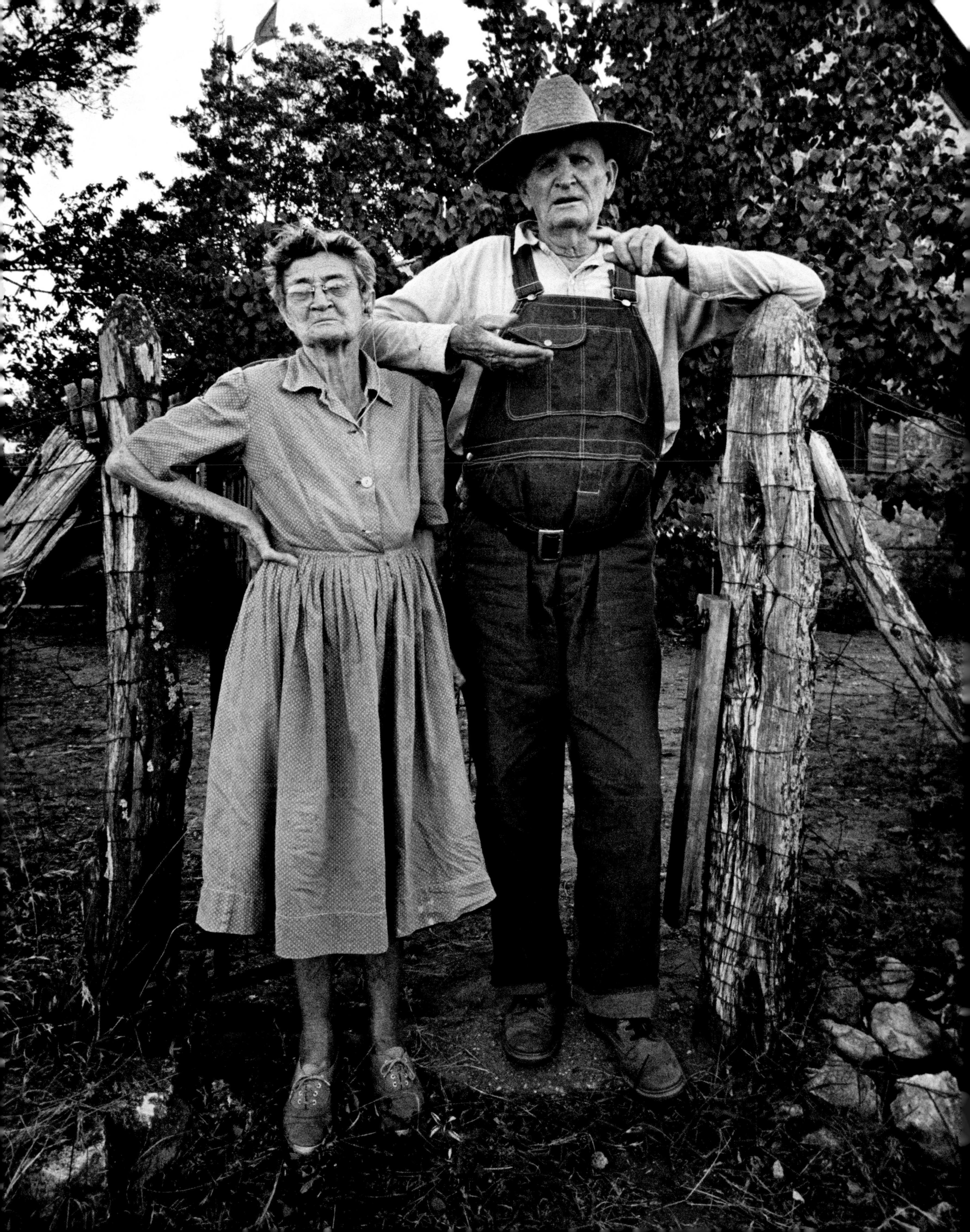

Traditional German American limestone farm house, central-west Texas, 1973

Ferme traditionnelle germano-américaine en pierre calcaire, centre-ouest du Texas, 1973

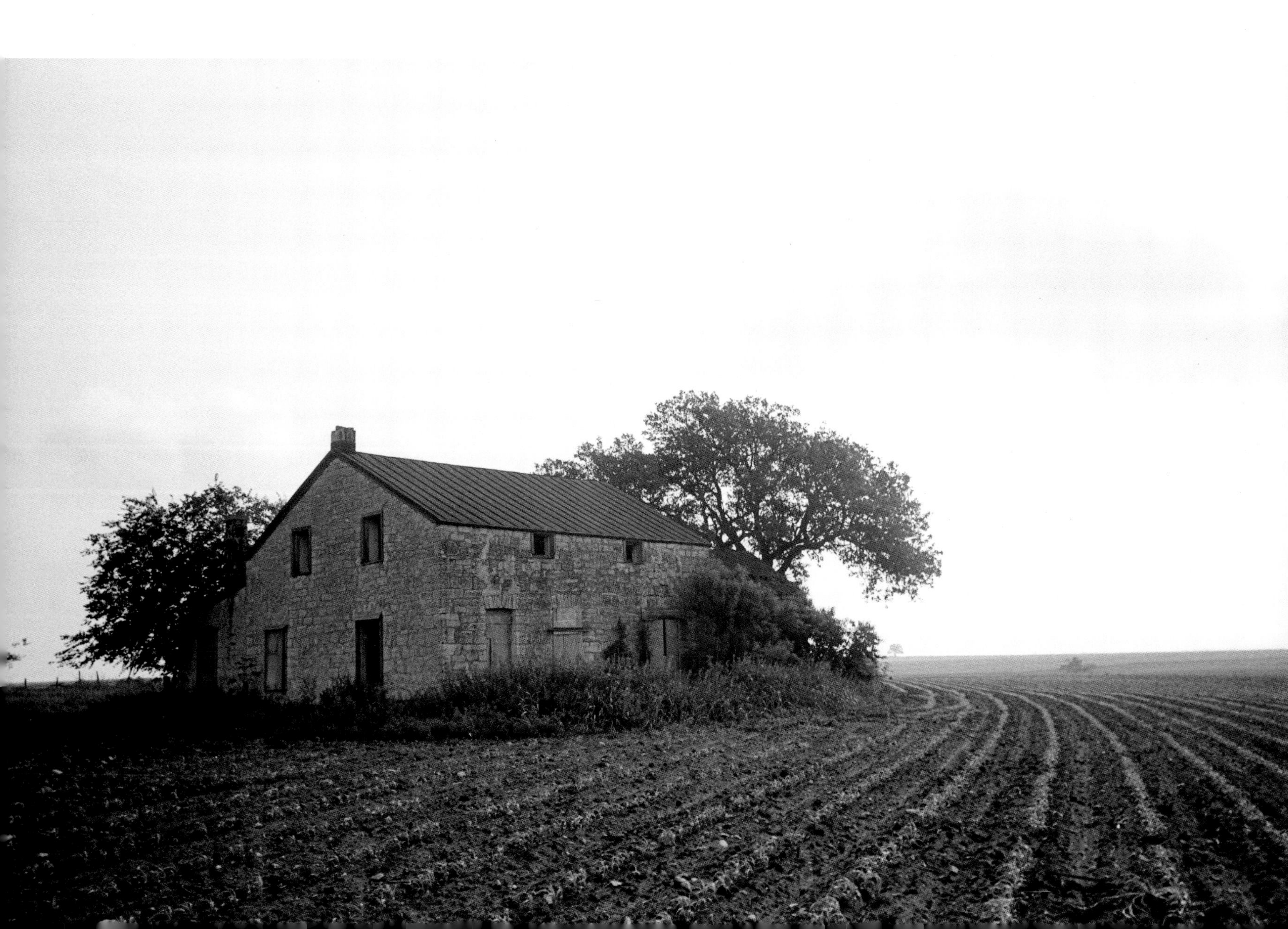

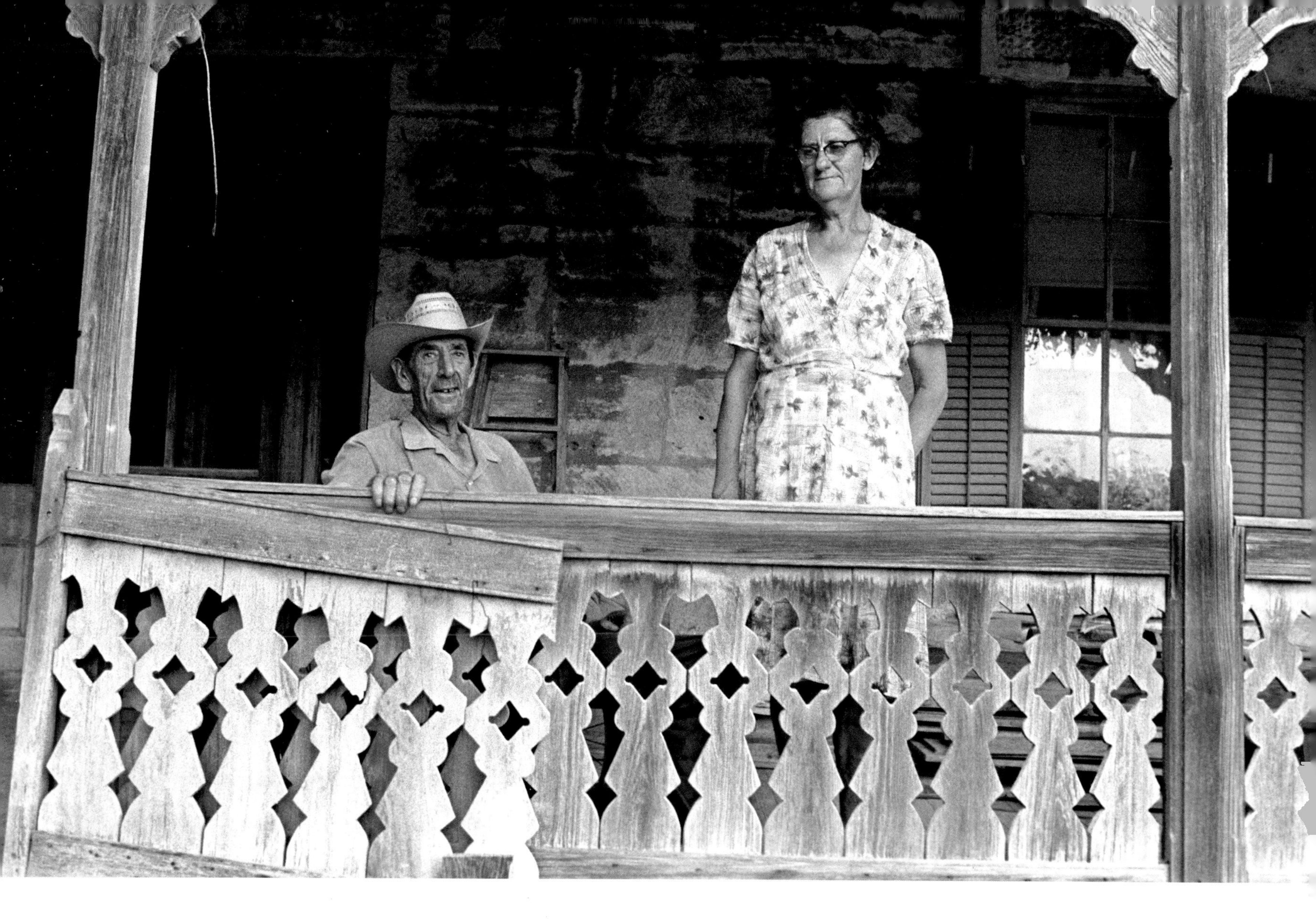

Brother and sister, German American farmers, 1979

Frère et sœur, fermiers germano-américains, 1979

Making "koch käse" at home, 1979

Fabrication du "koch käse" à la maison, 1979

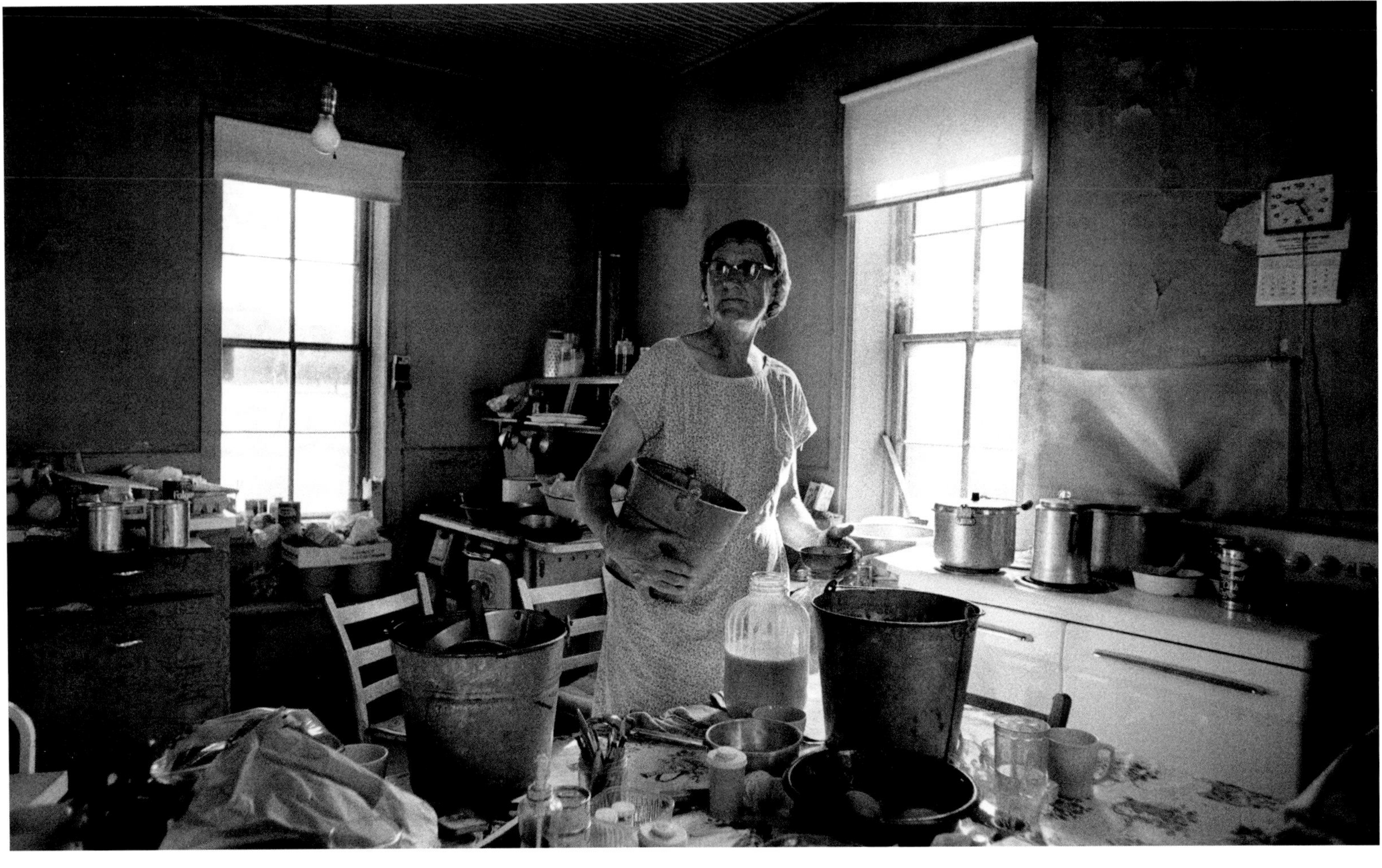

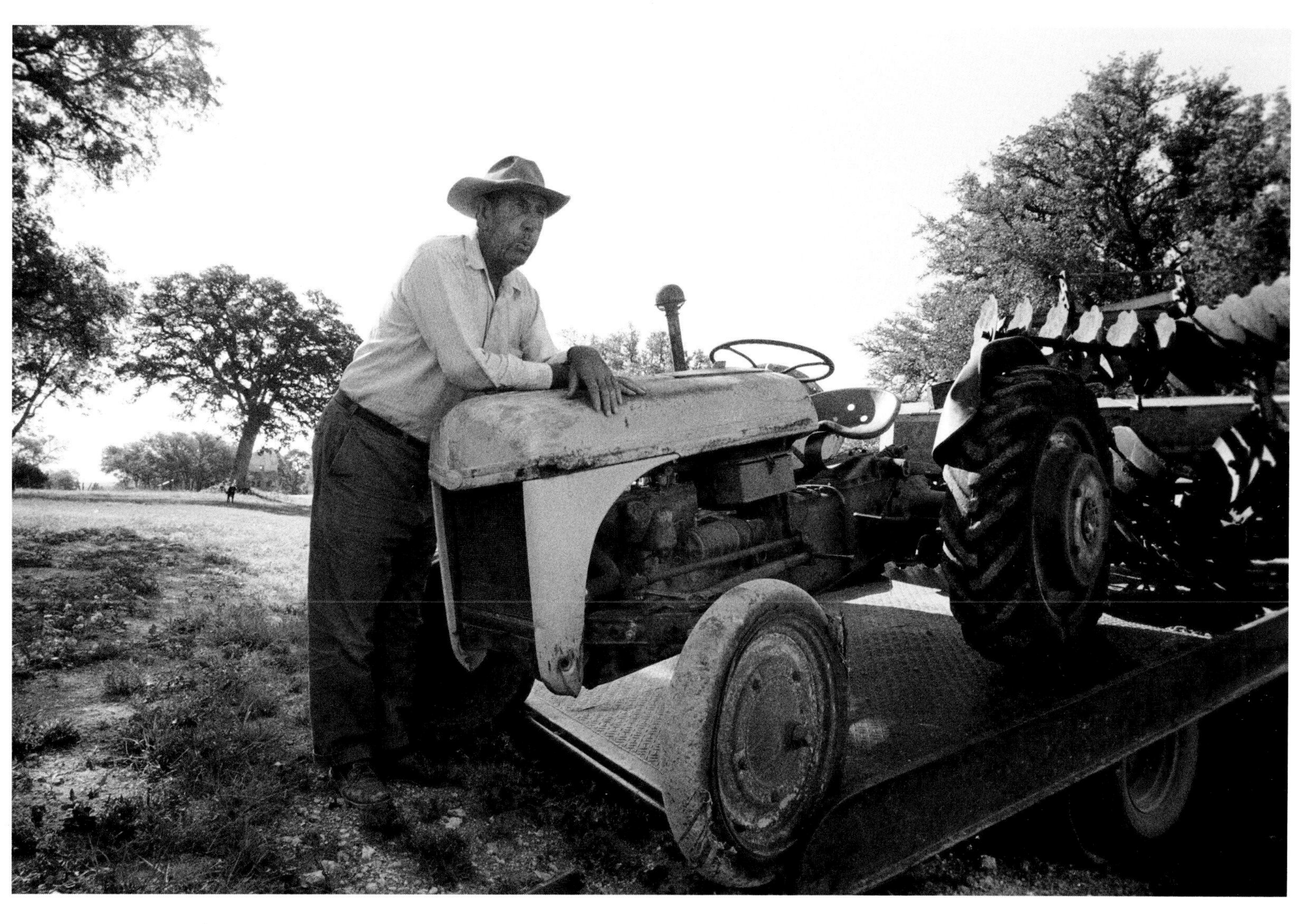

German American farmer, 1979

Fermier germano-américain, 1979

▸ Limestone plateau, German Hill County, central-west Texas, 1978

▸ Plateau calcaire, German Hill Country, centre-ouest du Texas, 1978

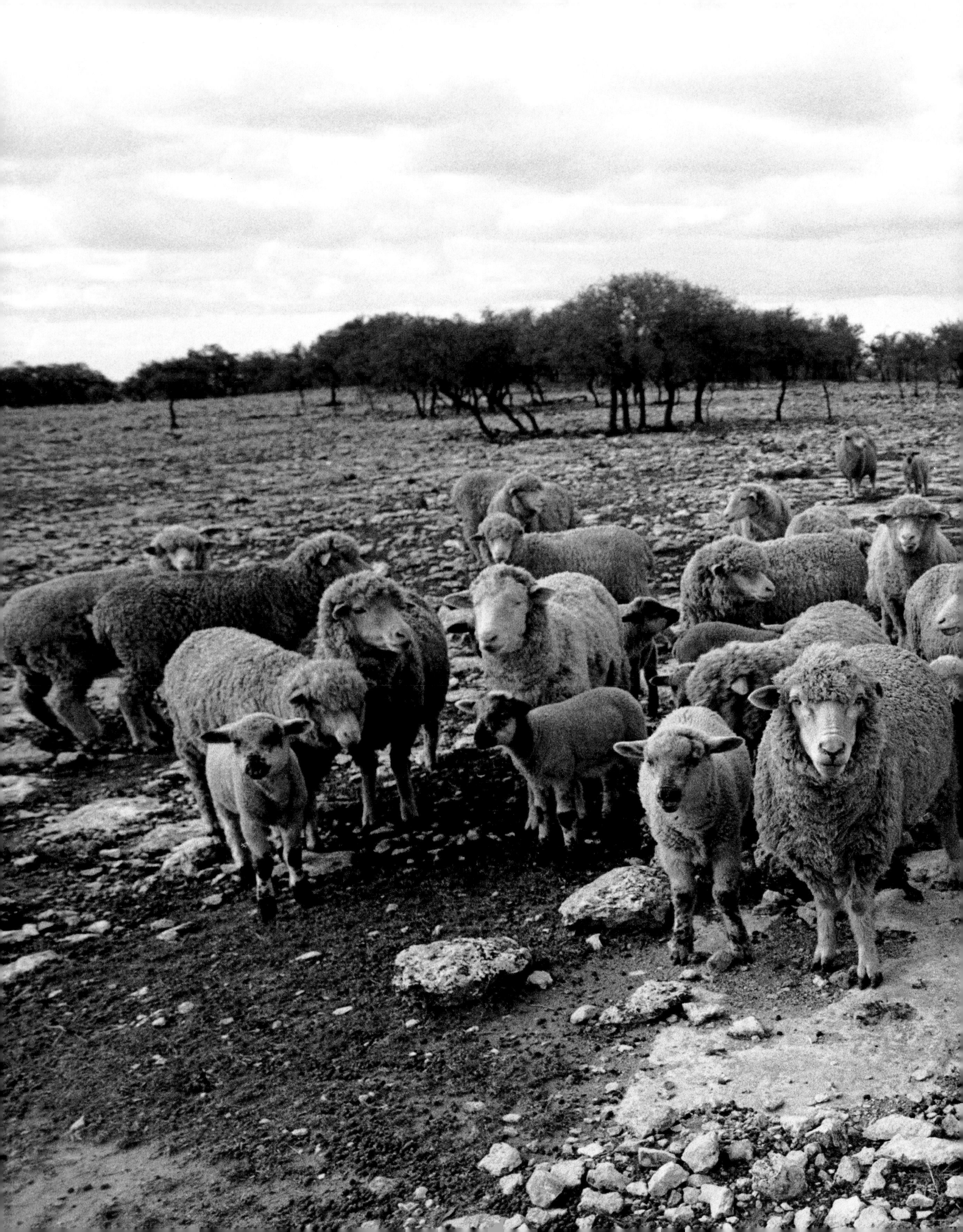

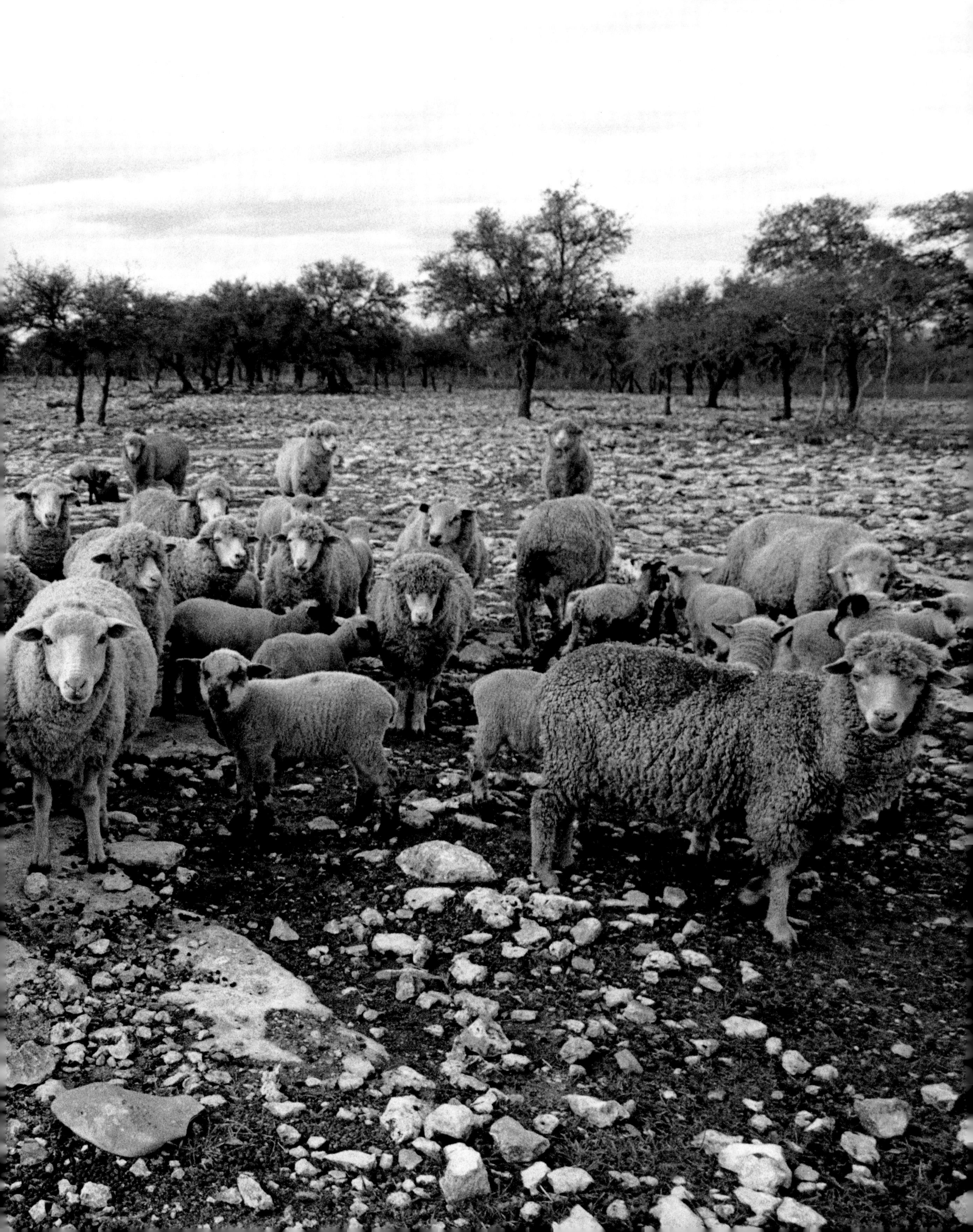

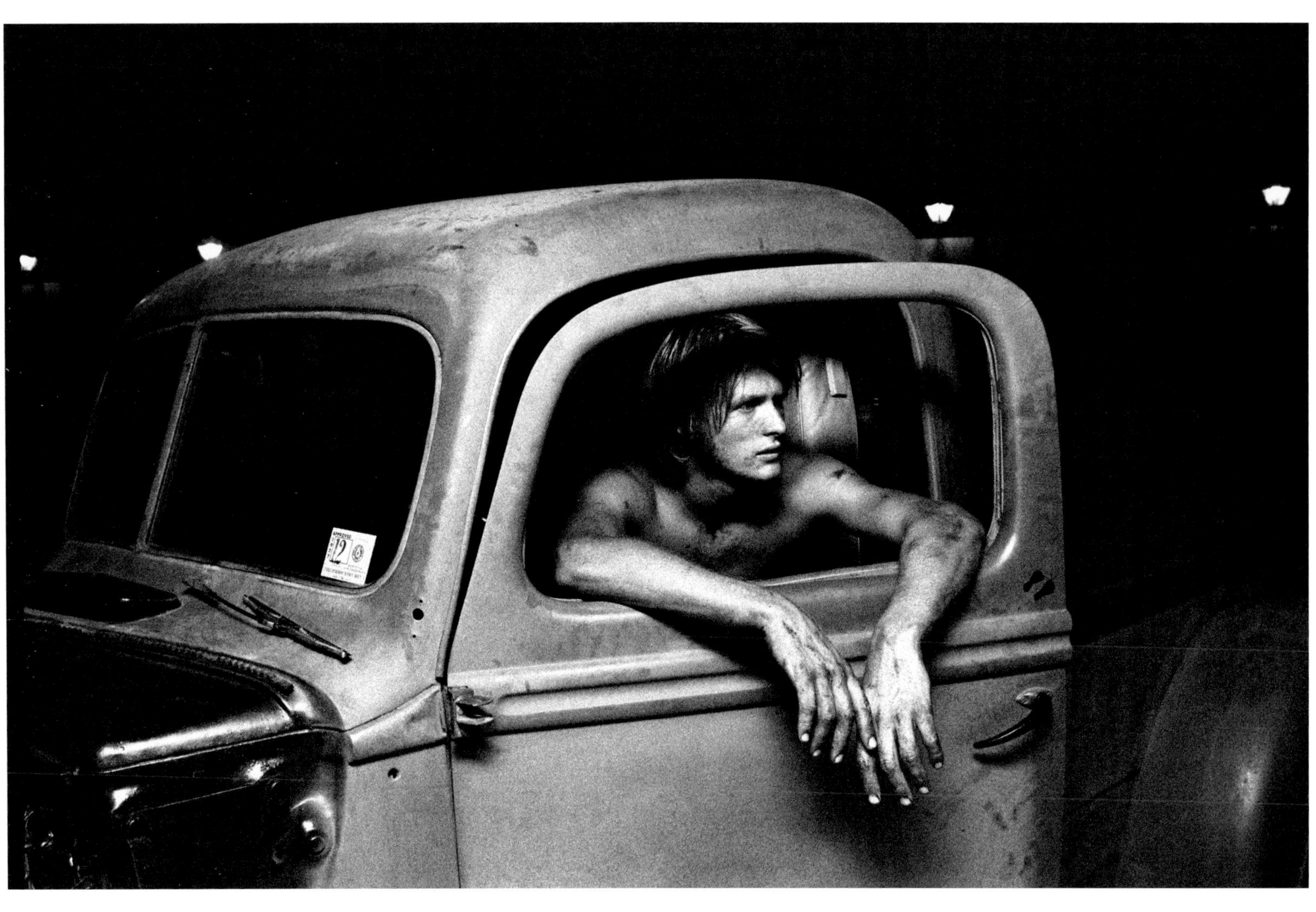

 Thursday night, Sonic Drive-in, 1979

Jeudi soir au Sonic Drive-in, 1979

Centennial party,
Shreiner Ranch, Kerrville, 1977

Fête des Centenaires,
Ranch Shreiner, Kerrville, 1977

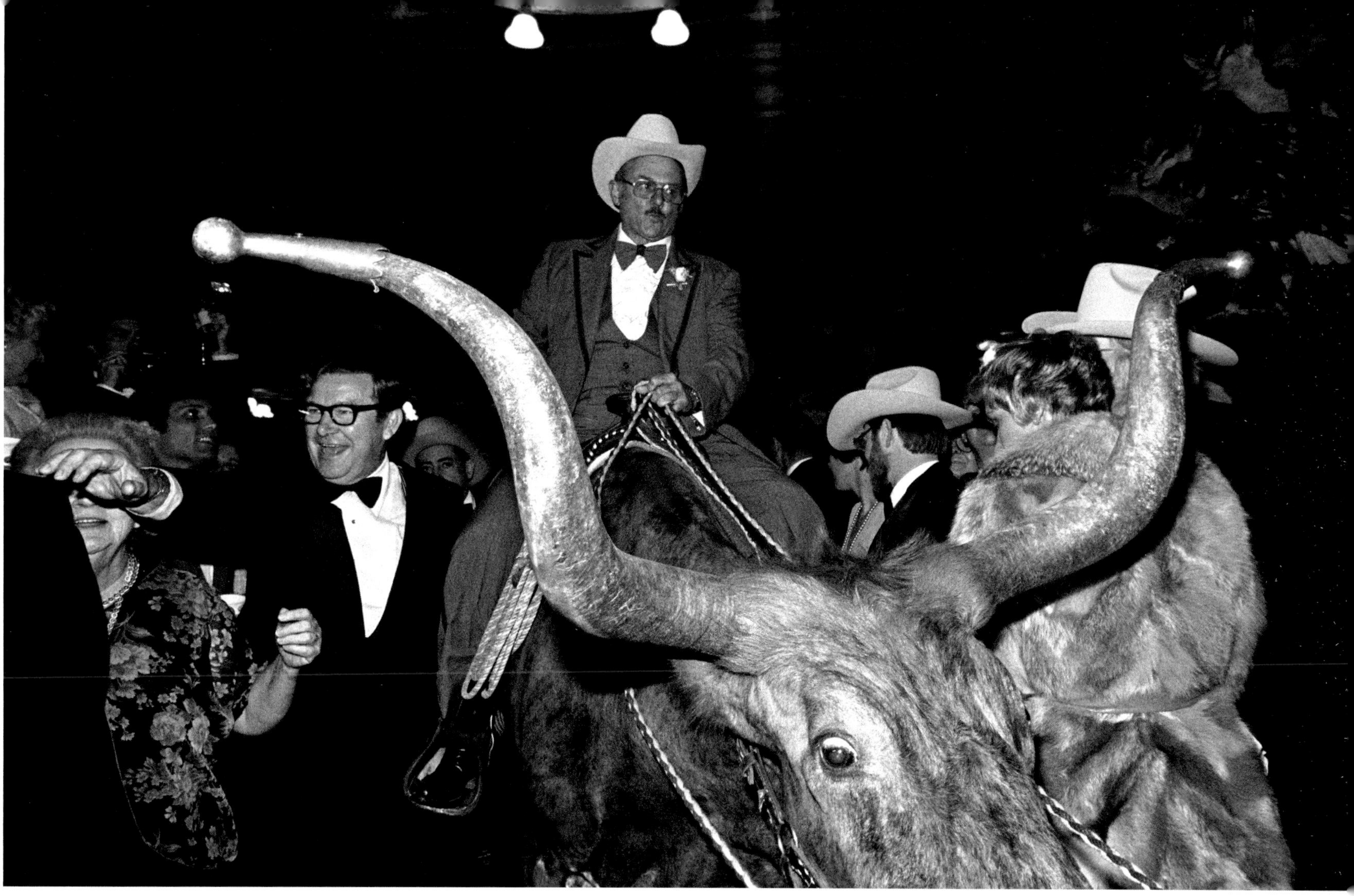

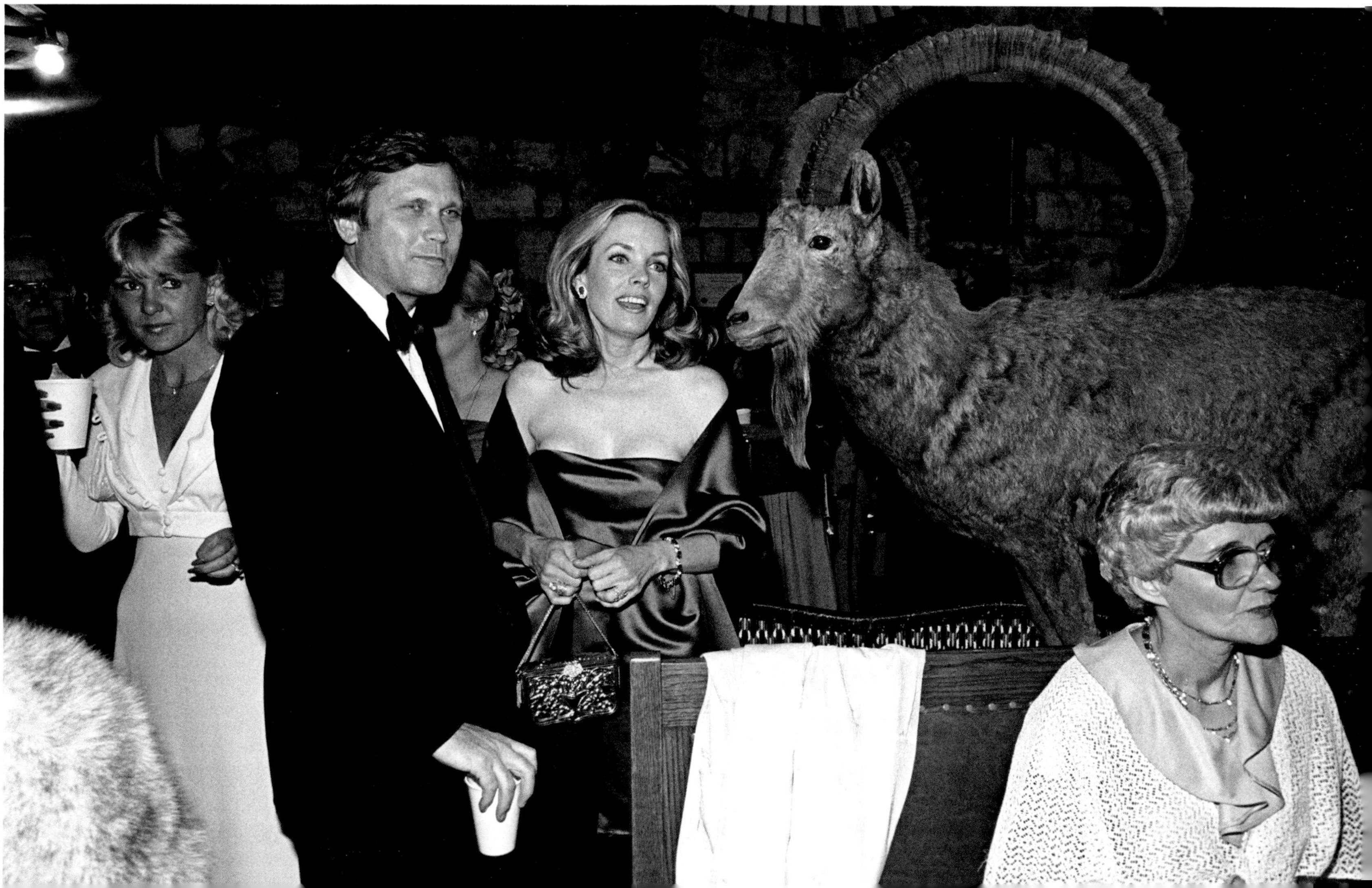

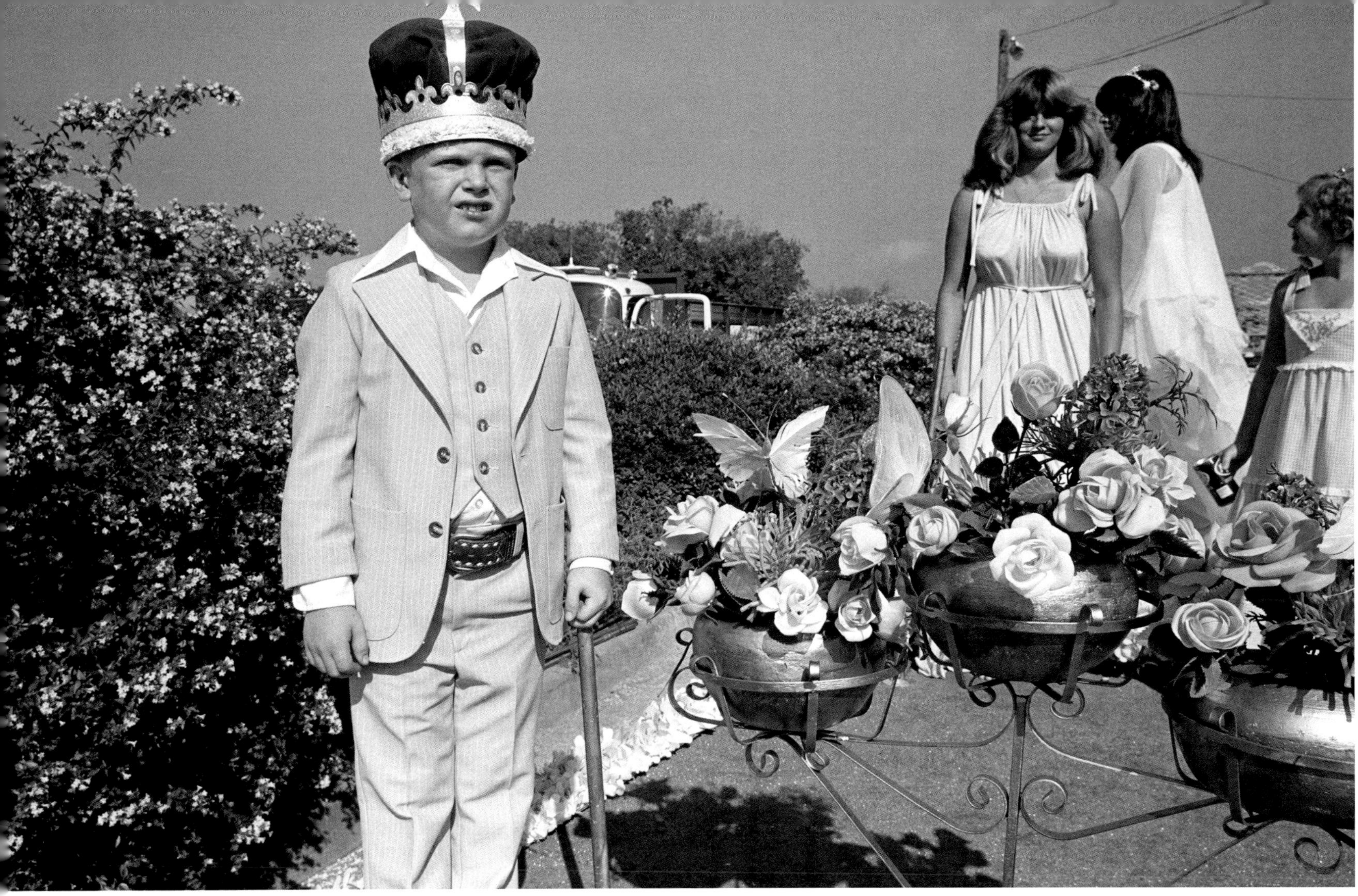

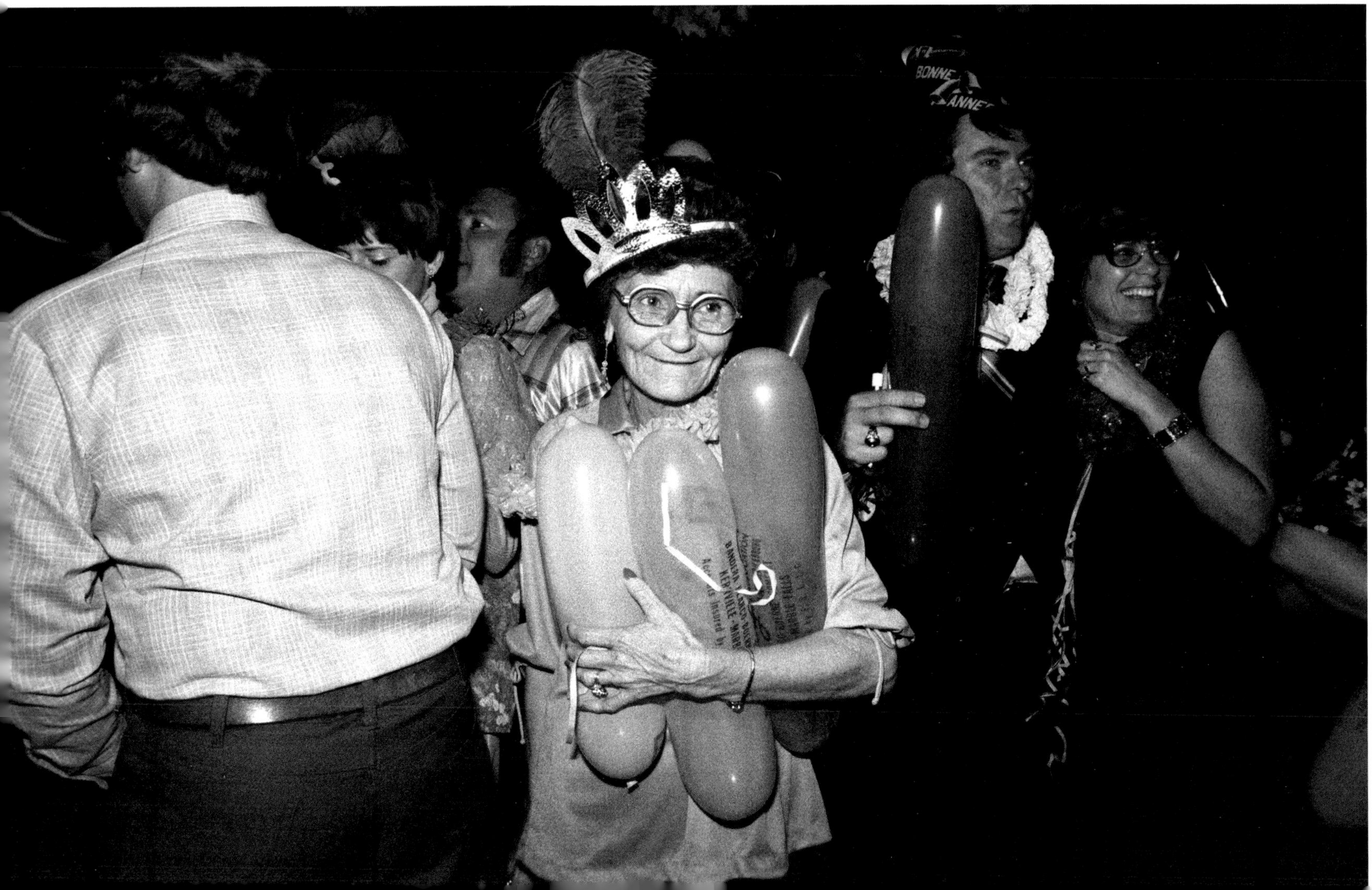

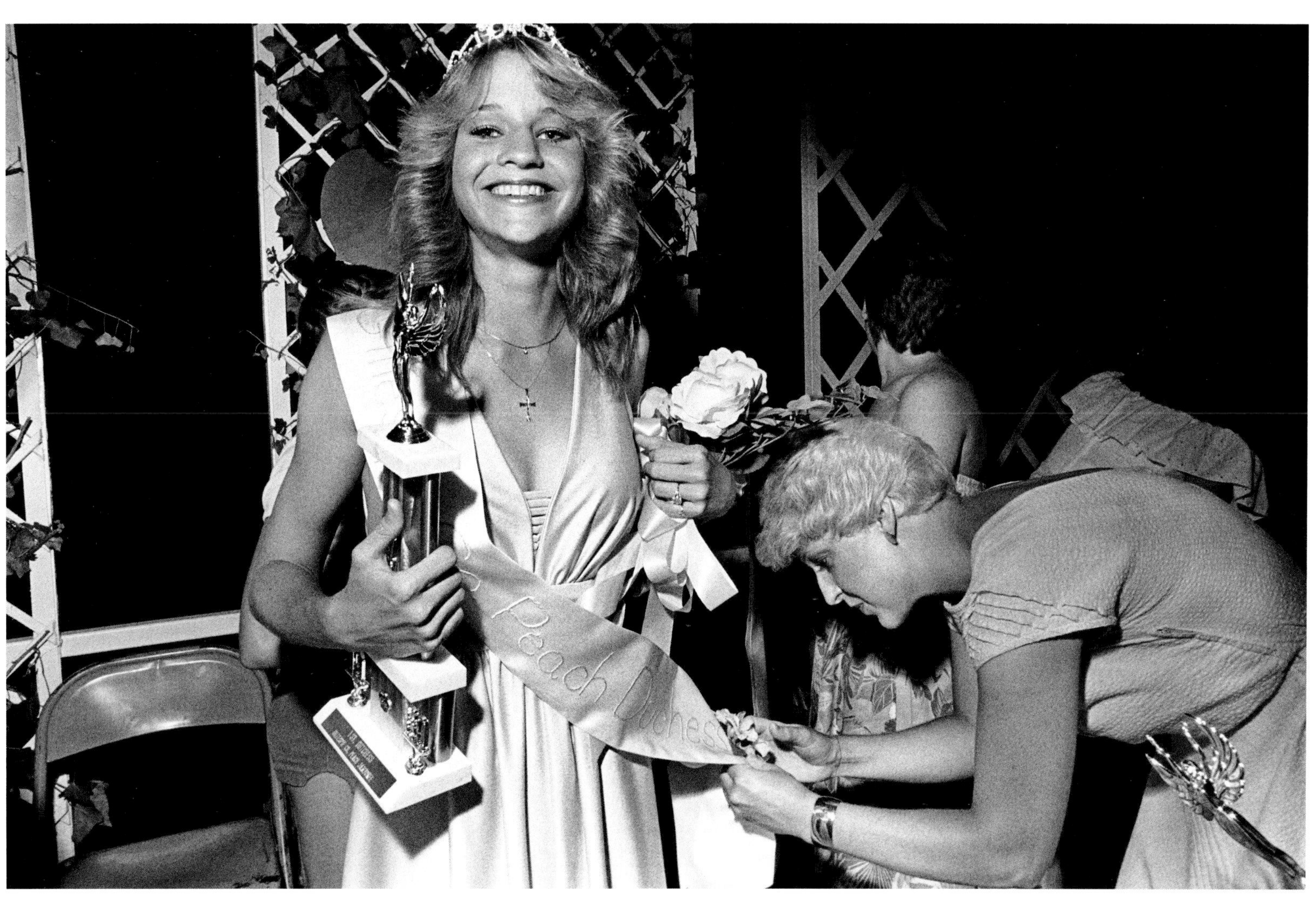

Parade on Main Street, 1978

Parade sur la rue principale, 1978

Celebrating New Year's Eve, the county fairgrounds, 1978

Réveillon du Nouvel An, champ de foire du comté, 1978

The Winner, Peach Queen Beauty Contest, 1978

La gagnante, concours de beauté de la Reine des Pêches, 1978

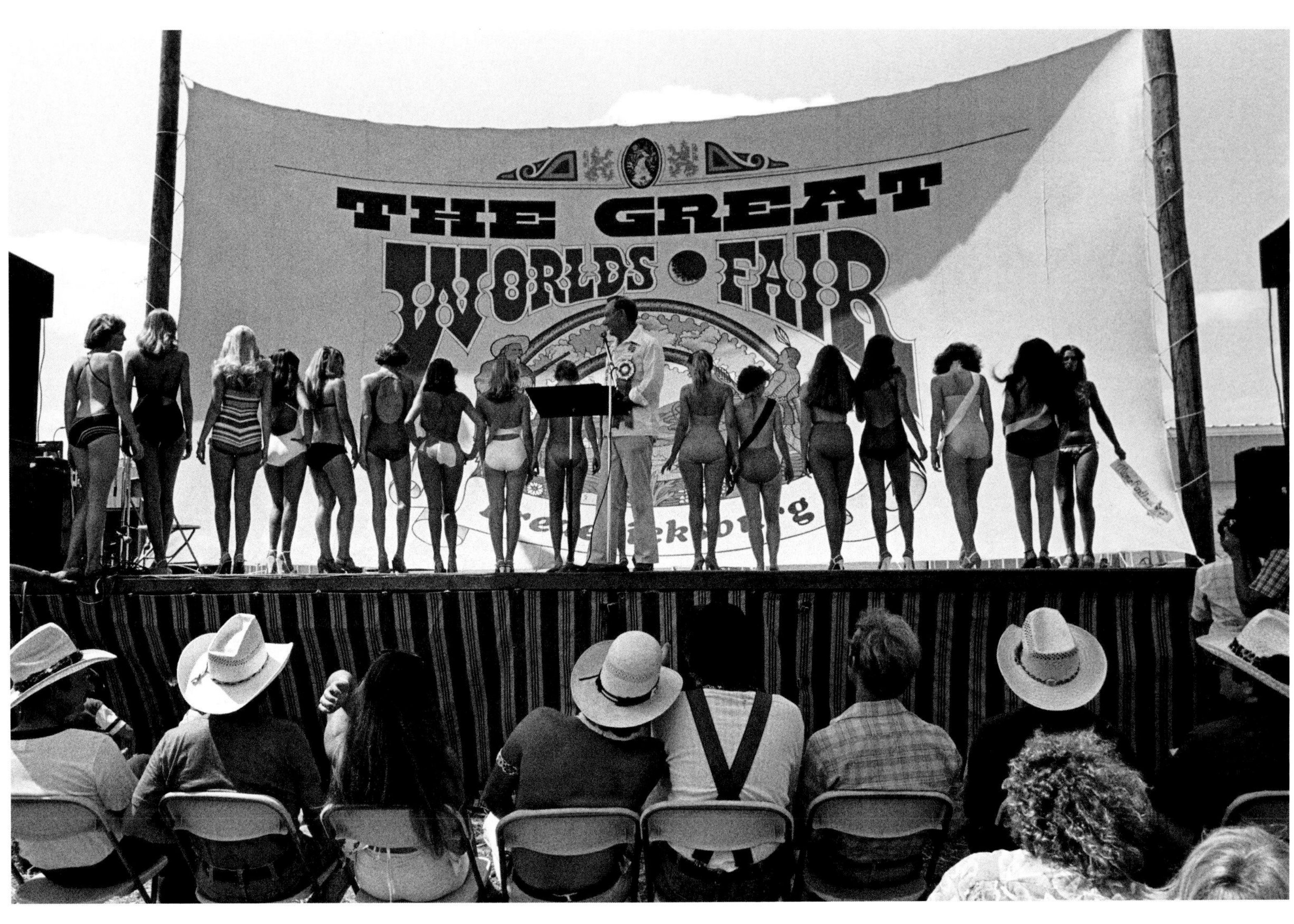

Fredericksburg World's Fair,
Gillespie County, 1978

Foire mondiale de Fredericksburg,
Comté de Gillespie, 1978

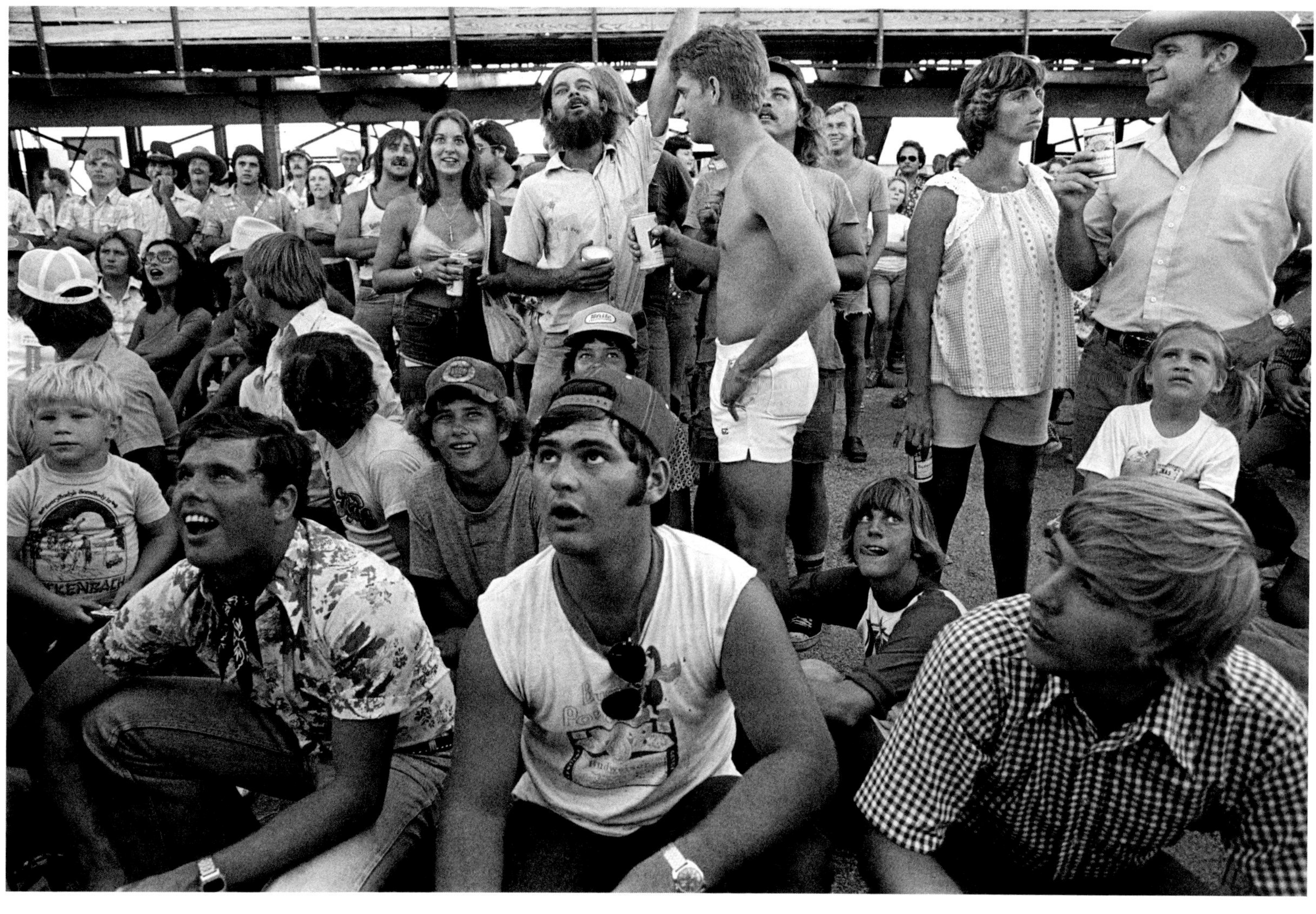

Beauty Contest, Fredericksburg World Fair, Gillespie County, 1978

Concours de beauté, foire mondiale de Fredericksburg, Comté de Gillespie, 1978

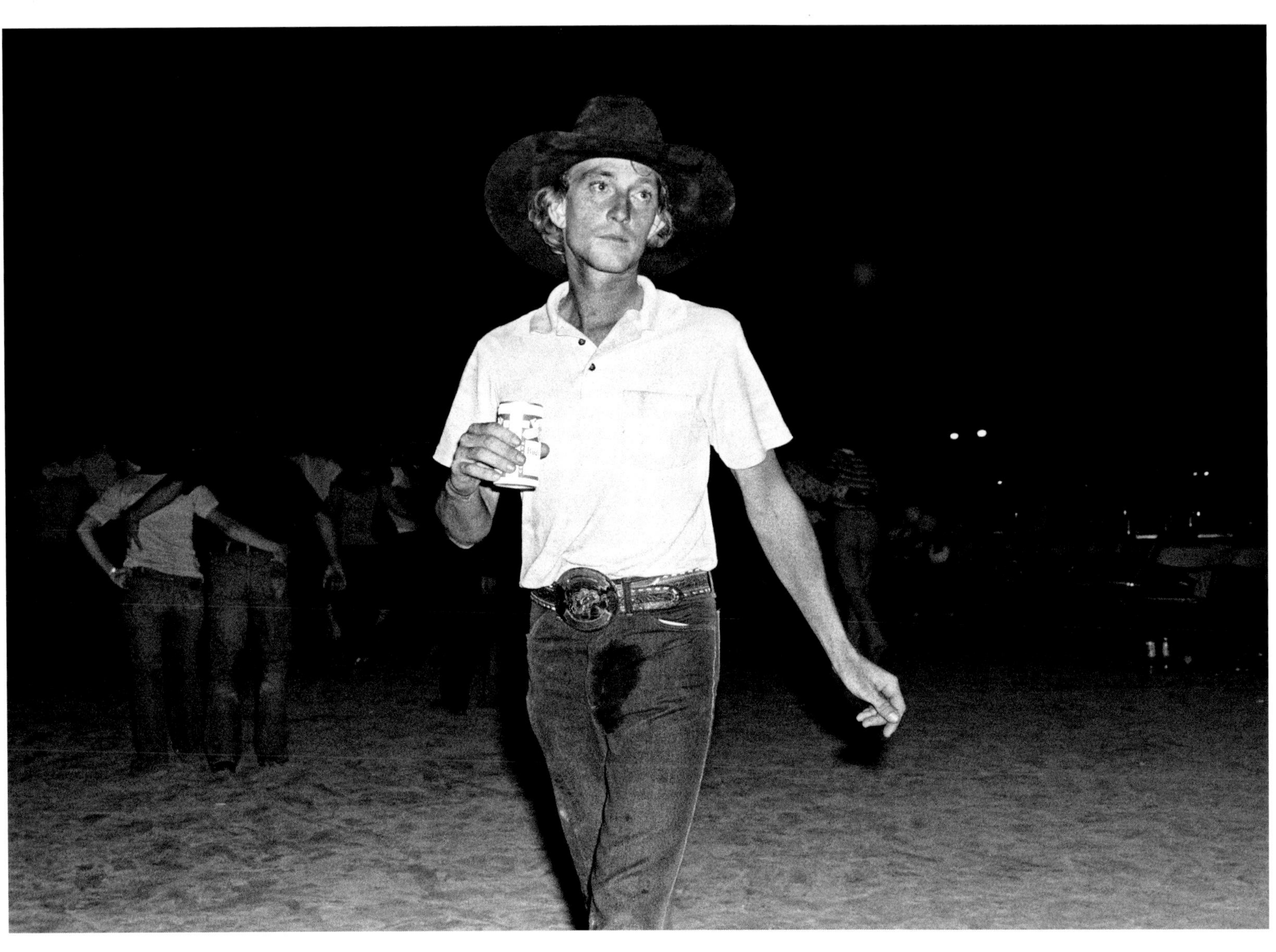

County fairgrounds,
central-west Texas, 1978

Champ de foire du comté,
centre-ouest du Texas, 1978

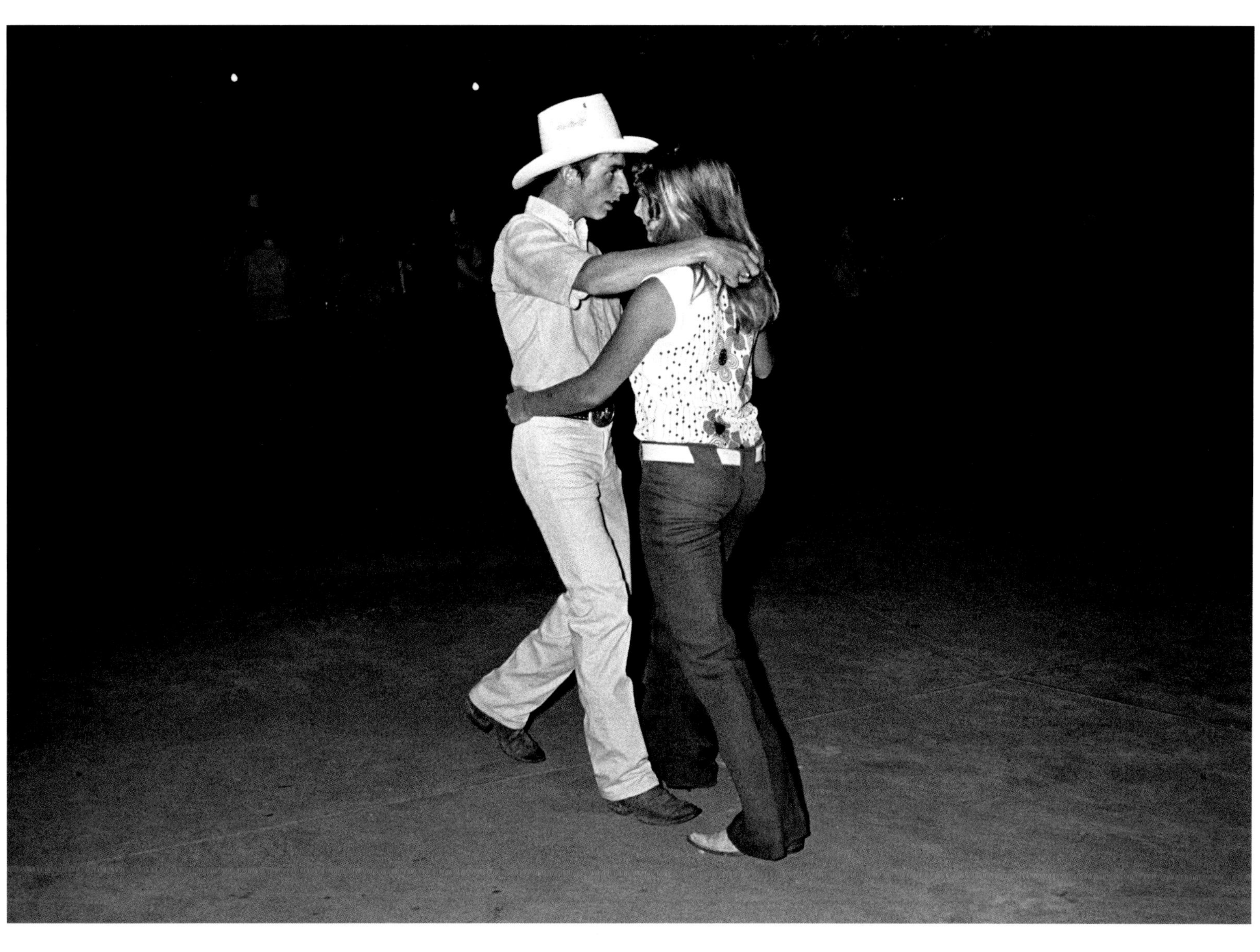

Pat's Dance Hall,
central-west Texas, 1973

Pat's Dance Hall,
centre-ouest du Texas, 1973

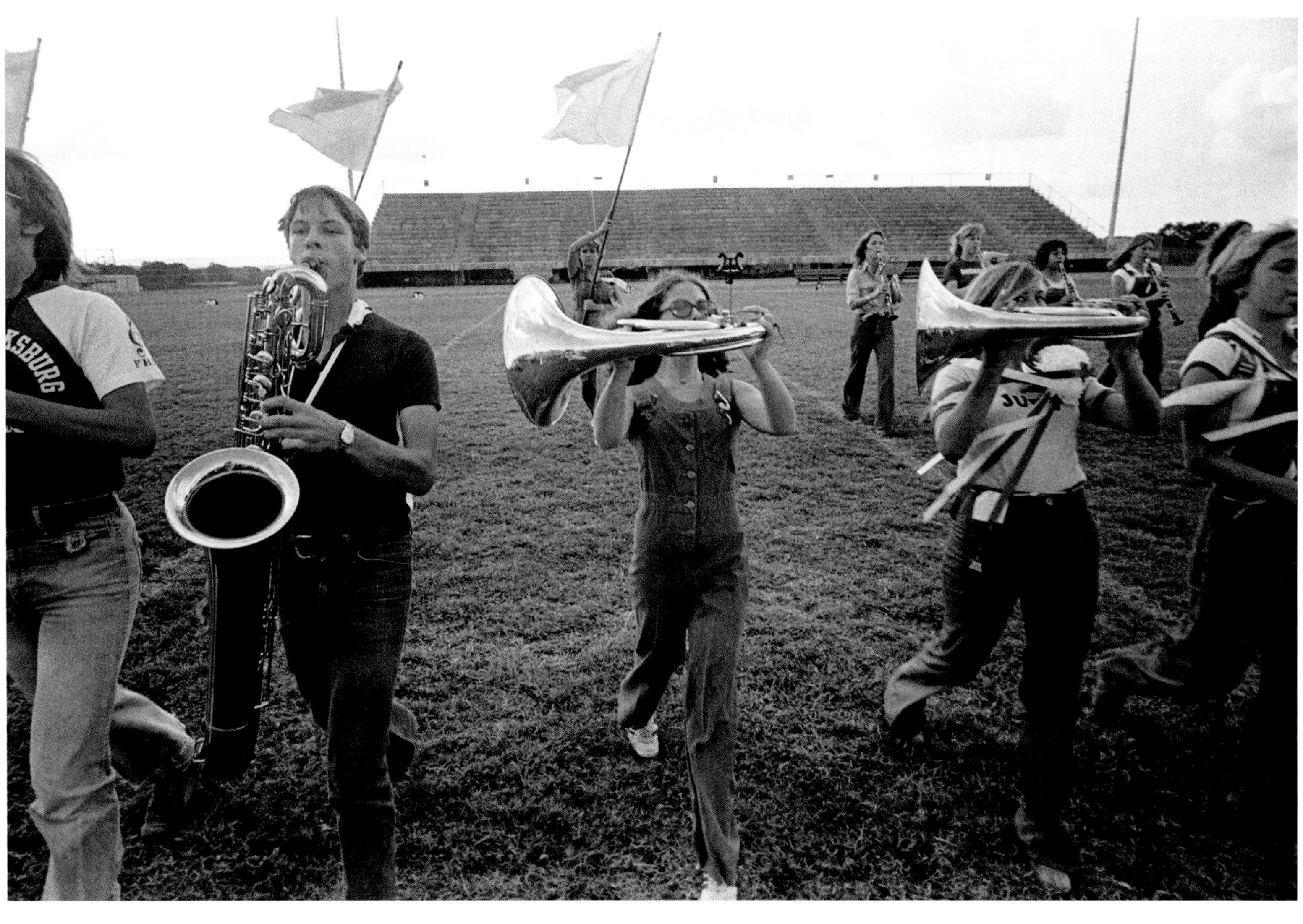

 High School band, 1978

Orchestre de l'école secondaire, 1978

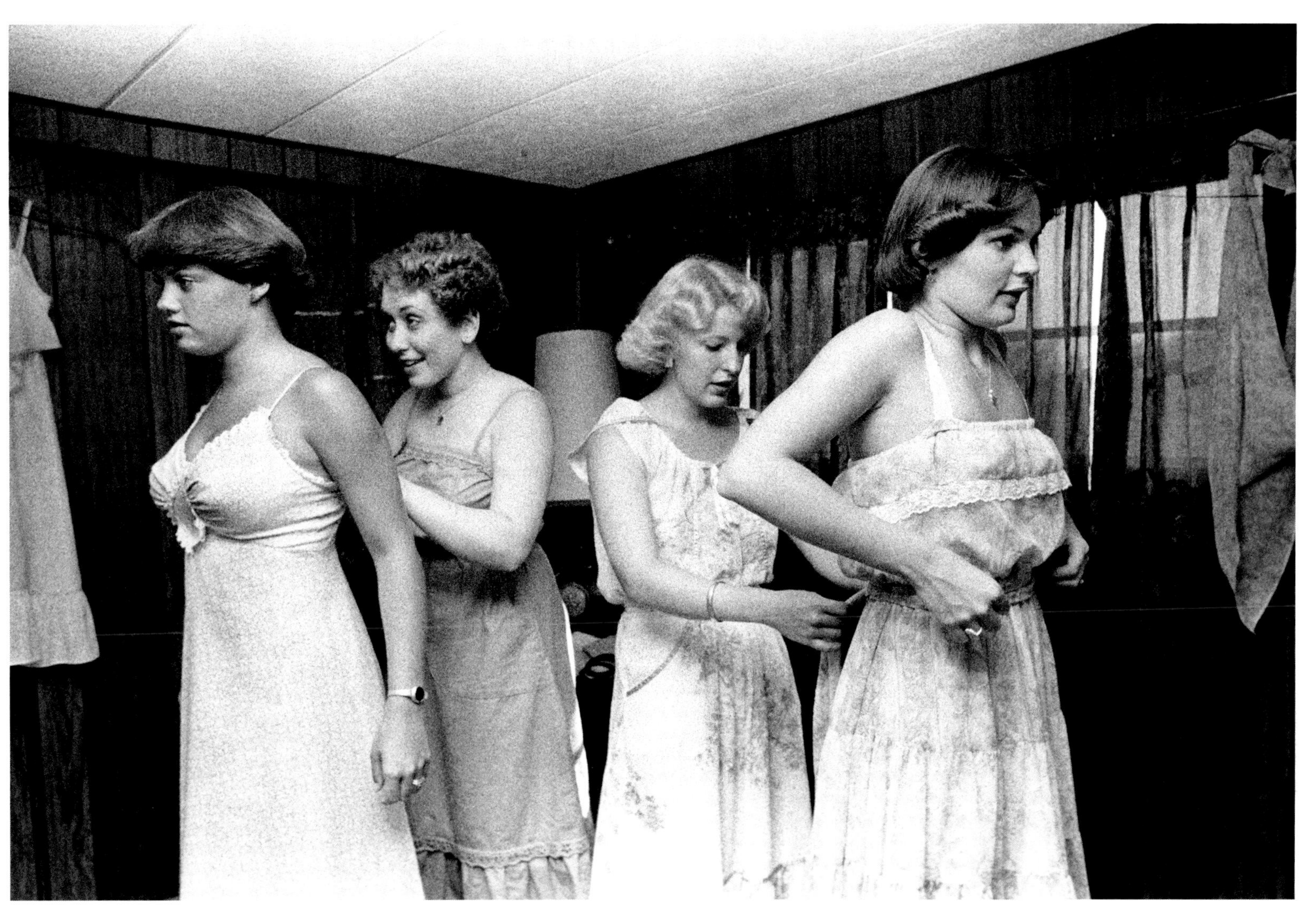

Contestants, Peach Queen Beauty Contest, 1978

Participantes, concours de beauté de la Reine des Pêches, 1978

County Fair and livestock show, 4HClub, county fairgrounds, 1978

Foire du comté et concours de bestiaux au 4H Club, champ de foire du comté, 1978

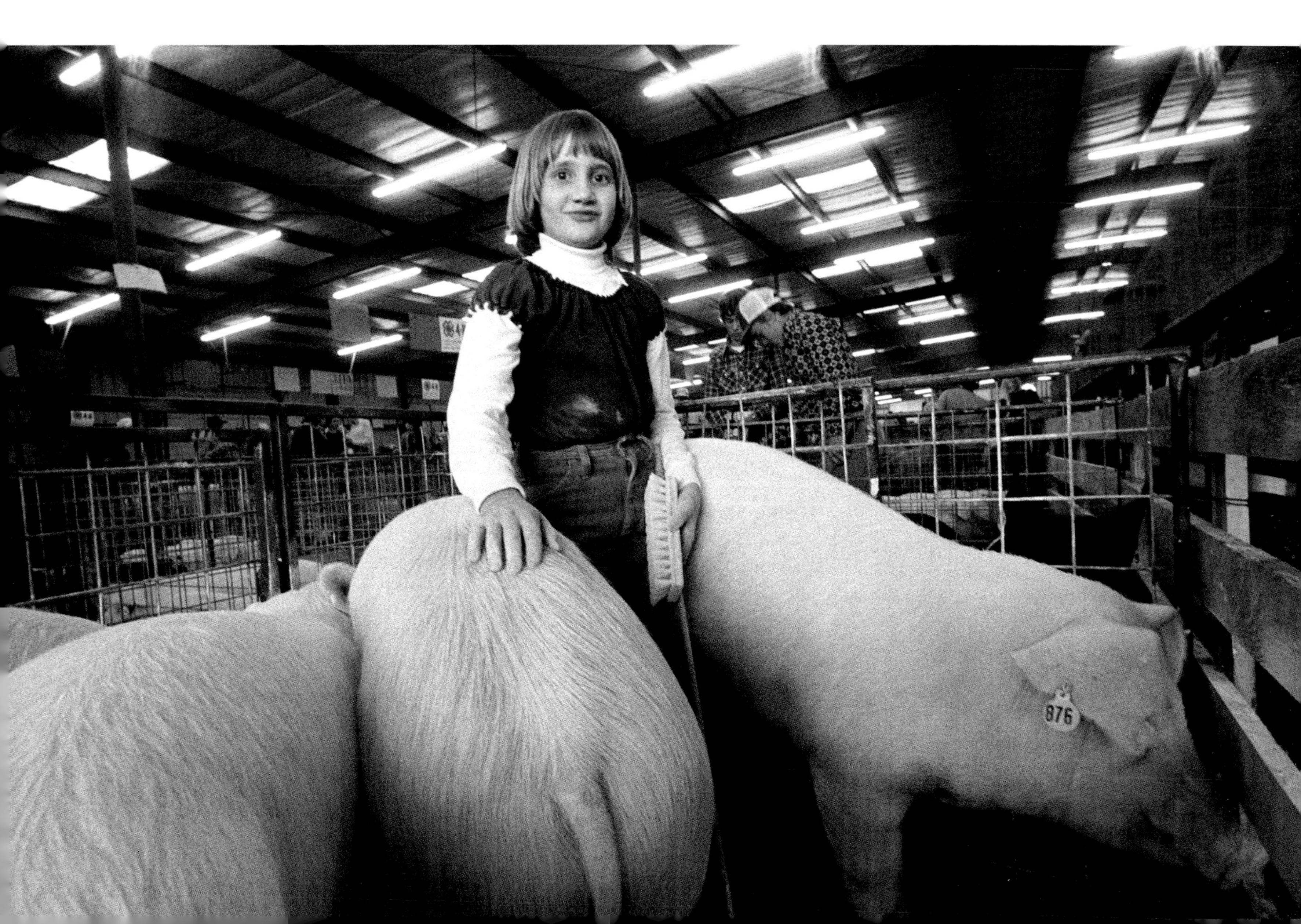

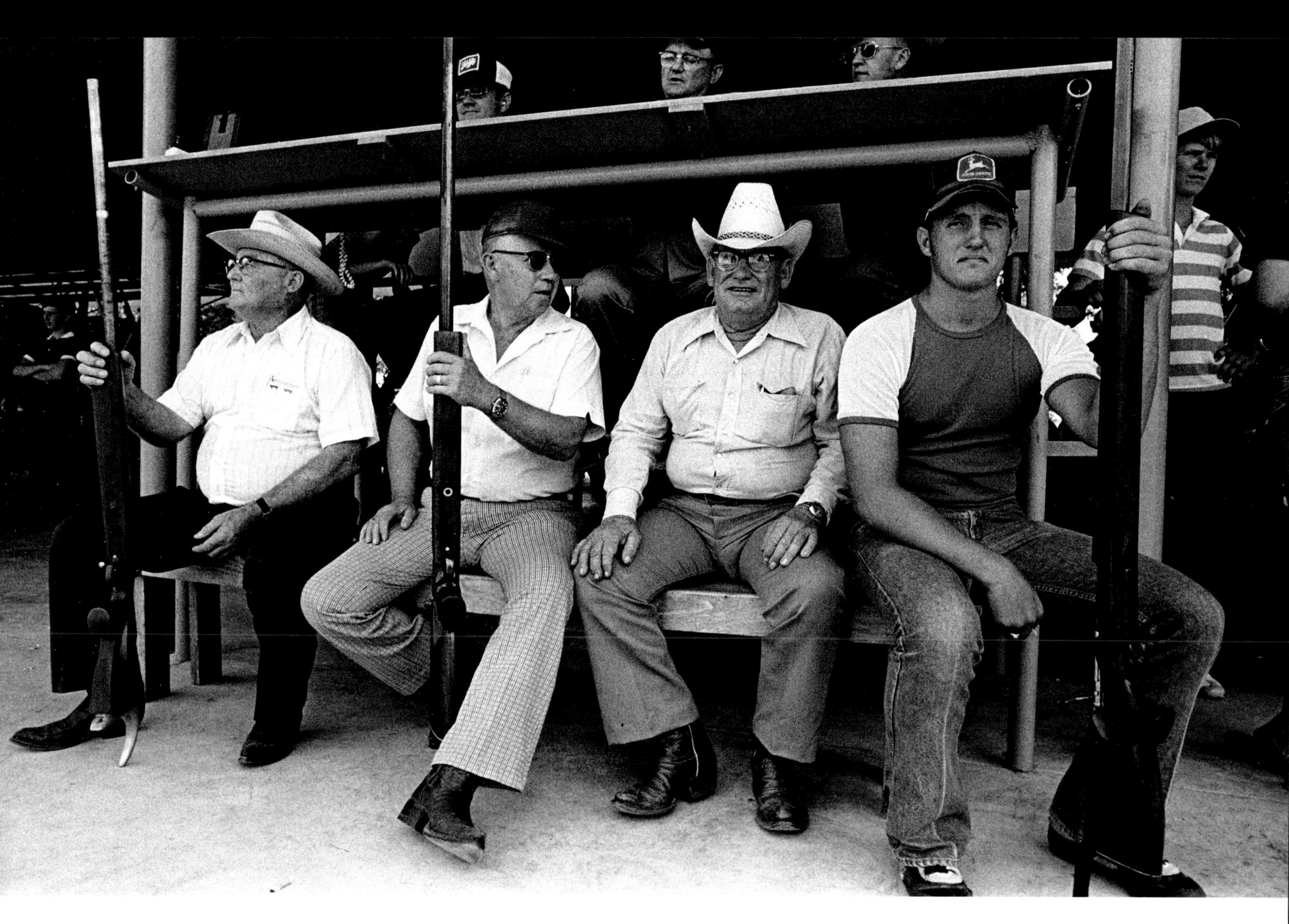

"Schützenfest" contestants with traditional target rifles, 1978

Participants de la «Schützenfest» avec leurs fusils traditionnels, 1978

▸ Playing "skat", Domino Beer Hall, central Texas, 1977

▸ Joueurs de «skat», Domino Beer Hall, centre du Texas, 1977

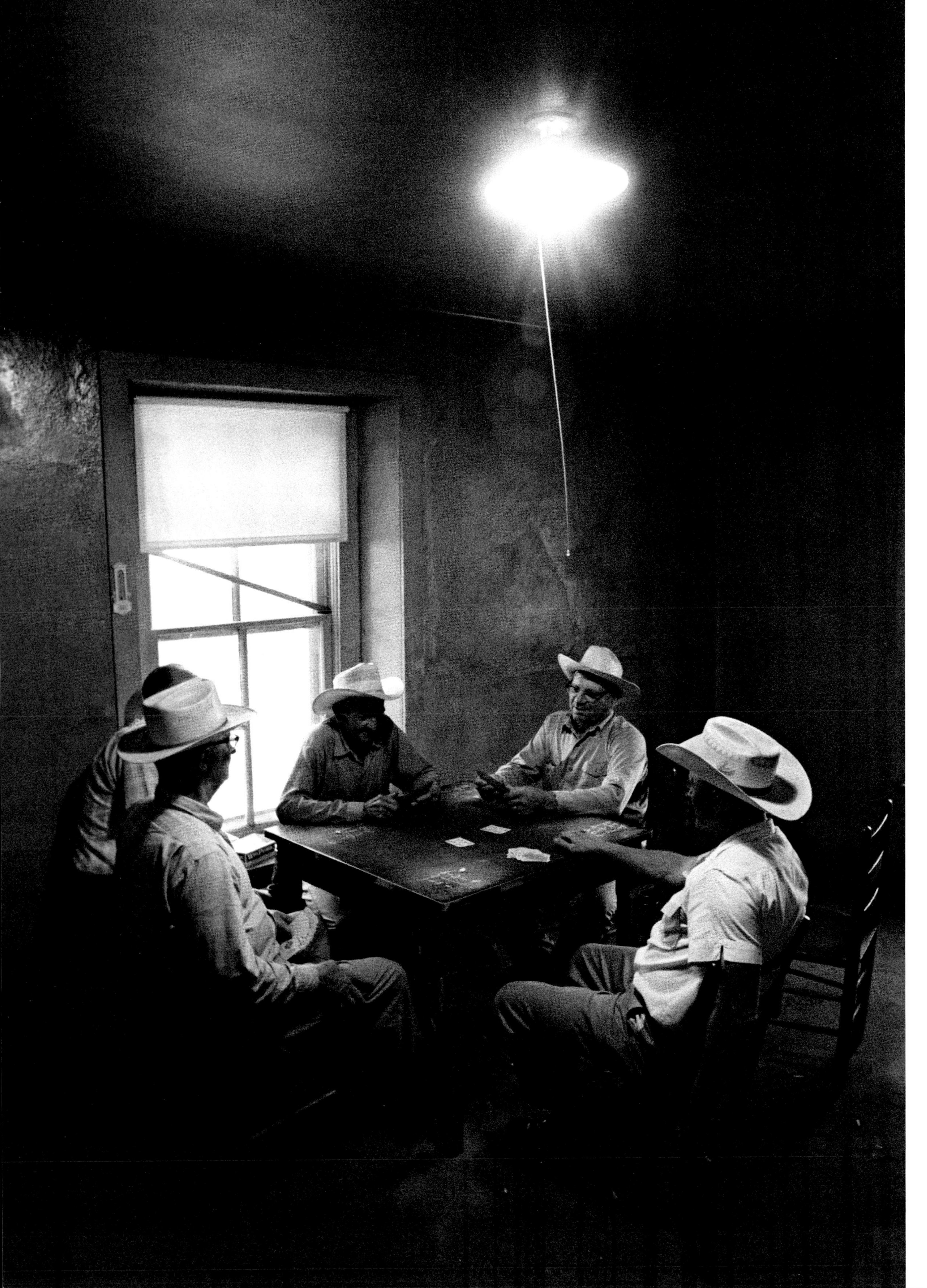

East-Central Texas
The Southern Frontier, black and white

Long after the discovery of oil, Texas remained largely a Southern state in its politics, social philosophy, and attitudes towards class and race. It was in the rich black soil and river bottom lands of east-central Texas that the culture of the old South first took root. The region's geographic location put it in the forward path of U.S. farmers moving west from older cotton plantations in the deep South during the early 1800's. Its climate and topography were similar to those of Georgia and Alabama, ideal for large-scale cotton farming. By 1837, one year after Texas' statehood, more than half the people in parts of east-central Texas were black slaves.
After the Civil War, Polish peasants were brought into these regions to work on the large cotton farms as a buffer to the black population and growing black political power. Through the late 1800's, black people exerted a strong influence on local and state politics, first as Republicans and later as Populists. For 30 years, black Texans held political office, but they rarely had access to good land or the financial capital to farm it. By 1900, political participation by black Texans had ended, to all intents and purposes, with the emergence of all-white political parties, voting disenfranchisement and outright racial violence.
Until the 1970's, there were two societies: white and black. Black and white Texans built separate churches, schools and social organizations. In the 1950's and 60's, court decisions, rising out of grassroots political protest, overturned school segregation, and legislation was passed to ensure political voting rights. In the 1970's, over a hundred years after the Civil War ended slavery in the U.S., the steps toward racial integration began in the South and Southwest.
Economically, cotton farming remained a dominant force in this area of Texas until the mid 1940's. After the Civil War and the end of slavery itself, a new version of servitude crept across the old corn and cotton frontiers, tenant farming. From 1870-1950, hundreds of poor farmers, black and white, throughout east Texas and across the U.S. South, rented land from landowners. They paid for their rent with the cotton crop they raised. The cotton was weighed and valued by landowners, and farmers bought food and clothing at

Le centre-est du Texas
La frontière du sud, noirs et blancs

Longtemps après la découverte du pétrole, le Texas est largement resté un état du sud quant à sa philosophie politique et sociale ainsi qu'à ses attitudes à l'égard des différences de classe et de race. Ce fut à l'origine sur la riche terre noire et dans les contrées irriguées par les rivières du centre-est du Texas que la culture du vieux sud prit racine.
La situation géographique de la région était très favorable pour l'immigration des fermiers américains des anciennes plantations de coton vers l'ouest pendant le début du XIXe siècle. Son climat et sa topographie étaient similaires à ceux de la Géorgie et de l'Alabama, fournissant les conditions idéales pour la culture du coton à plus large échelle. Avant 1837, un an après la création de l'Etat du Texas, plus
de la moitié de la population vivant dans le centre-est du Texas était formée par des esclaves noirs.
Après la Guerre civile, des paysans polonais furent amenés dans ces régions pour y travailler dans les grandes plantations de coton afin de jouer un rôle tampon face à la population noire et son pouvoir politique grandissant. À la fin du XIXe siècle, la population noire exerça une grande influence sur la politique locale et la politique d'état, d'abord en tant que Républicains, ensuite en tant que Populistes. Durant trente ans, les Texans noirs eurent la mainmise sur les fonctions politiques mais eurent rarement accès aux propriétés terriennes ou aux capitaux financiers nécessaires pour l'agriculture. En 1900, la participation politique des Texans noirs cessa de manière virtuelle, avec l'émergence des partis politiques pro-blancs, pour le désaffranchissement des votes pour les noirs et la violence raciale.
Jusque dans les années 1970, il y eut deux sociétés : une blanche et une noire. Les Texans blancs et noirs construisirent des églises, des écoles et des organisations sociales distinctes. Dans les années 50 et 60, des décisions de la Cour, en réaction à des protestations politiques de la base, rejetèrent la ségrégation scolaire et la législation intégra le droit de vote politique. Dans les années 70, plus d'une centaine d'années après la Guerre civile qui mit fin à l'esclavage aux Etats-Unis, un pas fut fait enfin pour l'intégration raciale dans le sud et le sud-ouest.
Economiquement, la culture du coton est restée la force dominante de cette région du Texas jusqu'au milieu des années 40. Après la Guerre civile et la fin de l'esclavage au sens propre, un nouveau mode de servitude se répandit pourtant le long des anciennes frontières des plantations de maïs et de coton. De 1870 à 1950, des centaines de pauvres fermiers, noirs et blancs, dans tout l'est du Texas et le sud des Etats-Unis, louèrent leurs terres à des propriétaires terriens. Ils payèrent pour leur location en utilisant leurs récoltes de coton comme monnaie d'échange. Le coton était pesé et évalué par les propriétaires terriens, et les fermiers achetaient

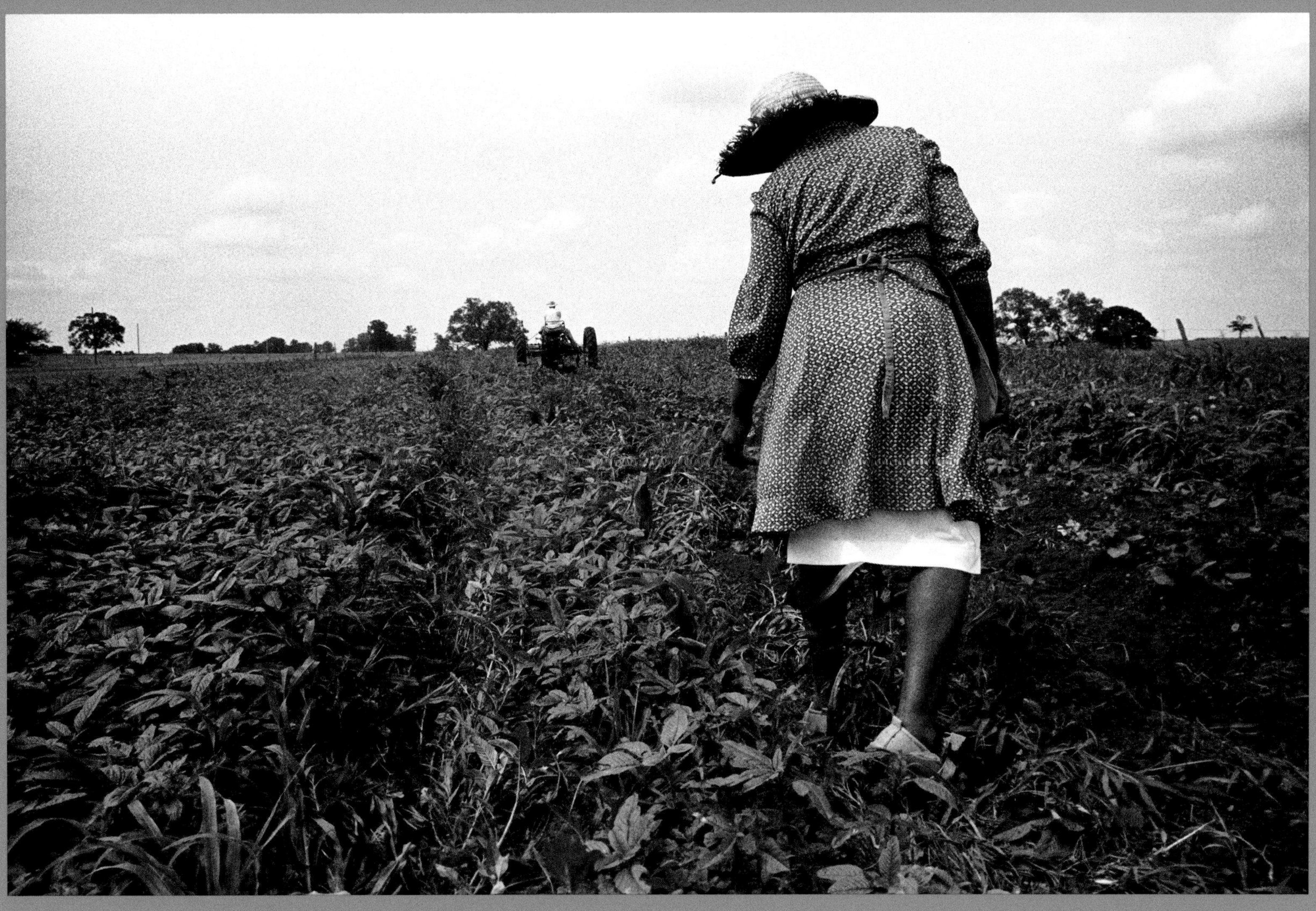

landowners' stores. It was a relationship that left tenant farmers in an endless cycle of debt. World War II, emigration to the cities and the discovery of oil finally broke the hold of tenant farming and cotton. Today, cotton is replaced by small industries, oil, cattle, and a service economy. But the co-existence and separation of black and white cultures continue to be defining forces in the social, economic and political life of east Texas, and that of the state and nation as a whole. (WW & FB)

leur nourriture ainsi que leurs vêtements dans les magasins de ces mêmes propriétaires. C'était un cercle vicieux dans lequel les fermiers étaient indéfiniment endettés. La Seconde Guerre mondiale et l'émigration vers les villes ainsi que la découverte du pétrole mirent finalement fin à la culture du coton et au système du métayage.

De nos jours, le coton est remplacé par de petites industries, le pétrole, le bétail ainsi que par une économie de services. Mais la coexistence et la séparation des cultures blanches et noires continent à constituer des forces déterminantes dans la vie sociale, économique et politique de l'est du Texas, mais aussi de l'état et de la nation comme un ensemble. (WW & FB)

In the fields, Buchanan farm, 1971

Aux champs, ferme Buchanan, 1971

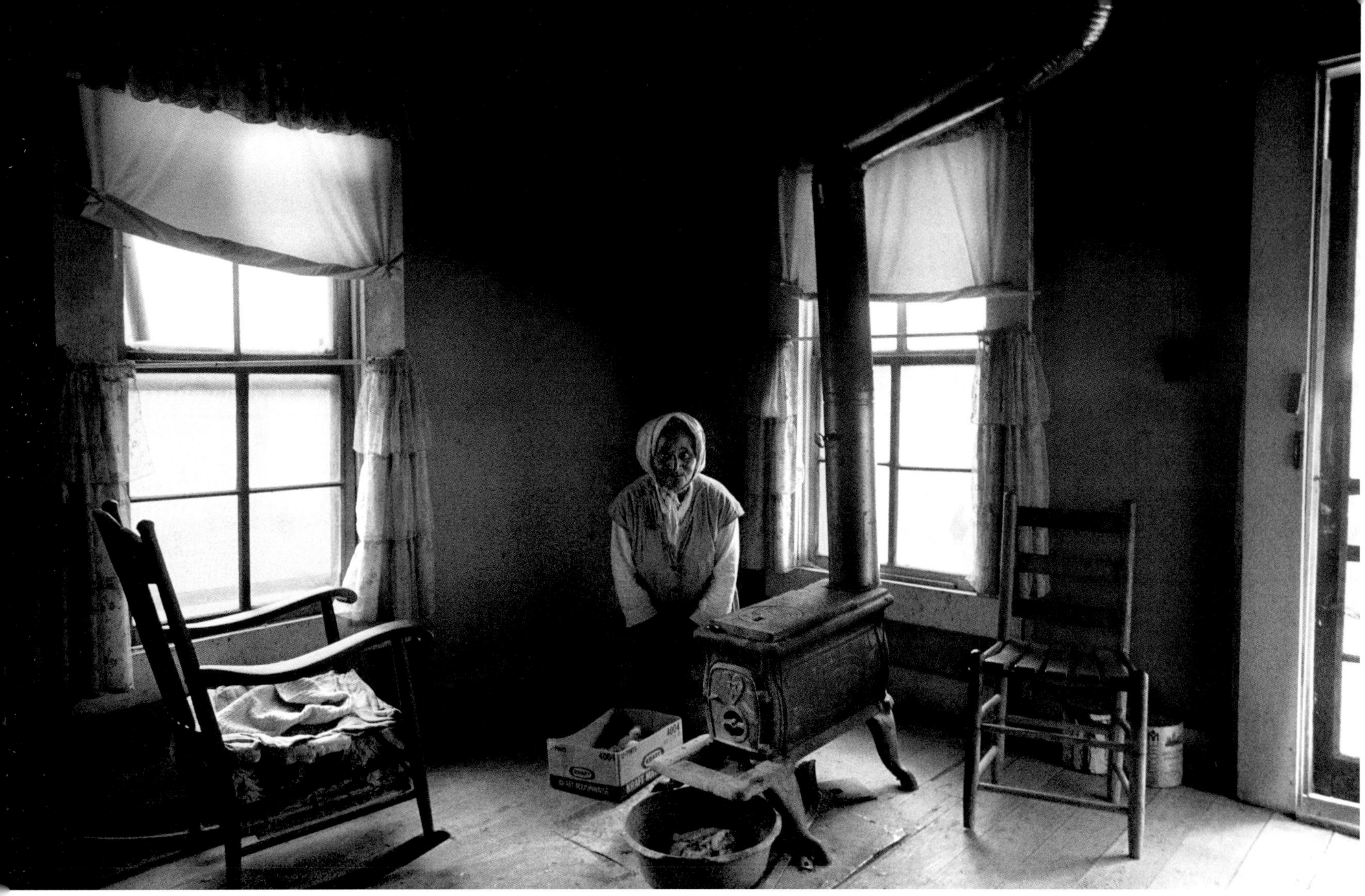

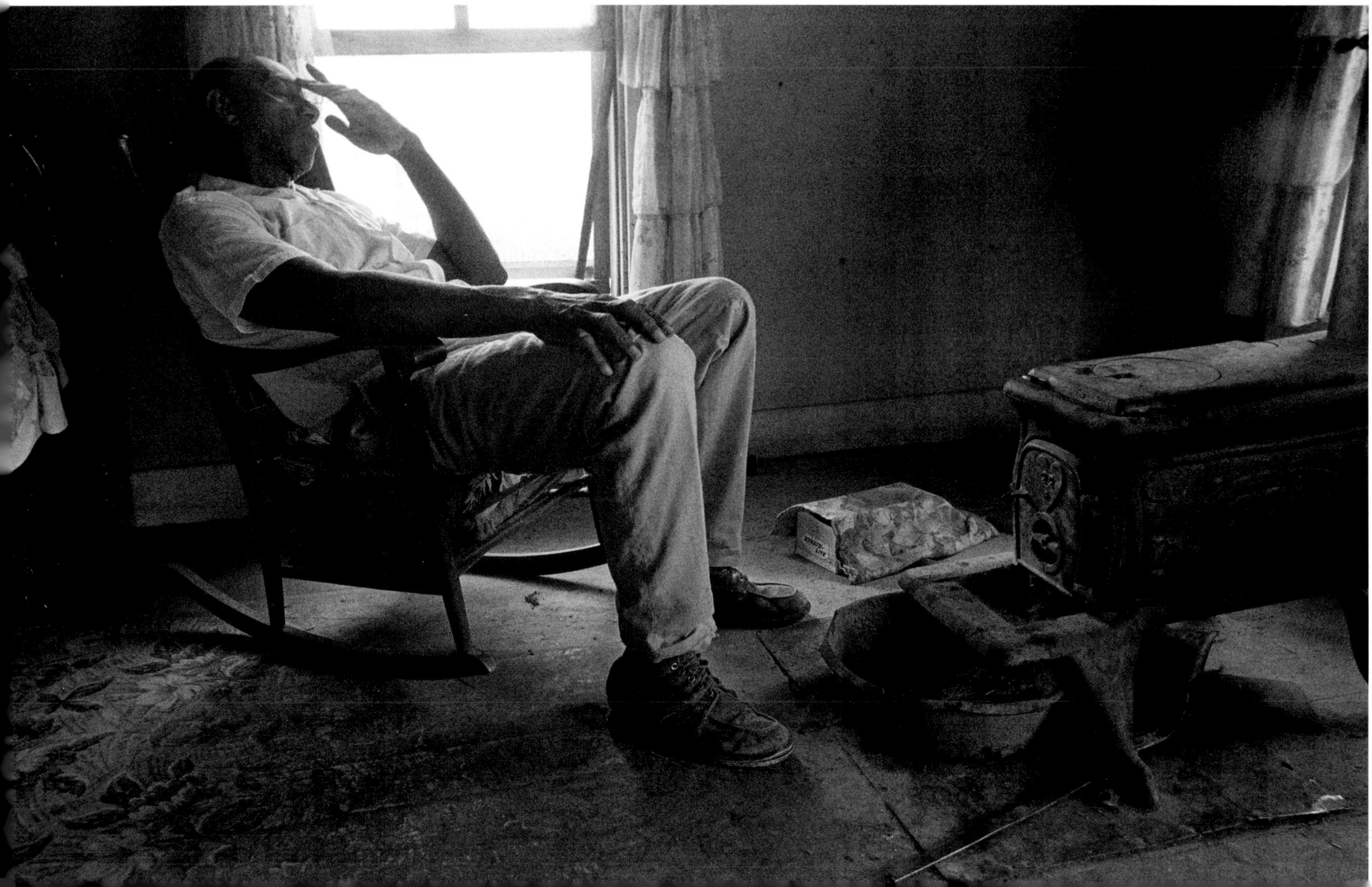

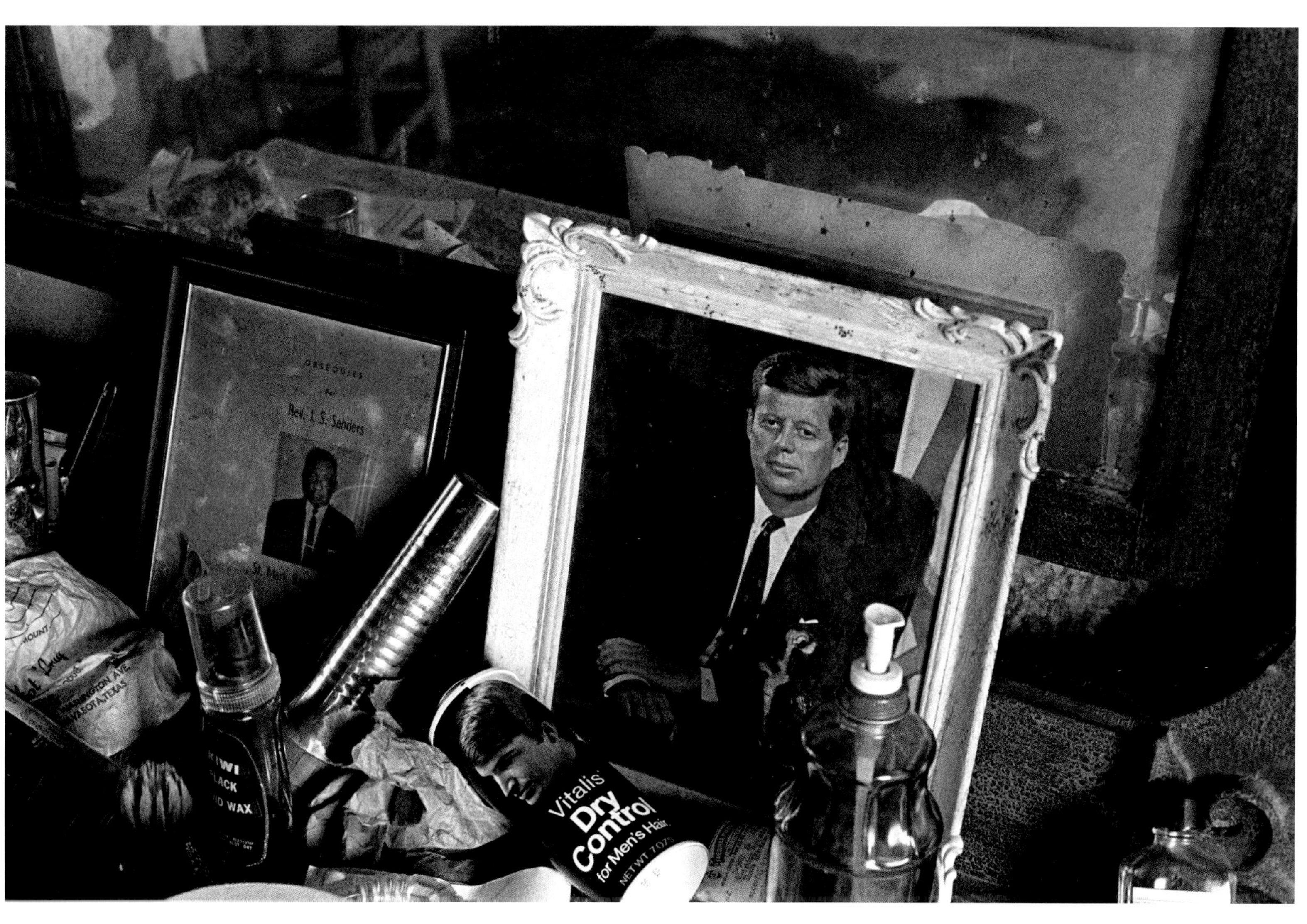

Front room, Buchanan farm, 1971-1972 Chambre principale, ferme Buchanan, 1971-1972 Bedroom, Buchanan farm, 1971-1972 Chambre à coucher, ferme Buchanan, 1971-1972

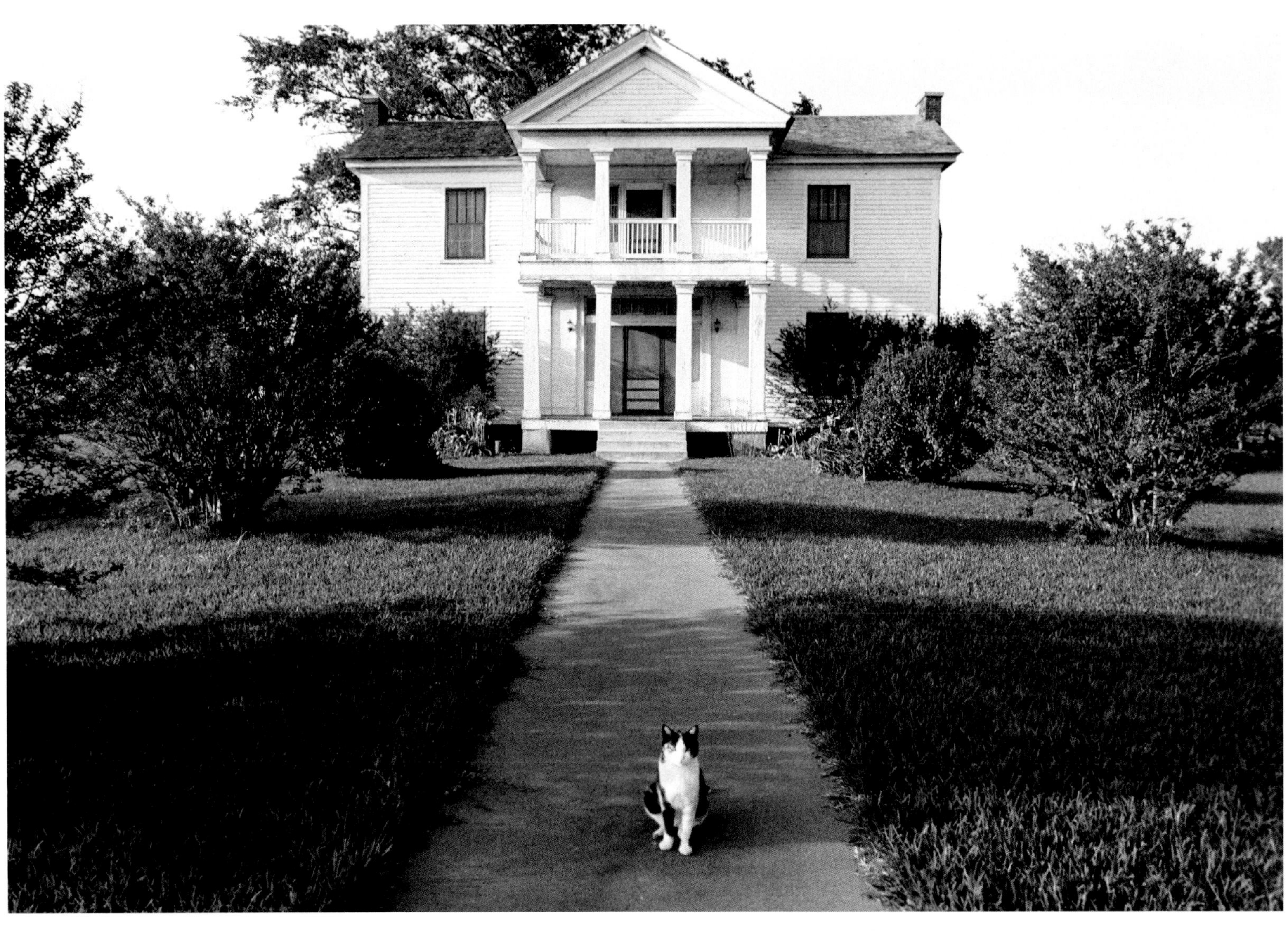

 Southern colonial house, 1975 Maison coloniale du sud, 1975

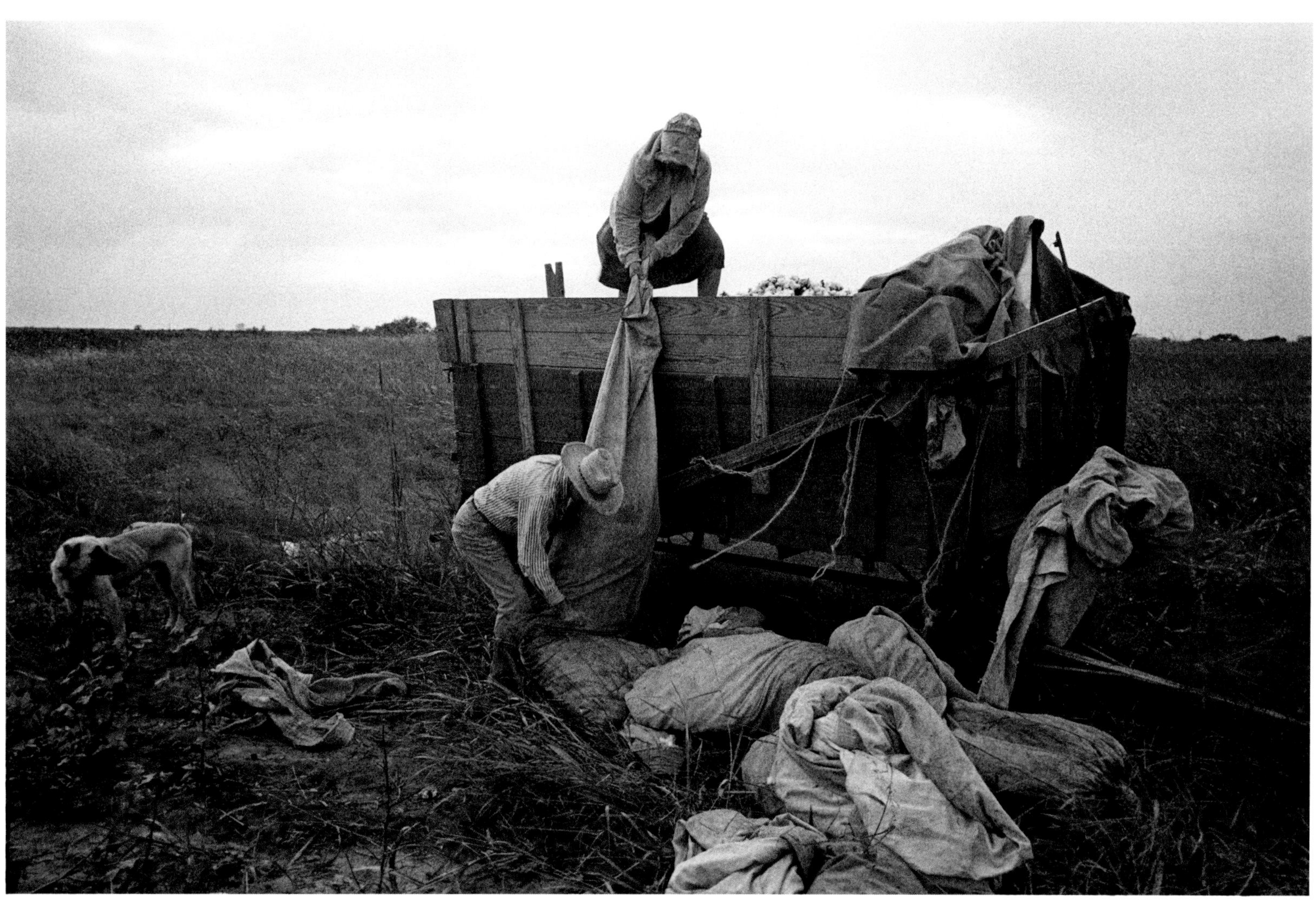

Picking cotton, among the last of the tenant farmers, 1976 Récolte de coton des derniers métayers, 1976

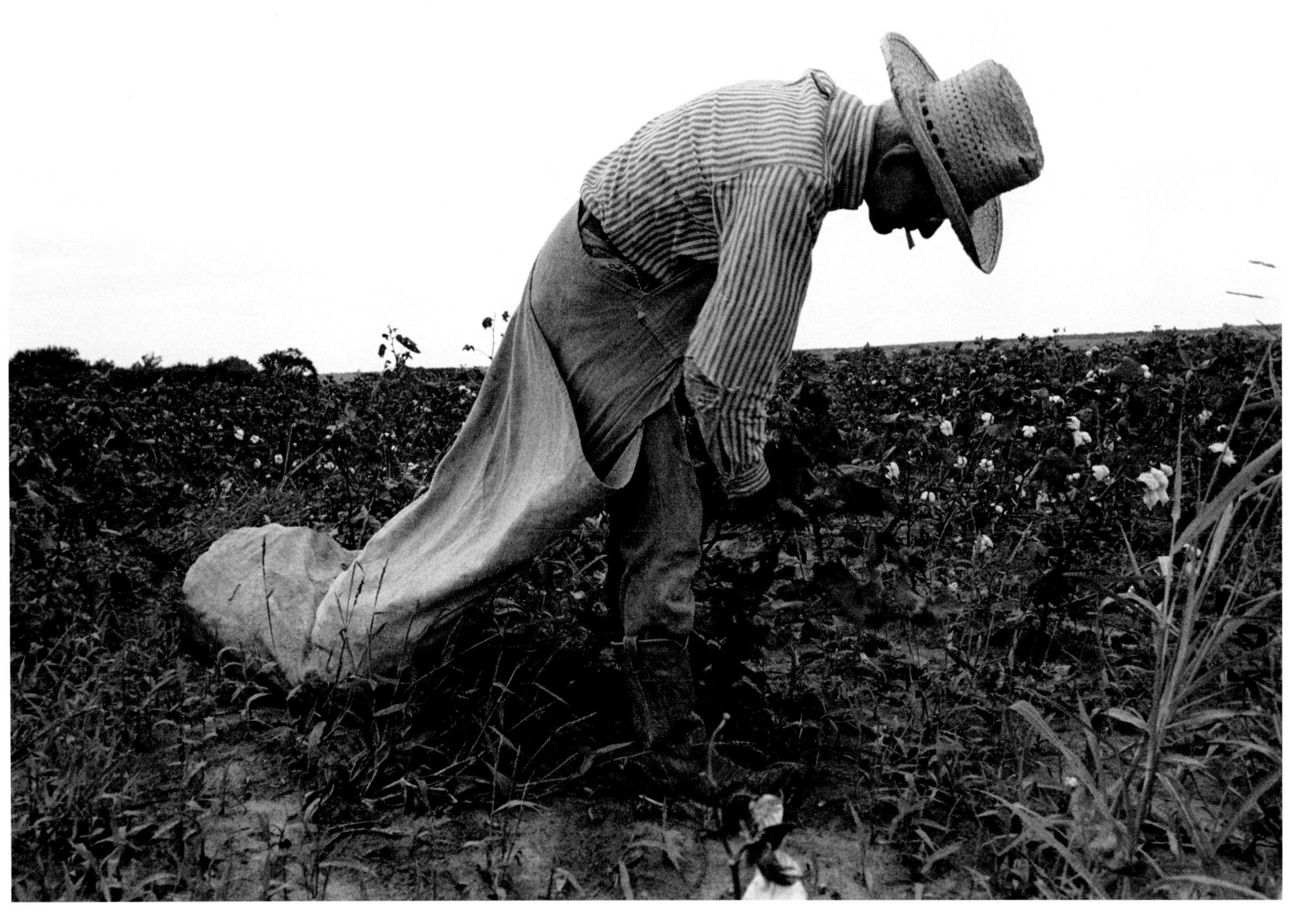

Picking cotton, among the last of the tenant farmers, 1976

Récolte de coton des derniers métayers, 1976

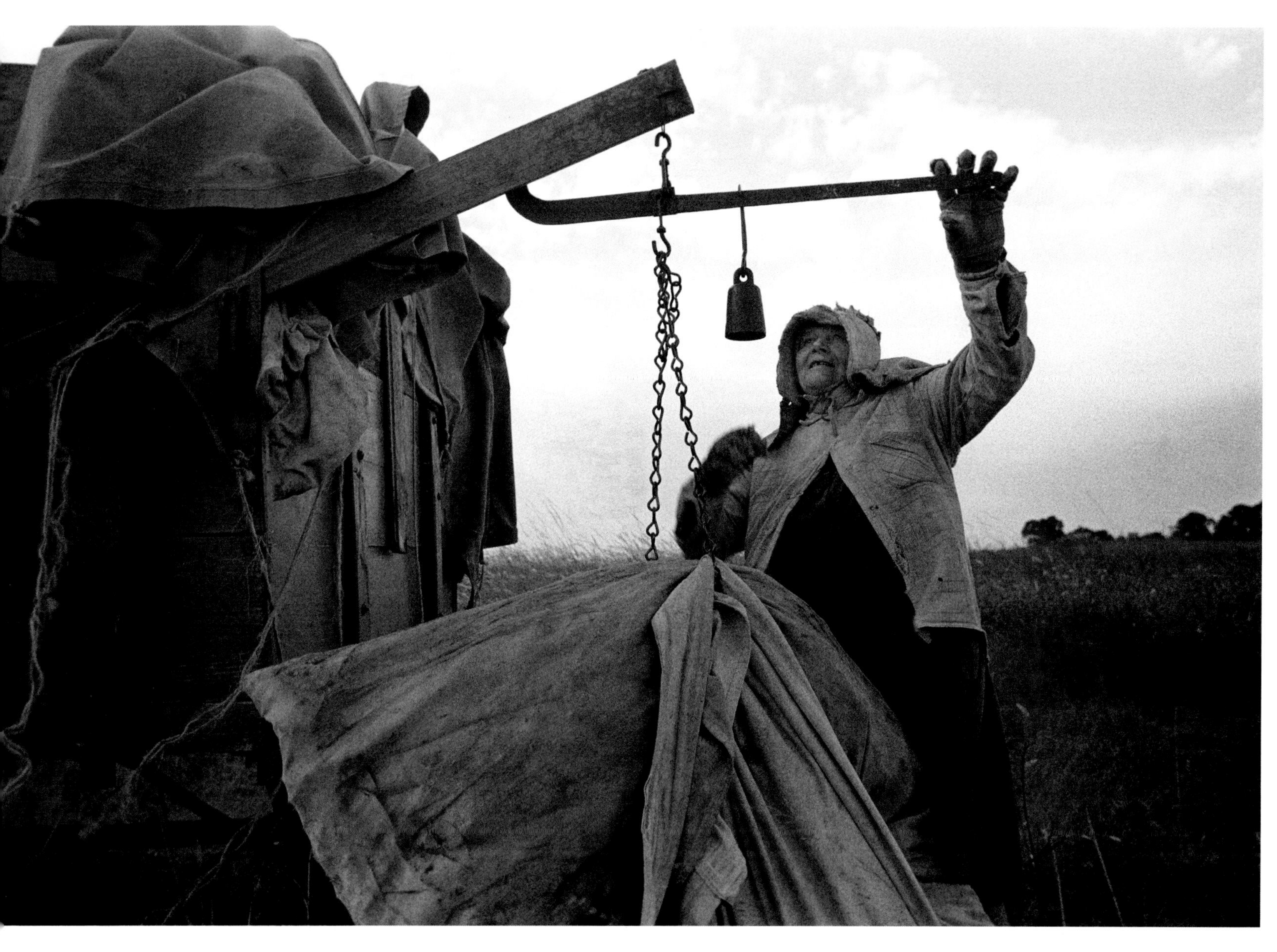

Picking cotton, among the last of the tenant farmers, 1976

Récolte de coton des derniers métayers, 1976

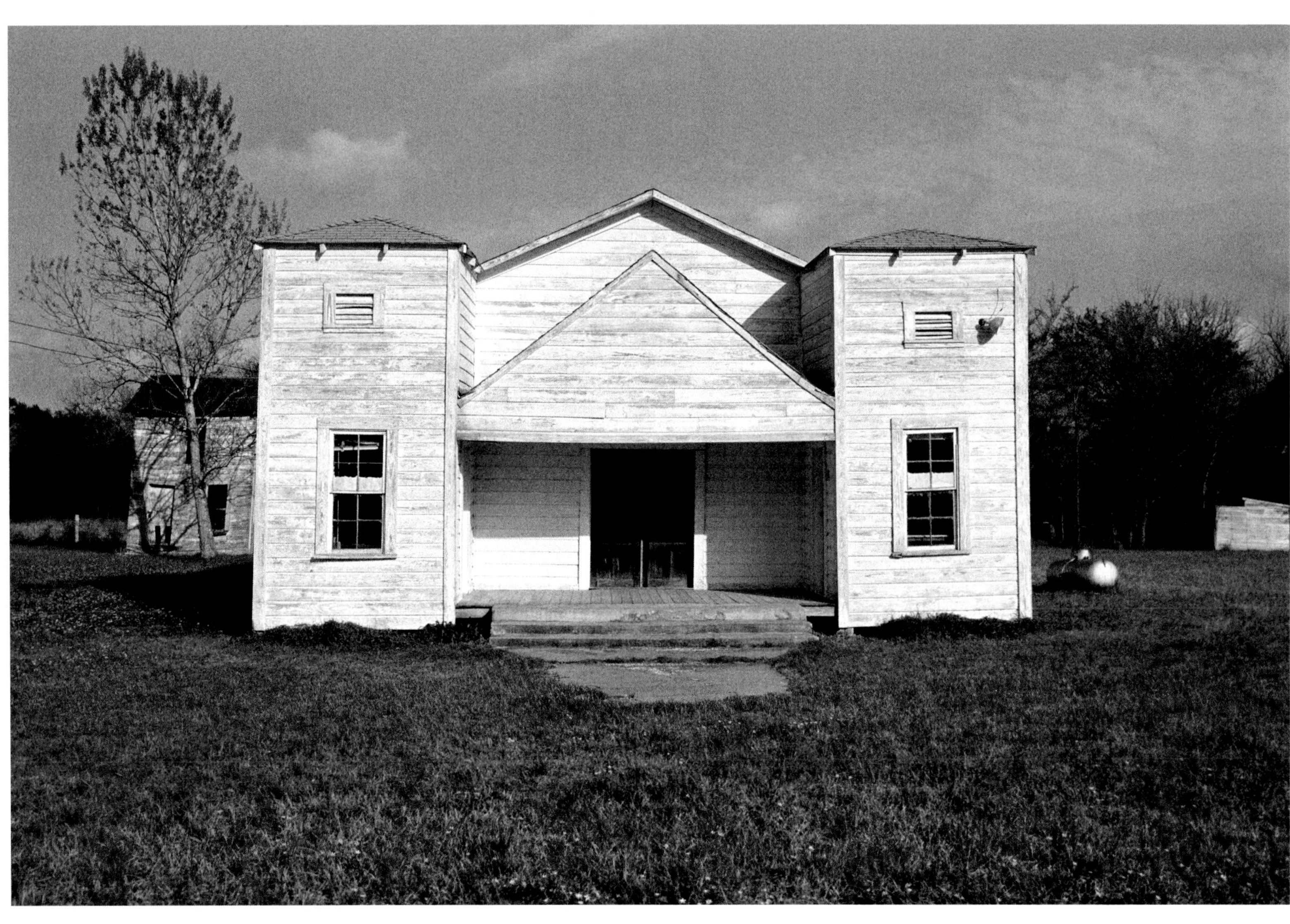

 Greenwood Baptist Church, 1976 Eglise baptiste de Greenwood, 1976

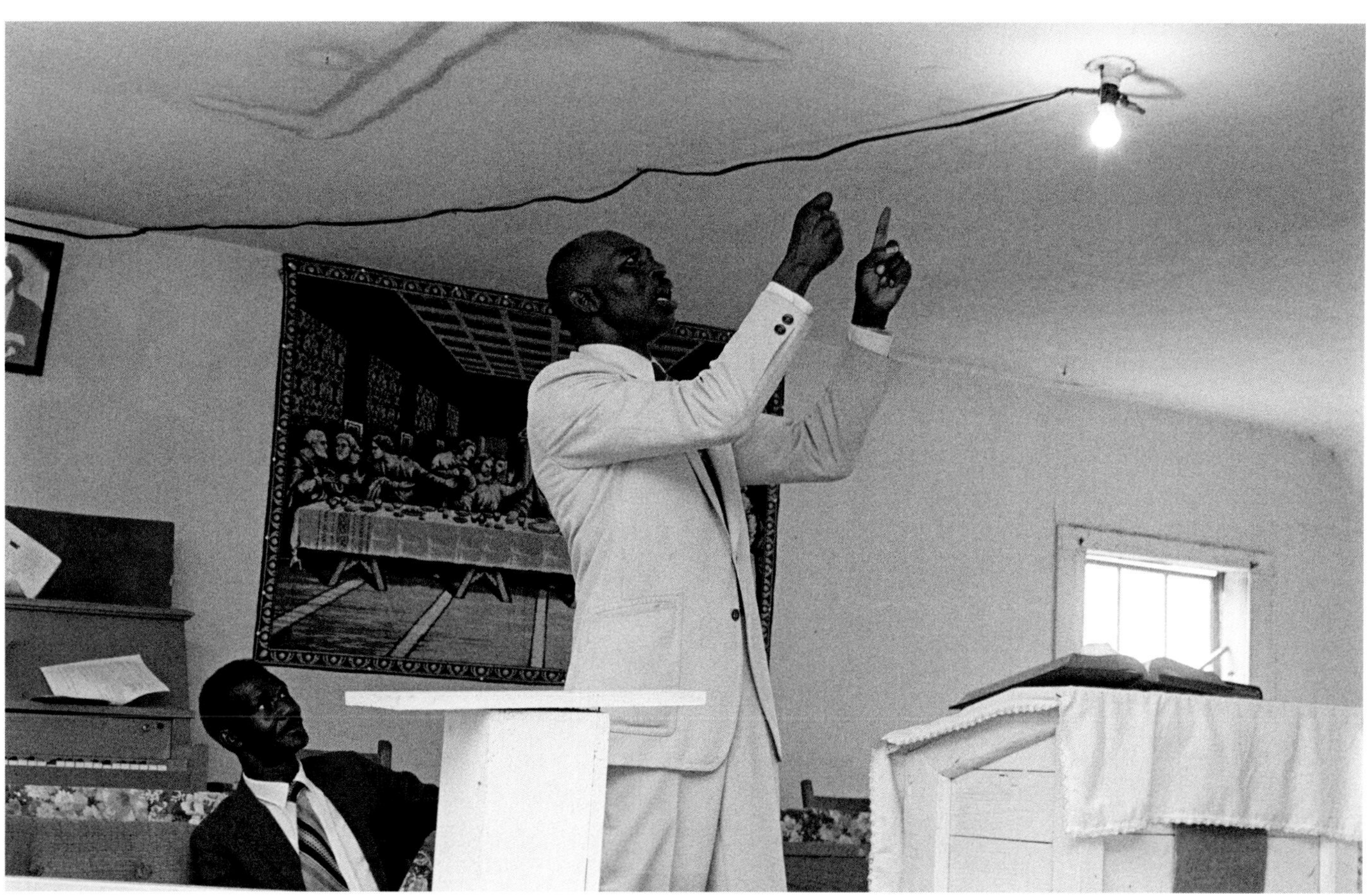

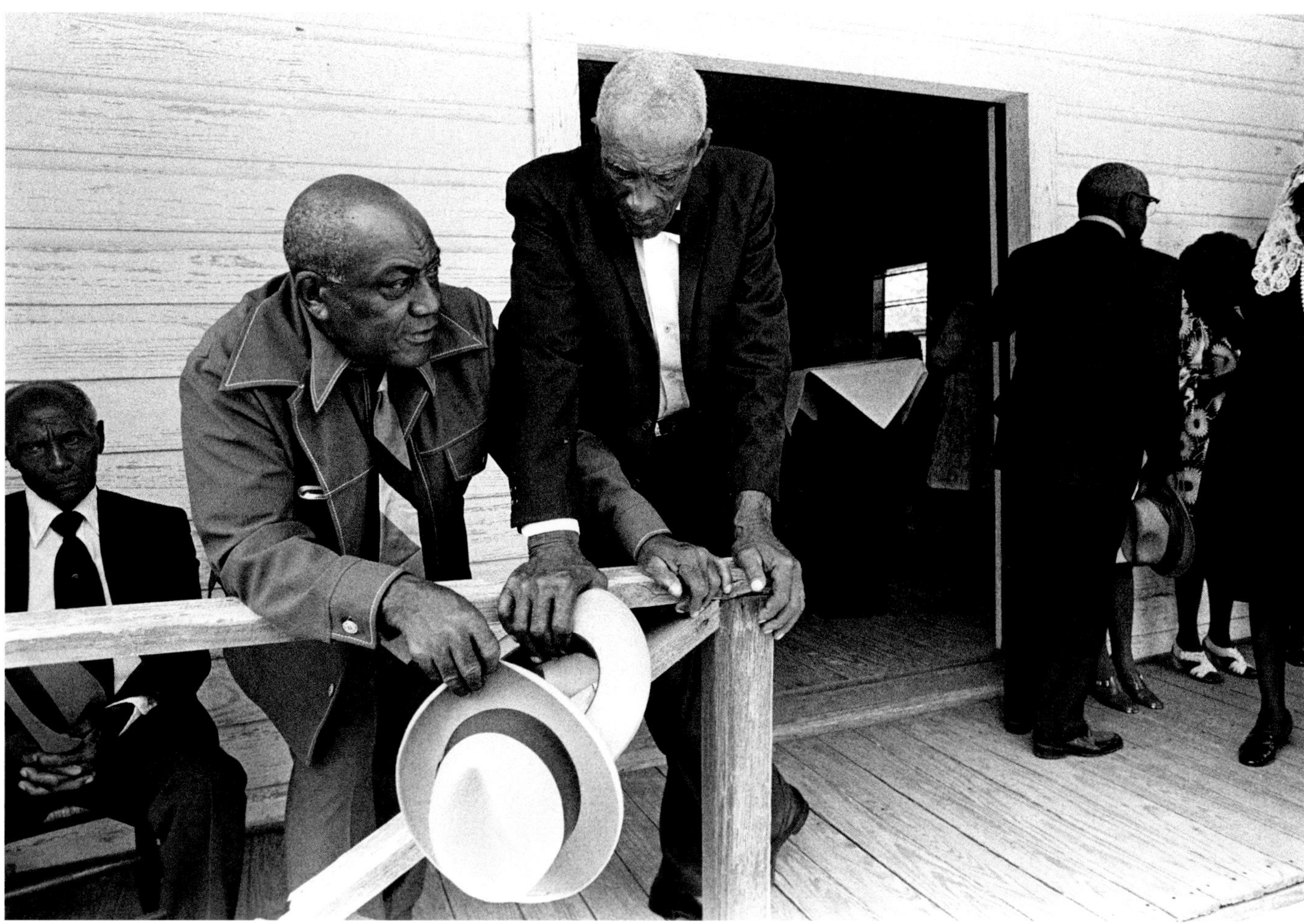

Greenwood Baptist Church, 1976

Eglise baptiste de Greenwood, 1976

Sunday morning, Baptist deacons after church service, 1974

Dimanche matin, diacres baptistes après le service religieux, 1974

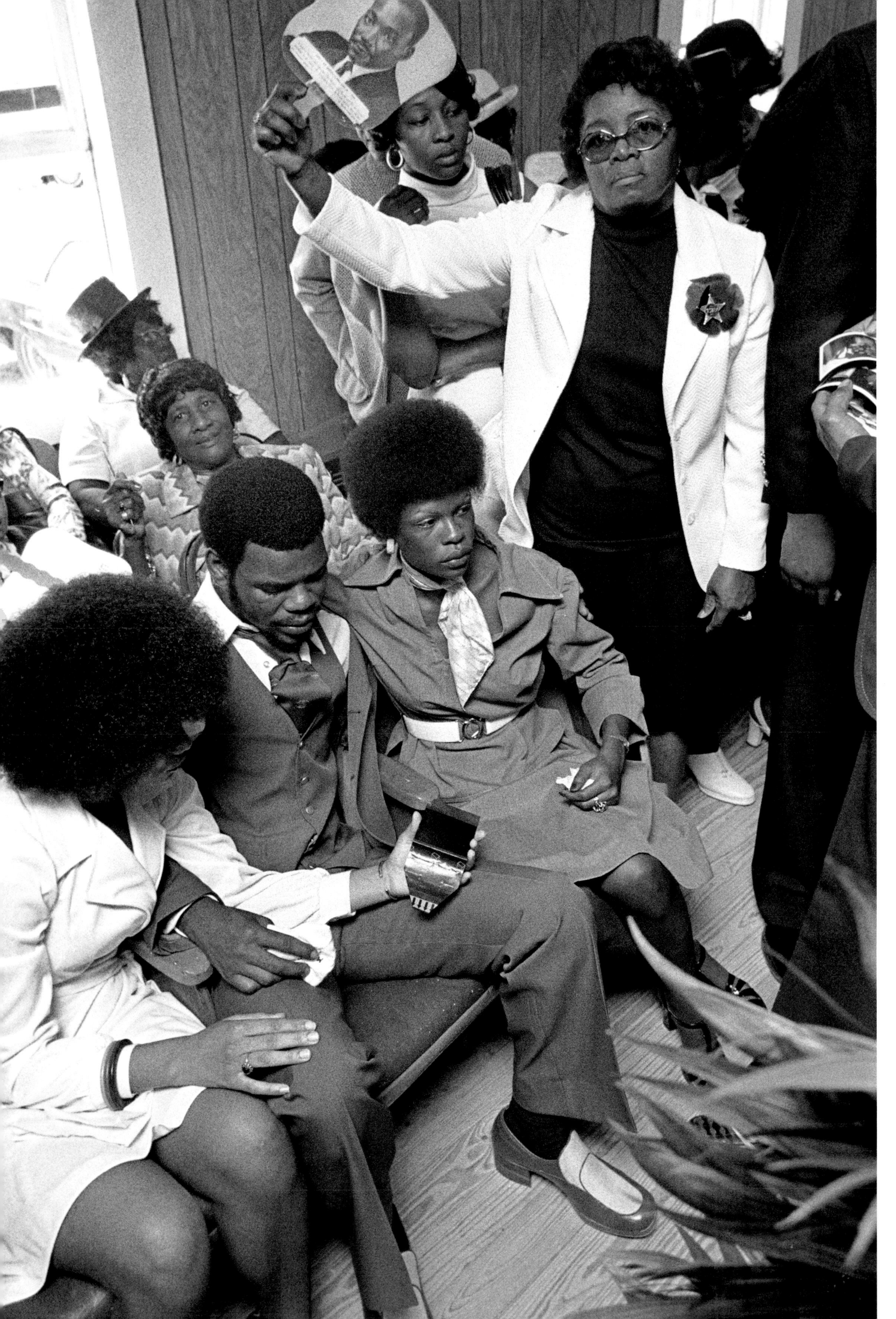

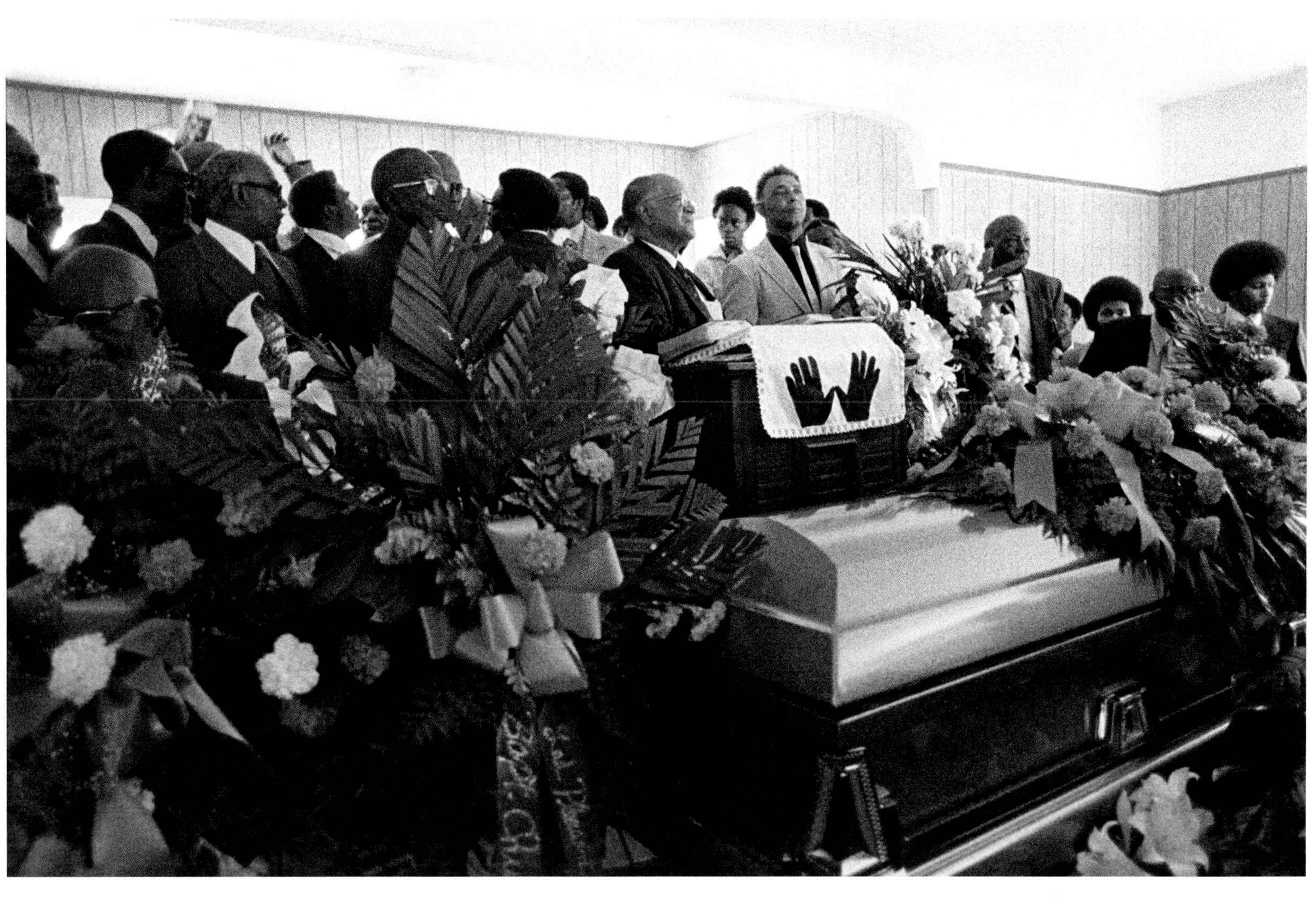

Preacher's funeral, 1977

Funérailles d'un prédicateur, 1977

Preacher's funeral, 1977

Funérailles d'un prédicateur, 1977

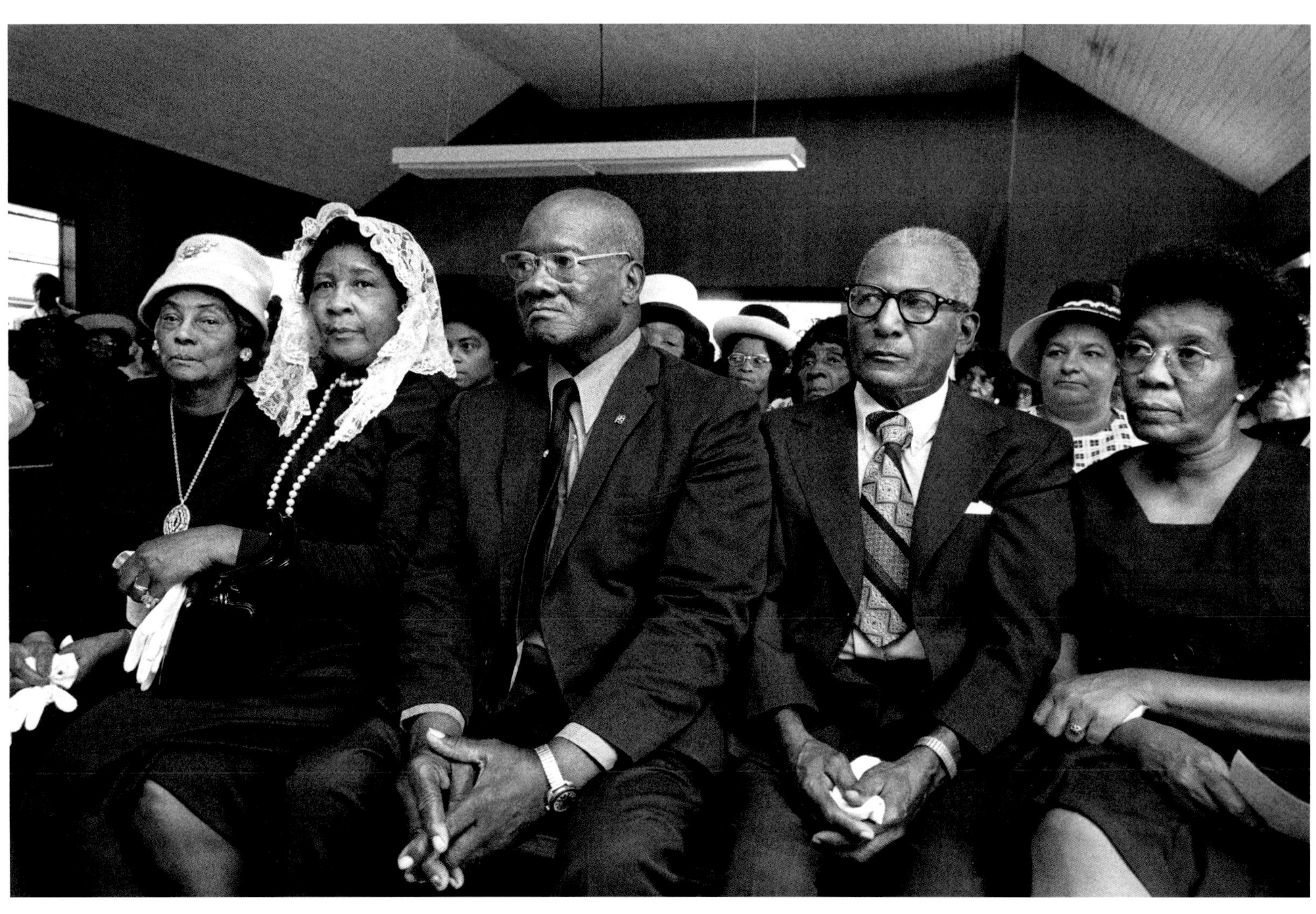

 Funeral, Baptist church, 1975

Funérailles, église baptiste, 1975

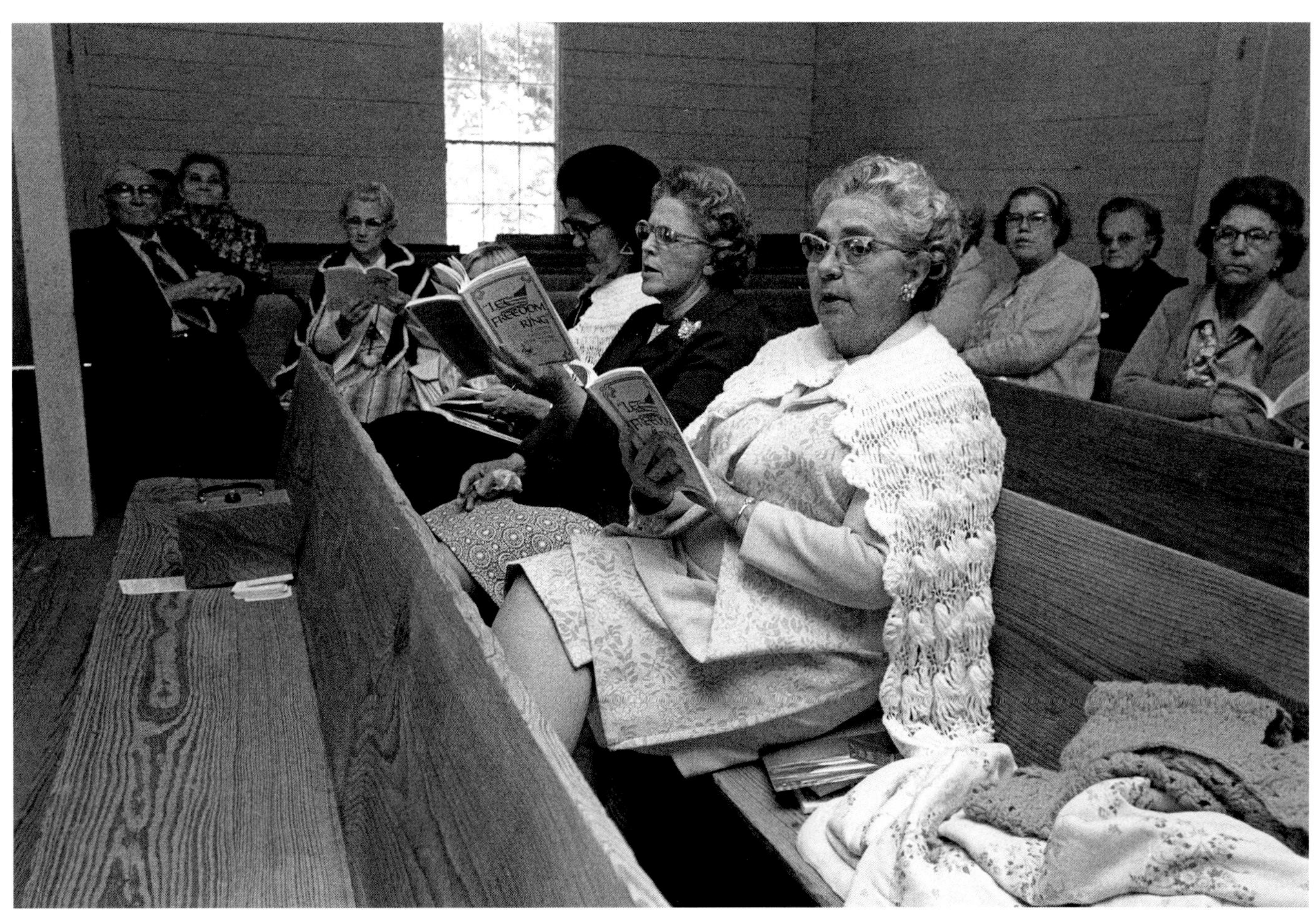

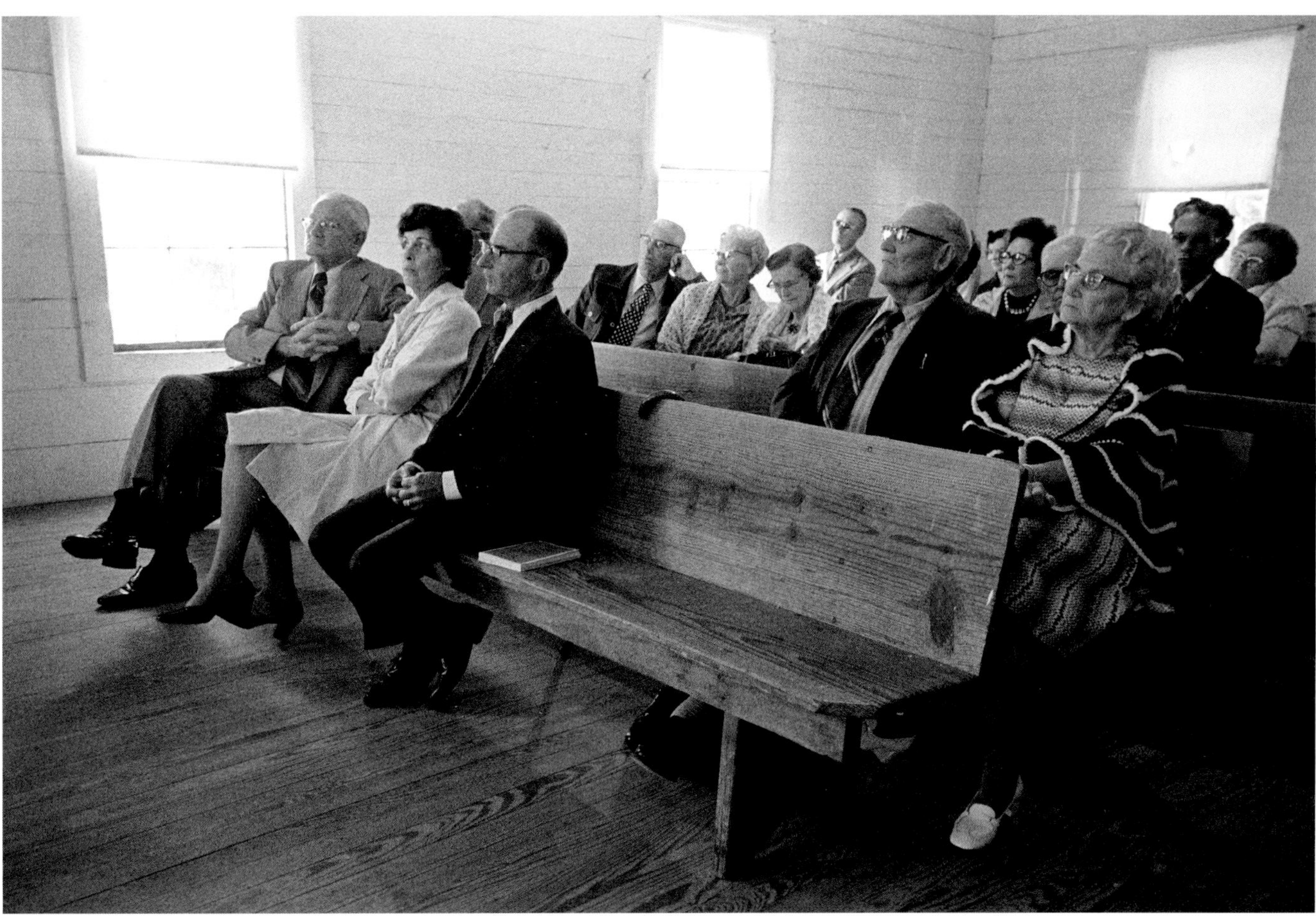

Sunday morning service, 1974

Service du dimanche matin, 1974

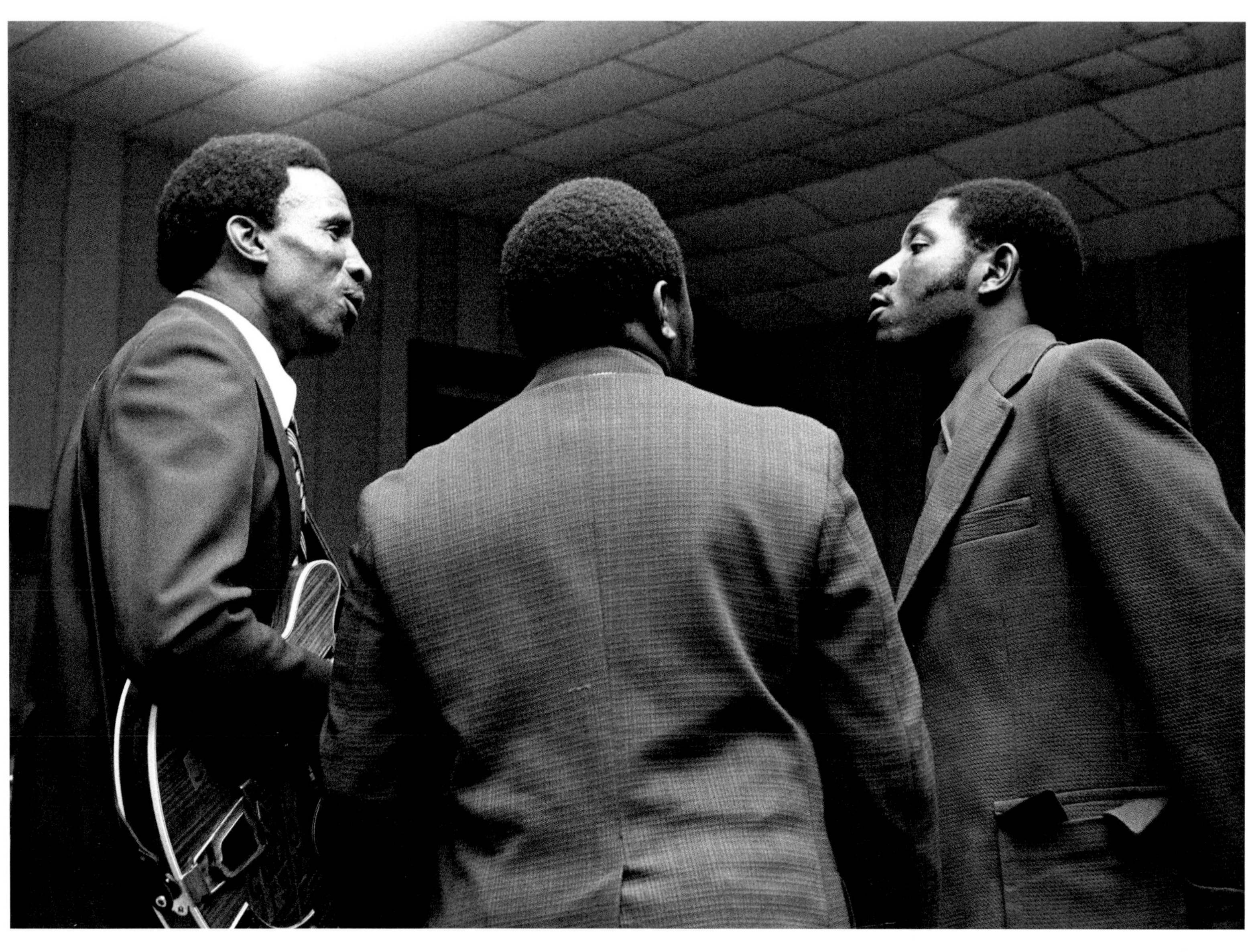

 Church song, Saturday night, 1974 Chant d'église, samedi soir, 1974 Saturday morning, the county seat, 1974 Samedi matin, centre ville du comté, 1974

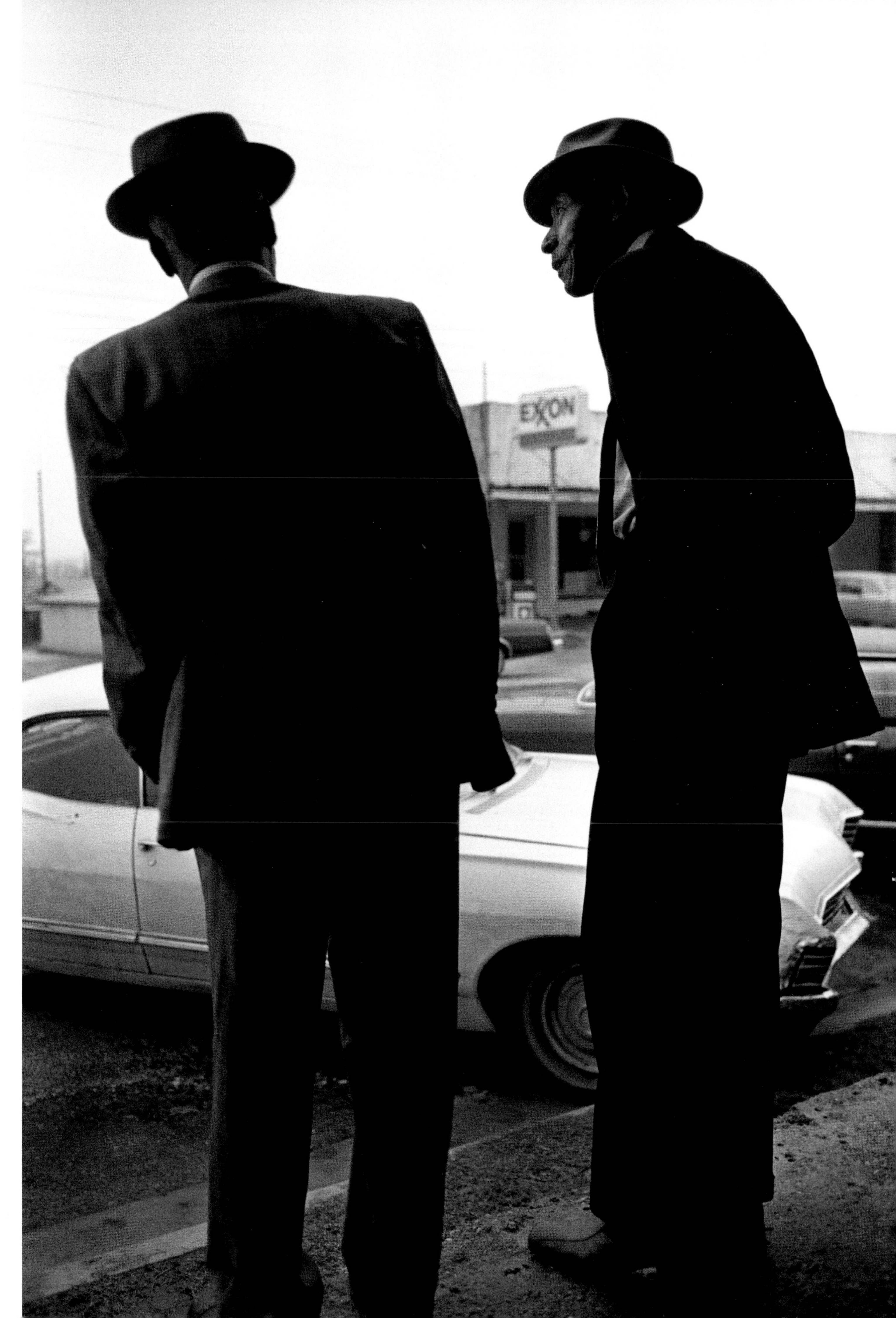
EXXON

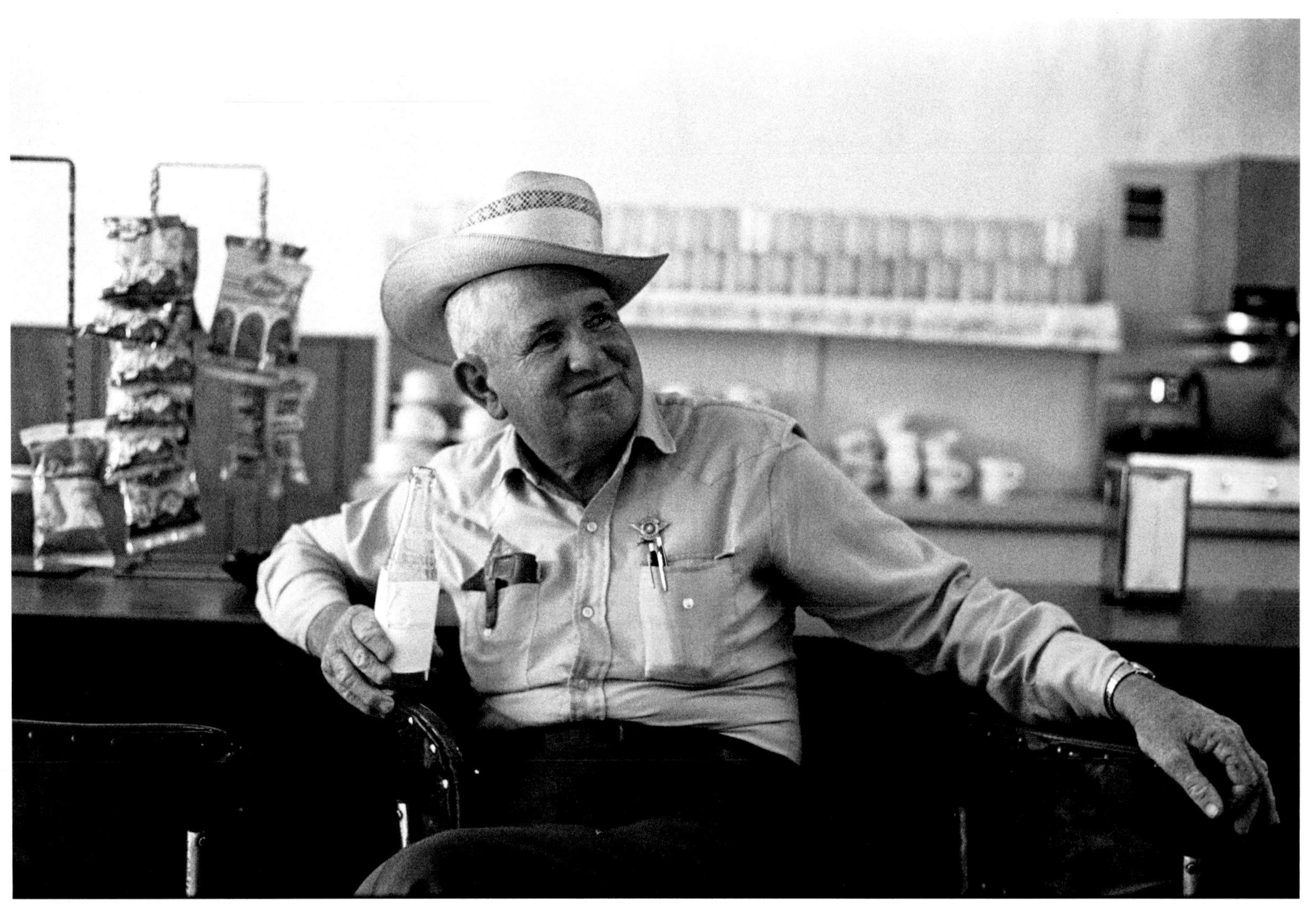

 The County Sheriff, 1971-72 Le shérif du comté, 1971-72

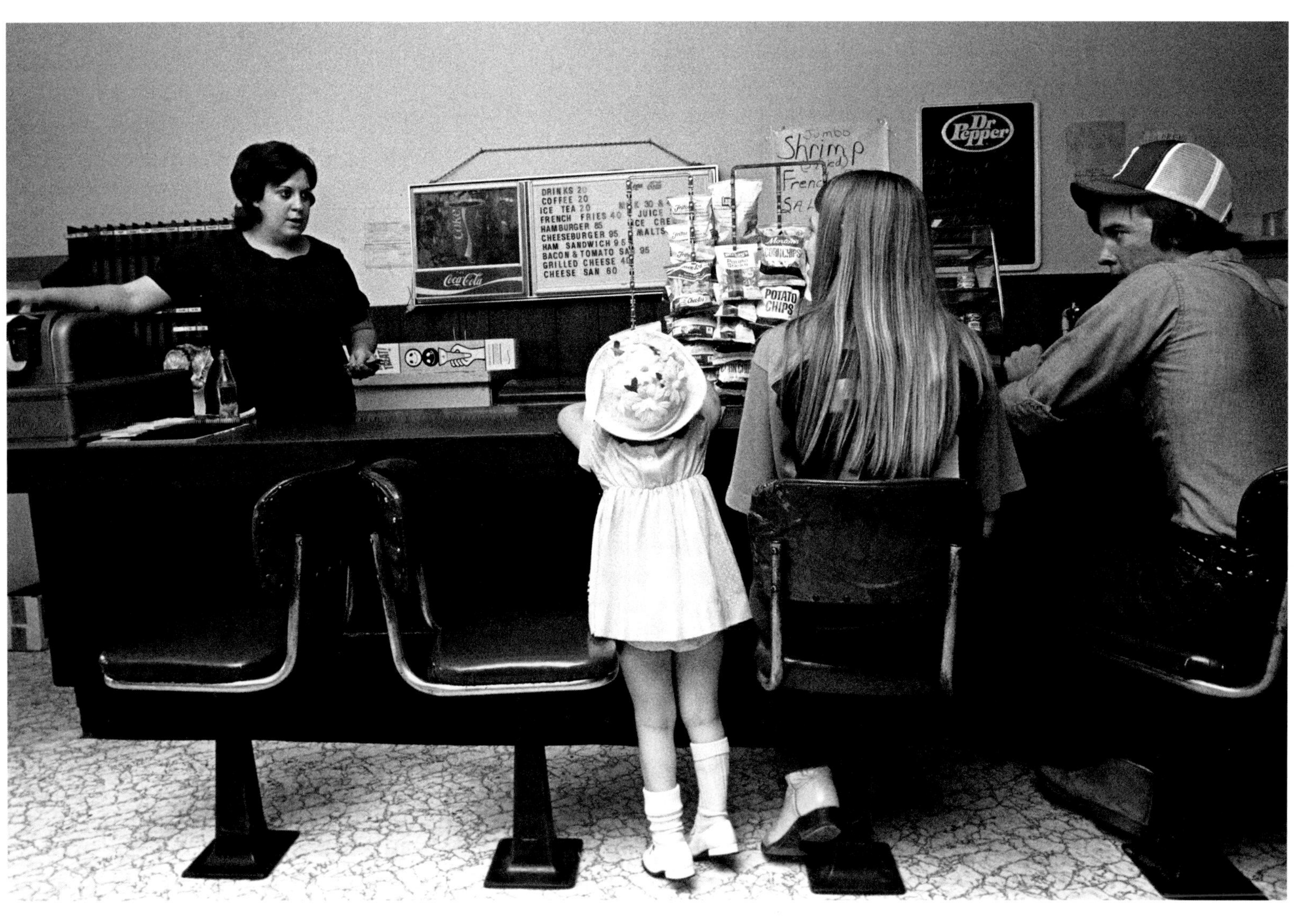

Lunchtime Trail Rider Cafe, 1974 L'heure du déjeuner, Trail Rider Cafe, 1974

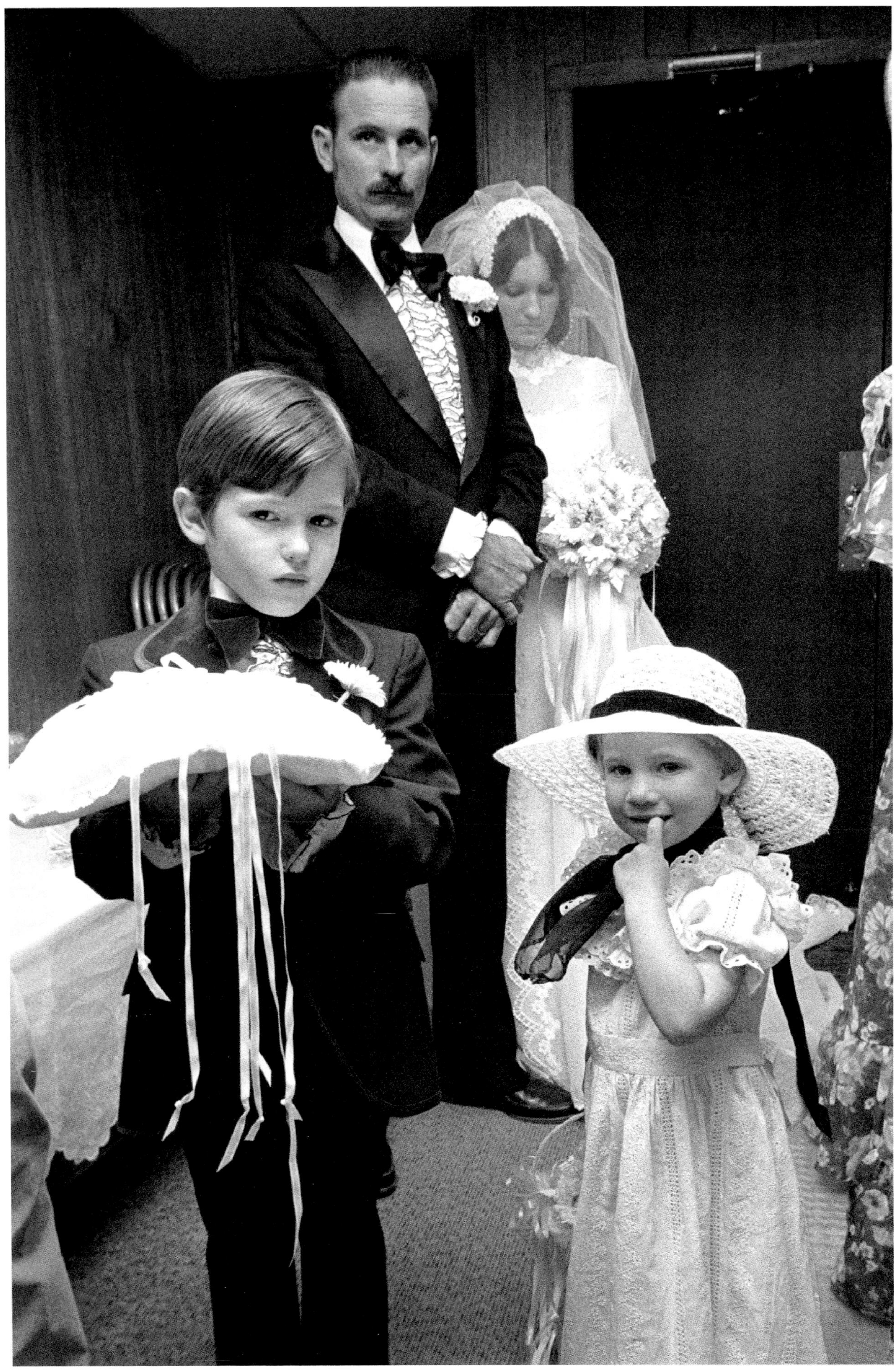

Wedding day (the bride, her father and attendants), 1977

Jour de noces (la mariée, son père et la suite), 1977

Wedding dance, 1974

La danse du mariage, 1974

Wedding dinner, bridesmaid and father of the bride, 1974

Diner de mariage, demoiselle d'honneur et père de la mariée, 1974

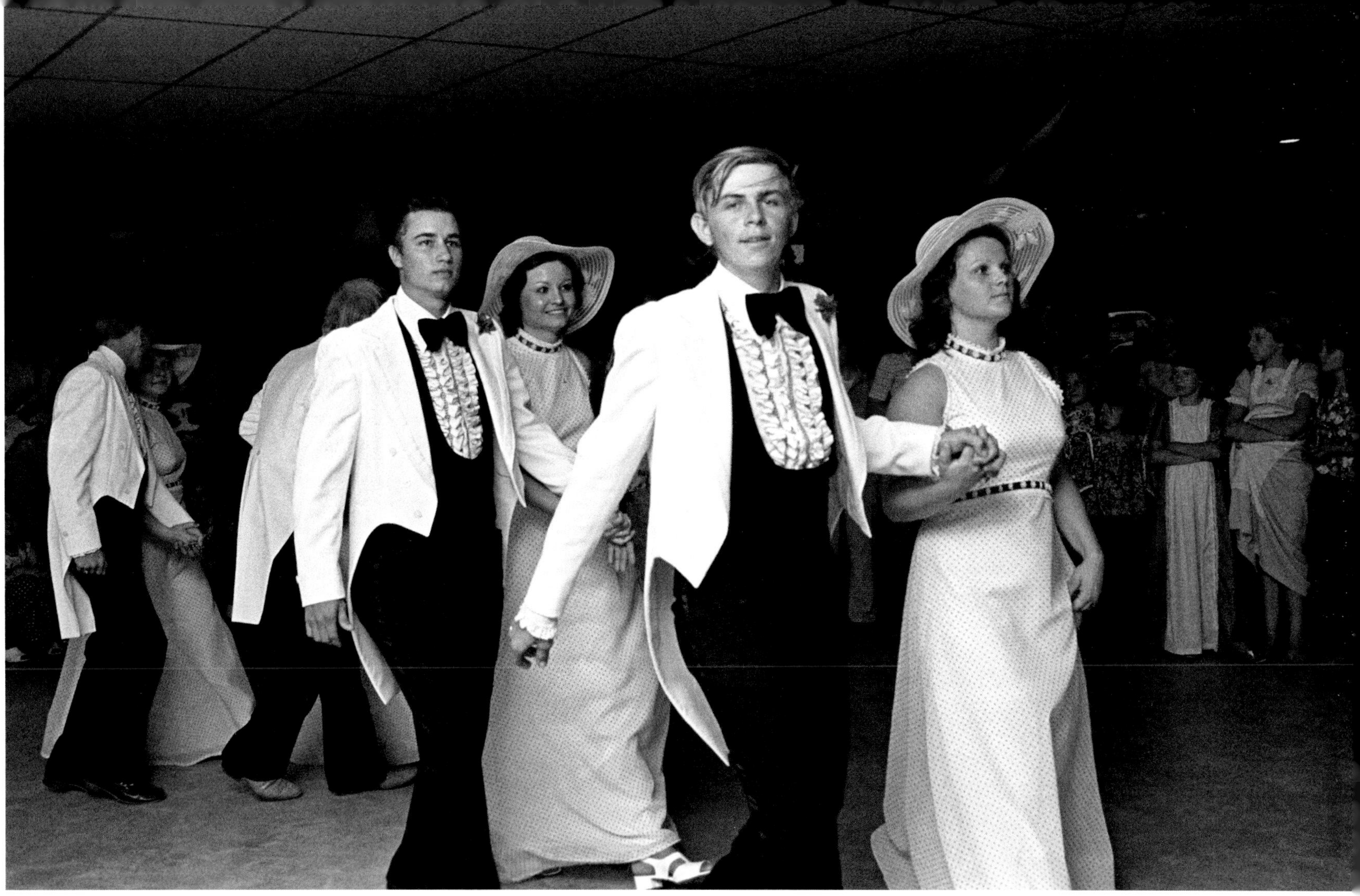

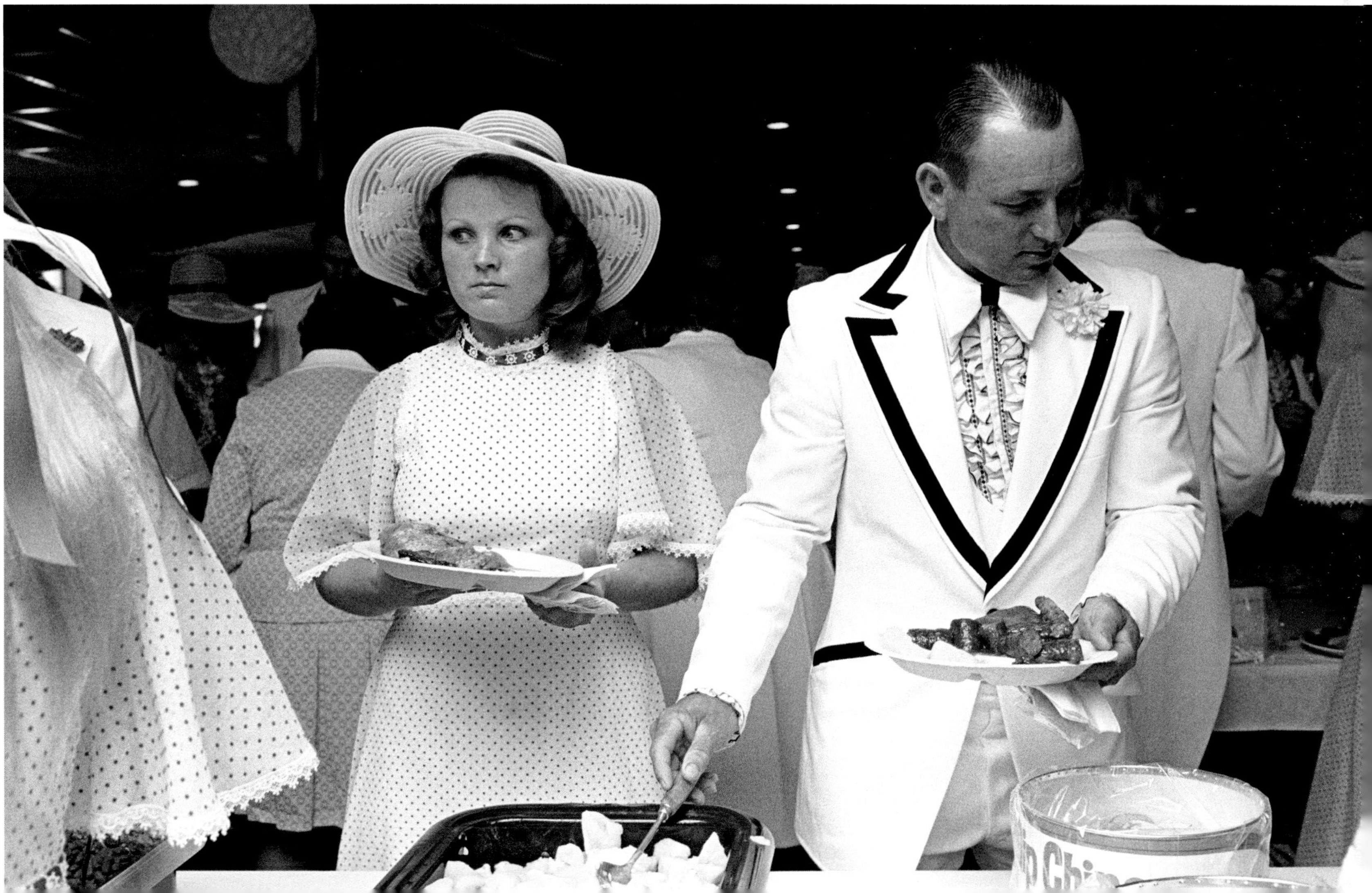

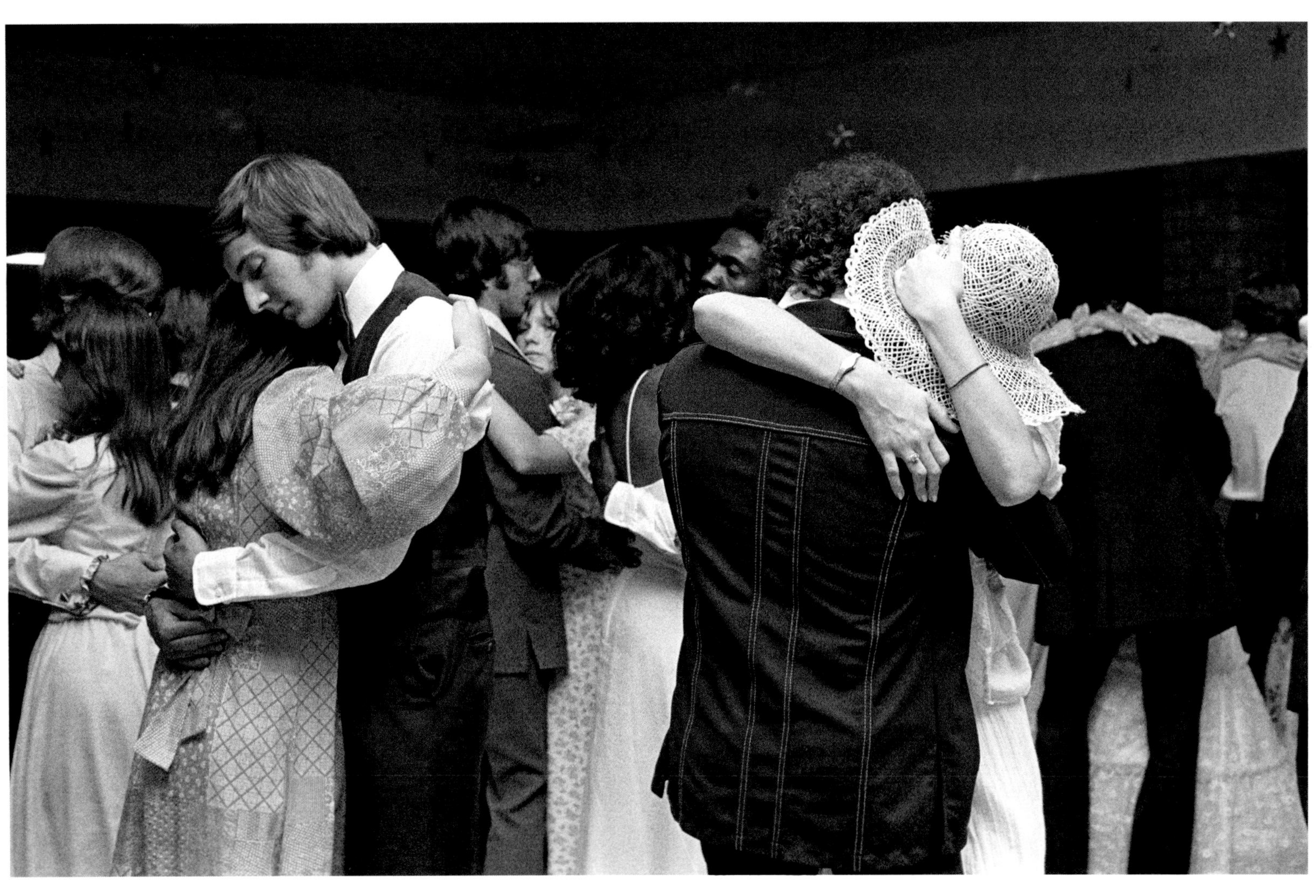

 High school graduation prom, 1977

Danse, après la remise des diplômes de l'école secondaire, 1977

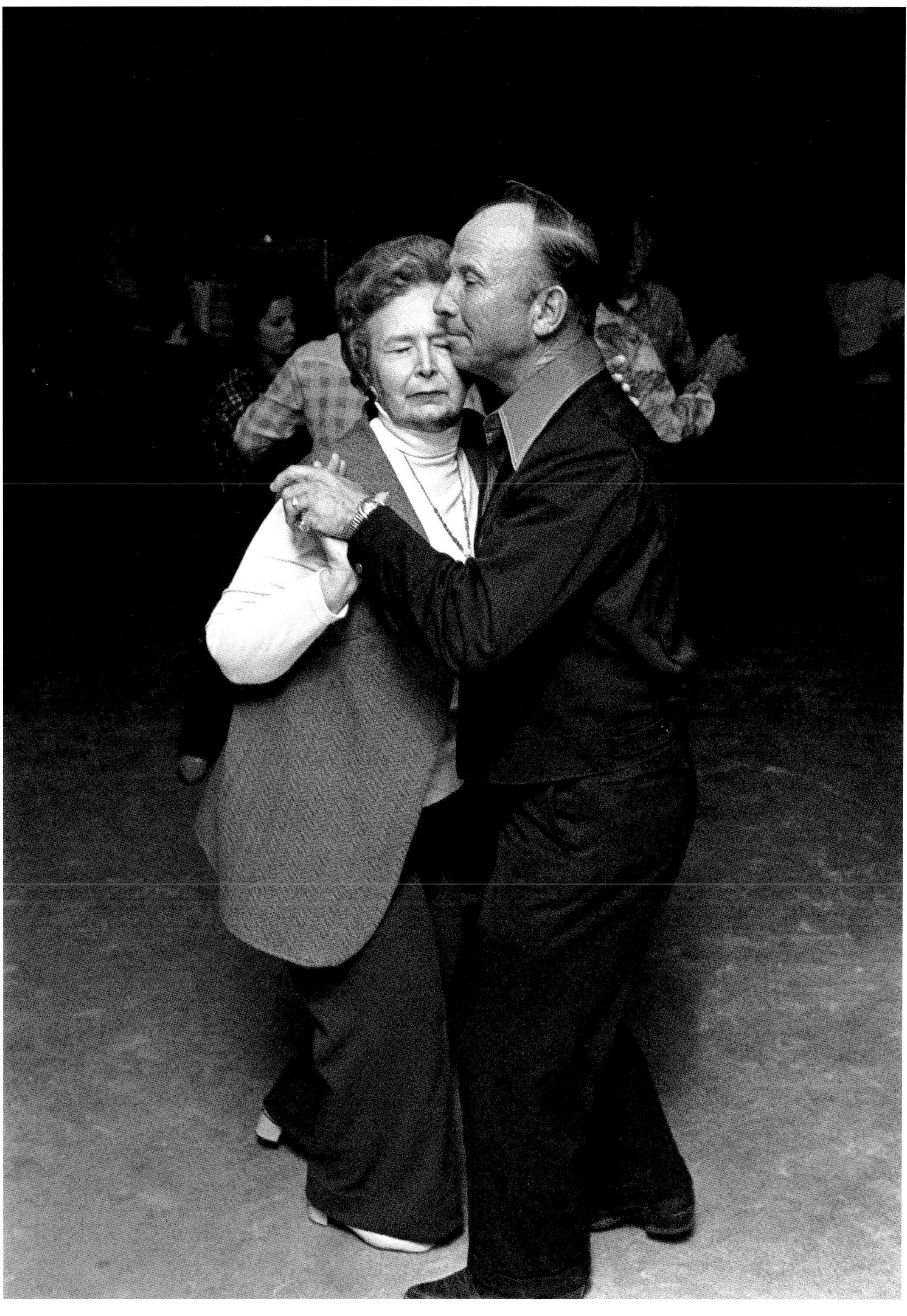

Knights of Columbus Hall, 1974 Salle des Chevaliers de Colomb, 1974

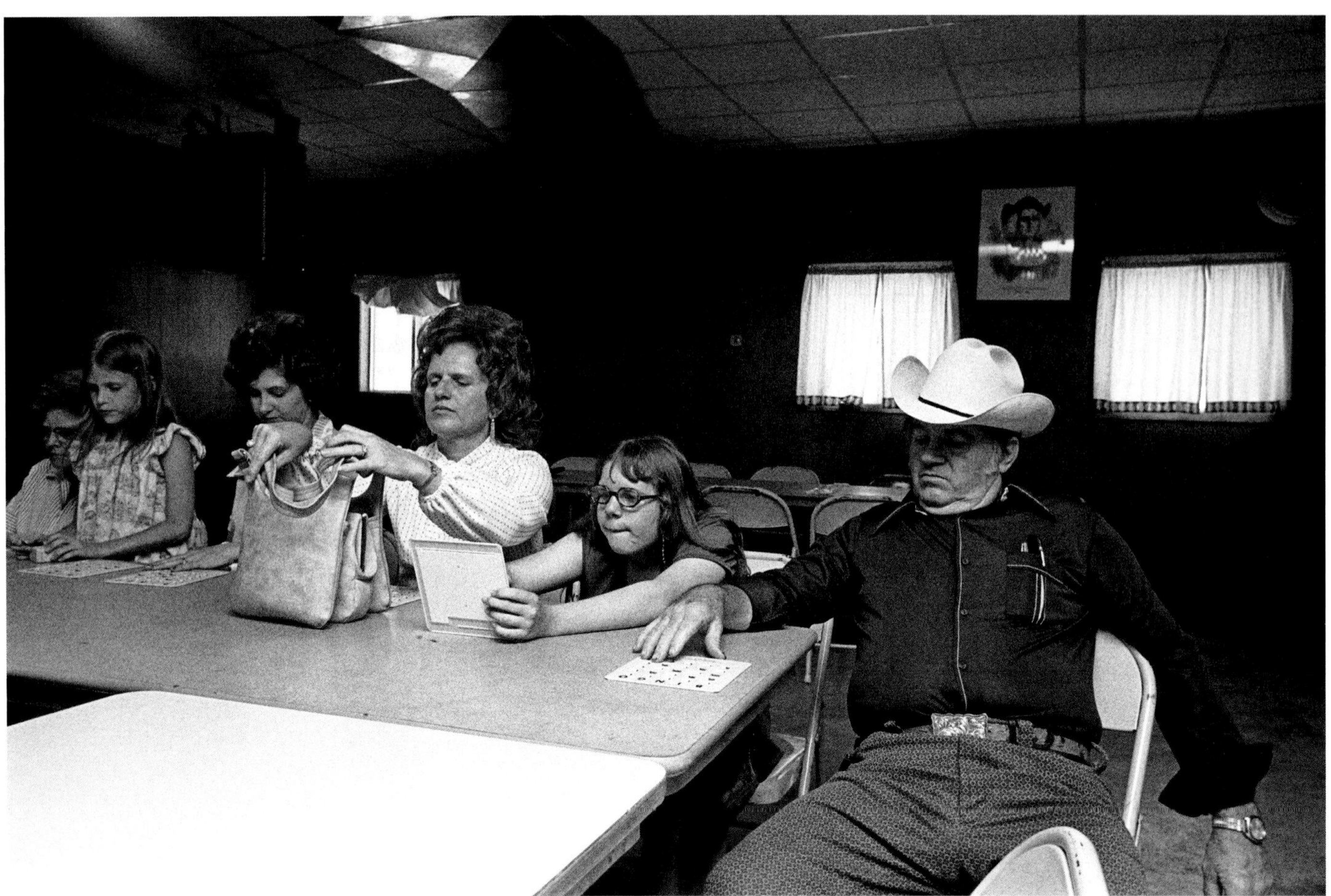

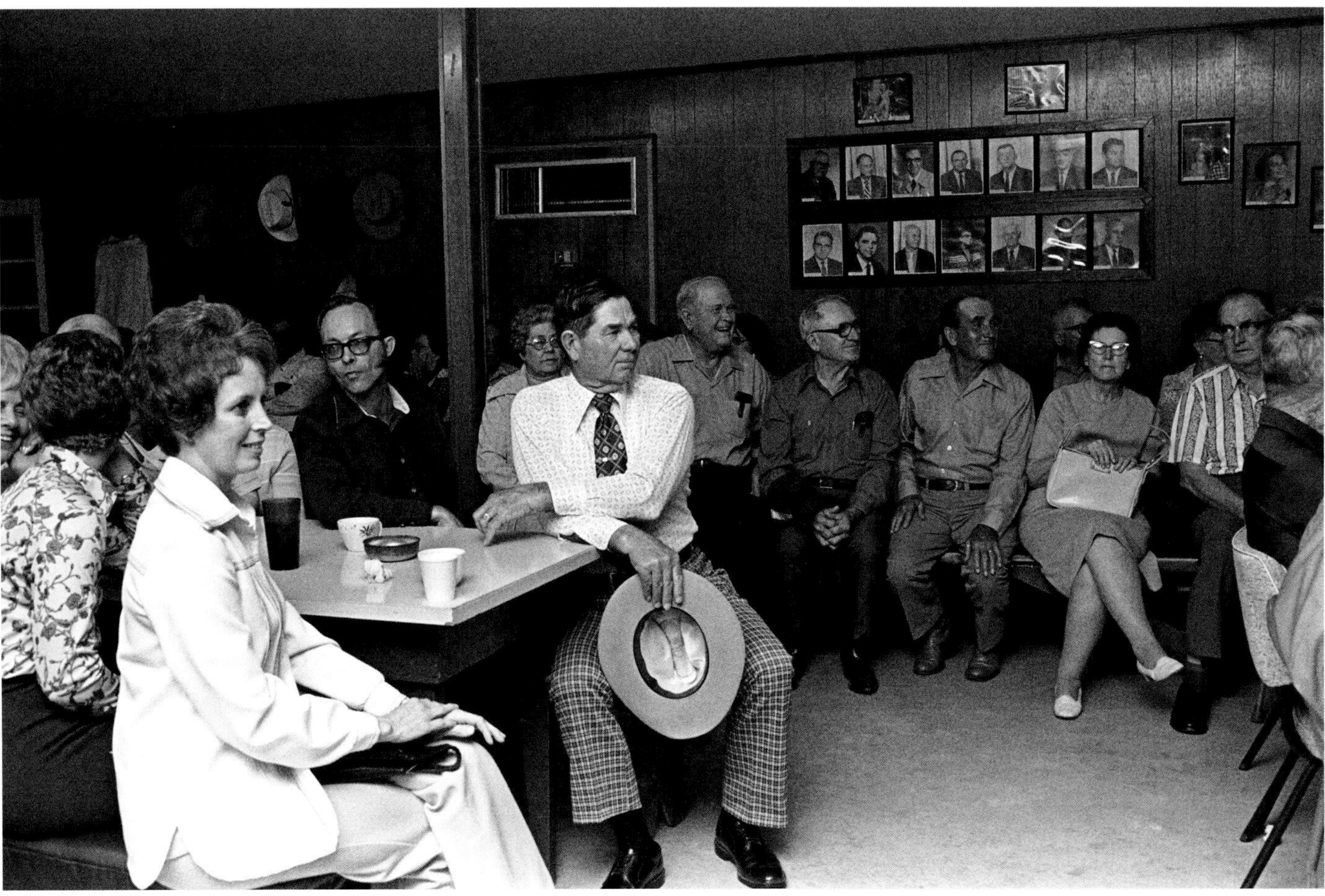

Saturday afternoon. Card game at Knights of Columbus Hall, 1978

Samedi après-midi. Jeu de cartes à la salle des Chevaliers de Colomb, 1978

Election meeting for local politicians, County Commissioners, 1974

Réunion éléctorale pour les politiciens locaux, délégués départementaux, 1974

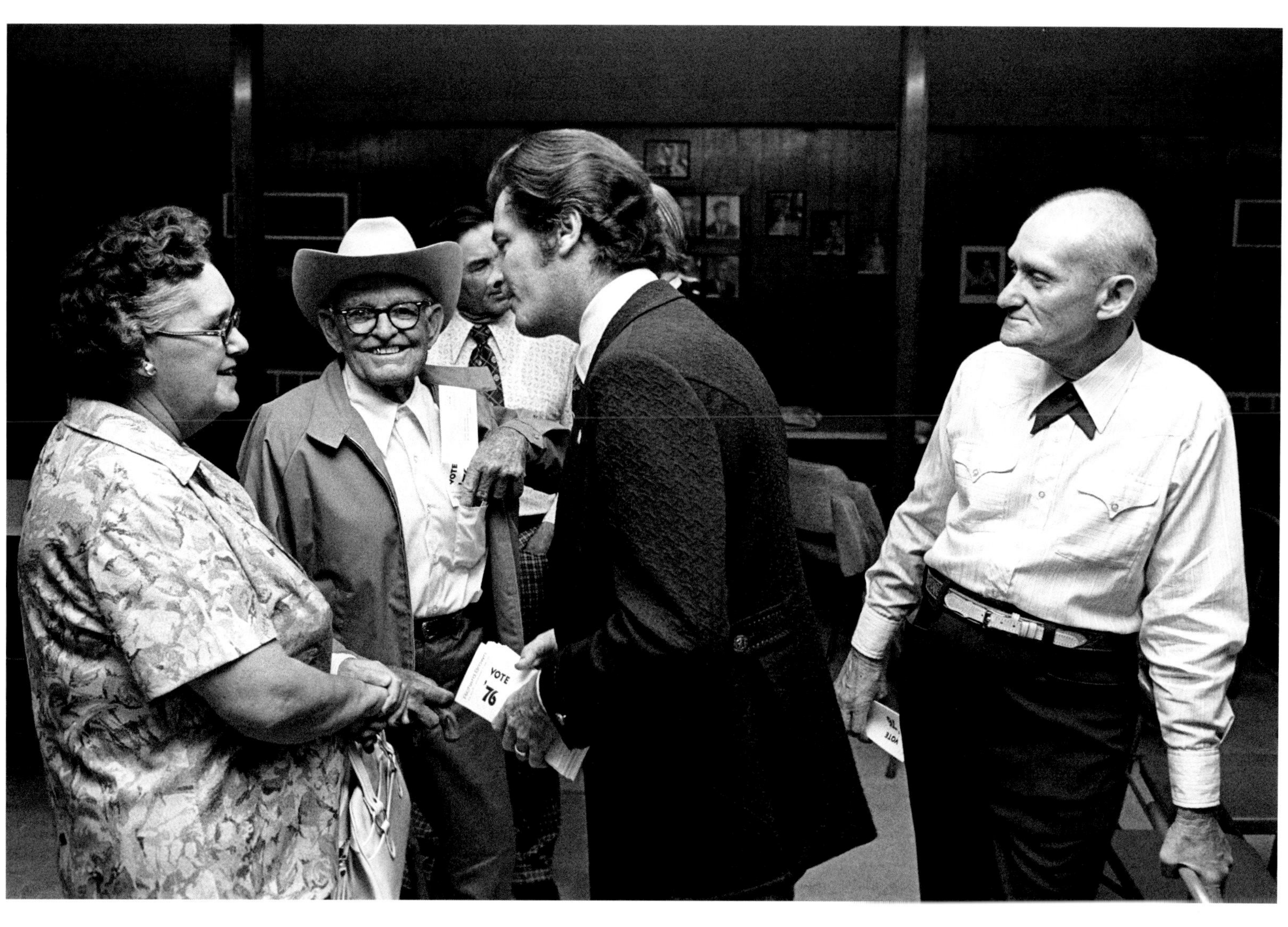

Courting the political vote,
County Commission, 1976

Sollicitation pour le vote,
Commission du Comté, 1976

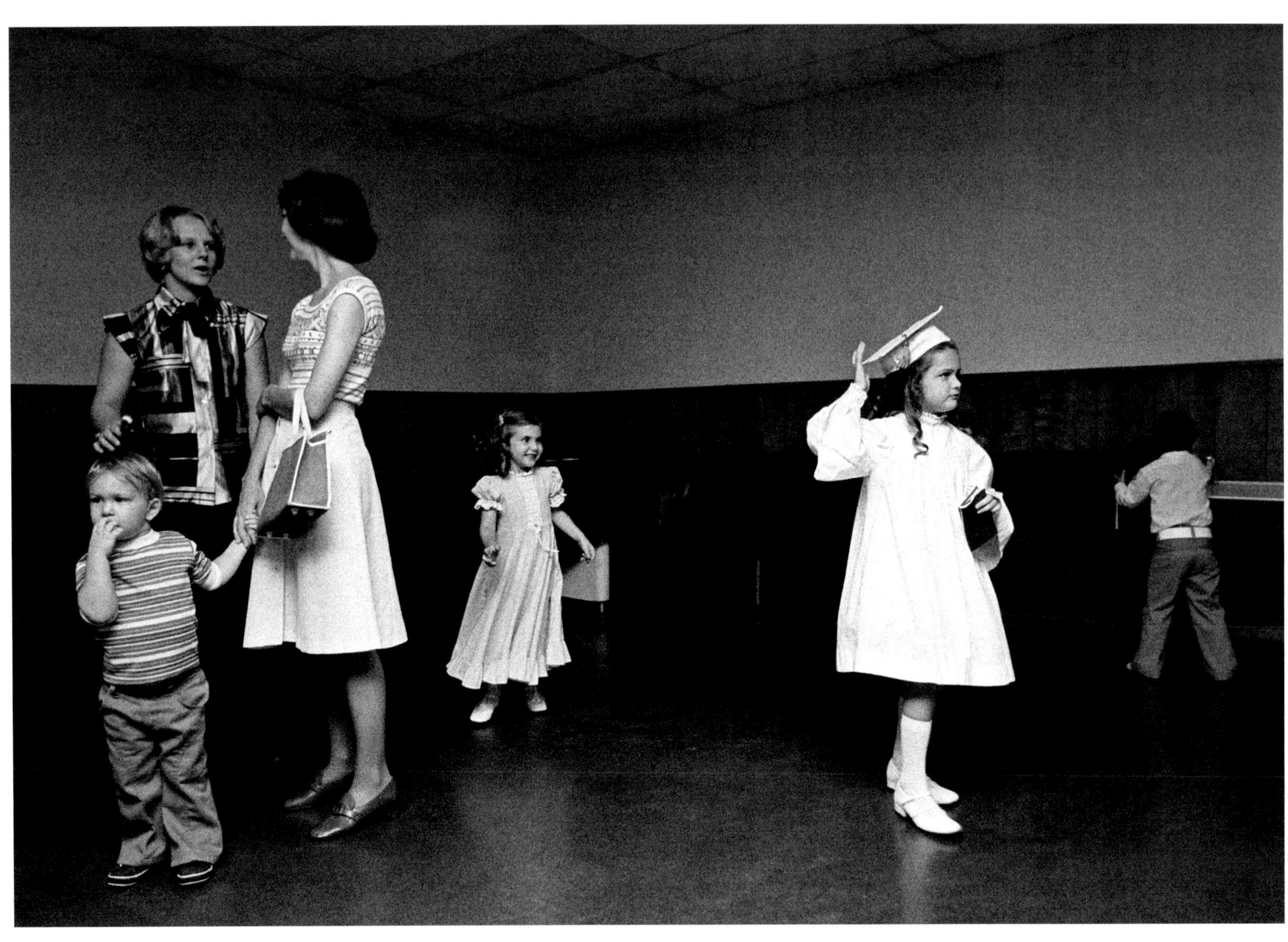

 Graduation from Bible school, Baptist church, 1976   Remise des diplômes à l'école de la Bible, église baptiste, 1976

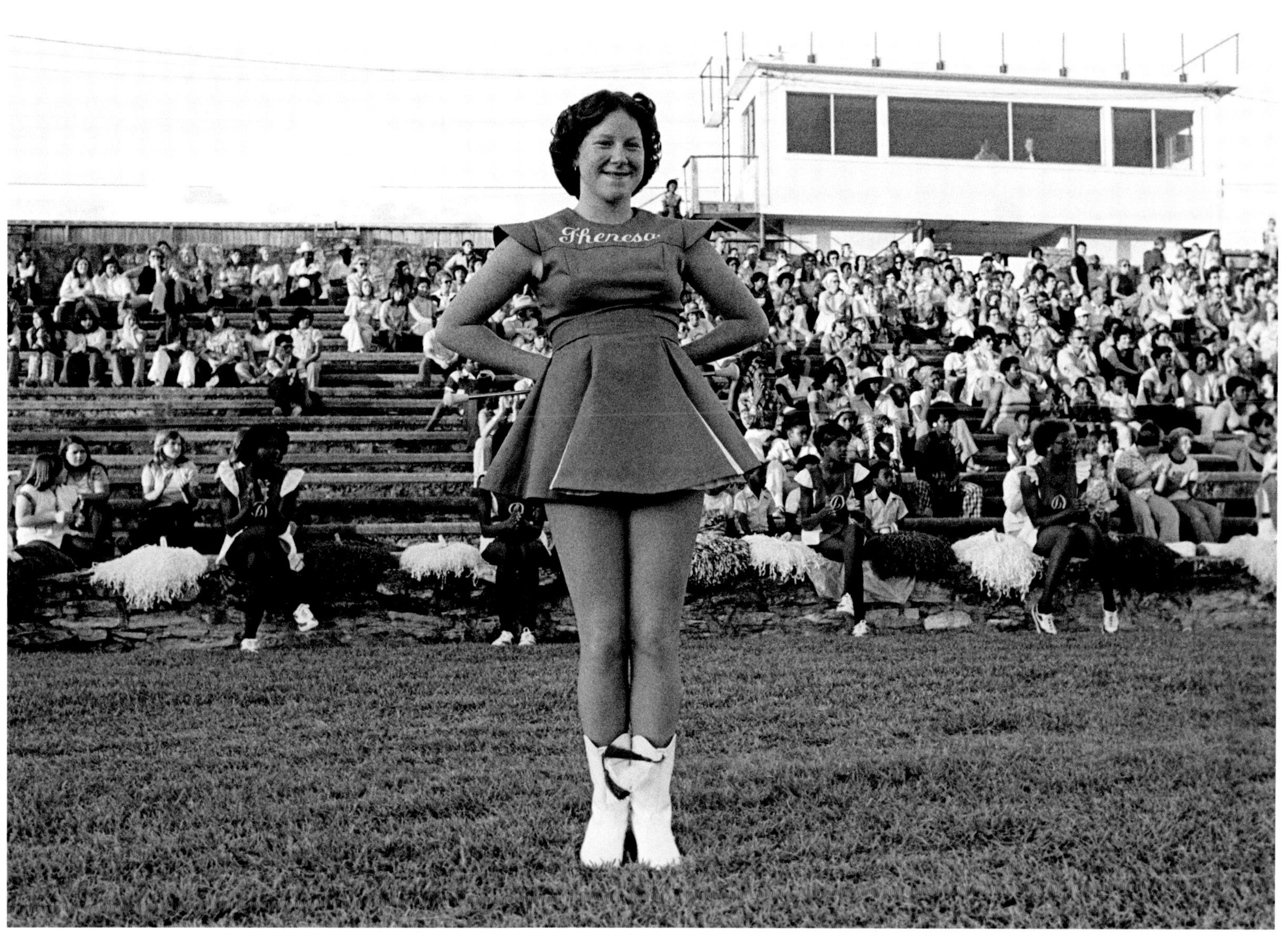

High school cheerleader, 1977 Pom-pom-girl d'une école secondaire, 1977

▸ Family reunion, east Texas, 1975 ▸ Réunion familiale, est du Texas, 1975

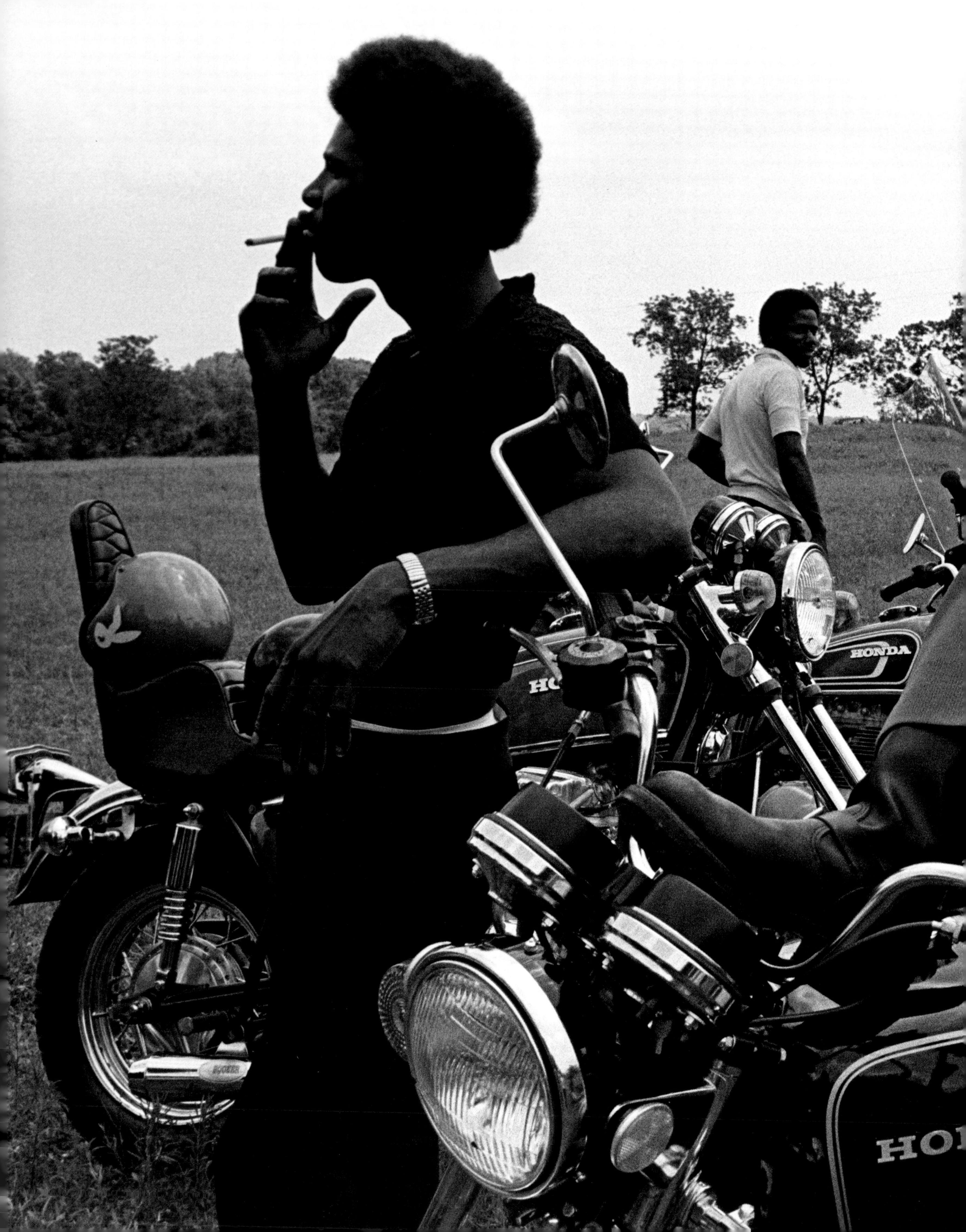
HONDA

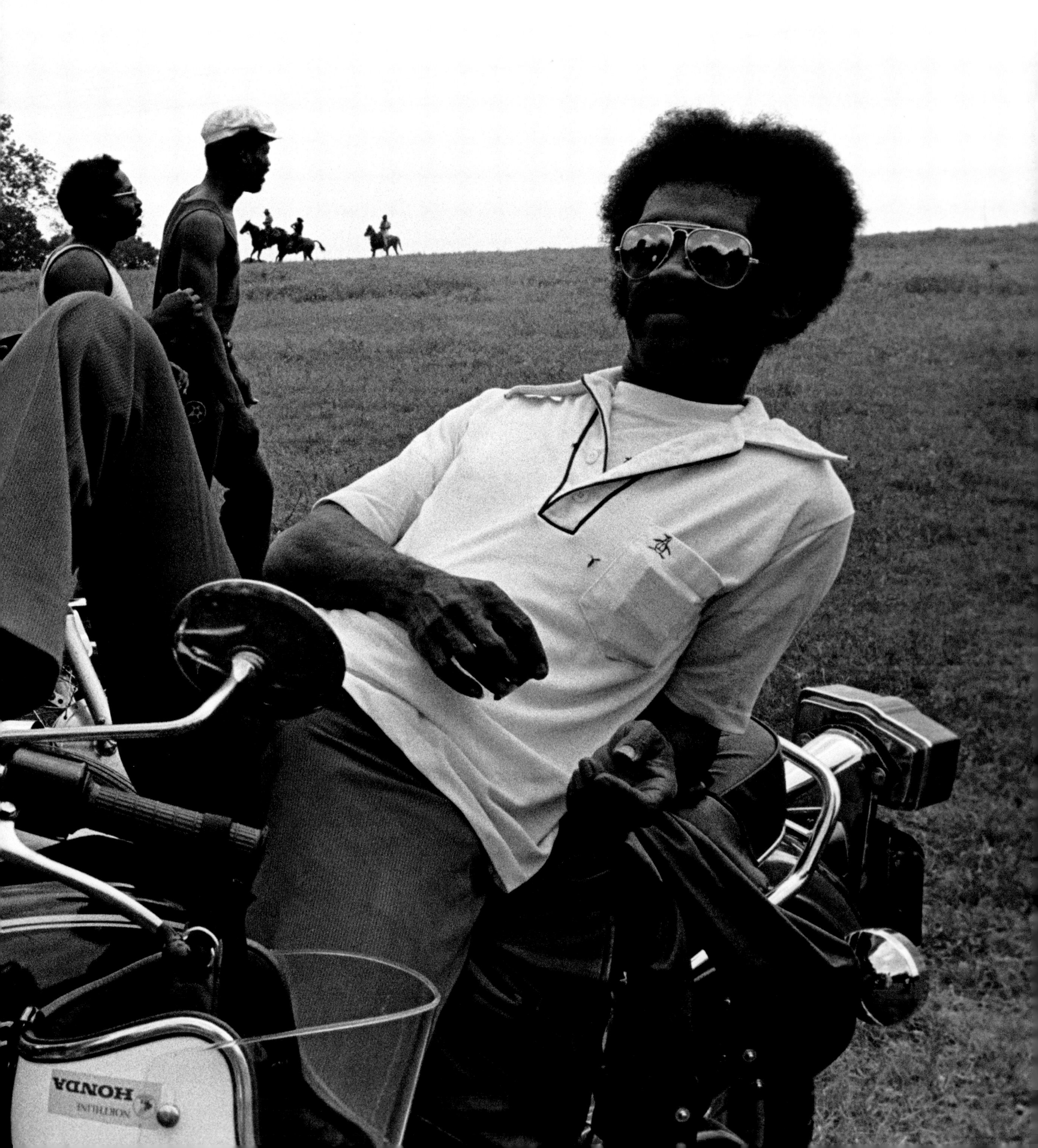

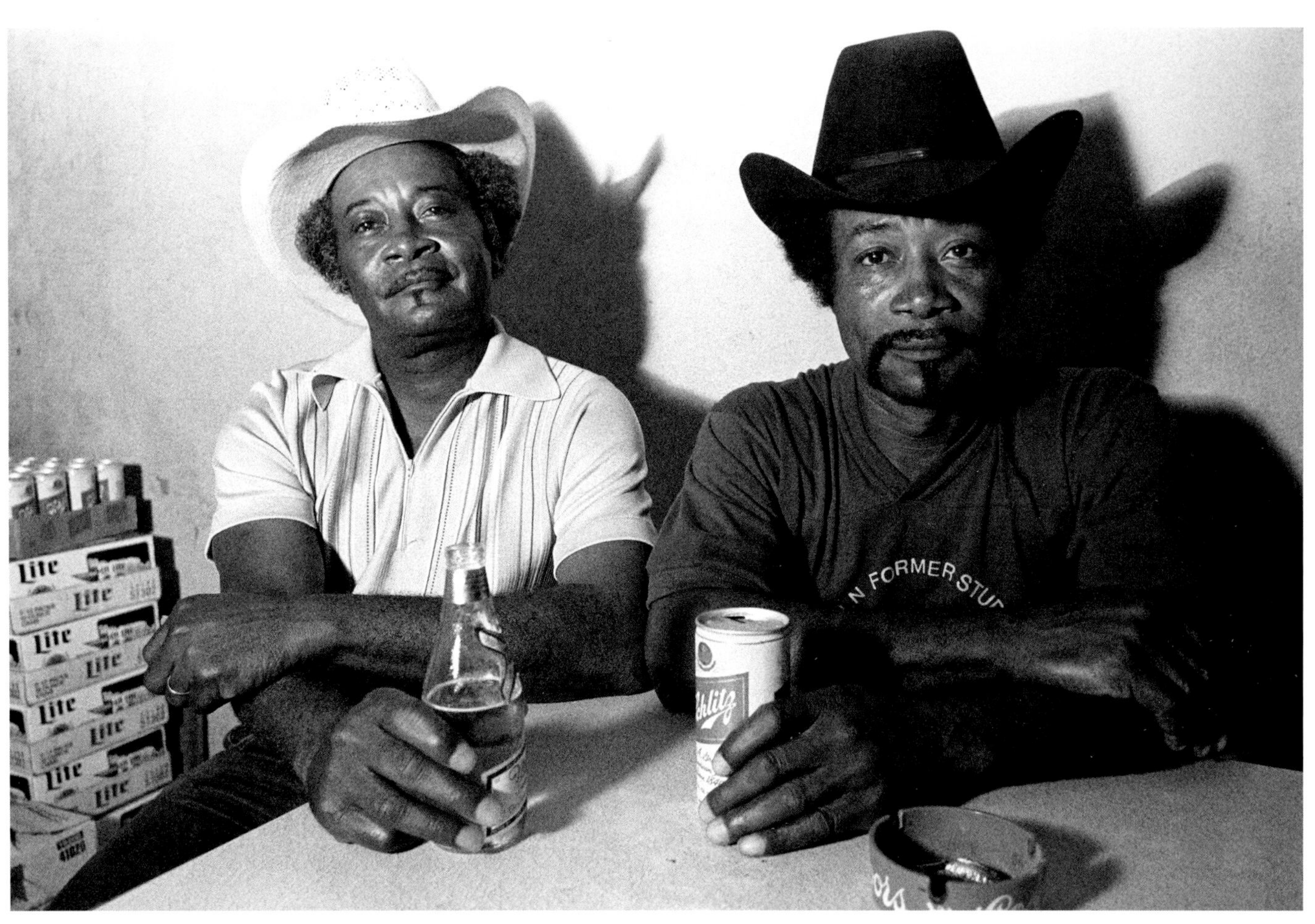

Railroad Street, 1978

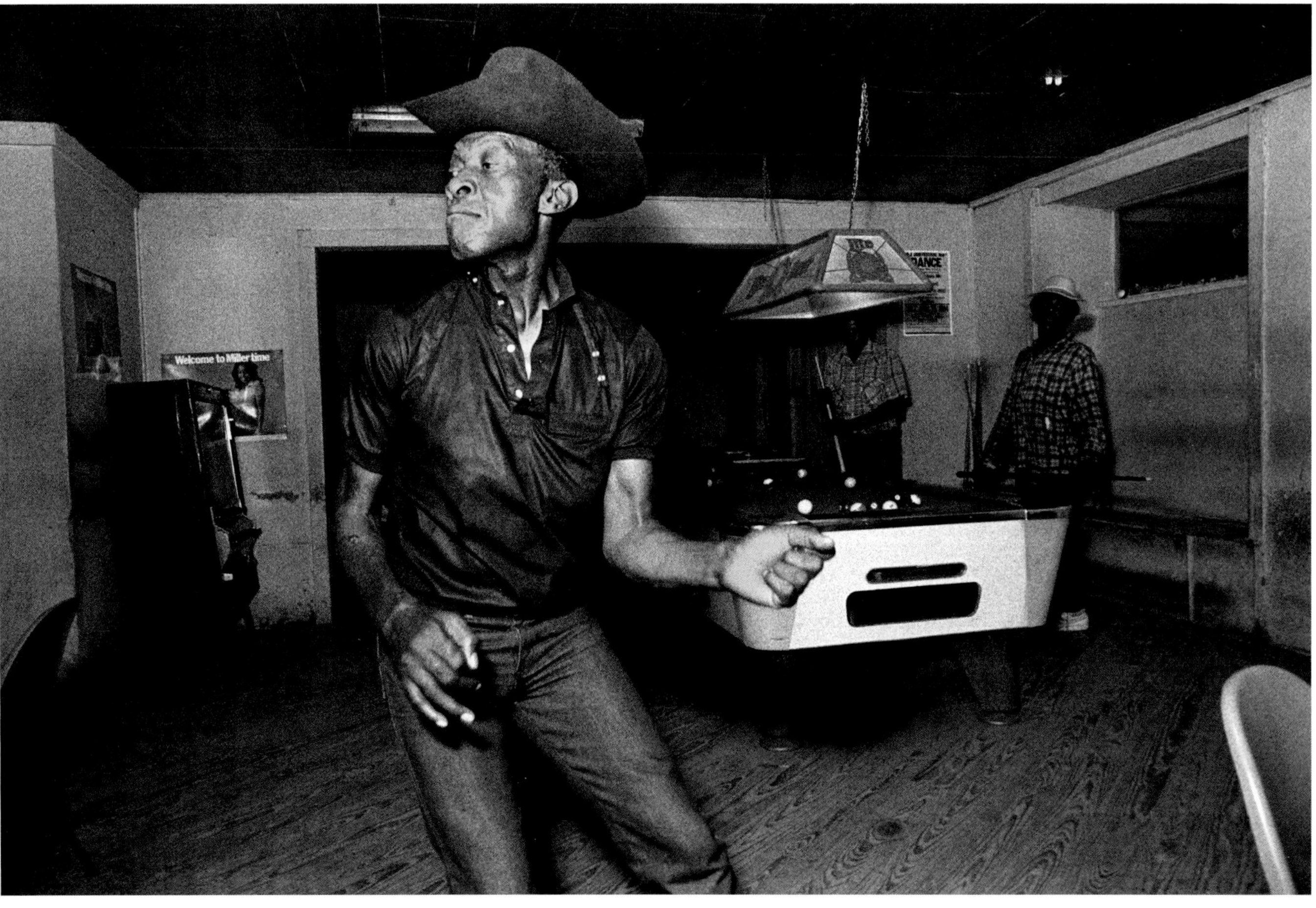

Railroad Street, 1978

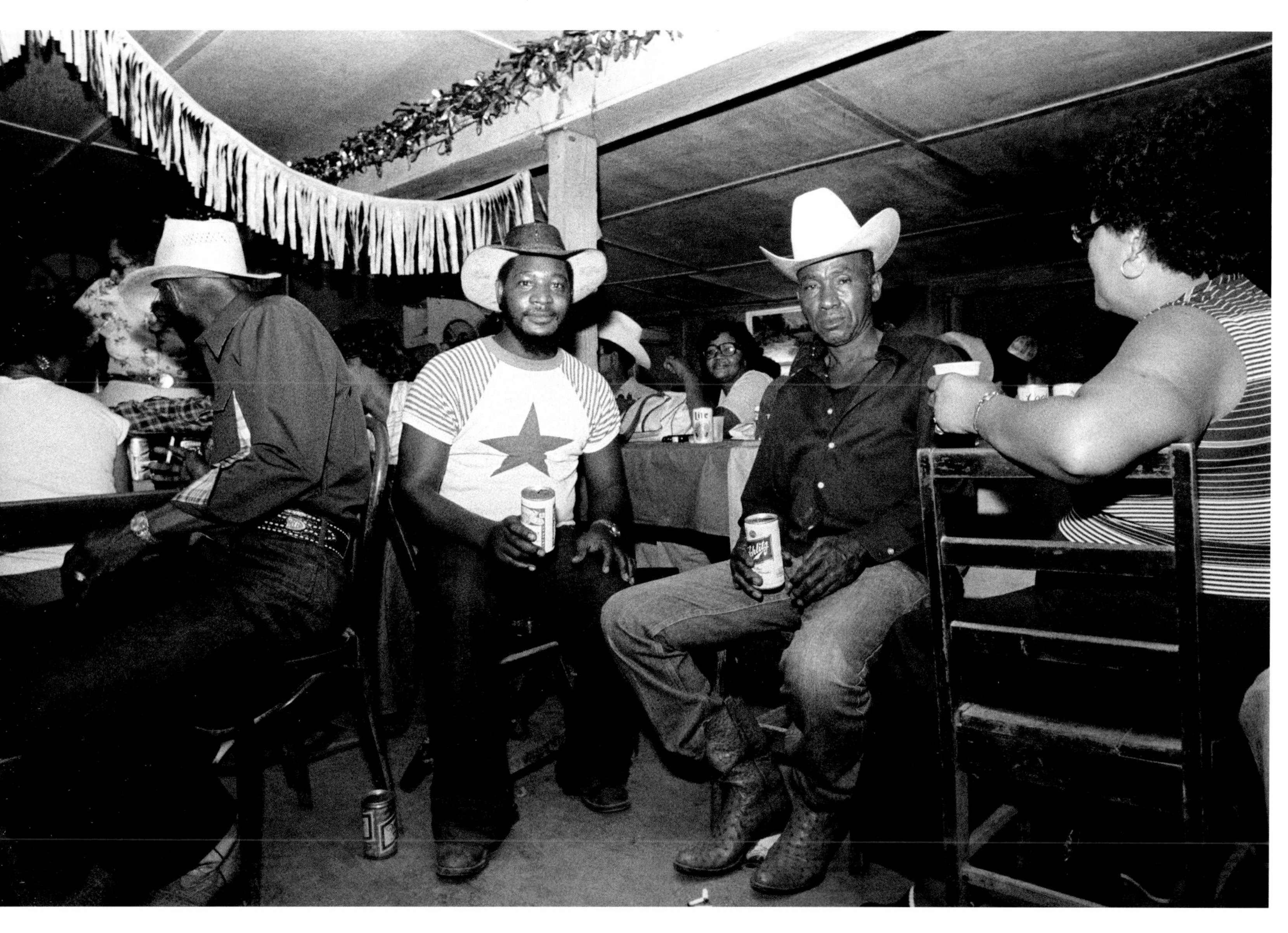

After the black rodeo. Rodeo cowboys at the Diamond L Bar, 1978 Après le rodéo noir. Cow-boys de rodéo au Diamond L Bar, 1978

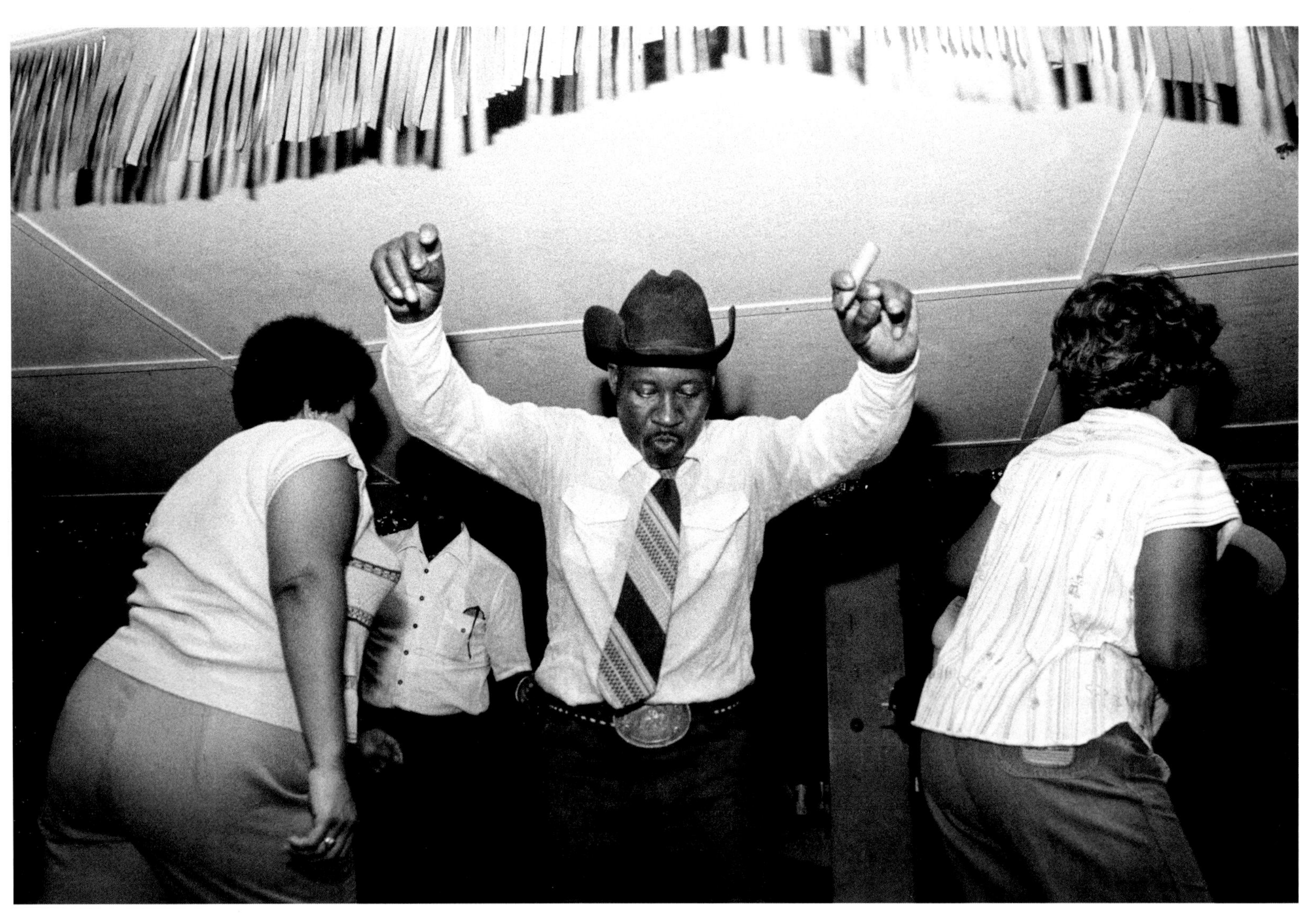

After the black rodeo. Rodeo cowboy at the Diamond L Bar, 1978

Après le rodéo noir. Cow-boy de rodéo au Diamond L Bar, 1978

Railroad Street, 1978

Railroad Street, 1978

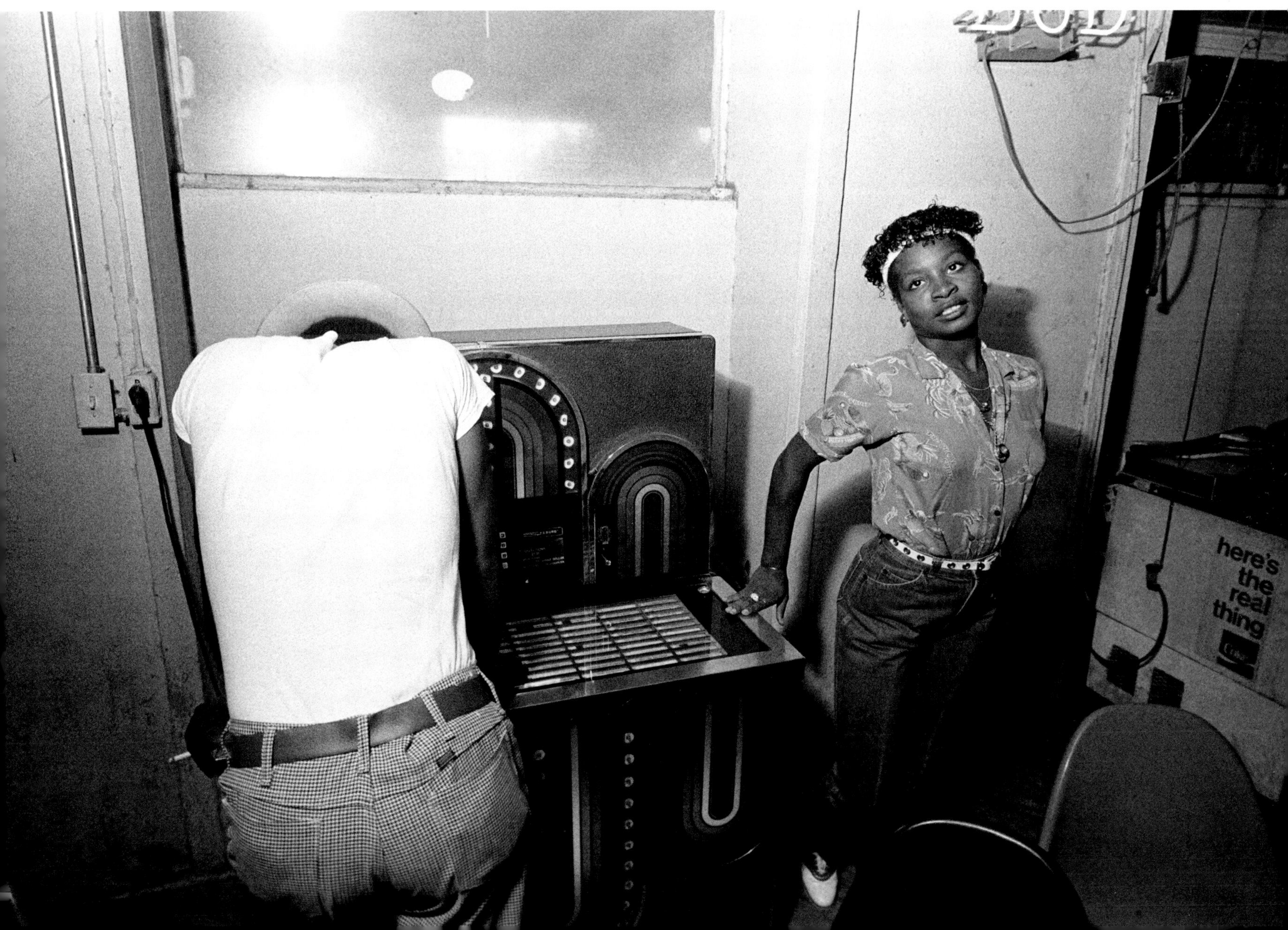

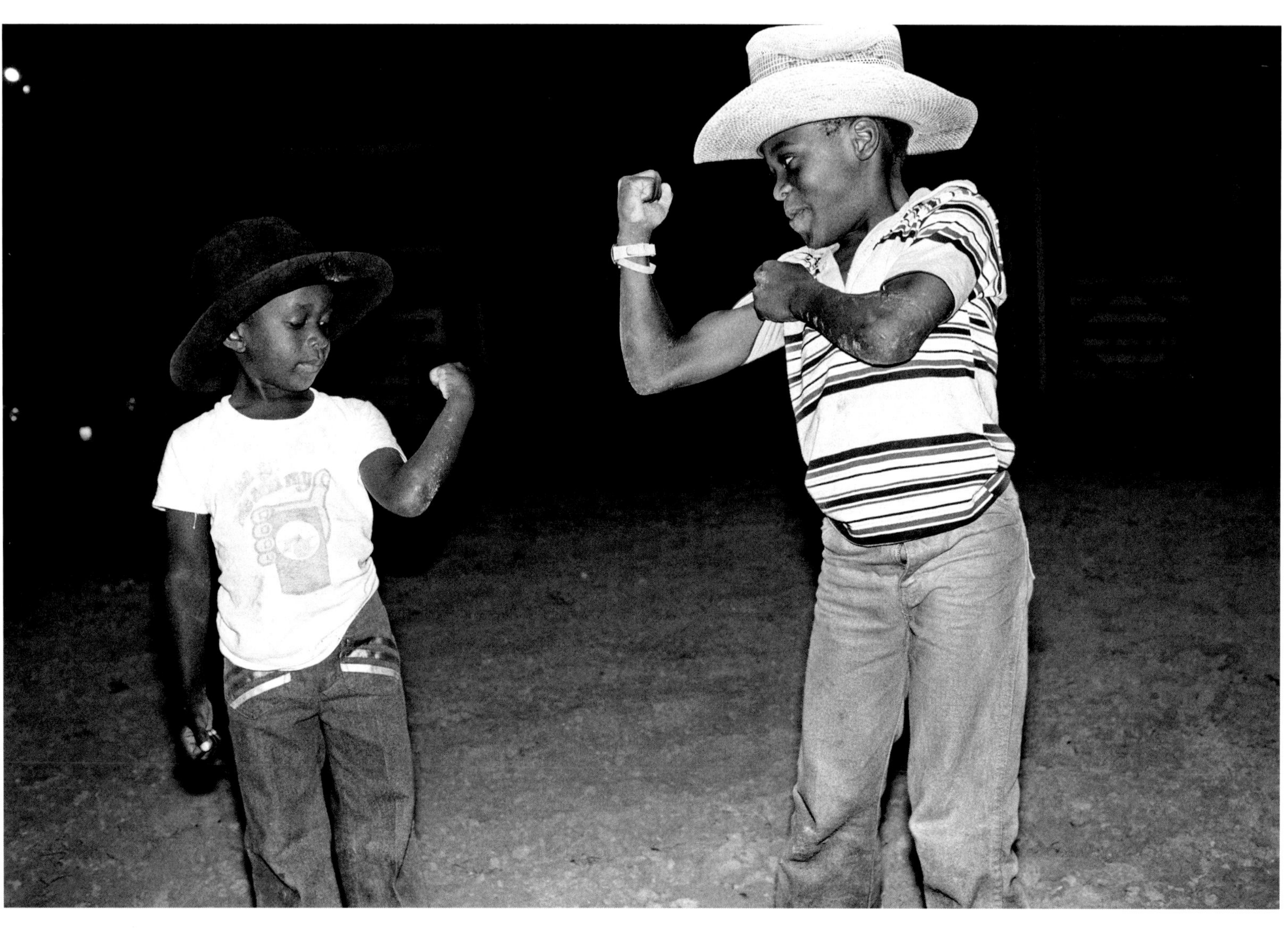

 Black rodeo, east Texas, 1978

Rodéo noir, Texas de l'est, 1978

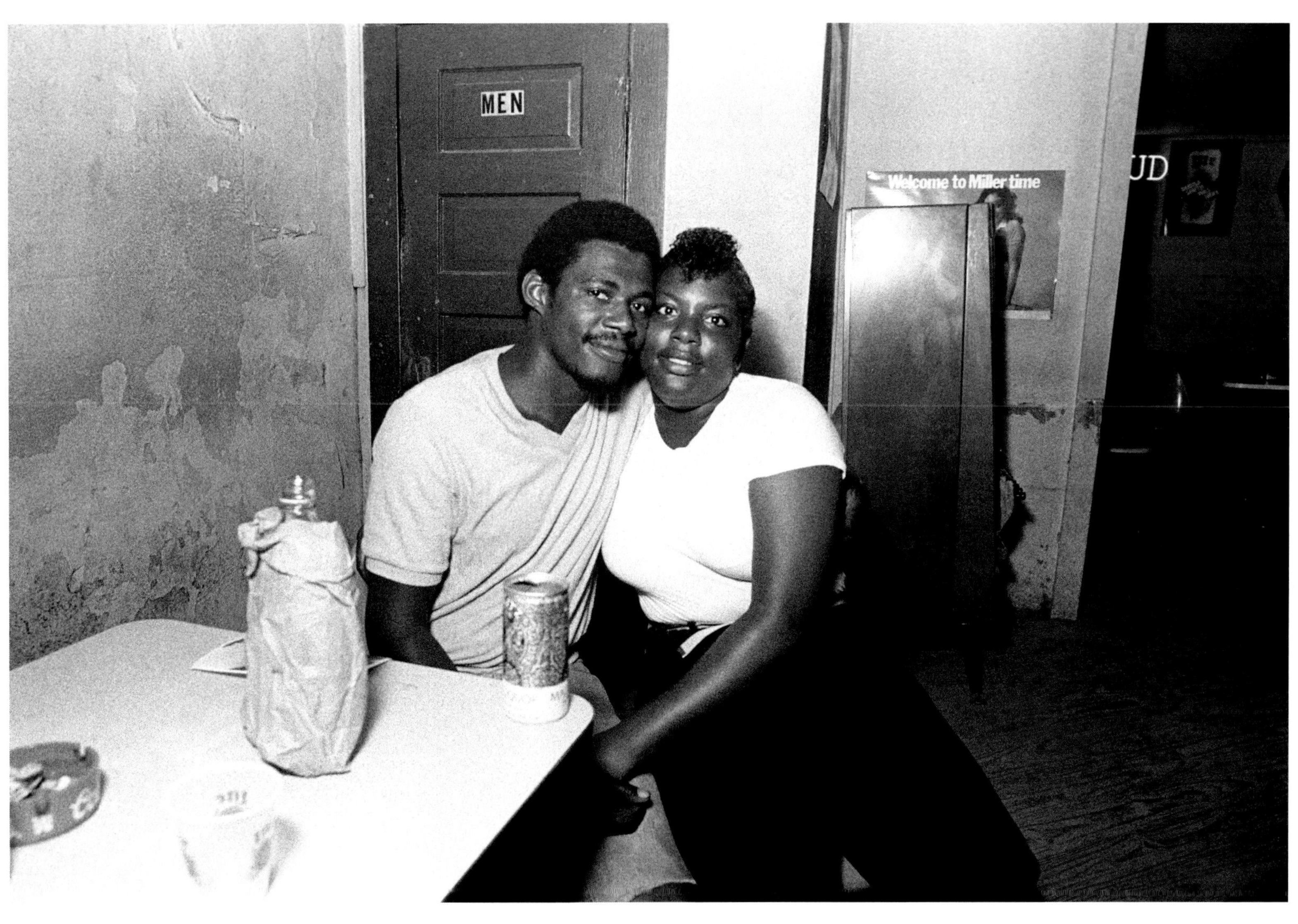

Railroad Street, 1978

Railroad Street, 1978

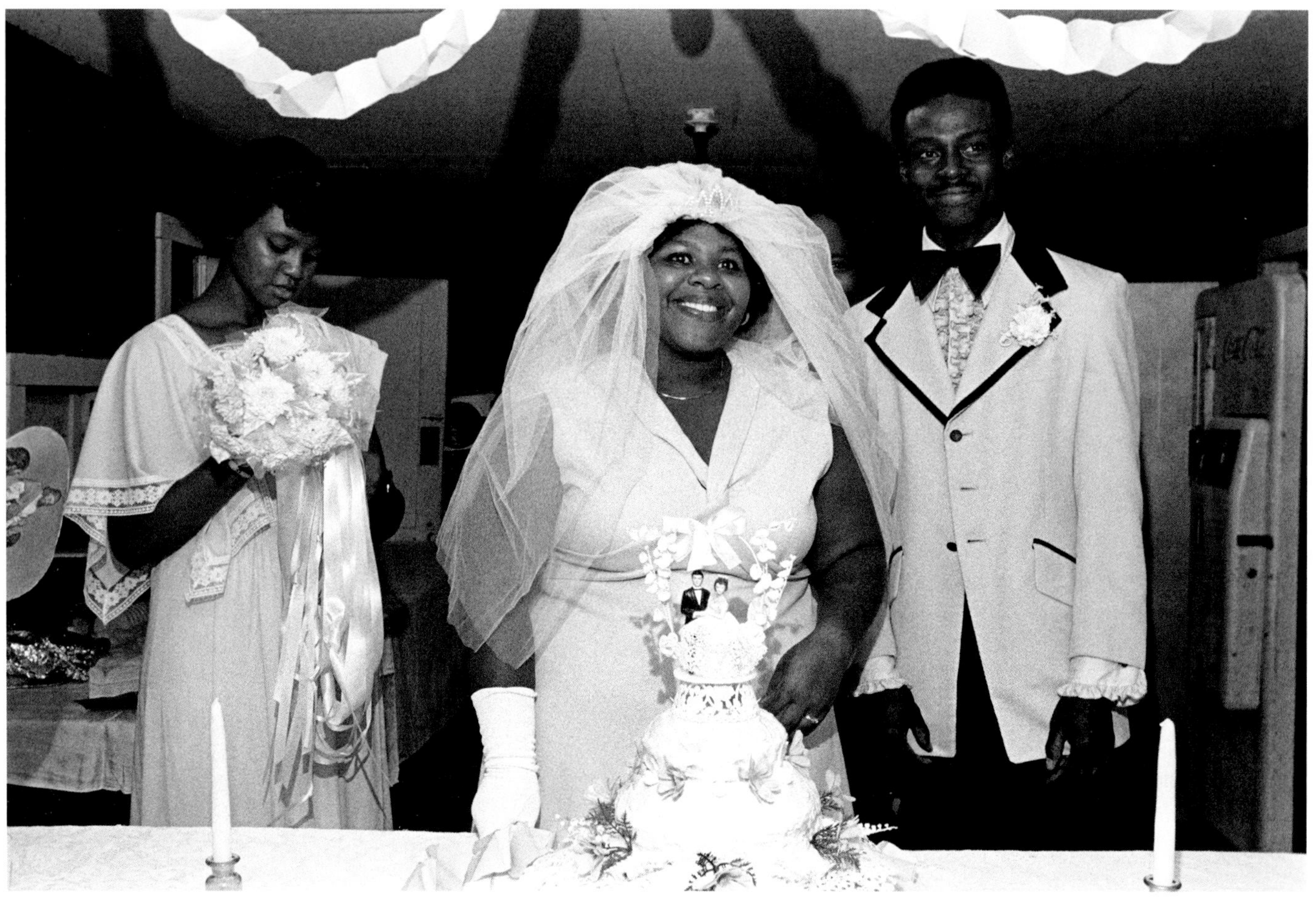

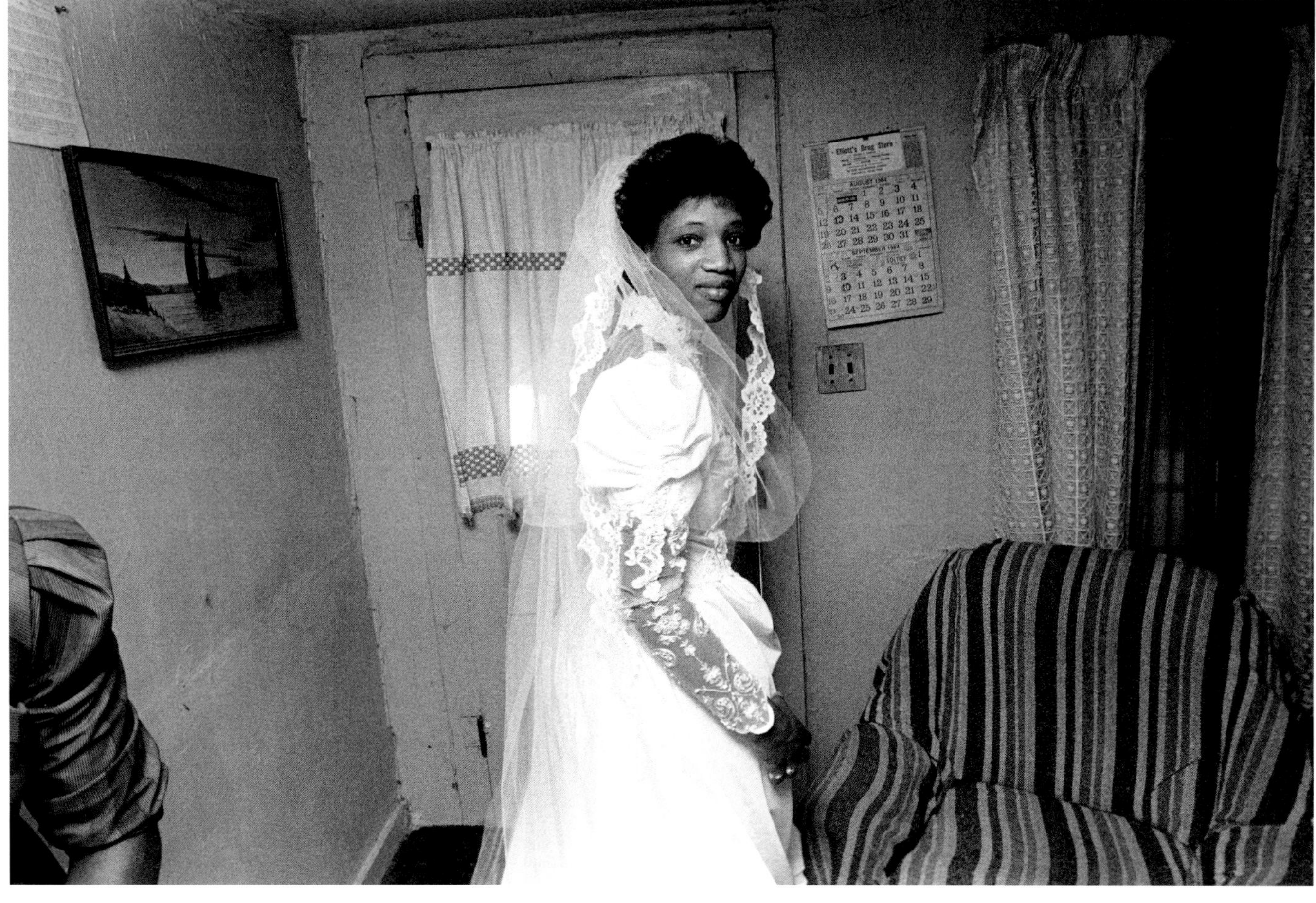

 Cutting the cake, 1976 Coupant le gâteau, 1976 Leaving home for the wedding, 1984 Quittant la maison pour se rendre au mariage, 1984

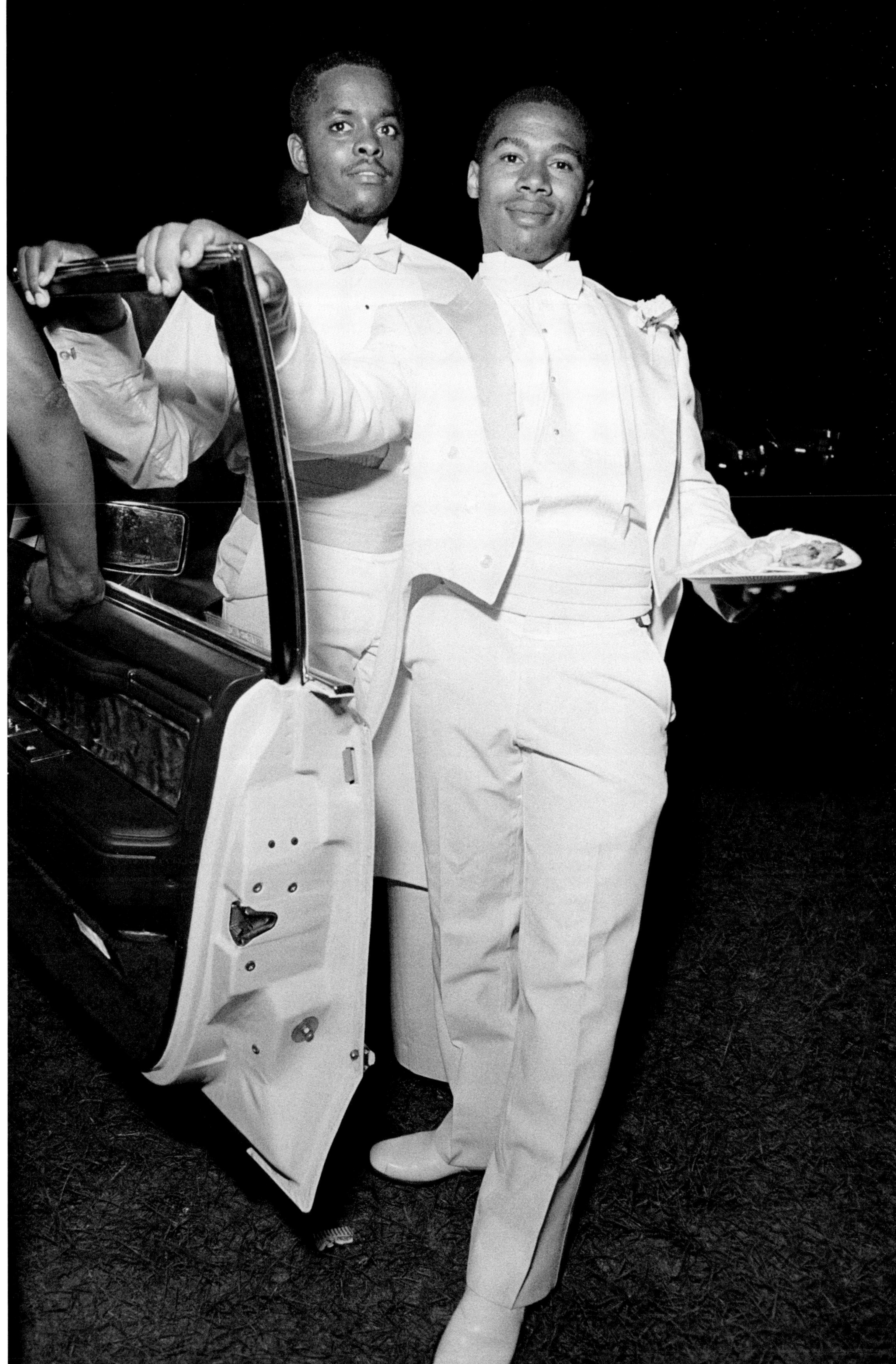

South Texas
The Mexican Frontier

From the Gulf of Mexico to the southern reaches of the Rocky Mountains and the northern Chihuahua Desert, the long southern Texas border follows the Rio Grande River and Mexico from east to west. The southwest is vast, dry and still relatively unpopulated. In the east, due south of San Antonio, the limestone escarpments of the German Hill Country flatten into 20 million acres of mesquite and cactus brush land, known as the 'chaparral' which stretches to the Rio Grande River and the Gulf of Mexico.

It is in southeast Texas, along the Mexican border, that the range-cattle industry got its start with Mexican vaqueros and Andalusian cattle from Spain. Southeast Texas has some of the oldest land grants in the United States – 18th century grants from the King of Spain. But the region was only sparsely settled by Spanish and Mexican people for most of the 1800s. The coming of the railroad and Anglo-American entrepreneurs in the early 1900's changed the patterns of settlement. Around 1920, land speculators from the Midwest cleared the brush with Mexican laborers and dug irrigation ditches north from the Rio Grande River. They planted citrus and palm trees and sold hundreds of farm plots to unsuspecting families in Kansas, Nebraska and the Dakotas. The Rio Grande Valley became "the Magic Valley," one of the last farm frontiers in the United States. Later, many people who bought small citrus groves from 1910 to 1920 went bankrupt and sold out to larger landholders. By the 1940's, vegetable and truck farming had become important.

There are two faces to the region: Near the Rio Grande River, vegetable farms and citrus groves extend from the river to the end of the irrigation lines. They are largely managed by Anglo-American agribusiness and worked by Mexican-born farm workers. North of the river, long stretches of dry brush land are owned and ranched by descendents of early Spanish and Mexican land grant families with Mexican cowboys.

Politics, economics and almost all life in this part of Texas and along the border is very much a matter of culture, class and caste: Hispanic and Anglo, old Spanish Mexican families and newer Mexican migrant workers, and now a growing refugee population from Central America. Parts of the border area remain among the poorest regions of the U.S. with a large and underserved Hispanic/Latino migrant farm worker population.

Le sud du Texas
La frontière mexicaine

Du Golfe du Mexique aux étendues du sud des Rocky Mountains et du désert du Chihuahua du nord, la longue frontière du sud du Texas suit le fleuve Rio Grande et le Mexique d'est en ouest. Le sud-ouest est vaste, sec et très peu peuplé. Dans l'est, au sud de San Antonio, les escarpements de calcaire du Hill Country allemand aplanissent vingt millions d'acres d'une région peuplée d'acacias et de cactus, connue comme étant le «chaparral» qui s'étend jusqu'au Rio Grande et au Golfe du Mexique.

C'est au sud-est du Texas, le long de la frontière mexicaine, que l'industrie d'élevage de bétail en prairie débuta avec les vaqueros mexicains et le bétail andalousien venu d'Espagne. Le sud-est du Texas possède quelques-unes des plus anciennes terres offertes des Etats-Unis – donations du XVIIIe siècle du Roi d'Espagne. Mais la région n'était que peu peuplée par les Espagnols et les Mexicains pendant la plus grande partie du XIXe siècle. L'apparition du chemin de fer et des entrepreneurs anglo-américains au début du XXe siècle changea les modèles d'établissement. Aux alentours de 1920, les spéculateurs terriens du Midwest débroussaillèrent avec l'aide des travailleurs mexicains et creusèrent des fossés d'irrigation au nord du Rio Grande. Ils plantèrent des citronniers et des palmiers et vendirent des centaines de parcelles de terrain à des familles du Kansas, du Nebraska et des Dakotas qui ne se doutèrent de rien.

La vallée du Rio Grande devint «la Vallée magique», une des dernières frontières fermières des Etats-Unis. Plus tard, beaucoup de ceux qui achetèrent de petites parcelles de citronniers de 1910 à 1920 furent ruinés et revendirent à de plus grands cultivateurs. Vers les années 1940, la culture de légumes devint plus importante.

La région possède deux visages : d'une part, près du Rio Grande, des fermes de légumes et des parcelles de citronniers s'étendent de la rivière jusqu'à la fin des lignes d'irrigation. Elles sont la plupart du temps gérées par des businessmen anglo-américains et ce sont des ouvriers agricoles d'origine mexicaine qui y travaillent ; d'autre part, au nord de la rivière, de grandes étendues broussailleuses et sèches sont possédées et exploitées par des descendants des premières familles terriennes espagnoles et mexicaines avec l'aide de cow-boys mexicains.

La politique, l'économie et presque toute la vie de cette partie du Texas et le long de la frontière posent vraiment la question de la culture, de la classe et de la caste des familles hispaniques et anglaises ou anciennement hispano-mexicaines et plus particulièrement des travailleurs immigrants, mexicains, et maintenant d'une population grandissante de réfugiés venant d'Amérique centrale. Des parties de la région frontalière comptent parmi les régions les plus pauvres des Etats-Unis avec une large population d'ouvriers agricoles, immigrants hispaniques latinos.

◂ Groomsmen at the wedding, 1984

◂ Les garçons d'honneur du marié à une noce, 1984

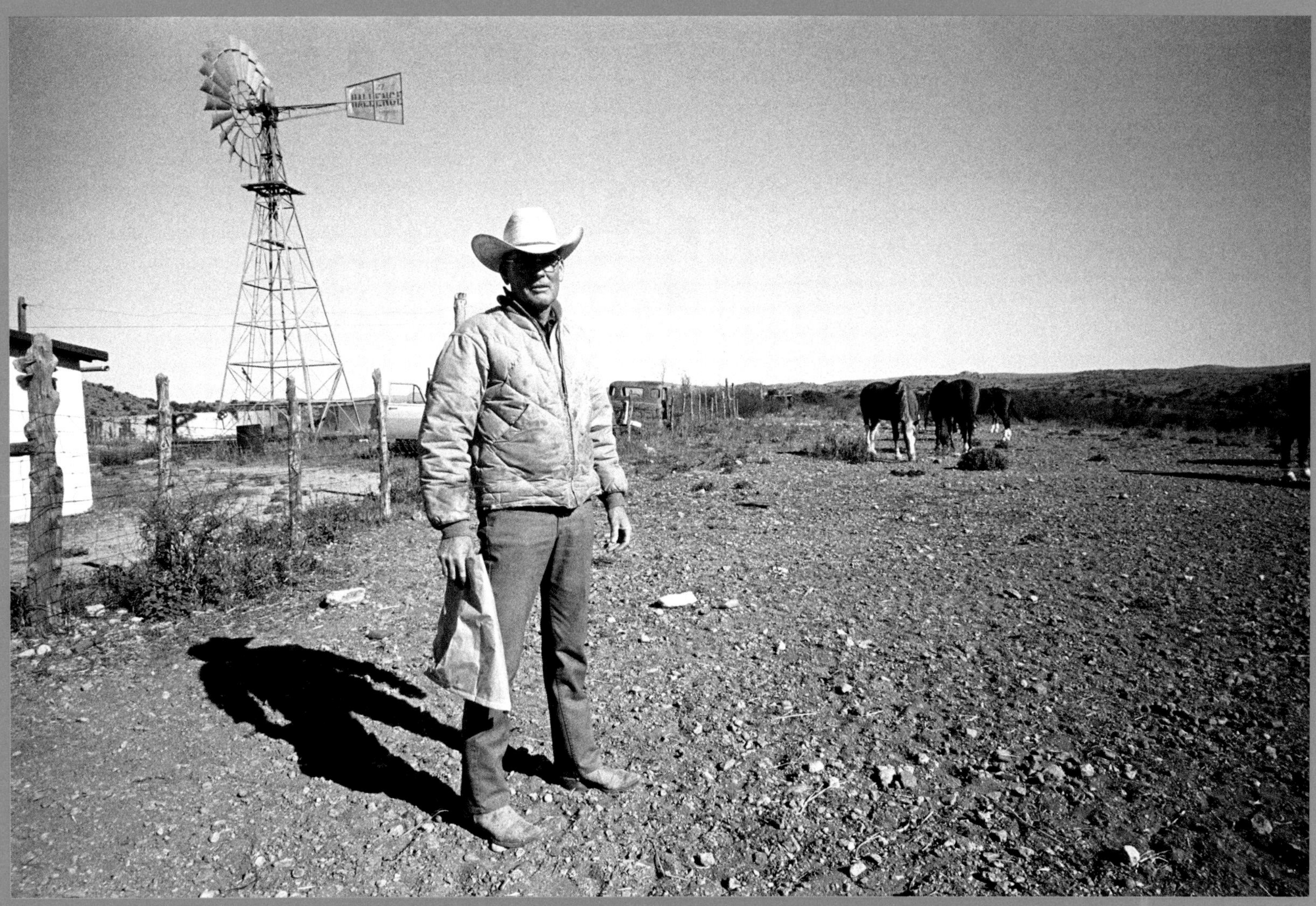

Going west toward El Paso, the land becomes dryer, wilder and more dramatic. Much of southwest Texas remains predominantly ranch land – mainly cattle, with some goat and sheep. In the 19th century, British and Scottish banks financed large ranching enterprises here with Anglo entrepreneurs to fulfill England's need for more meat and leather in its expanding colonial empire. Mexican vaqueros still work cattle in southwest Texas, but trucks are more efficient. On ranch land that has required a minimum of 340 acres to raise a cow, cattle will roam for months at a time without human contact. Closer to the Rio Grande River, however, adobe towns, Catholic churches and small homesteads reflect the continuing proximity and culture of northern Mexico. (WW & FB)

En allant à l'ouest vers El Paso, la terre devient plus sèche, plus sauvage et plus théâtrale. Une grande partie du sud-ouest du Texas reste de manière prédominante la terre exploitable – surtout pour l'élevage de bétail avec quelques chèvres et moutons. Au XIXe siècle, les banques anglaises et écossaises ont financé ici de grandes entreprises d'élevage avec des entrepreneurs anglais pour satisfaire le besoin de l'Angleterre en viande et cuir dans son empire colonial grandissant. Les vaqueros mexicains continuent à élever du bétail dans le sud-ouest du Texas, mais les camions sont plus efficaces. Sur un terrain exploitable qui requiert un minimum de 340 acres pour élever des vaches, le bétail peut errer pendant des mois sans aucun contact humain. Plus près du Rio Grande, par contre, des villes adobes, des églises catholiques et de petites fermes reflètent la proximité continuelle ainsi que la culture du nord du Mexique. (WW & FB)

Anglo American Rancher,
southwest Texas, 1972

Propriétaire de ranch anglo-américain,
sud-ouest du Texas, 1972

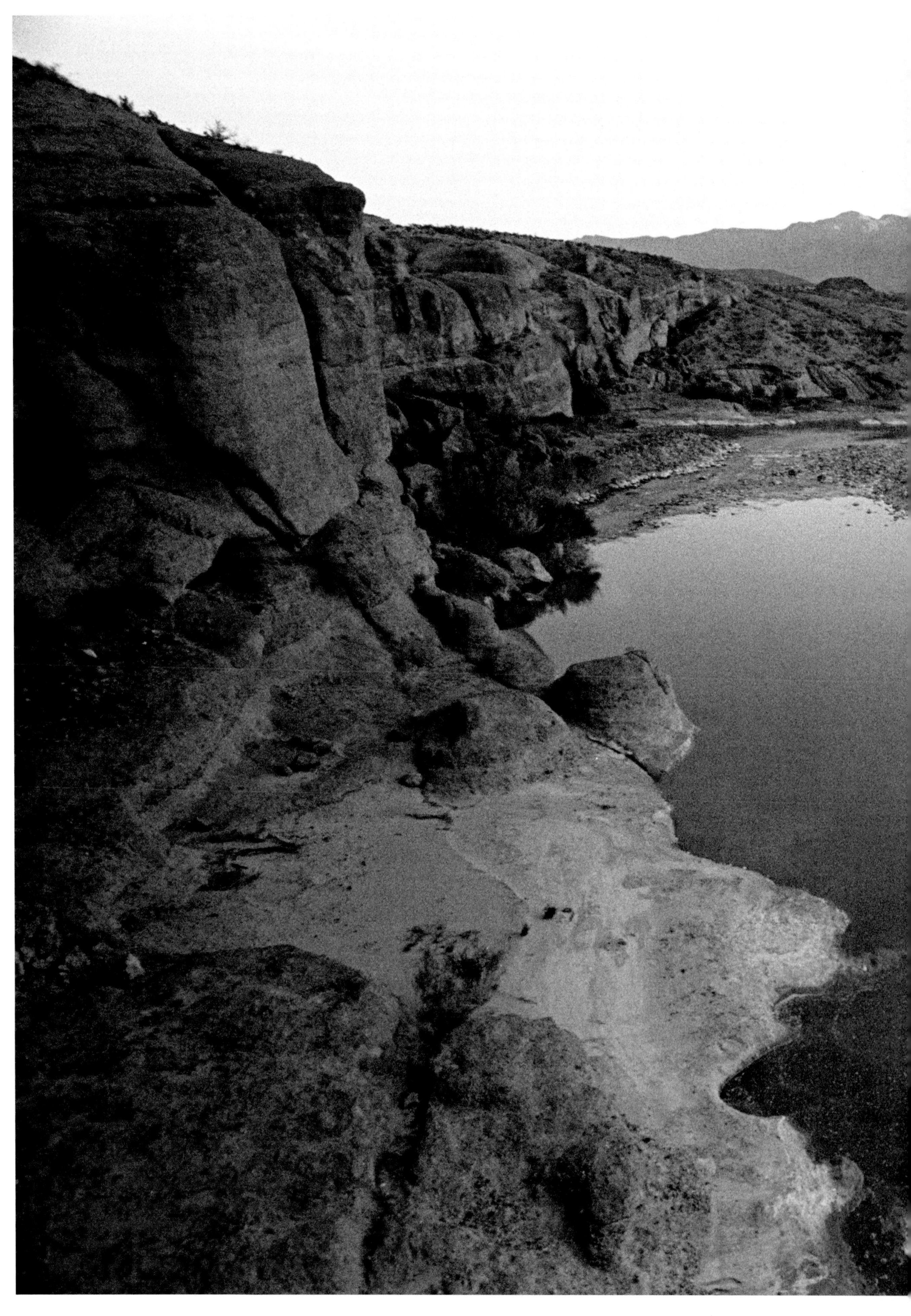

Texas-Mexican border, Rio Grande River, southwest Texas, 1972

Frontière entre le Texas et le Mexique, le Rio Grande, sud-ouest du Texas, 1972

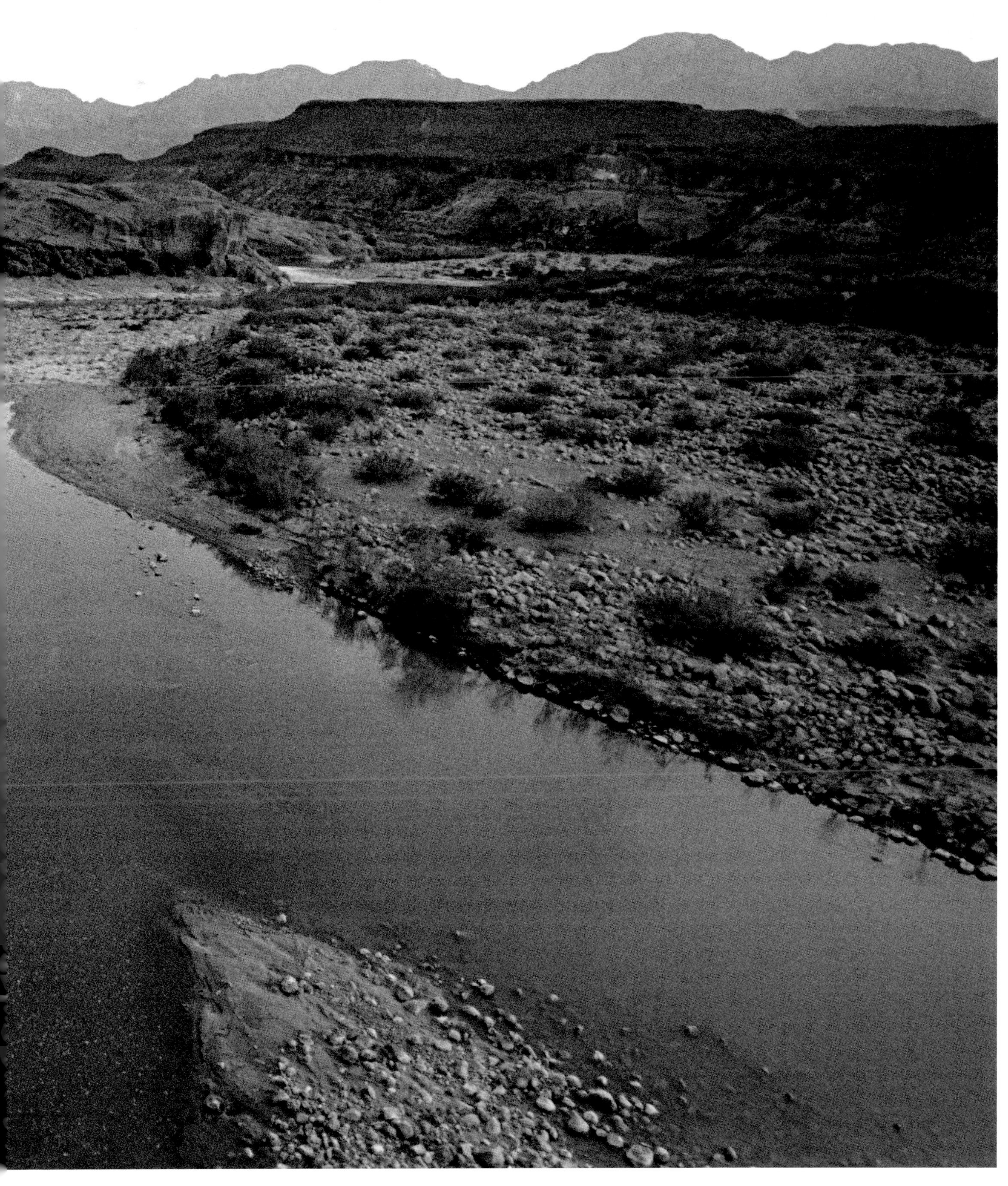

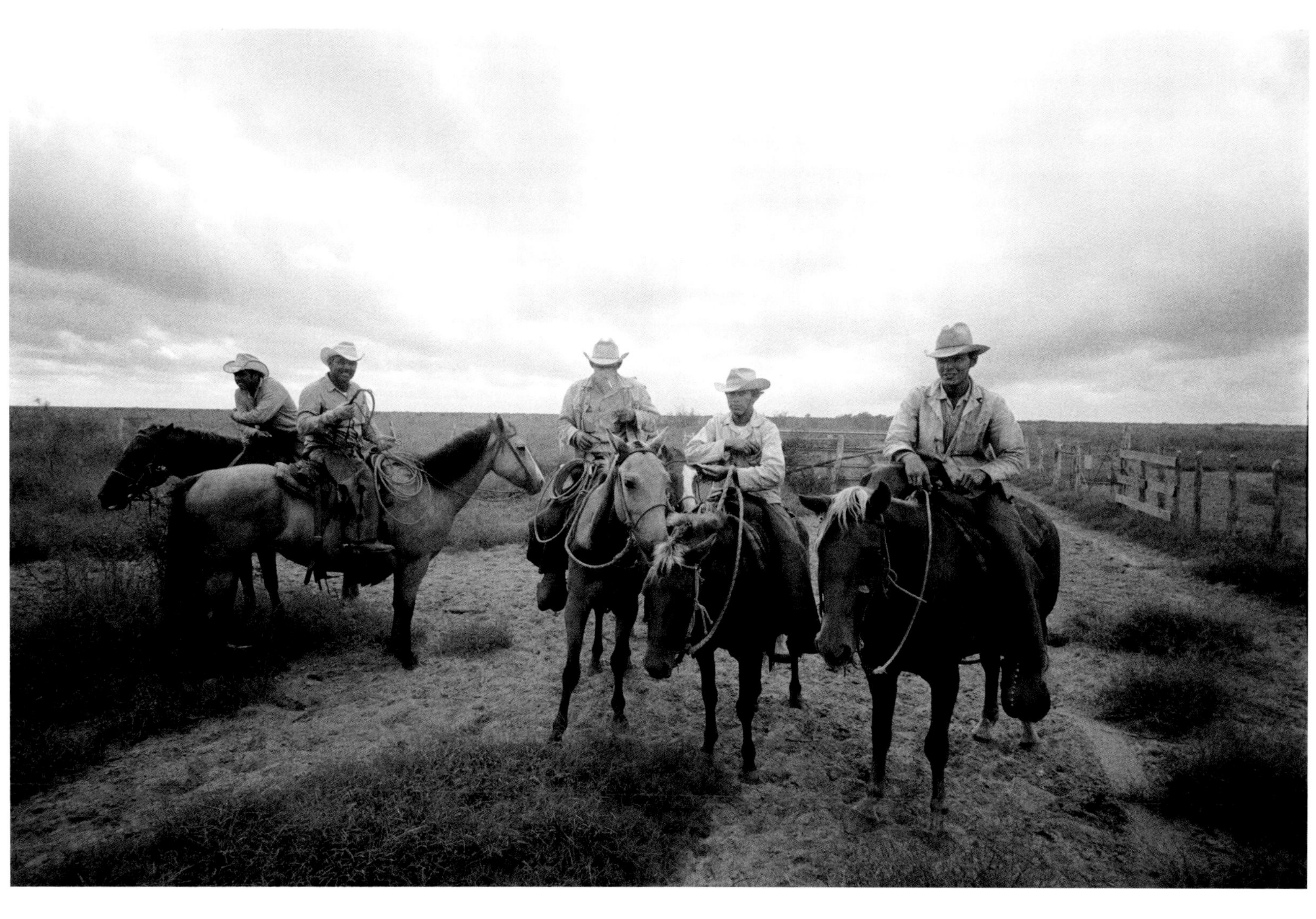

The round-up, Mexican vaqueros, south Texas, 1972

Le rassemblement. Les «vaqueros» mexicains, sud du Texas, 1972

Watching cattle, Mexican vaquero, 1973

Surveillant le bétail, «vaquero» mexicain, 1973

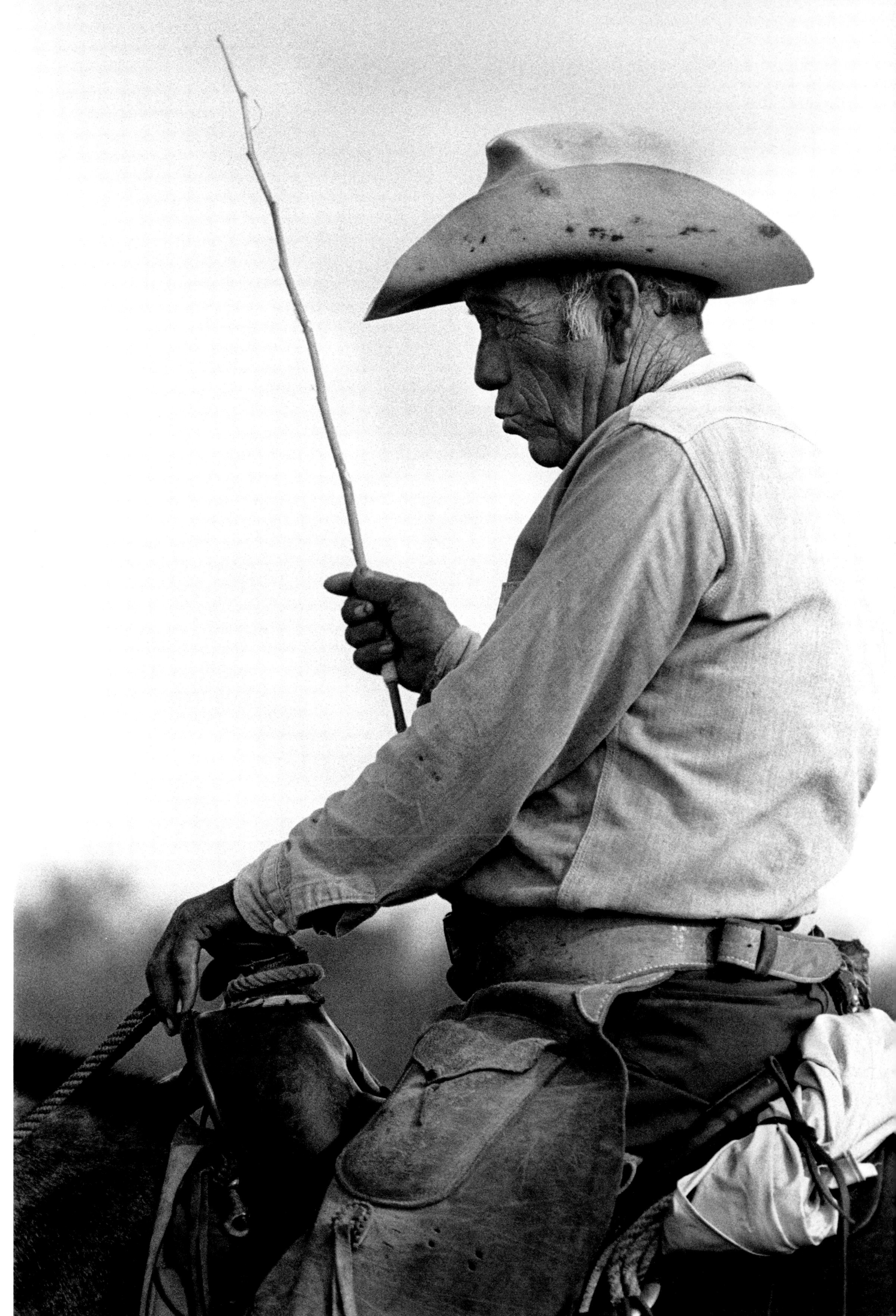

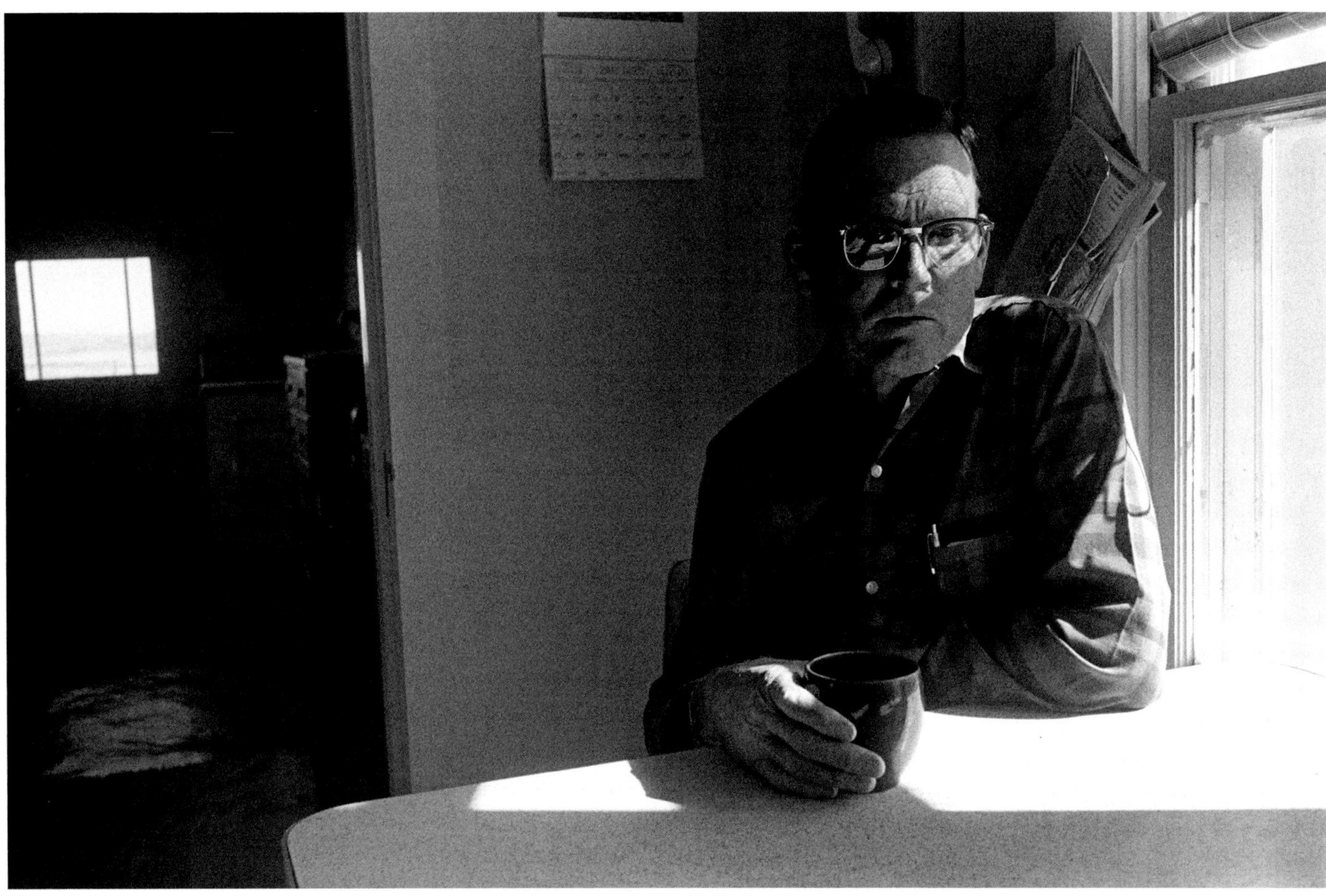

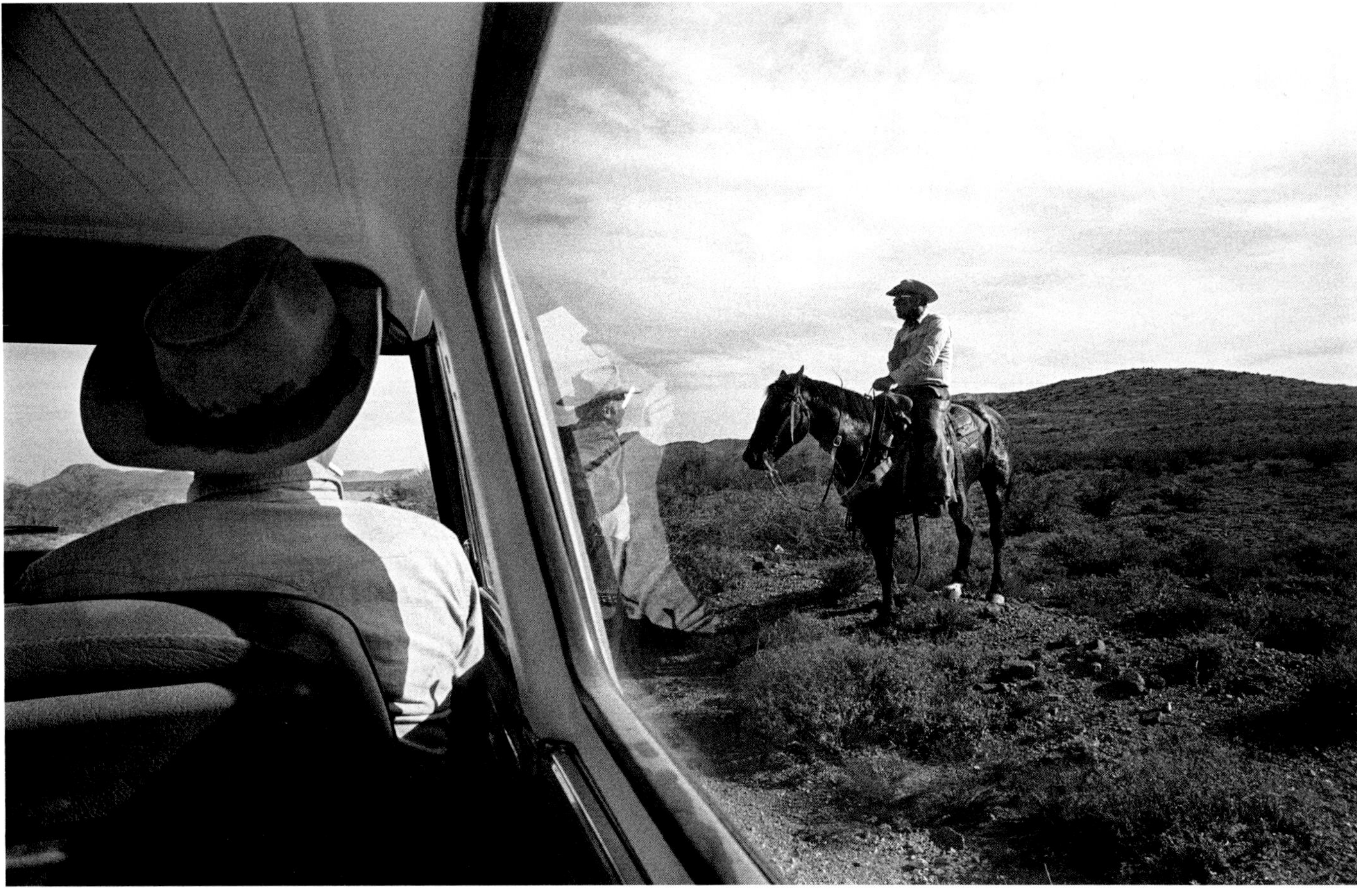

 Cattle rancher, southwest Texas, 1972

Eleveur, sud-ouest du Texas, 1972

Checking the rangeland, southwest Texas, 1972

Surveillant le territoire du ranch, sud-ouest du Texas, 1972

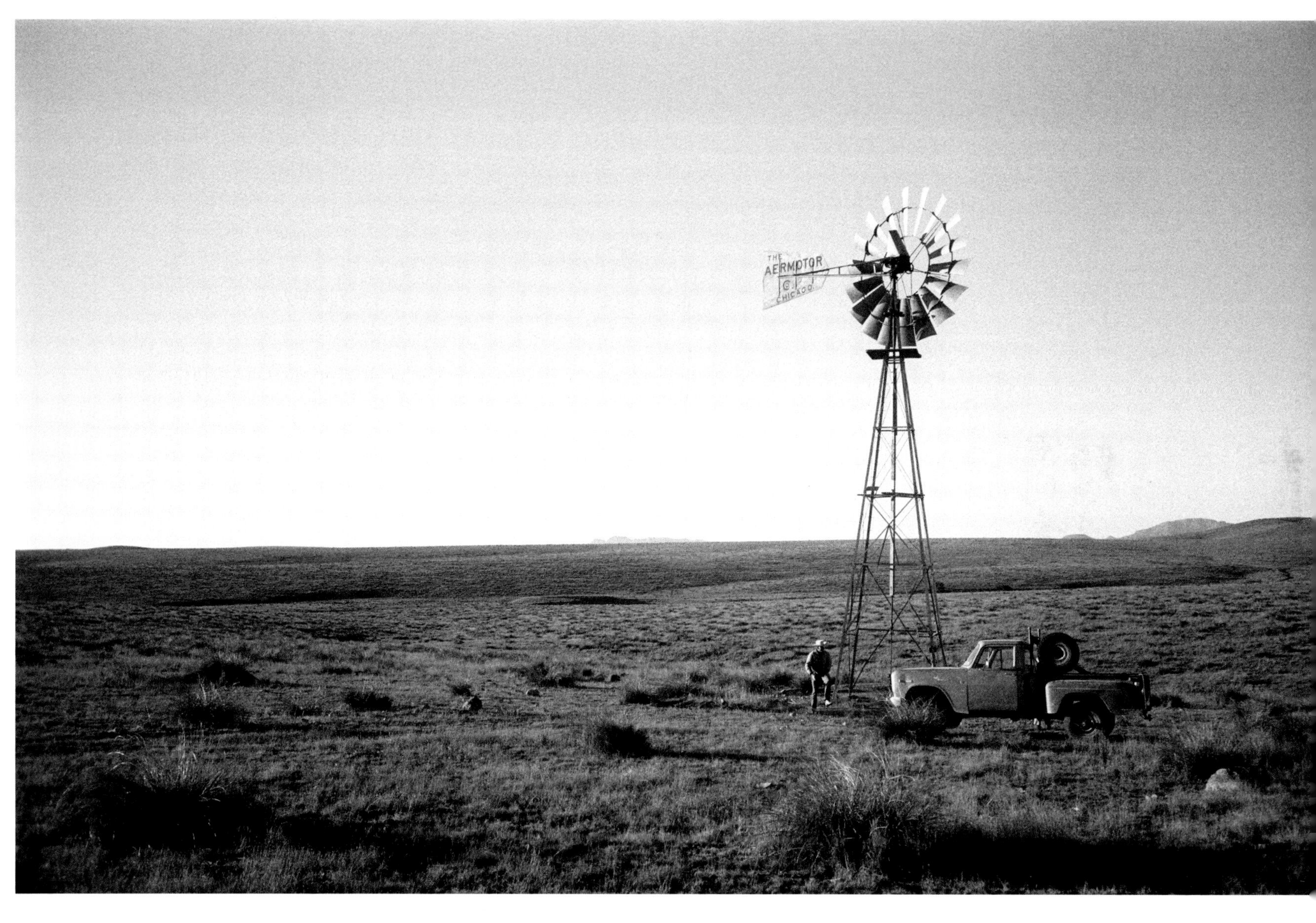

Checking water, southwest Texas, 1972 Vérification de l'eau, sud-ouest du Texas, 1972

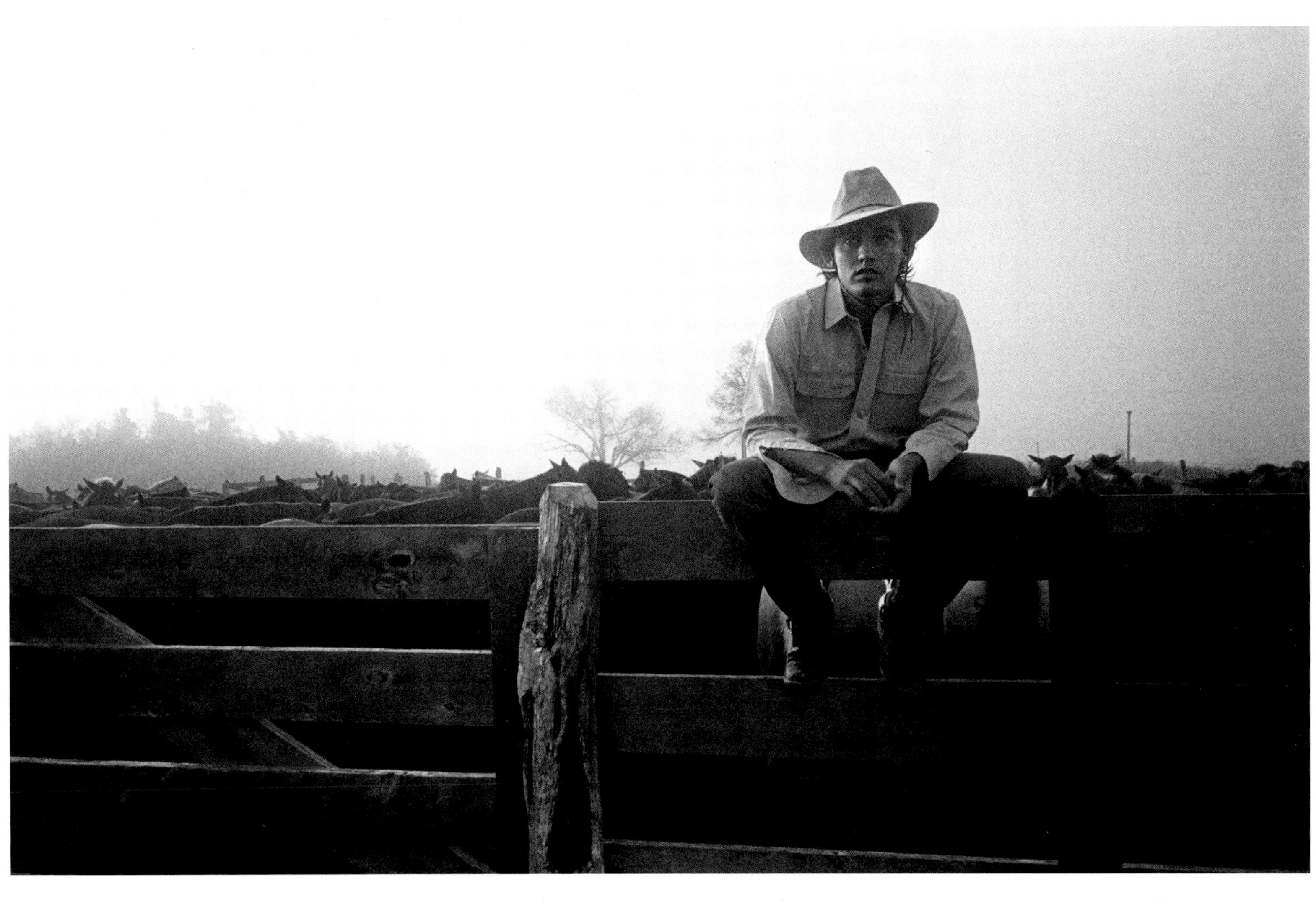

 Cattle ranching, south Texas, 1972 Au ranch, sud du Texas, 1972

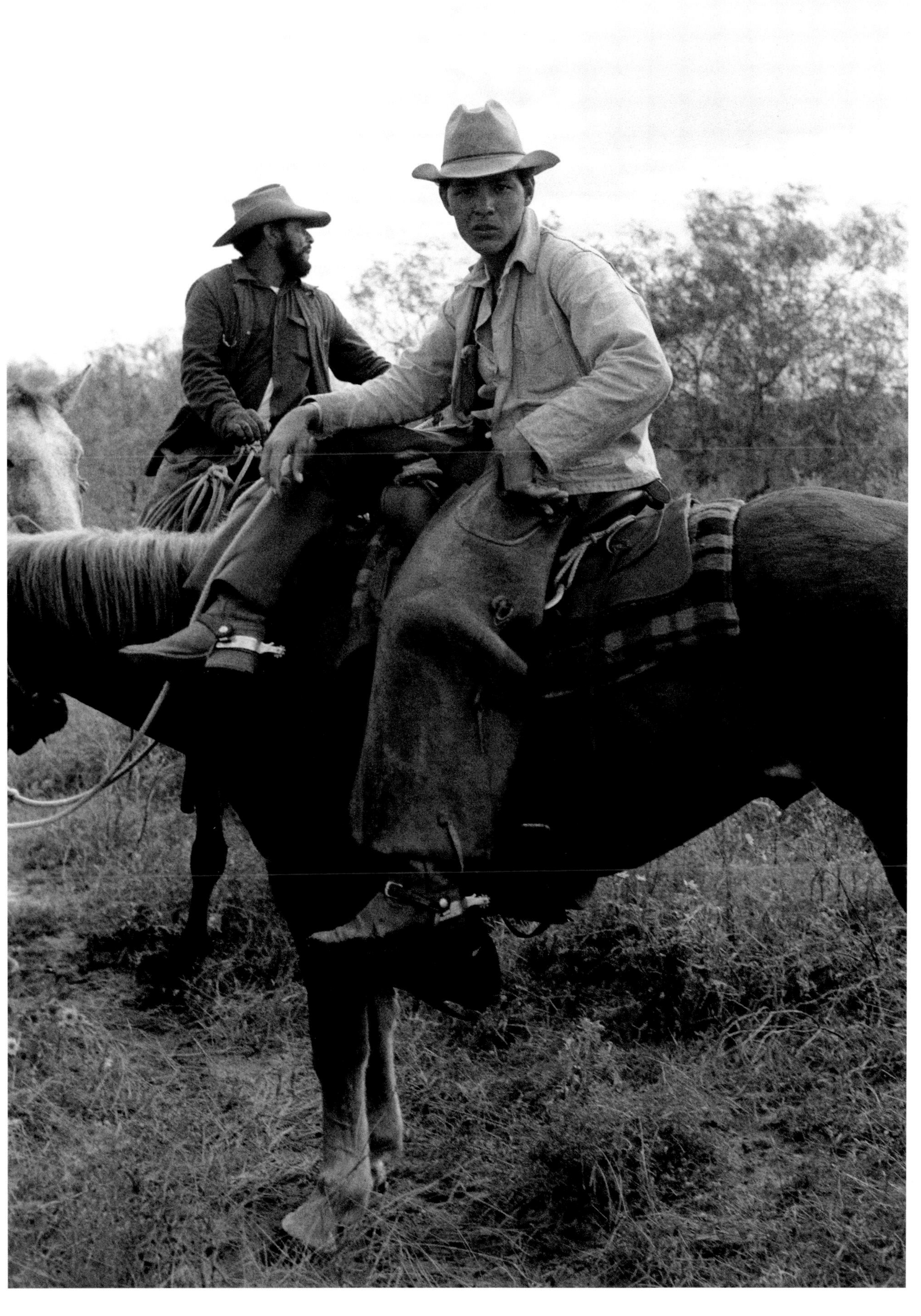

The cattle round-up,
Mexican vaqueros, south Texas, 1972

Le rassemblement du bétail,
« vaqueros » mexicains, sud du Texas, 1972

Homestead, southwest Texas, 1972 Maison, sud du Texas, 1972

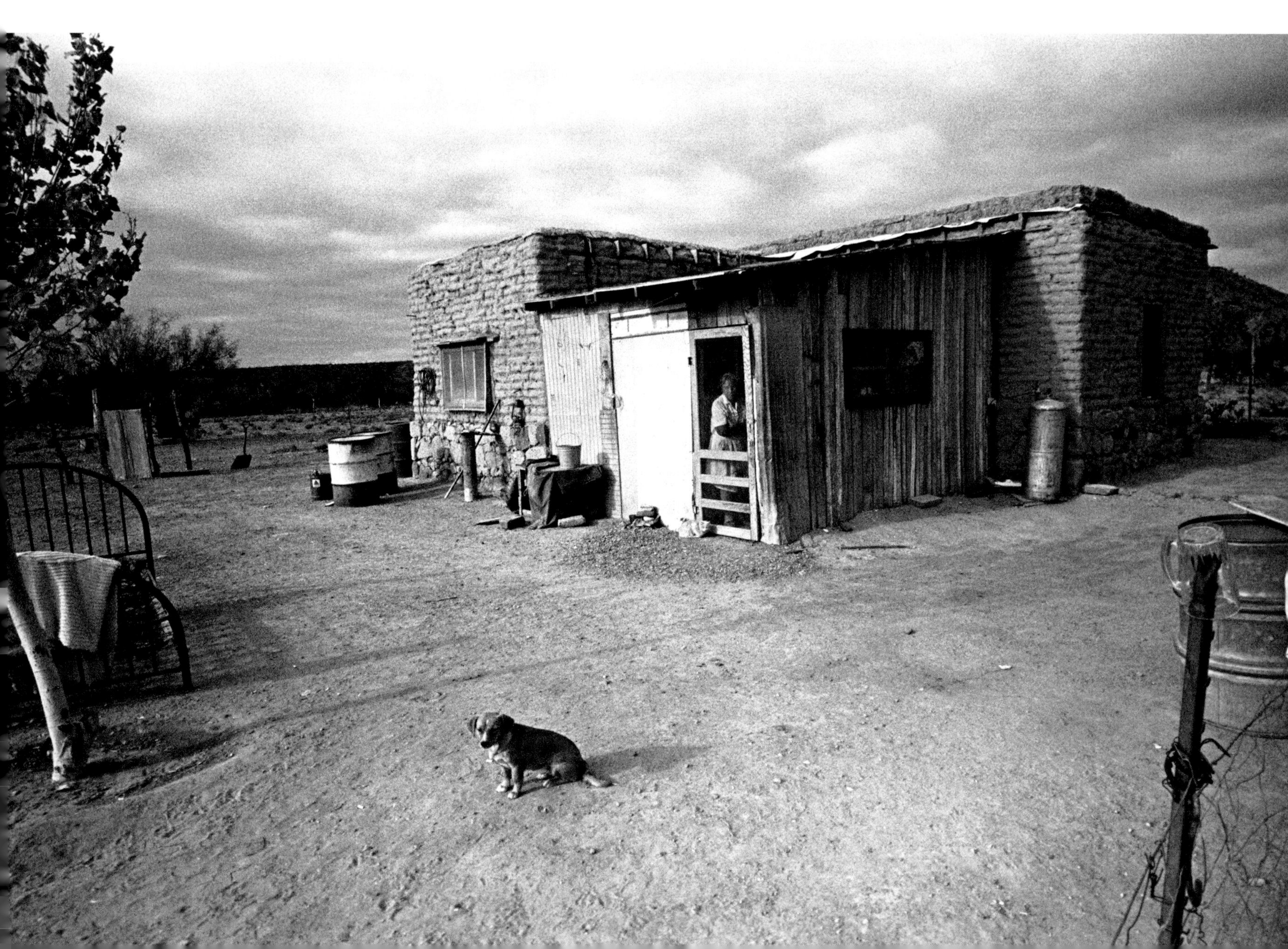

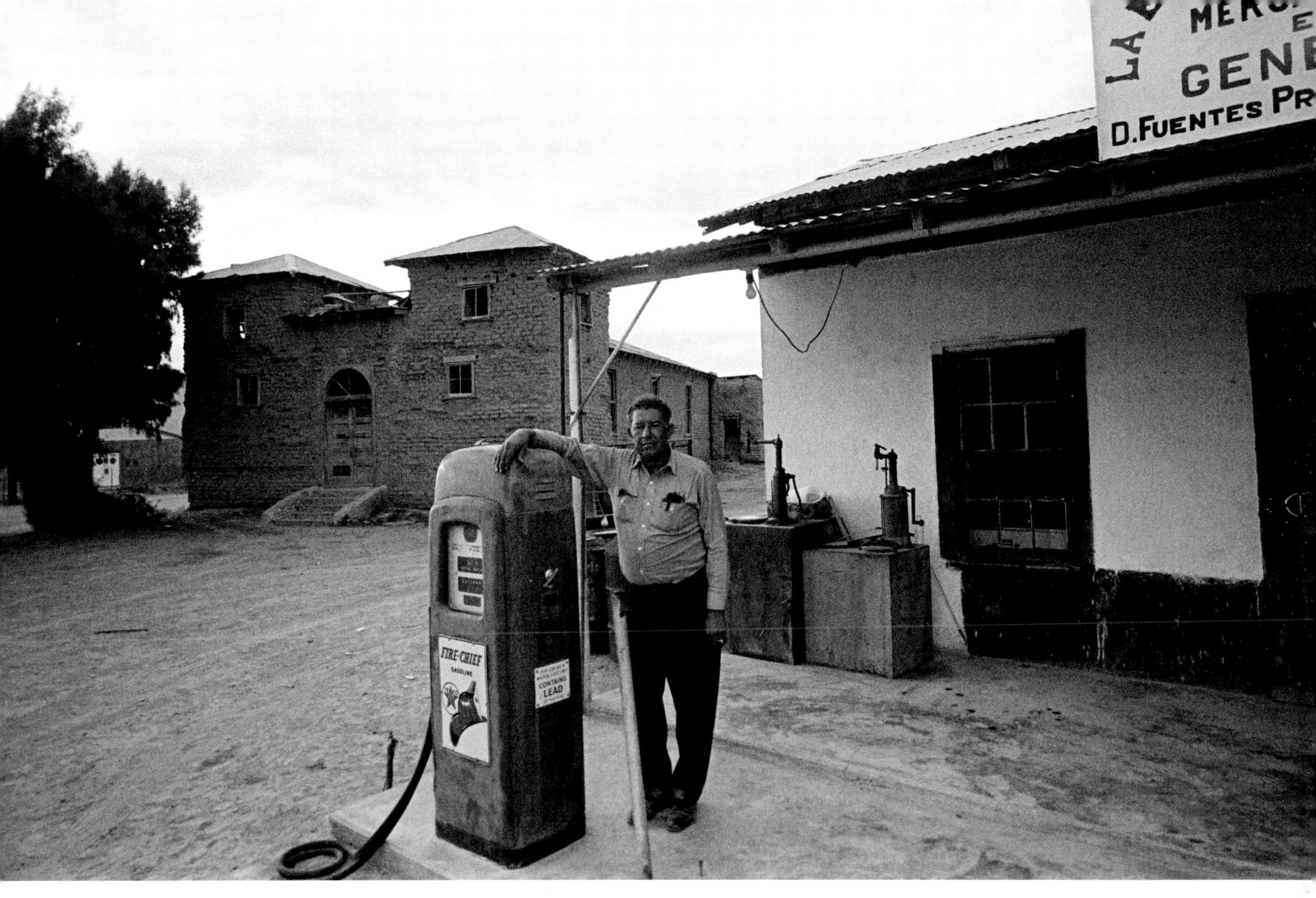

County Commissioner, Rio Grande river border town, southwest Texas, 1972

Commissaire du comté, ville frontière sur le Rio Grande, sud-ouest du Texas, 1972

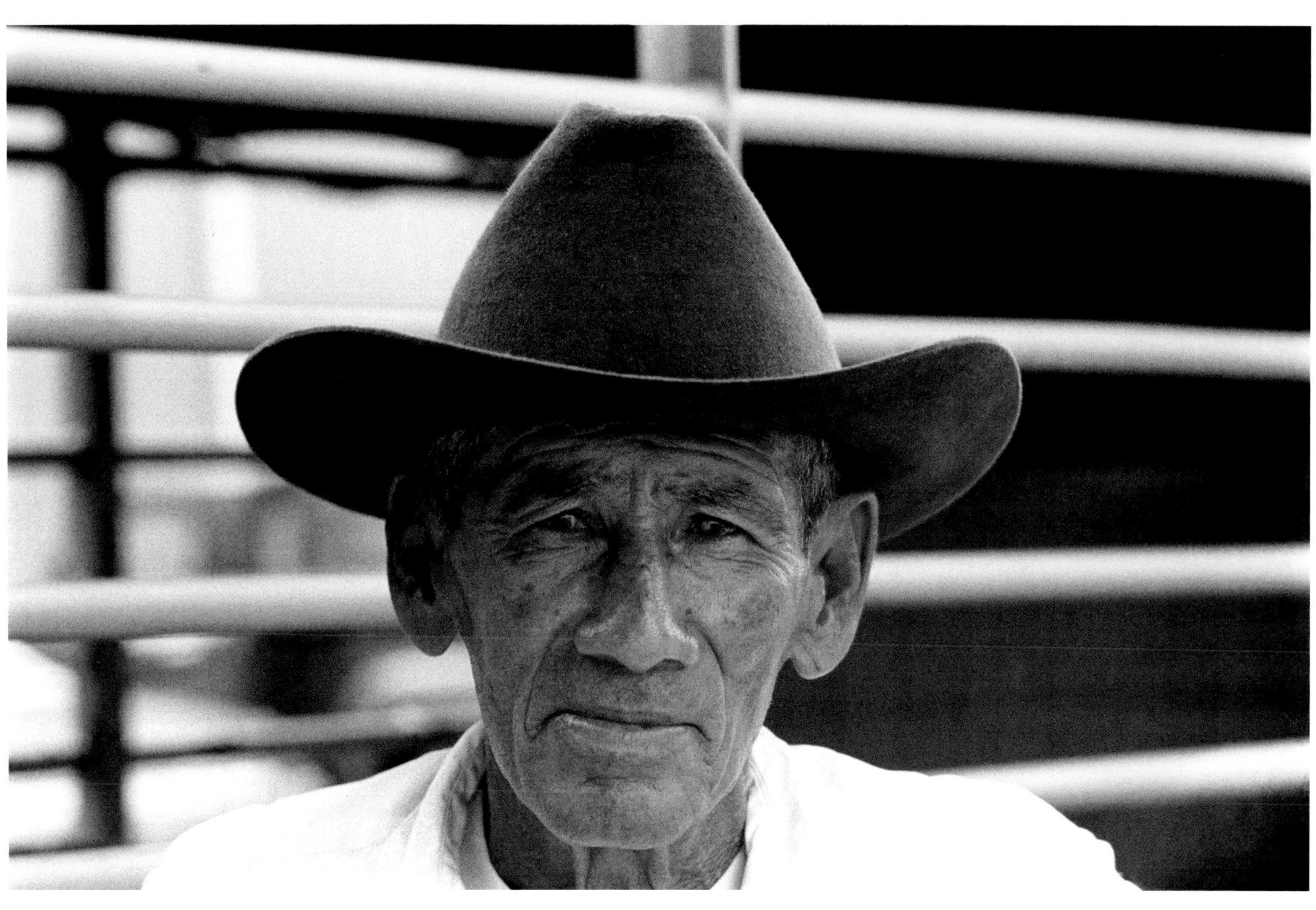

Rancher, southeast Texas, 1973

Eleveur, sud-est du Texas, 1973

Making "quesadillas",
southwest Texas, 1972

Préparant les «quesadillas»,
sud-ouest du Texas, 1972

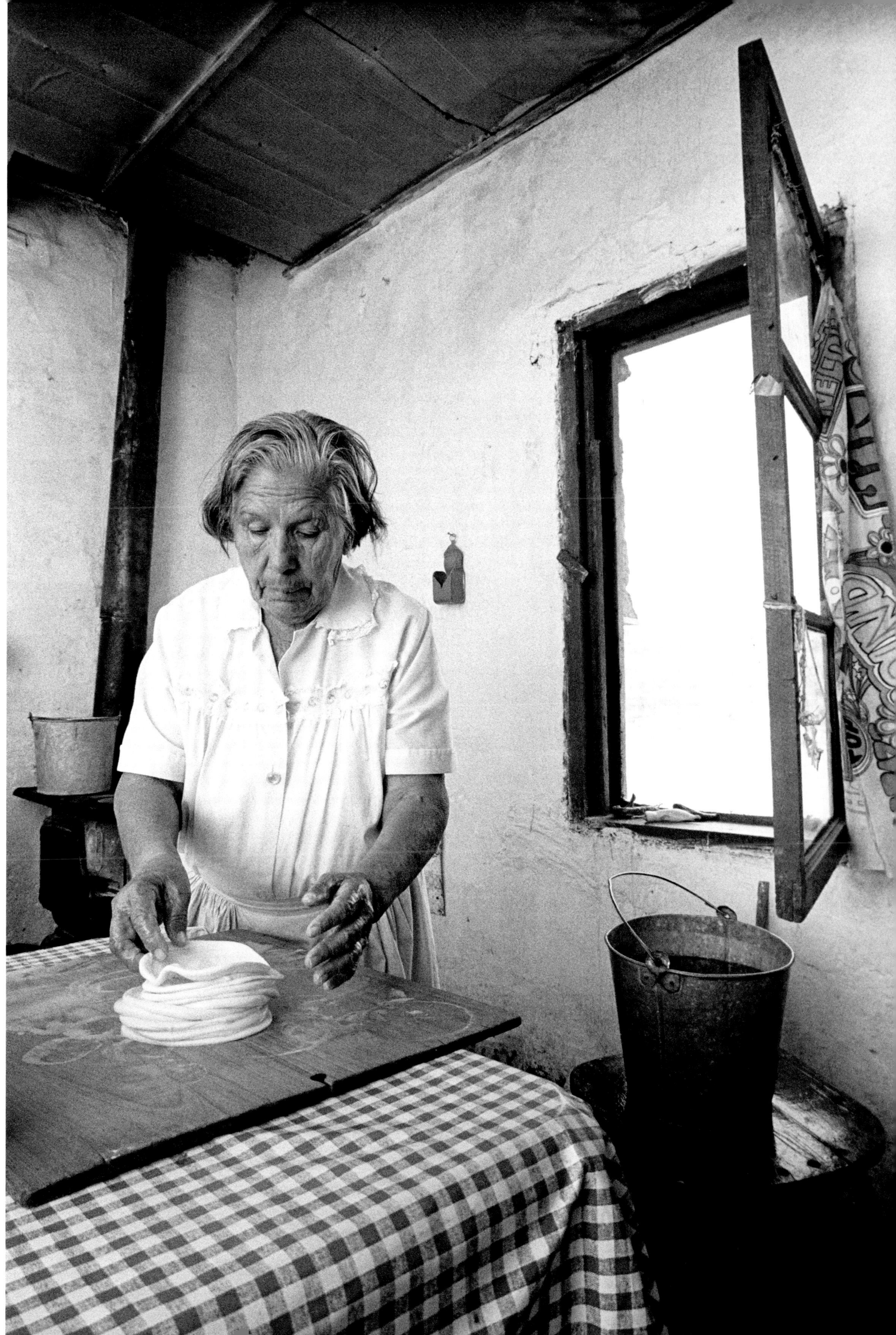

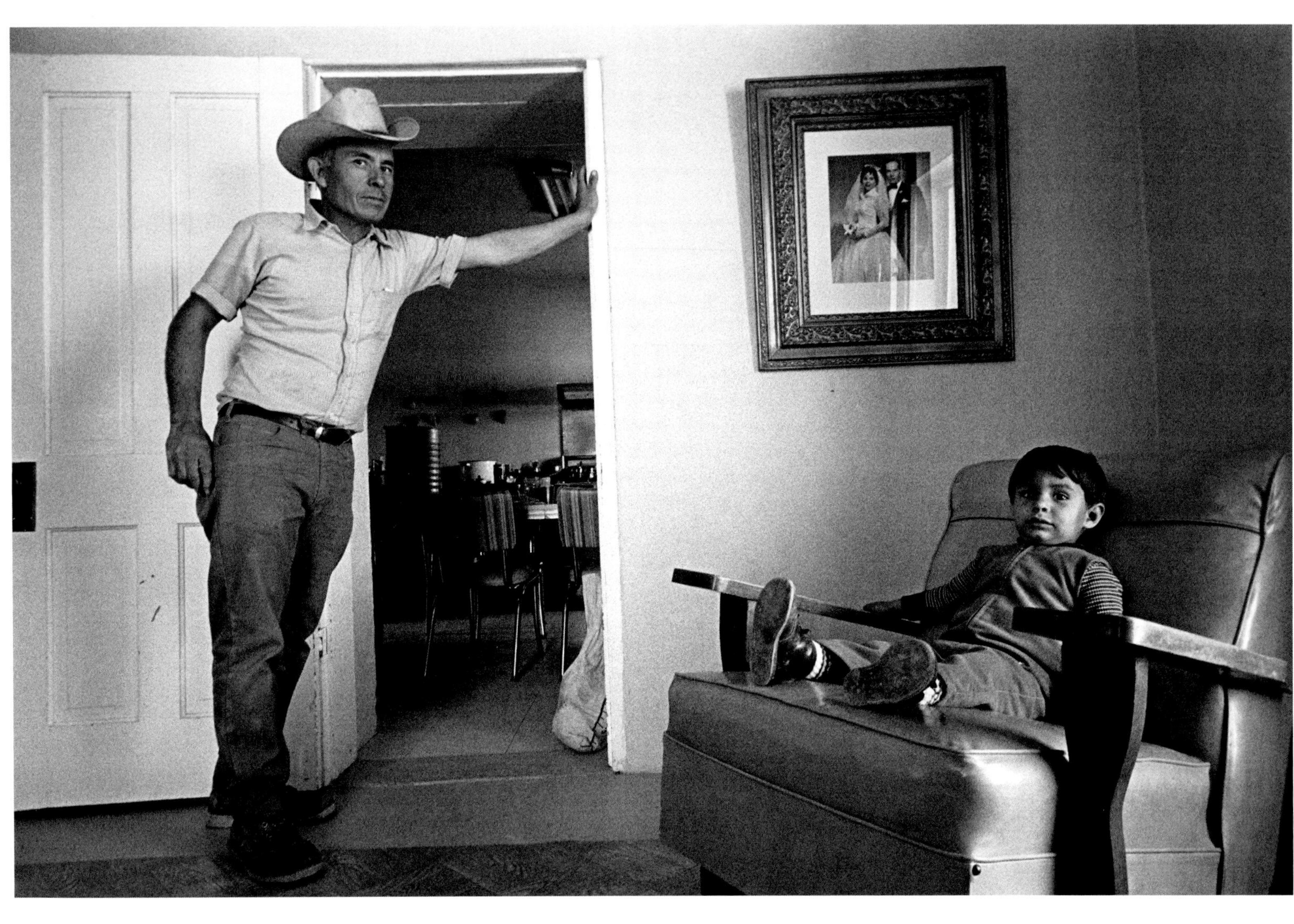

 Rancher and son, southwest Texas, 1973 Eleveur et son fils, sud-ouest du Texas, 1973

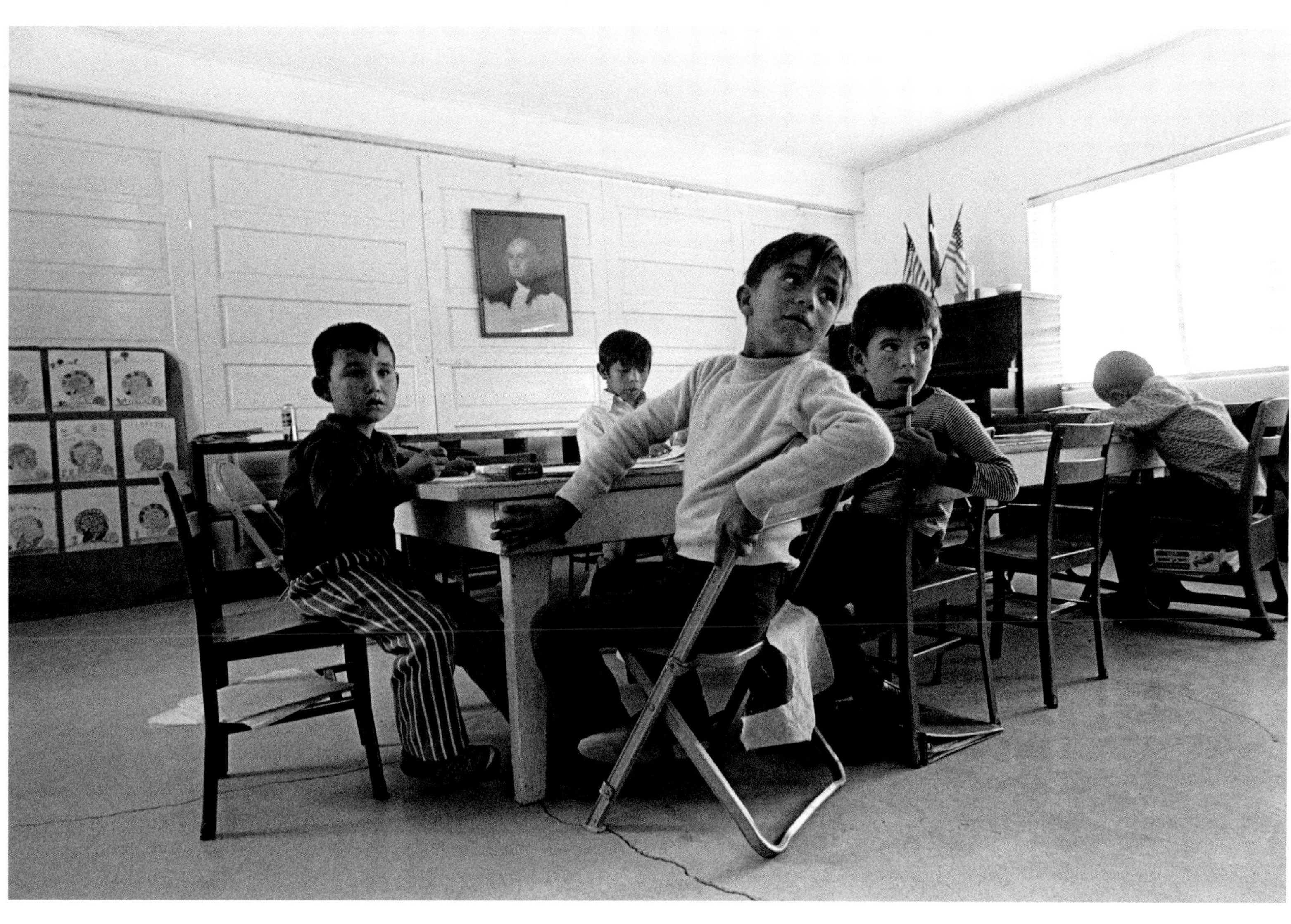

Border school, southwest Texas, 1972 Ecole de frontière, sud-ouest du Texas, 1972

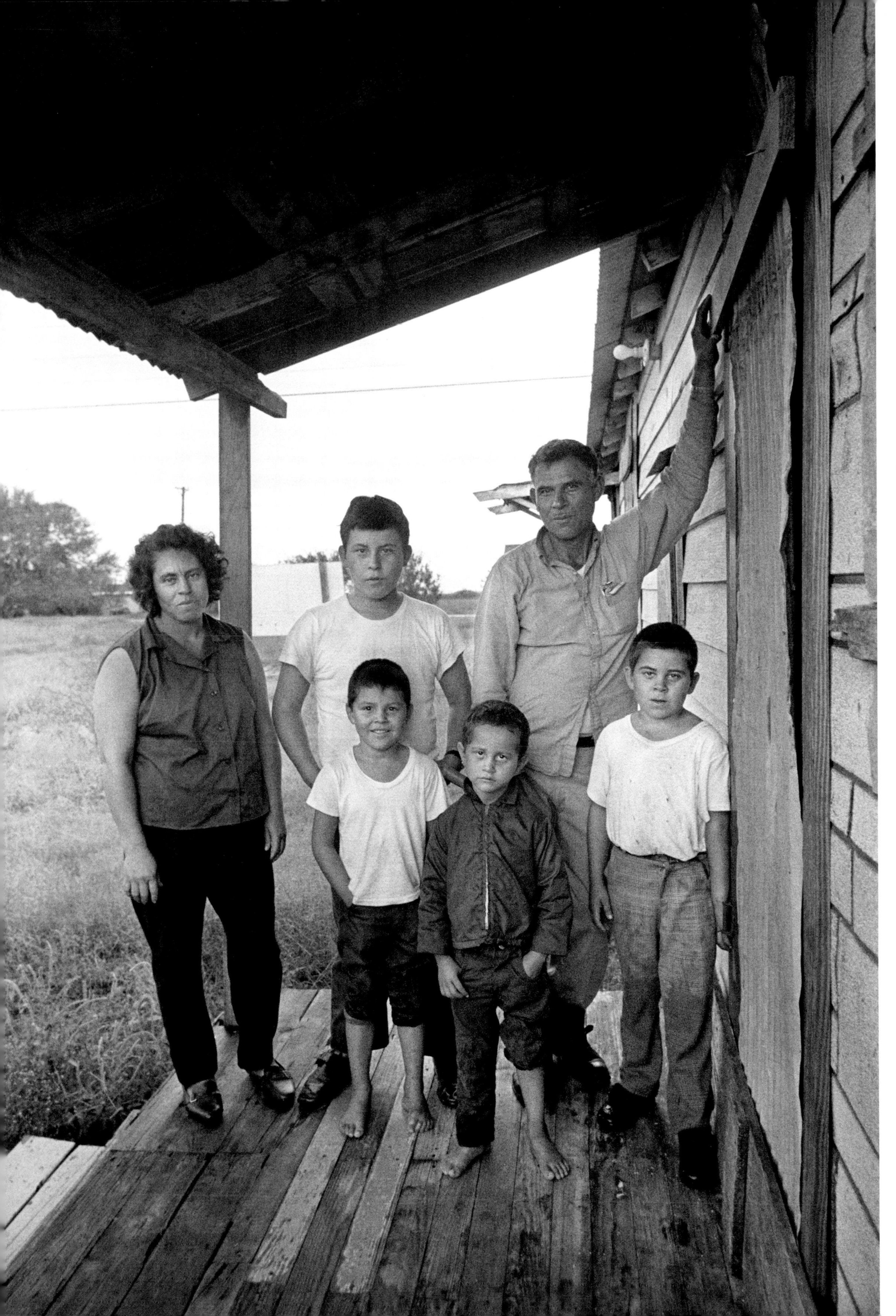

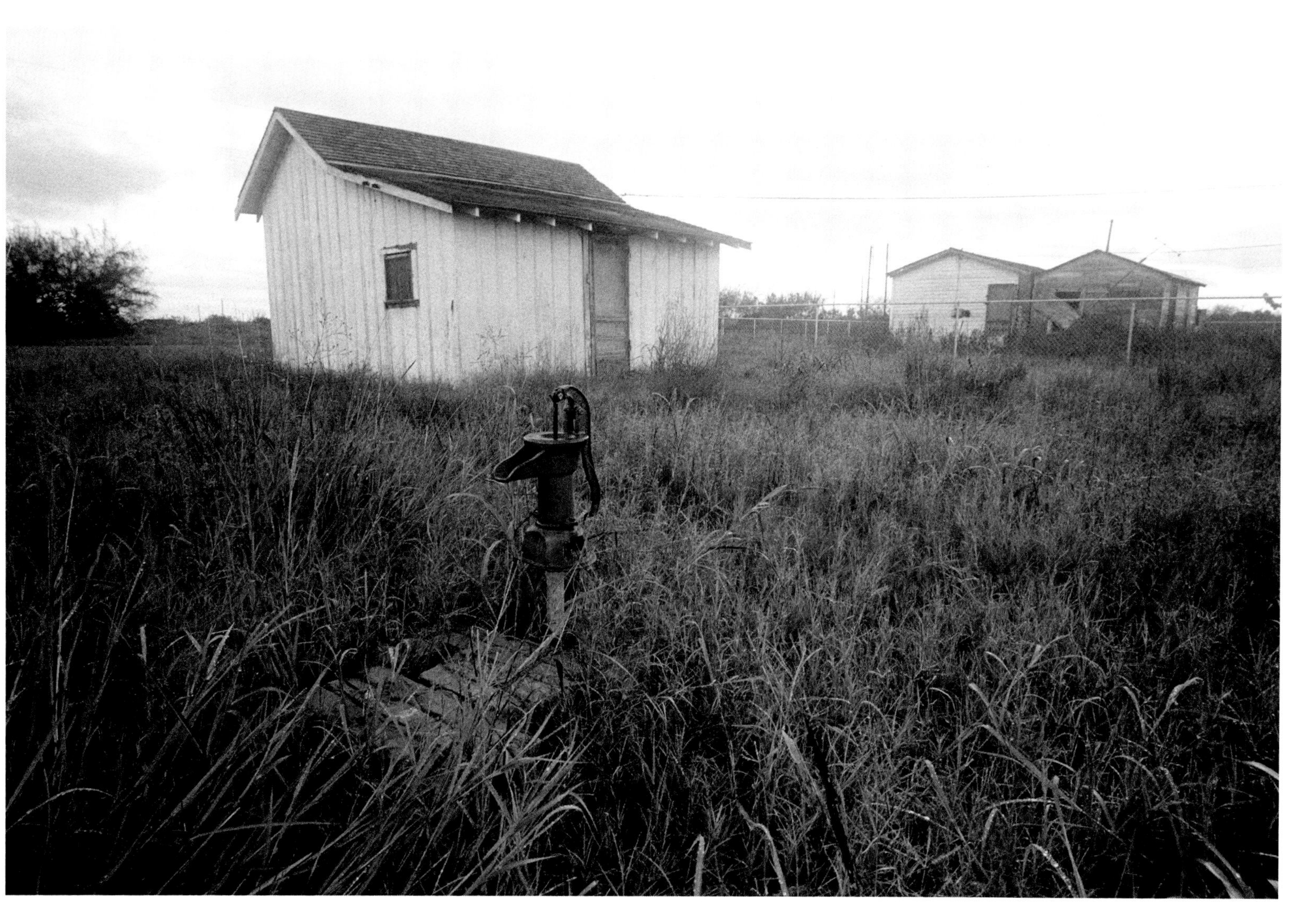

"La colonia." Mexican American farm worker family on the front porch of their house, southeast Texas, 1973

«La colonia». Famille d'ouvriers agricoles mexicano-américains sur le porche de leur maison, sud-est du Texas, 1973

"La colonia," southeast Texas, 1973

«La colonia», sud-est du Texas, 1973

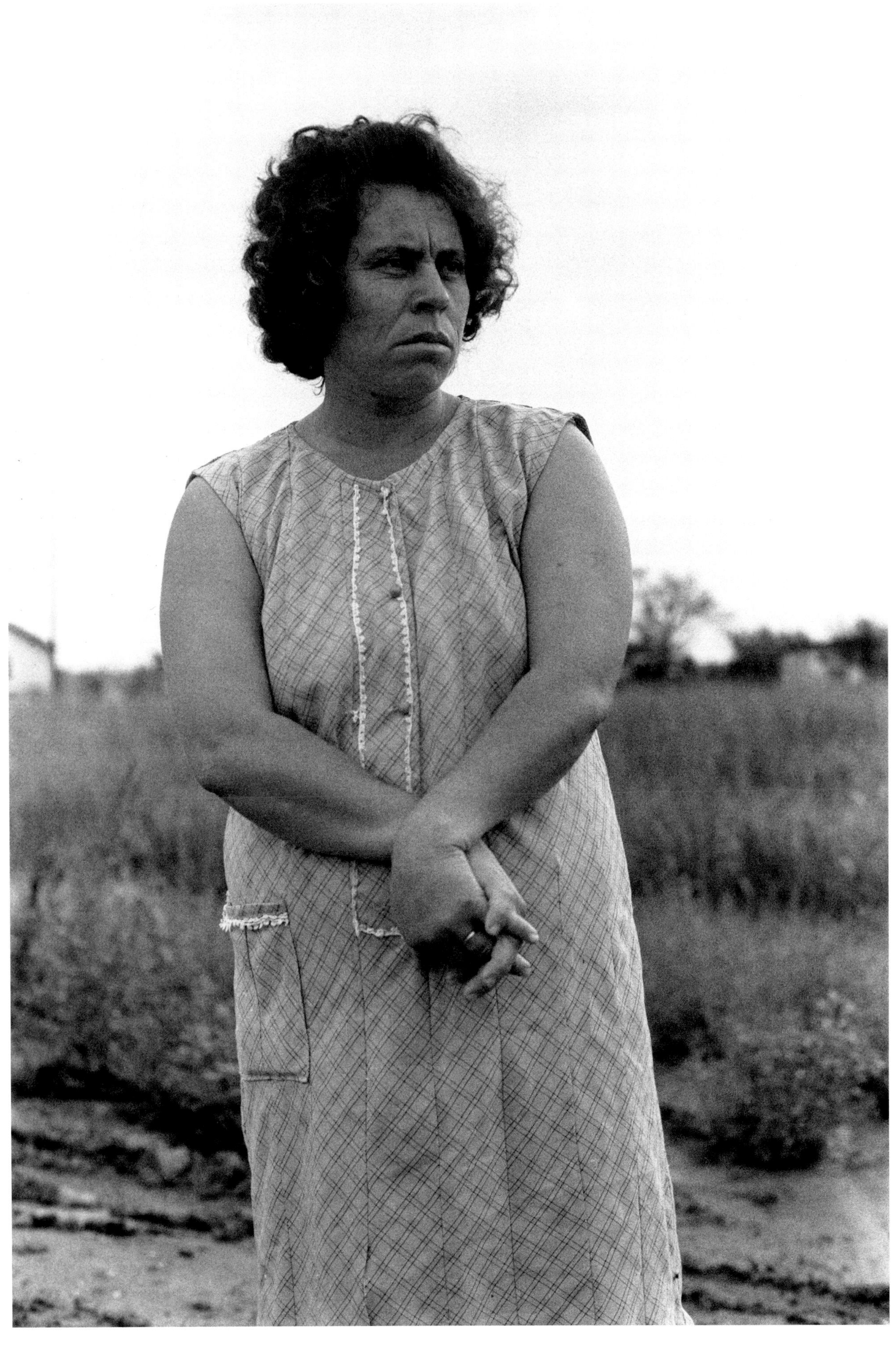

 Mother, Mexican American farmworker, southeast Texas, 1973

Mère, ouvrière agricole mexicano-américaine, sud-est du Texas, 1973

Lunch break, farmworker foreman, southeast Texas, 1972

Pause-déjeuner, contremaître des ouvriers agricoles, sud-est du Texas, 1972

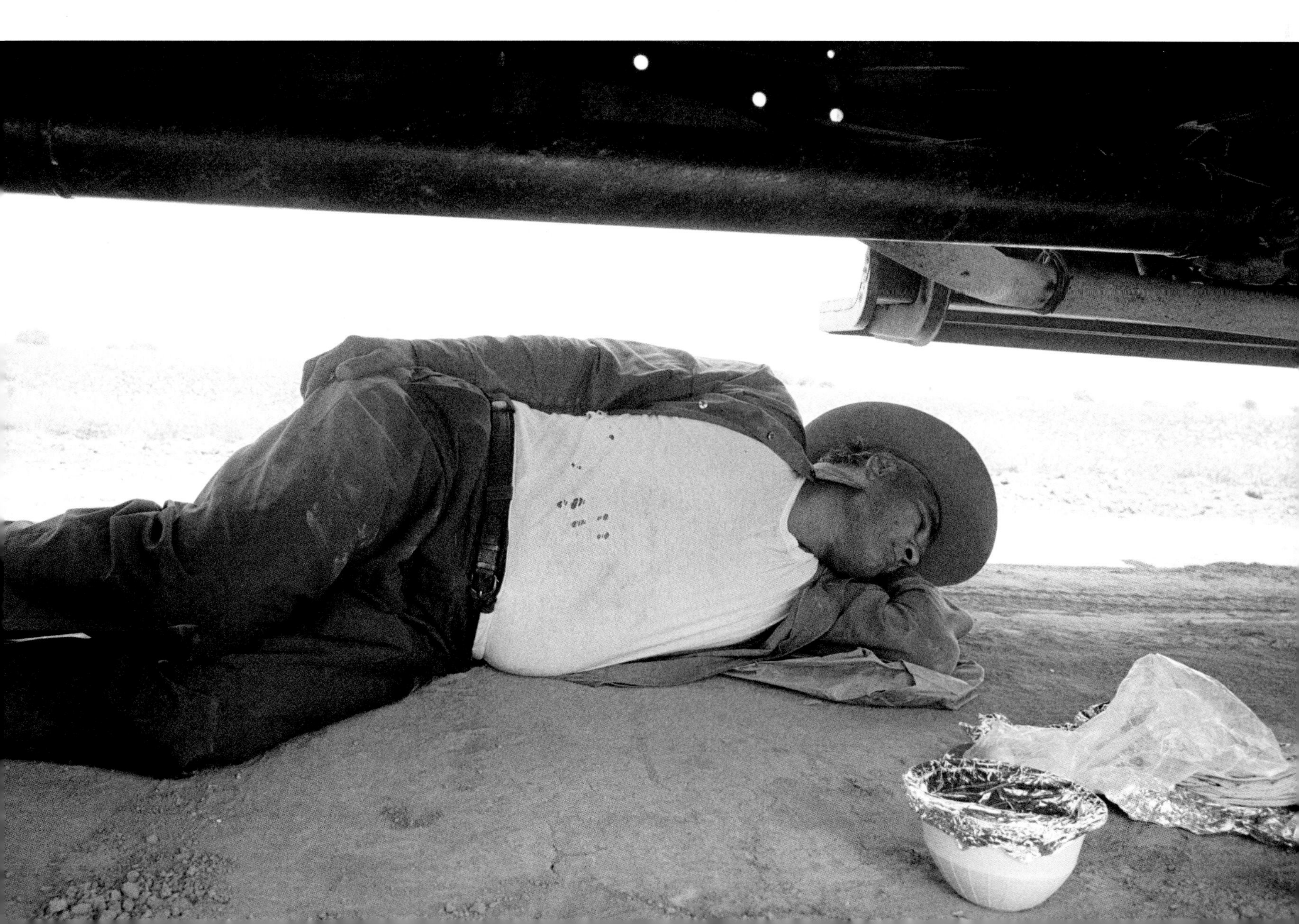

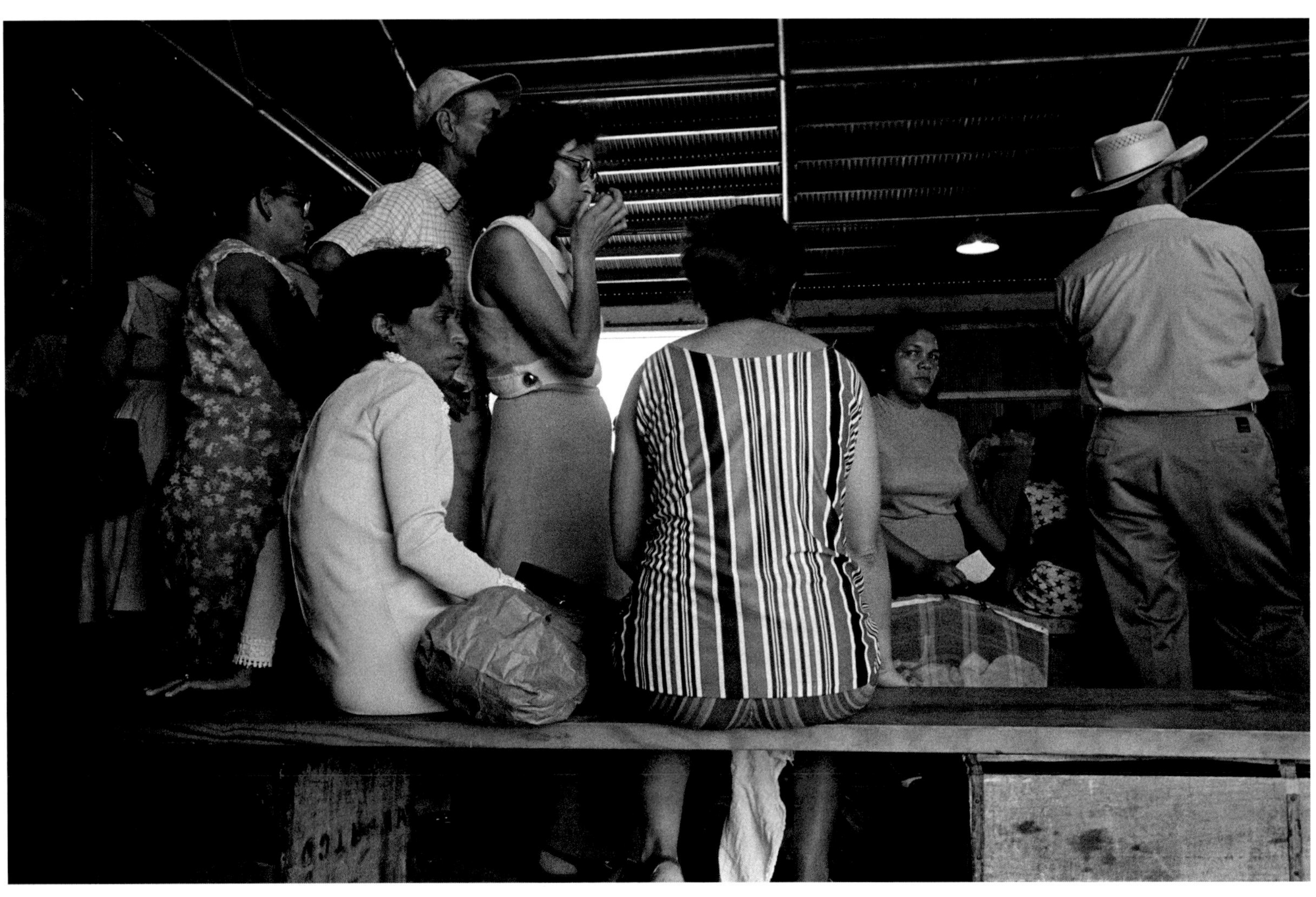

 Food line, government commodity program, southeast Texas, 1972

« Food line », programme gouvernemental des denrées, sud-est du Texas, 1972

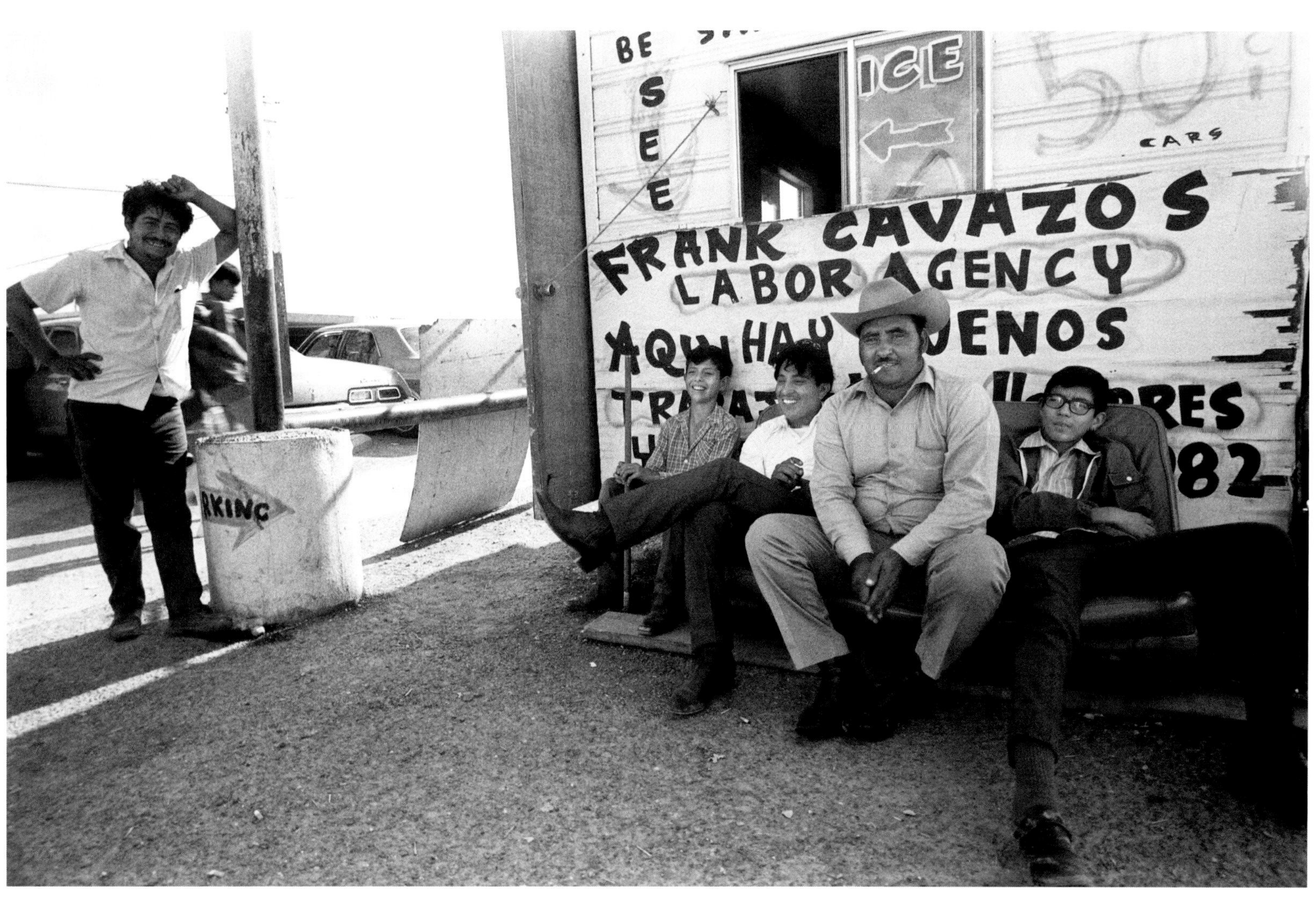

Border labor agents,
southeast Texas, 1973

Agence de travailleurs frontaliers,
sud-est du Texas, 1973

 Crop dusting, vegetable fields, southeast Texas, 1972

Pulvérisant les champs de légumes avec des herbicides, sud-est du Texas, 1972

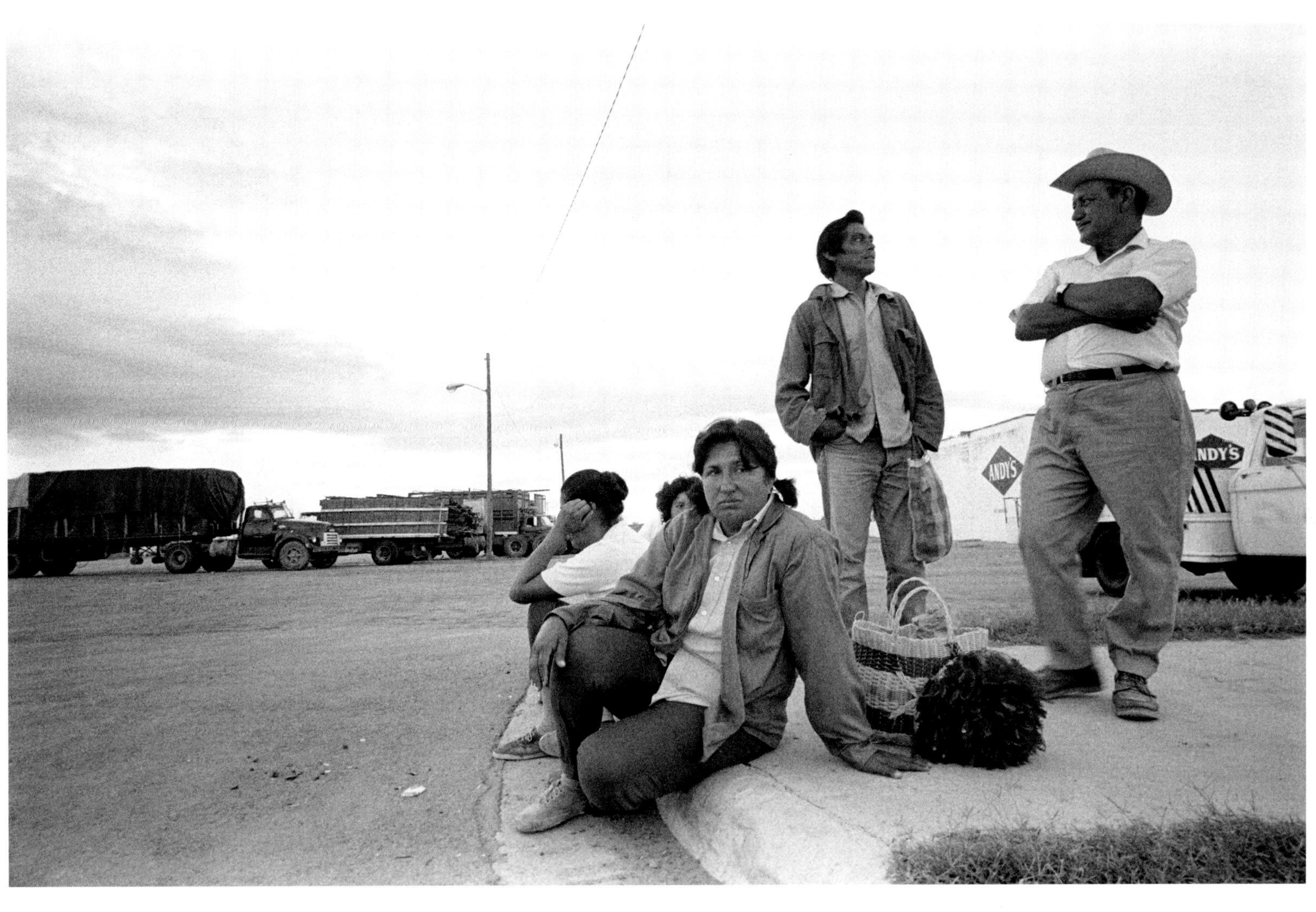

Waiting for work. Mexican American green-card migrant workers at the border, southeast Texas 1973

En attendant du travail, travailleurs mexicano-américains saisonniers à la frontière, sud-est du Texas, 1973

▸ Selling funeral "coronas", southeast Texas, 1972

▸ Vente de couronnes funéraires, sud-est du Texas, 1972

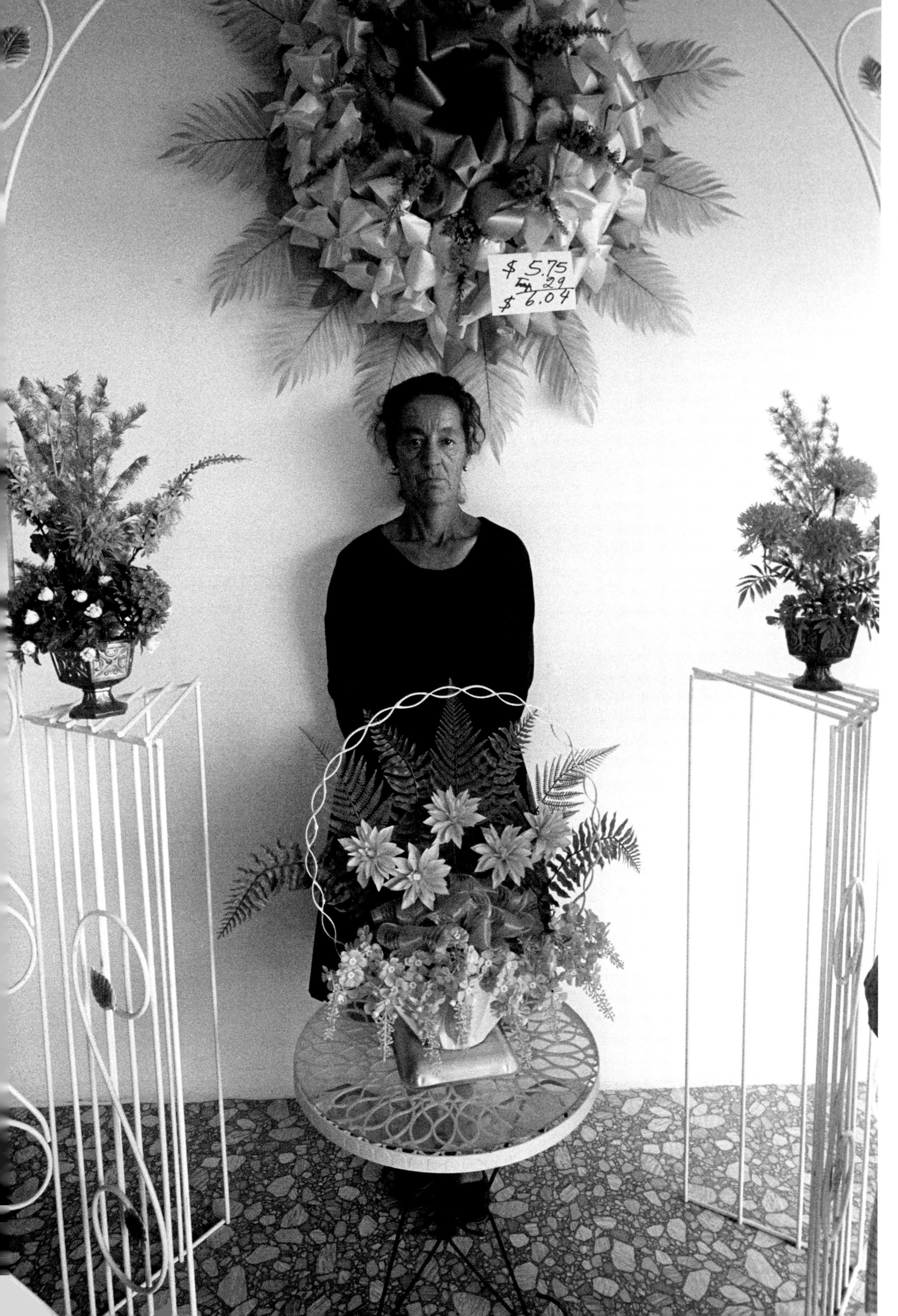
$ 5.75
29
$ 6.04

The Vietnam Veterans Memorial

1982-1986

Agent Orange

Even when you aren't sick, you're afraid. Afraid you're going to get sick, or that your children will be born sick. You live with this fear all the time. Al Marcotte, Vietnam veteran

Thousands of men, their wives and children still live with this fear, in the United States, in Australia and in Southeast Asia. It's the fear of having children born with birth defects, fear of developing cancer, partial paralysis, symptoms of premature aging, severe skin rashes, impaired circulation of blood and oxygen in the body, deterioration of the immune and neurological systems. For many Vietnam War veterans and their families in the U.S. and elsewhere, this fear is a reality.

Although the cause of these symptoms may never be totally defined, the nature of the illnesses and the way they develop are closely related to the well-documented effects of toxic chemical poisoning. Factory workers, agricultural laborers and civilians exposed to the chemical, dioxin, have experienced strangely similar problems. Dioxin was a byproduct present in the tons of chemical defoliants used by the U.S. military in Vietnam, Laos and Cambodia from the mid-1960's to the early 1970's, in particular AGENT ORANGE. Dioxin was present in Agent Orange in much larger amounts than previously allowed for civilian use of herbicides, but no special precautions were taken to protect U.S. infantrymen in contact with the chemical.

For U.S. veterans who began to voice their fears in the late 1970's, it has been a lonely and tragic struggle. For years, U.S. government agencies, many scientists, doctors and politicians dismissed their claims. The burden of proof was placed on veterans and their families. The 1984 class action U.S. court settlement of $180 million with the chemical companies that produced Agent Orange gave the appearance of justice. In reality, it served to hide real evidence of responsibility and protect the U.S. government and U.S. military from further liability. The division of money from the settlement has barely covered the medical care and research needed for the thousands of veterans and their families who were part of the lawsuit.

Today, many of the Vietnam veterans involved with the struggle over health and psychological problems related to the chemicals used by the U.S. in Vietnam are organizing again – helping a new generation of U.S. veterans to fight for the long-term medical and psychological care that they need with health problems related to the First Gulf War in the early 1990's and the current wars in Iraq and Afghanistan. (WW)

Agent Orange

Même si vous n'êtes pas malade, vous avez peur. Peur de devenir malade, ou que vos enfants naissent malades. Vous vivez en permanence avec cette peur. Al Marcotte, Vétéran du Viêt-Nam

Des milliers d'hommes, leurs épouses et leurs enfants vivent avec cette peur aux Etats-Unis, en Australie et en Asie du Sud-Est. La peur d'avoir des enfants qui naissent avec un handicap, peur de développer un cancer, des paralysies partielles, des symptômes d'un vieillissement prématuré, de grandes éruptions cutanées, un épuisement du système immunitaire ou neurologique. Pour beaucoup de vétérans du Viêt-Nam et leur famille aux Etats-Unis, cette peur est devenue une réalité.

Bien que la cause de ces symptômes n'ait jamais été complètement déterminée, la nature de ces maladies et la façon dont elles se développent sont étroitement liées aux effets bien connus d'une substance chimique toxique. Les ouvriers des usines, les travailleurs agricoles et les civils exposés à la dioxine ont connu des problèmes curieusement similaires. La dioxine était un sous-produit présent dans les tonnes de défoliants utilisés par l'armée américaine au Viêt-Nam, au Laos, au Cambodge au milieu des années 60 ou au début des années 70, en particulier l'Agent Orange. La dioxine était présente dans ces produits chimiques en quantités beaucoup plus importantes que celles auparavant autorisées pour l'usage habituel des herbicides, mais aucune précaution particulière n'avait été prise pour protéger les soldats de l'infanterie américaine en contact avec le produit.

Pour les vétérans américains qui commencèrent à exprimer leurs craintes à la fin des années 70, cela a été un combat solitaire et tragique. Pendant de nombreuses années, les agences gouvernementales américaines, de nombreux scientifiques, médecins et politiciens niaient leurs revendications...

La charge de la preuve fut laissée aux vétérans et à leurs familles. Le jugement de la cour américaine, condamnant les compagnies ayant fabriqué l'Agent Orange à un dédommagement de 180 millions de dollars, donne l'apparence de la justice. En réalité il sert surtout à masquer les responsabilités et à protéger le Gouvernement et l'armée des Etats-Unis de procès ultérieurs.

La répartition de l'argent du dédommagement couvre à peine les frais médicaux et la recherche nécessaire aux milliers de vétérans concernés ainsi qu'à leur famille.

De nos jours, beaucoup de vétérans du Viêt-Nam ayant pris part à la lutte contre les problèmes de santé ainsi que les séquelles psychologiques liés aux produits chimiques utilisés par les Etats-Unis au Viêt-Nam sont en train de s'organiser à nouveau, aidant une nouvelle génération de vétérans américains à combattre sur le long terme en faveur des soins médicaux et psychologiques dont ils ont besoin vu les problèmes de santé liés à la Première Guerre du Golfe au début des années 90 et aux guerres actuelles en Irak et en Afghanistan. (WW)

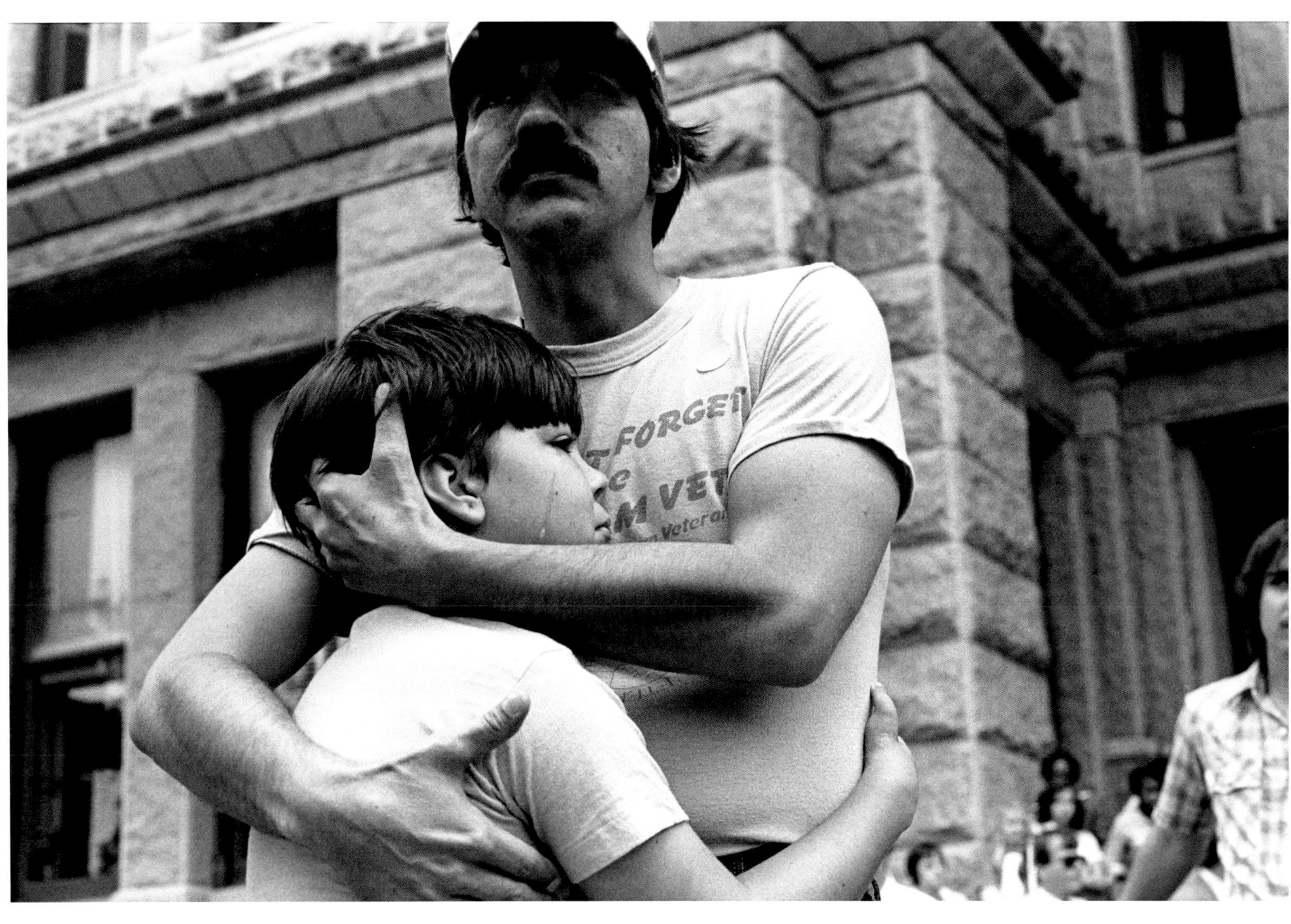

Vietnam Veterans Day in Texas. Dan Jordan, Vietnam War veteran, and his son Chad Jordan, after a speech about Agent Orange outside the Texas State Capitol, Austin, Texas, 1981

Journée des vétérans du Viêt-Nam au Texas. Dan Jordan, vétéran de la guerre du Viêt-Nam et son fils Chad Jordan, après le discours sur l'Agent Orange à l'extérieur du Texas State Capital, Austin, Texas, 1981

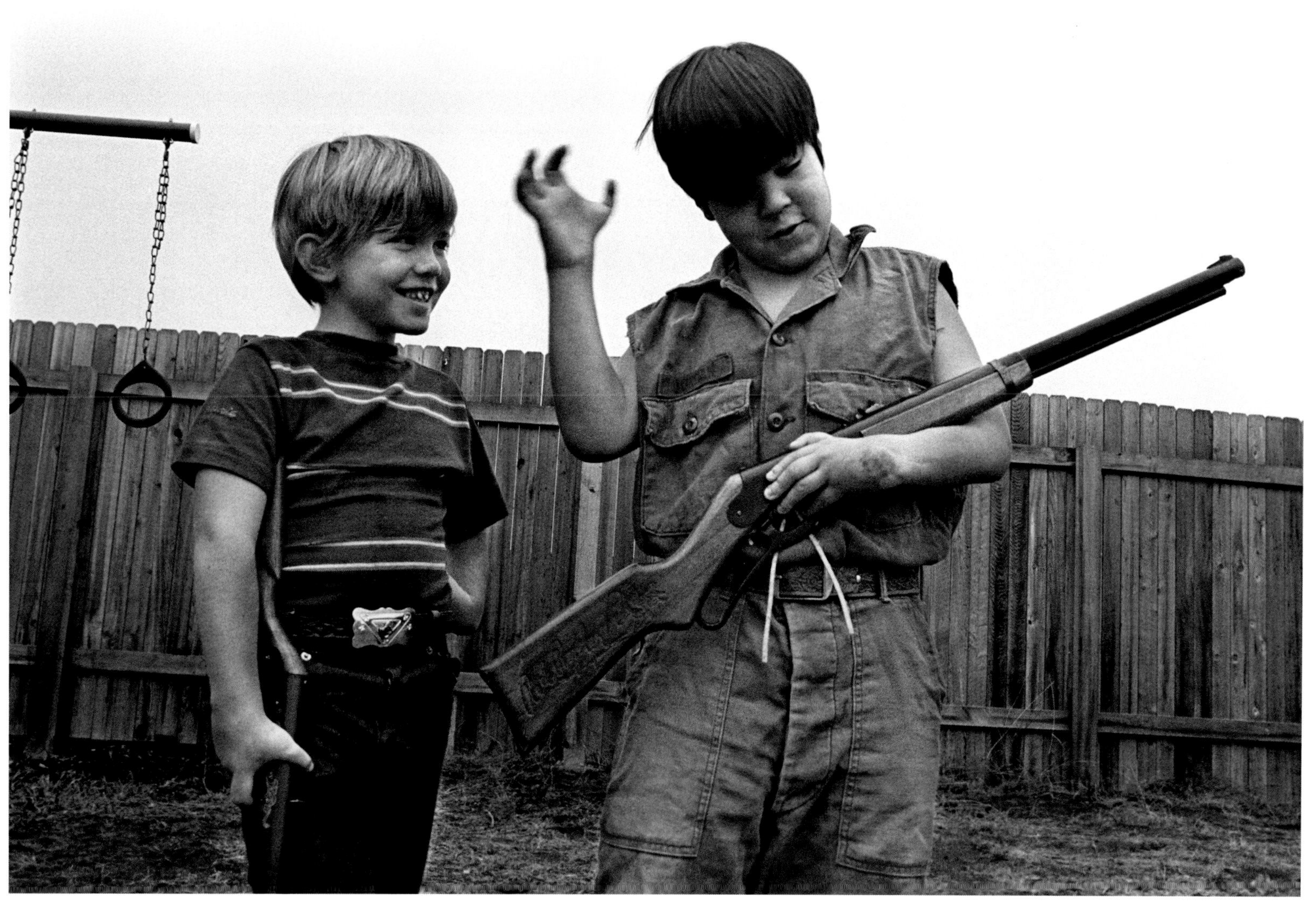

At home in the backyard. (l. to r.) Michael Jordan and Chad Jordan, Austin, Texas, 1981

À la maison, dans le jardin (de g. à dr.) Michaël Jordan et Chad Jordan, Austin, Texas, 1981

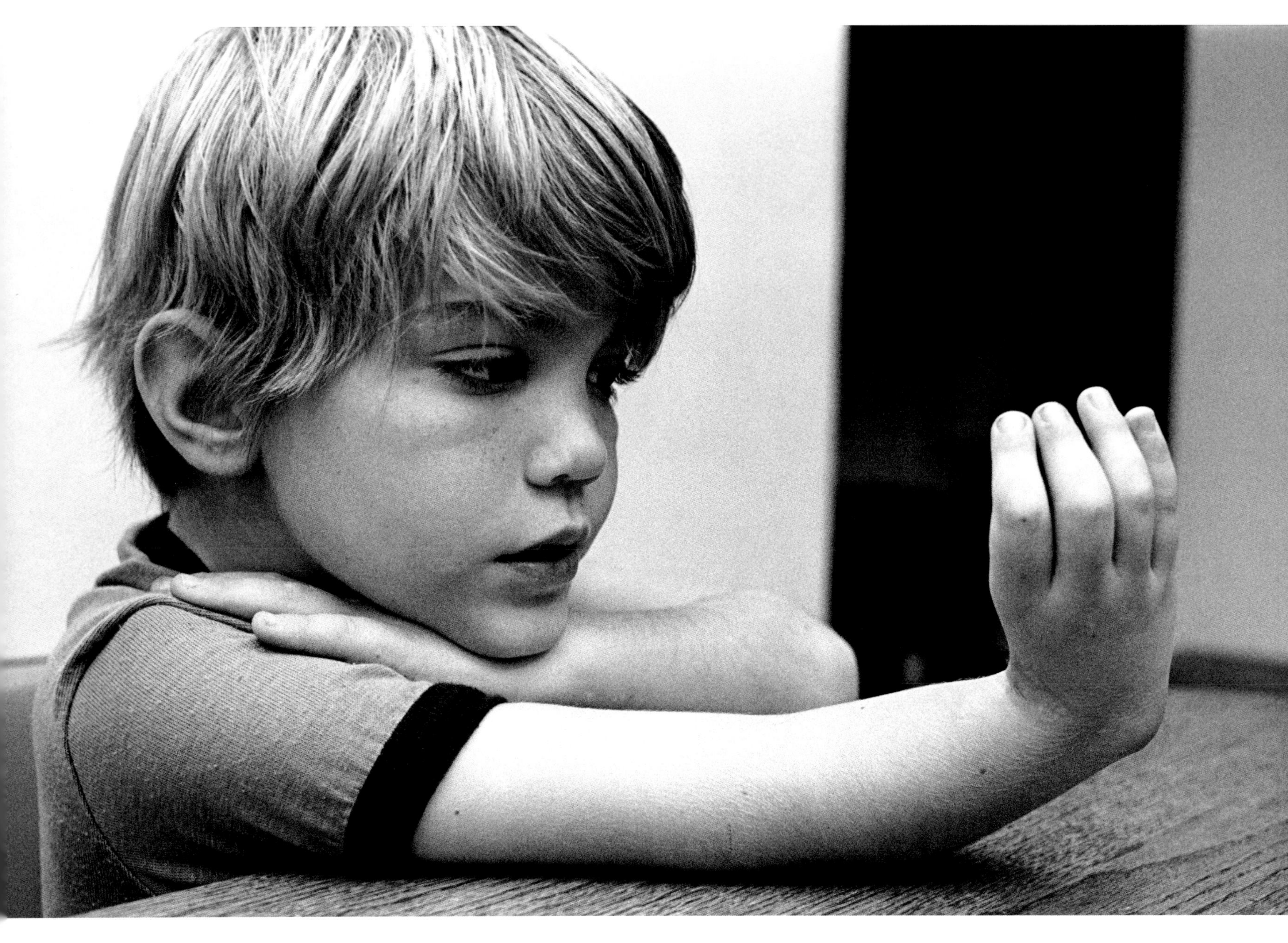

 Michael Jordan, Austin, Texas, 1981 Michaël Jordan, Austin, Texas, 1981

Vietnam War Veteran Dan Jordan and his sons Chad and Michael Jordan, Austin, Texas, 1981

Dan Jordan, 36, served with the 1st Air Cavalry Division in Vietnam from 1968 to 1969. He has multiple health problems: recurrent digestive and liver problems, skin rashes, respiratory and blood disorders. "We were eating, drinking, breathing and sleeping in Agent Orange," Jordan says. "The leaves were dripping with it. In Vietnam, we had no idea our own government was using something on us that would cause our deaths and deform our children."

The Jordans have two children, both having skeletal and connective tissue defects. Chad Jordan, 10, was born with club hands, missing fingers, and missing bones in his wrists. Michael Jordan, 8, was born with club hands, radial digits and missing fingers, and missing bones in his arms and wrists. Before Chad and Michael were born, there was one miscarriage, and an analysis of the fetus showed severe deformities. There is no prior history of birth defects in either parent's families.

Dan Jordan is the co-founder of the Brotherhood of Vietnam Veterans, a grassroots self-help veterans organization formed to publicize the medical and psychological problems of Vietnam War veterans in the U.S. At rallies such as the one at the Texas State Capitol in Austin, Chad Jordan often accompanies his father to talk about the effects of Agent Orange on veterans' children.

Vétéran de la guerre du Viêt-Nam, Dan Jordan, et ses fils Chad Jordan et Michael Jordan, Austin, Texas, 1981

Dan Jordan, a servi dans la 1ère Division de l'Armée de l'Air au Viêt-Nam de 1968 à 1969. Don Jordan a eu des problèmes récurrents aux intestins et au foie, des urticaires et des dérèglements pulmonaires et sanguins.

«Nous mangions, buvions, respirions et dormions dans l'Agent Orange» dit Jordan. Les feuilles étaient couvertes de pesticide. Au Viêt-Nam, nous ne nous doutions pas que notre gouvernement utilisait quelque chose sur nous qui causerait notre mort et déformerait nos enfants.»

Les Jordan ont deux enfants, tous deux avec des problèmes au niveau du squelette et des tissus. Chad Jordan, 10 ans, est né avec des mains botes, des doigts manquants et des os manquants dans les poignets. Michael Jordan, 8 ans, est né avec les mains botes, les doigts radiaux et des doigts manquants ainsi qu'avec des os manquants dans ses bras et ses poignets. Avant la naissance de Chad et Michael Jordan, leur mère eut une fausse couche et une analyse du fœtus a montré des déformations sévères. Il n'y a aucun précédent de ce genre dans les deux familles des parents.

Dan Jordan est le co-fondateur de la Fraternité des Vétérans du Viêt-Nam, une organisation d'entre-aide de vétérans de base, fondée pour rendre publics les problèmes médicaux et psychologiques des vétérans de la guerre du Viêt-Nam aux Etats-Unis. Chad Jordan accompagne souvent son père à des rassemblements comme celui du Texas State Capitol à Austin, pour parler des effets de l'Agent Orange sur les enfants des vétérans.

Frank Mendieta, with a photograph of his son Franky, outside the U.S. Federal Courthouse at the Agent Orange court hearings, Houston, Texas, 1983

Franky Mendieta, 6, was born with both feet turned inward, club feet. He has had four surgeries and will have to have braces. He has been also subject to convulsions and fevers of unknown origin. His father, Frank Mendieta, served with a mechanized tank unit in the 1st Infantry Division in Vietnam from 1968 to 1969. He has recurrent stomach pains, headaches and fevers of unknown origin. In 1970, his wife had a miscarriage, and in 1979, a daughter was born with severe intestinal abnormalities, a foreshortened arm and severe symptoms of retardation; she died shortly after birth. There was no prior history of birth defects in either parent's families.

Frank Mendieta, avec une photographie de son fils Franky, à l'extérieur de la Federal Courthouse lors des audiences concernant l'Agent Orange, Houston, Texas, 1983.

Franky Mendieta, 6 ans, est né avec les deux pieds tournés vers l'intérieur, des pieds bots. Il a subi quatre opérations et devra porter une armature orthopédique. Il a également été sujet à des convulsions ainsi qu'à des fièvres d'origine inconnue. Son père, Frank Mendieta, a servi dans une unité de tank dans la 1ère division d'Infanterie au Viêt-Nam de 1968 à 1969. Il a de manière récurrente des maux d'estomac, des maux de tête et des fièvres d'origine inconnue. En 1970, sa femme a fait une fausse couche, et en 1979 une fille est née avec de sévères anomalies intestinales, un bras raccourci ainsi que de sévères symptômes de retard mental ; elle est morte peu de temps après la naissance. Il n'y avait aucun précédent de ce genre dans les deux familles des parents.

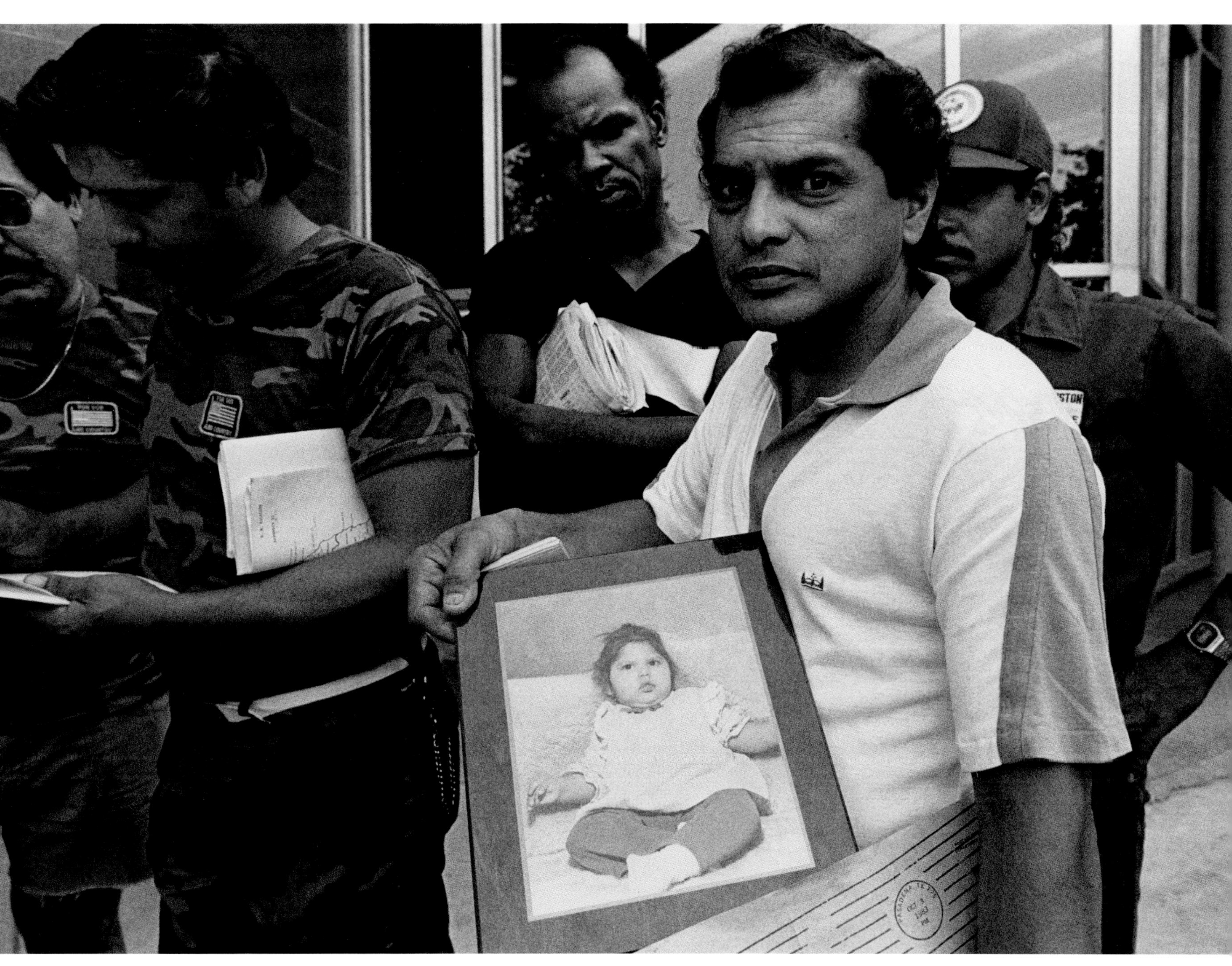

Jim Roxby at home, Wilkes Barre, Pennsylvania, 1981

Jim Roxby, 35, was in Vietnam in 1966-1967 in a specialized unit with the U.S. Army First Cavalry Division. He was involved in clearing land for three Army base camps and sprayed Agent Orange from a back pack. Once he received an accidental dose of Agent Orange from high-powered hoses spraying from trucks. He was sick for three weeks – nauseous, bleeding from the eyes and ears, with severe diarrhea and open sores. He had a recurrent rash after returning from Vietnam, but for a while, he was able to gain back his weight and work.

In 1974-1975, big sores began to break open on the ends of his fingers and around the knuckles. He couldn't keep food down, and the severe diarrhea returned. His skin started to flake off and numbness crept up his arms, legs, back and chest. By 1980 he had only 20 percent movement in his hands and much of his arms. The skin on his arms, hands and chest was like leather – a condition diagnosed as scleroderma. His hands are curling in, he has extreme muscle and joint pain, and his legs are losing strength. He is totally disabled now, after having worked in road construction for six years after returning from Vietnam. He received no compensation from the Veterans Administration. He has had no disability payments from Social Security. Roxby, who lived with his parents in Inkerman, Pennsylvania, said, "I didn't have a damn thing wrong with me when I went in the Army."

In 1981, he and fellow Vietnam War veteran Michael Milne helped form an organization, Veterans of the Vietnam War, to assist Vietnam veterans. Jim Roxby had one child, a son who was born with stomach and intestinal defects. After nearly a year in the hospital, these defects were corrected and the son was able to live.

In 1986, Jim Roxby weighed 107 pounds. He died in the late 1980's.

Jim Roxby, chez lui Wilkes Barre, Pennsylvanie, 1981

Jim Roxby, 35 ans, était au Viêt-Nam en 1966-1967 dans une unité spéciale de la Division de la 1ère Cavalerie de l'armée des Etats-Unis. Il participa à nettoyer le territoire pour installer trois camps de base de l'armée et il pulvérisa de l'Agent Orange depuis son sac à dos. Un jour, il reçut accidentellement une dose d'Agent Orange venant de très puissants jets de camions.

Il a été malade pendant trois semaines – des nausées, des saignements d'yeux et d'oreilles, avec une sévère diarrhée ainsi que des plaies ouvertes.

Il eut une urticaire récurrente après être revenu du Viêt-Nam, mais pendant un certain temps, il a pu retrouver son poids et reprendre son travail.

En 1974-1975, de grosses plaies commencèrent à apparaître au bout des doigts ainsi qu'autour des articulations. Il n'arrivait plus à s'alimenter, et de nouvelles diarrhées sévères apparurent. Sa peau commença à peler et ses bras, ses jambes, son dos et sa poitrine à s'engourdir. En 1980, il ne lui restait plus que vingt pourcents de capacité de mouvement dans les mains et les bras. La peau de ses bras, mains et poitrine ressemblait à du cuir – une pathologie diagnostiquée comme étant la dermasclérose. Ses mains se recroquevillent, il a des douleurs extrêmes dans les muscles et les articulations et ses jambes flanchent fortement. Il est maintenant totalement infirme, après avoir travaillé dans la construction de routes pendant six ans après son retour du Viêt-Nam. Il n'a reçu aucun dédommagement de l'Administration des vétérans et aucune allocation d'handicap de la Sécurité sociale. Roxby, qui a vécu avec ses parents à Inkerman, Pennsylvanie, a dit «Il n'y avait absolument rien qui clochait chez moi avant de m'enrôler dans l'armée.»

En 1981, un de ses compagnons vétérans de la guerre du Viêt-Nam, Michael Milne, et lui ont aidé à former une organisation, *les Vétérans de la guerre du Viêt-Nam*, afin de venir en aide aux vétérans du Viêt-Nam. Jim Roxby a eu un enfant, un fils qui est né avec des déficiences à l'estomac et aux intestins. Après presque une année à l'hôpital, ces déficiences ont été guéries et son fils peut vivre.

En 1986, Jim Roxby pesait 48,5 kilos. Il est mort à la fin des années 80.

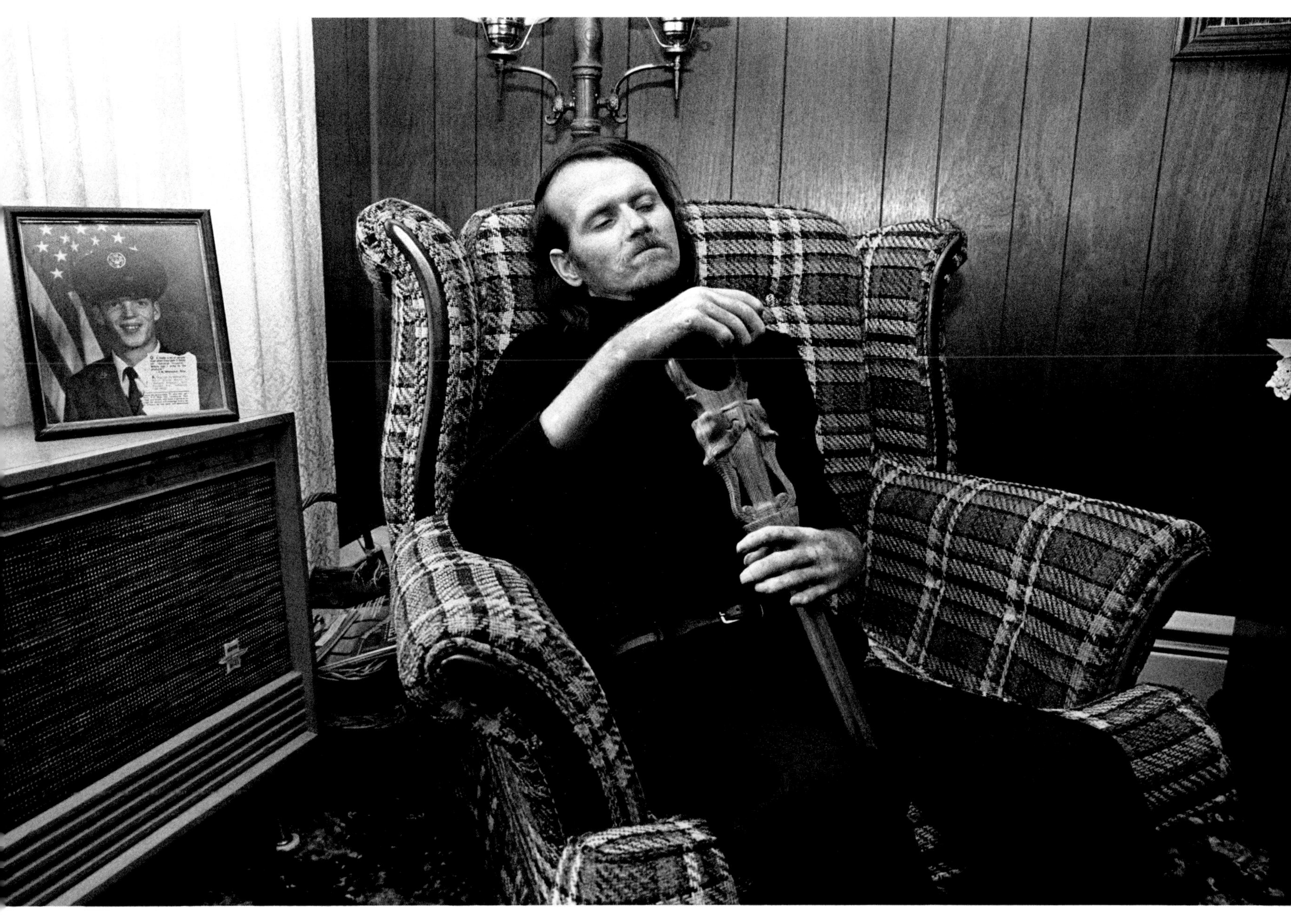

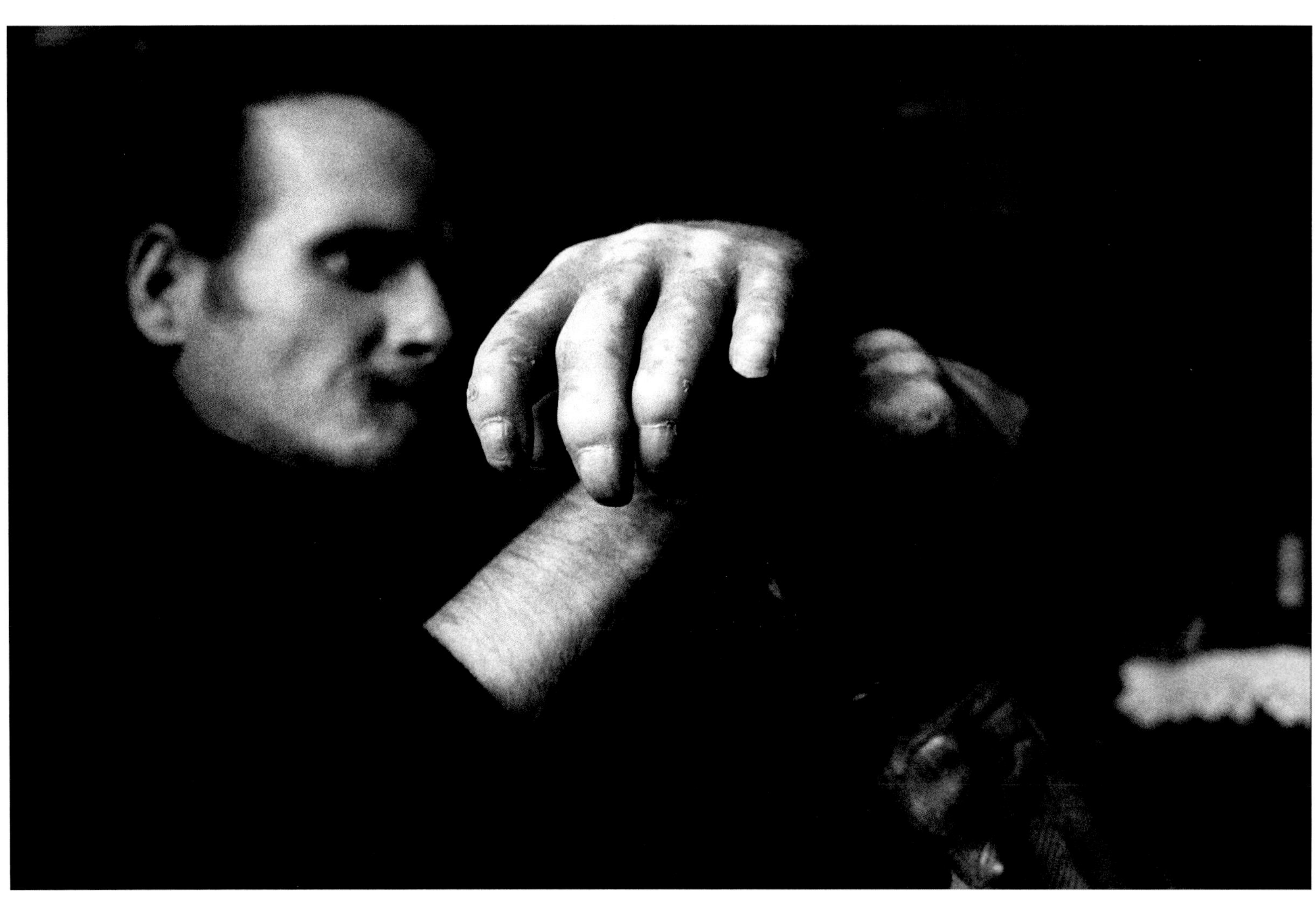

 Jim Roxby, Wilkes Barre, Pennsylvania, 1981 Jim Roxby, Wilkes Barre, Pennsylvanie, 1981

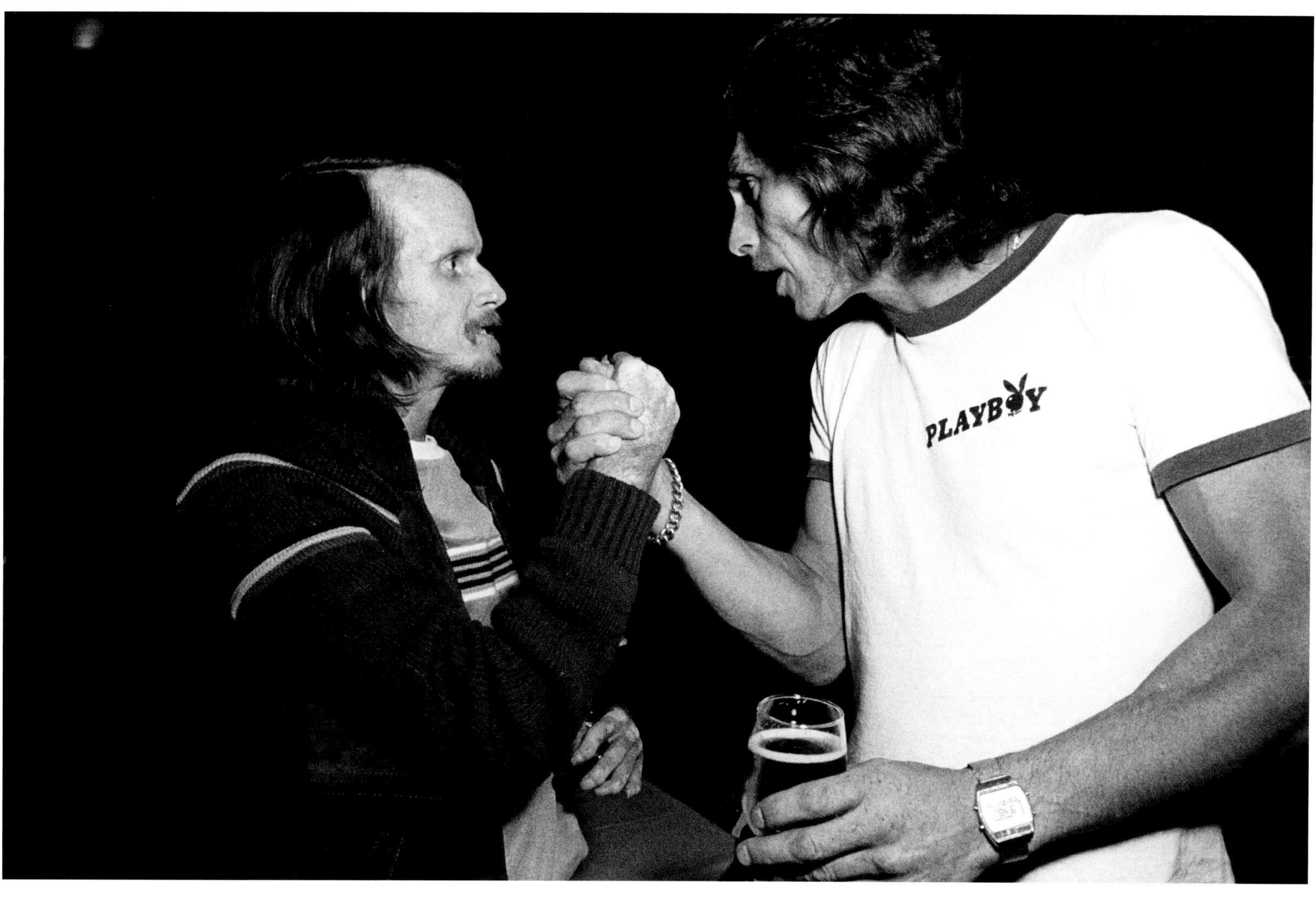

Jim Roxby (left) comforting fellow Vietnam War veteran at meeting of Veterans of the Vietnam War, Wilkes Barre, Pennsylvania, 1981

Jim Roxby (à gauche) réconfortant un camarade vétéran de la guerre du Viêt-Nam à la réunion des vétérans de la guerre du Viêt-Nam, Wilkes Barre, Pennsylvanie, 1981

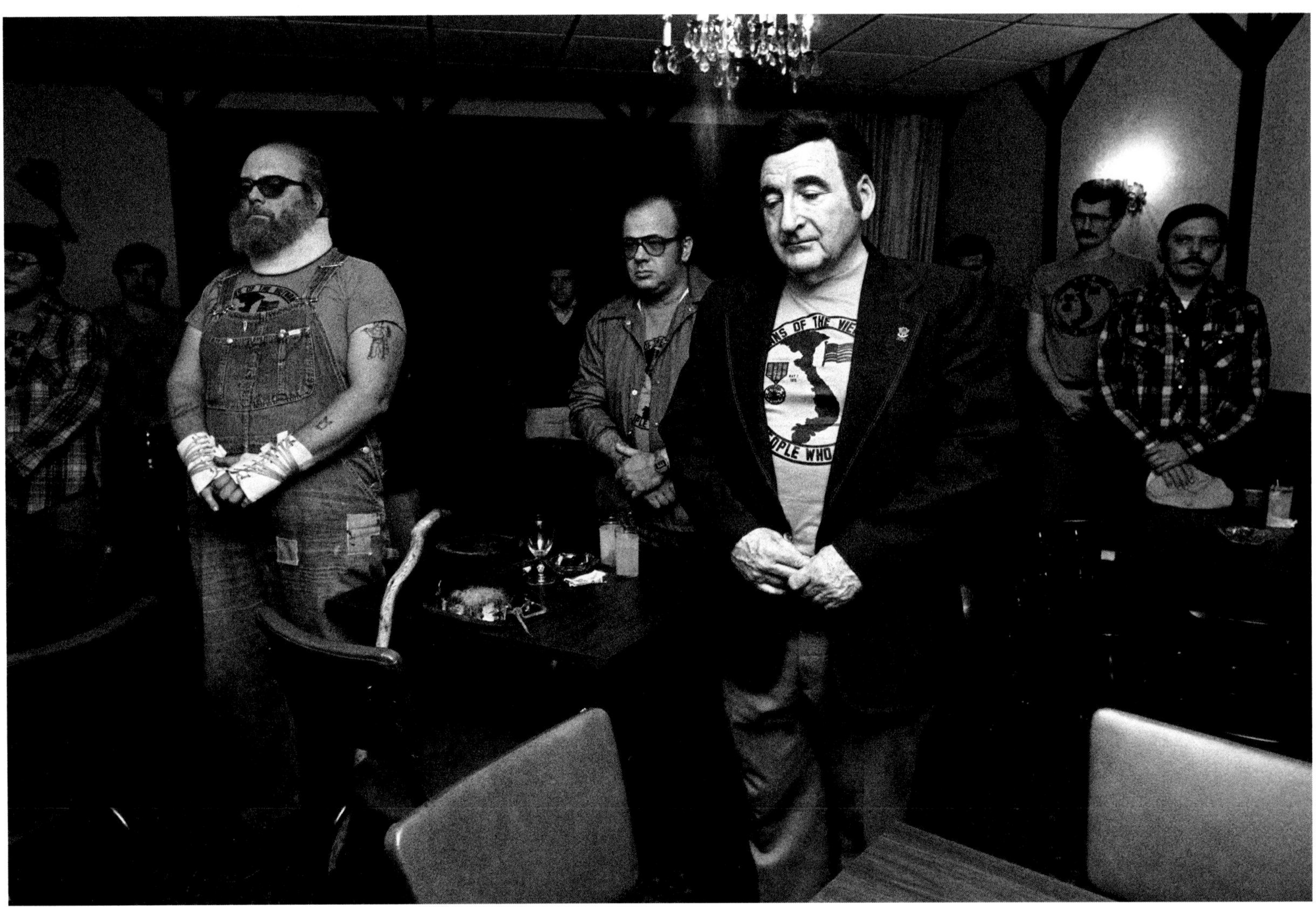

***Veterans of the Vietnam War*, Vietnam War veterans Michael Milne and Douglas Rudolph, Wilkes Barre, Pennsylvania, 1981**

***Les Vétérans de la guerre du Viêt-Nam*, Michael Milne et Douglas Rudolph, Wilkes Barre, Pennsylvanie, 1981**

Veterans of the Vietnam War is a Pennsylvania self-help veterans group supportive of Agent Orange-exposed veterans. It is one of many non-profit organizations in the United States founded by Vietnam War veterans to fight for better medical treatment for Vietnam War veterans and to publicize veterans' medical problems related to military service in the Vietnam War.

Les Vétérans de la guerre du Viêt-Nam sont un groupe d'entre-aide de vétérans de Pennsylvanie qui vient en aide aux vétérans qui ont été exposés à l'Agent Orange. C'est une des nombreuses organisations à but non lucratif fondées aux Etats-Unis par des vétérans de la guerre du Viêt-Nam afin de lutter pour un meilleur traitement médical pour les vétérans de la guerre du Viêt-Nam et de rendre publics les problèmes médicaux liés à leur activité militaire pendant cette guerre du Viêt-Nam.

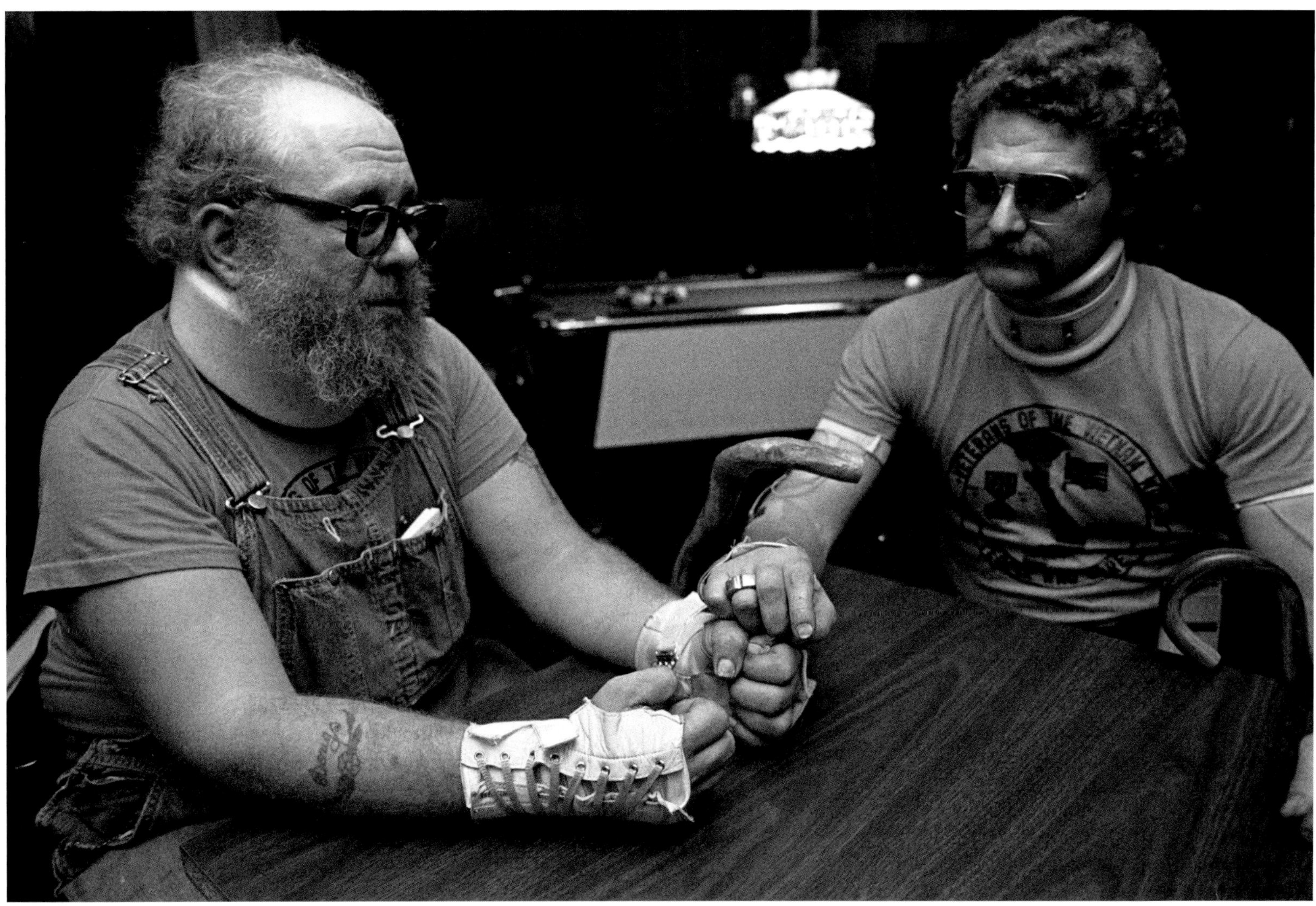

Michael Milne (right), 36, and Douglas Rudolph (left), 37, are members of Veterans of the Vietnam War. They both recall being sprayed directly with Agent Orange. Douglas Rudolph's U.S. Navy job was to purify contaminated water in rice paddies and rivers near the Demilitarized Zone. "I was always in the water," he says. "We could see the slime from the herbicide floating in the water."
Michael Milne served in Vietnam from 1967 to 1969 with a search and destroy unit attached to the U.S. Army's 36th Engineers. He remembers fighting in areas that were sprayed with defoliants from helicopters. Both men are suffering from a deterioration of bones and muscles. Michael Milne is completely disabled, and doctors predict he will eventually require a wheelchair. His private physician says he has "the body of a sixty year old man." Neither veteran was receiving disability pay from the Veterans Administration.

Michael Milne (à droite), 36 ans, et Douglas Rudoph (à gauche), 37 ans, sont membres de Vétérans de la guerre du Viêt-Nam. Ils disent tous les deux avoir été directement pulvérisés avec l'Agent Orange. Le travail de Douglas Rudolph dans l'armée des Etats-Unis consistait à purifier l'eau contaminée des rizières et des rivières à côté de la zone démilitarisée. «J'étais tout le temps dans l'eau», dit-il. «Nous pouvions voir la matière visqueuse de l'herbicide qui flottait à la surface de l'eau».
Michael Milne a servi au Viêt-Nam de 1967 à 1969 dans une unité de recherche et de destruction attachée à la 36ème Ingénieurs de l'Armée des Etats-Unis. Il se souvient avoir combattu dans des régions dans lesquelles des défoliants furent pulvérisés par hélicoptère. Les deux hommes souffrent d'une détérioration des os et des muscles. Michael Milne est complètement infirme et les docteurs disent qu'il finira en chaise roulante. Son médecin privé dit qu'il a «le corps d'un homme de 66 ans» Aucun des deux vétérans n'a reçu d'allocation d'infirmité de l'Administration des Vétérans.

Michael Milne, Wilkes Barre, Pennsylvania, 1981

Michael Milne, 36, was in Vietnam from 1967 to 1969 with a search and destroy unit attached to the Army's 36th Engineers. He returned from Vietnam with a rash and urinary tract infections. In 1976, his legs and hands began to go numb. By 1981, he had to do daily physical therapy at home or at the Veterans Administration Hospital to keep his muscles and nerves working. He has worn a portable stimulator at all times to keep electrical charges flowing into his tissues to activate the muscles. His condition has been diagnosed as polymyositis and polyneuritis – general muscle and nerve deterioration.

A doctor describes his body as that of a 66-year-old man. He has gone from 6'2" and 228 lbs. to 5'11 ½" and 170 lbs. The neck brace and traction unit have been used to stretch the back and neck bones to try to slow down the degeneration process. The leather and steel brace on his hand is to try to prevent the fingers and hand from curling inward. He and fellow Vietnam War veteran Jim Roxby head a veterans organization they helped start in the late 1970's, Veterans of the Vietnam War.

Michael Milne, Wilkes Barre, Pennsylvanie, 1981

Michael Milne, 36 ans, était au Viêt-Nam de 1967 à 1969 dans une unité de recherche et de destruction attachée à la 36ème Ingénieurs de l'armée.

Il est revenu du Viêt-Nam avec une urticaire et des infections urinaires étendues. En 1976, ses jambes et mains commencèrent à s'engourdir. En 1981, il commença une thérapie physique quotidienne chez lui ou à l'Hôpital de l'Administration des vétérans afin de conserver l'usage de ses muscles et nerfs. Il a porté en permanence un stimulateur afin de garder une charge électrique constante dans ses tissus pour activer les muscles.

Sa pathologie a été diagnostiquée comme étant de la polymyosite et de la polymérie qui se traduisent par une détérioration générale des muscles et des nerfs.

Un docteur décrit son corps comme étant celui d'un homme de 66 ans. Il est passé de 1m89 et 103 kilos à 1m80 et 77 kilos. Un appareil de soutien du cou et une unité de traction ont été utilisés pour étirer les os du dos et du cou afin d'essayer de ralentir le processus de dégénération. L'appareil en cuir et acier sur sa main sert à empêcher ses doigts et sa main de se recroqueviller. Son compagnon vétéran du Viêt-Nam Jim Roxby et lui sont à la tête de l'organisation pour les vétérans, créée à la fin des années 70 en faveur des vétérans de la guerre du Viêt-Nam.

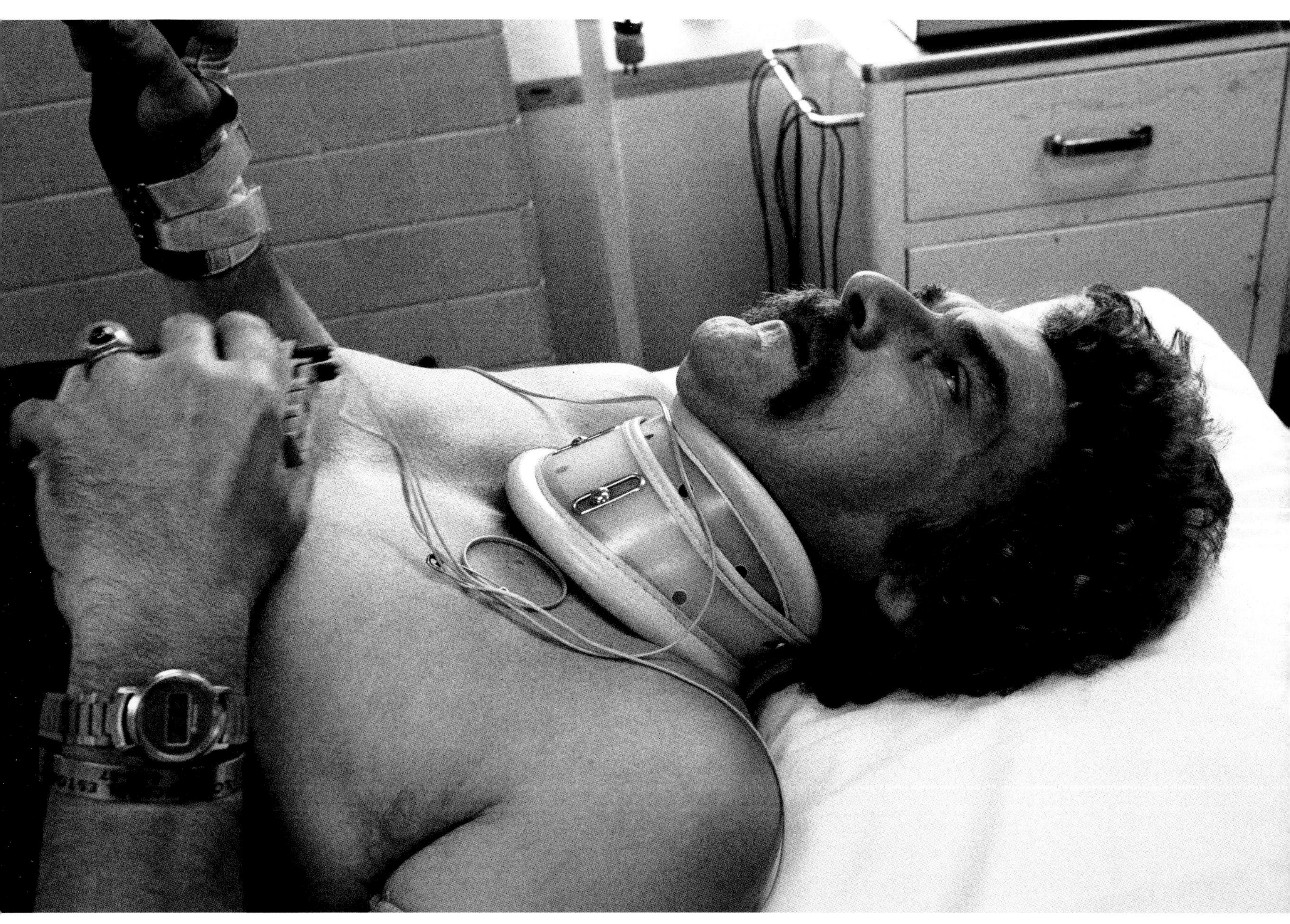

John Woods and his son, Jeff. Long Island, New York, 1981

John Woods, 39, was a Green Beret medic in Vietnam in 1966-1967. He was drafted in 1962 and then volunteered for a second tour of duty in 1966. He served all over South Vietnam and saw the herbicide being sprayed soon after his arrival. "I broke out with a rash and went temporarily blind," he remembers. Ever since his return from Vietnam, he has had health problems, including, he says, recurrent nausea, stomach pains, headaches, rashes and numbness in his hands.

His son Jeff Woods, 7, was born with a lymphomatous tumor in his face. He has had three surgeries and still has blurred vision and constant sore throats. The Woods have three other children:

The two oldest, born before Vietnam, have no health problems; the two youngest boys, born after Vietnam, have constant health problems. Between the two sets of children, there were two miscarriages. There was no previous history of birth defects in either parent's families.

Jeff is "always sick," John Woods says. He believes he and his sons are both victims of Agent Orange. "I should have died on the battlefield. The dead man's problems are over. I'm looking at death every day," says John Woods.

John Woods et son fils, Jeff. Long Island, New York, 1981

John Woods, 39 ans, était un médecin Béret Vert au Viêt-Nam en 1966-1967. Il fut appelé sous les drapeaux en 1962 et repartit en tant que volontaire en 1966. Il a servi dans tout le Viêt-Nam du Sud et a vu l'herbicide pulvérisé juste après son arrivée : «Je me suis effondré avec une urticaire et devins temporairement aveugle», se souvient-il. Depuis son retour du Viêt-Nam, il a toujours eu des problèmes de santé, dont des nausées récurrentes, des maux d'estomac et de tête, des urticaires et l'engourdissement de ses mains.

Son fils Jeff Woods, 7 ans, est né avec une tumeur lymphatique sur le visage. Il a été opéré trois fois et a toujours une vision brouillée ainsi que des maux de gorge constants.

Les Woods ont trois autres enfants. Les deux aînés, nés avant le Viêt-Nam, n'ont aucun problème de santé ; les deux cadets, nés après le Viêt-Nam, ont constamment des problèmes de santé. Entre ces deux groupes d'enfants, il y eut deux fausses couches. Il n'y avait pas eu précédemment de cas de malformations de naissance dans aucune des familles des parents.

Jeff est «constamment malade», dit John Woods. Il croit que lui et son fils sont tous deux victimes de l'Agent Orange. «J'aurais dû mourir sur le champ de bataille. Les problèmes d'un homme mort n'existent plus. Je pense à la mort chaque jour», dit John Woods.

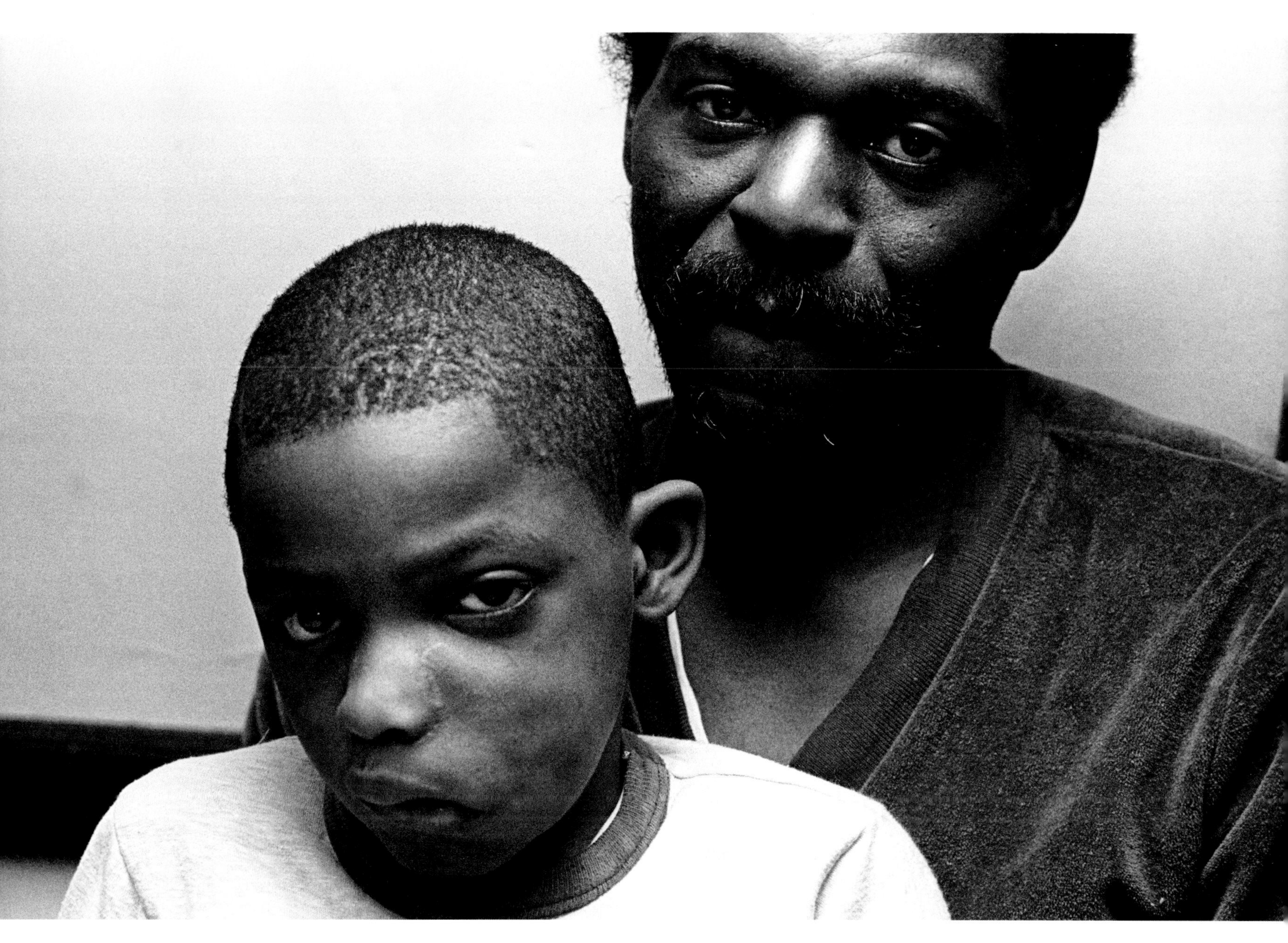

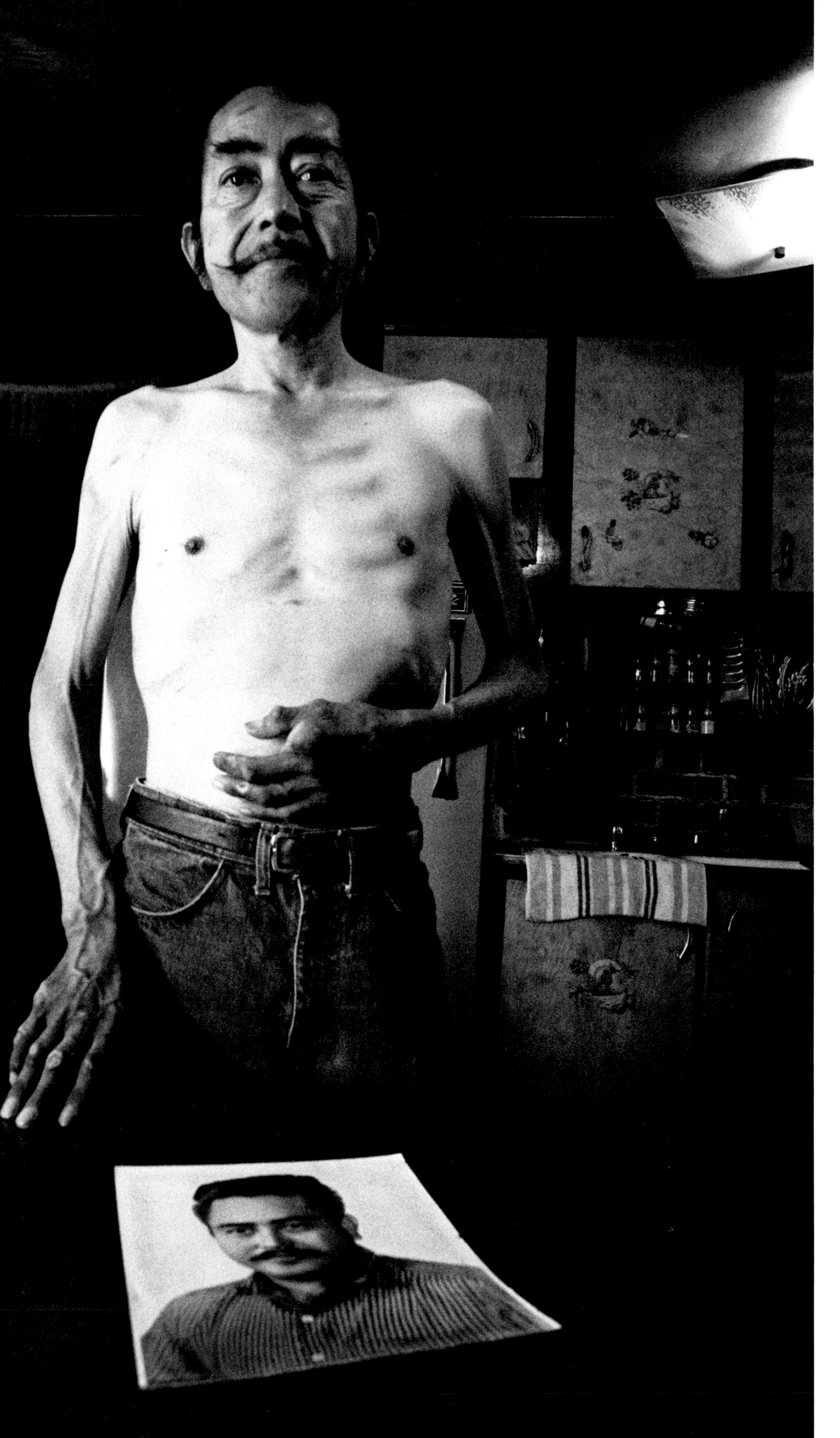

Daniel Salmon, San Antonio, Texas, 1981

Formerly a career Air Force electrician, Daniel Salmon, 44, had no health problems until after a tour of duty in Vietnam from 1967-1968 when he had significant exposure to the spraying of Agent Orange while building aircraft runways in Vietnam. Since 1971, he has had continual weight loss, numbness in his hands and knees, acute pancreatitus, open sores on hands, arthritic pains in legs, headaches.
What remained of Daniel Salmon's once robust health was a portrait from his early Air Force days. In 1981, he was only 44, but he could no longer work because of his health problems. By the mid 1980's, both legs were amputated because of circulation problems and the onset of diabetes.
Daniel Salmon died in 1986.

Daniel Salmon, San Antonio, Texas, 1981

Anciennement électricien dans l'Air Force, Daniel Salmon, 44 ans, n'avait jamais eu de problèmes de santé jusqu'à ce qu'il revienne du Viêt-Nam en 1967-1968 où il fut exposé de manière significative à la pulvérisation de l'Agent Orange pendant qu'il construisait des pistes d'atterrissages au Viêt-Nam. Depuis 1971, il a continuellement perdu du poids, les mains et les genoux qui s'engourdissent, une pancréatite aiguë, des plaies ouvertes sur les mains, de l'arthrite dans les jambes et des maux de tête.
Ce qu'il reste de l'ancienne robustesse de Daniel Salmon est un portrait datant de son passage dans l'Air Force. En 1981, il n'avait que 44 ans mais il ne pouvait plus travailler à cause de ses problèmes de santé. Avant le milieu des années 80, il a été amputé des jambes à cause de problèmes de circulation et de la montée du diabète.
Daniel Salmon est mort en 1986.

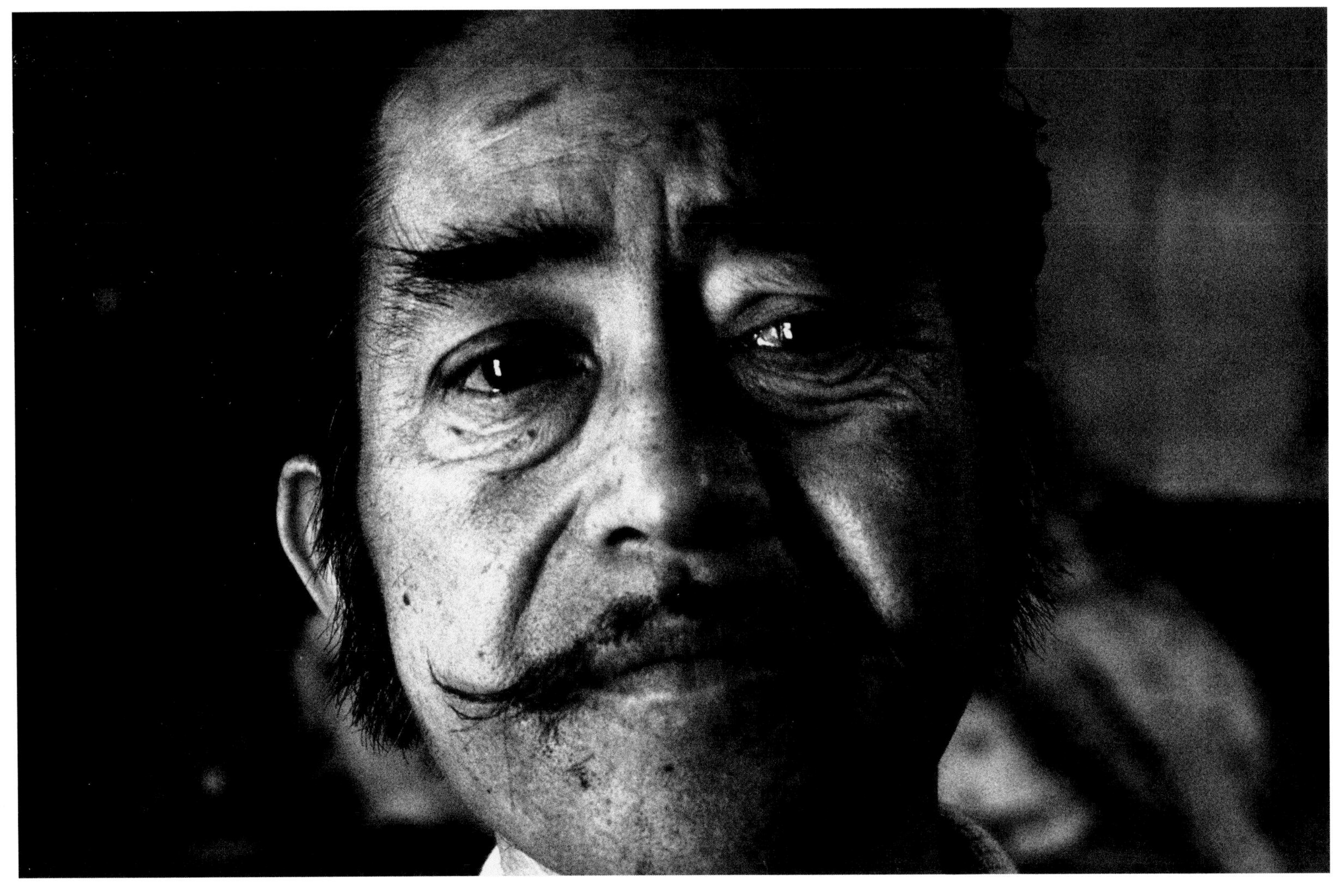

 Daniel Salmon, San Antonio, Texas, 1981 Daniel Salmon, San Antonio, Texas, 1981

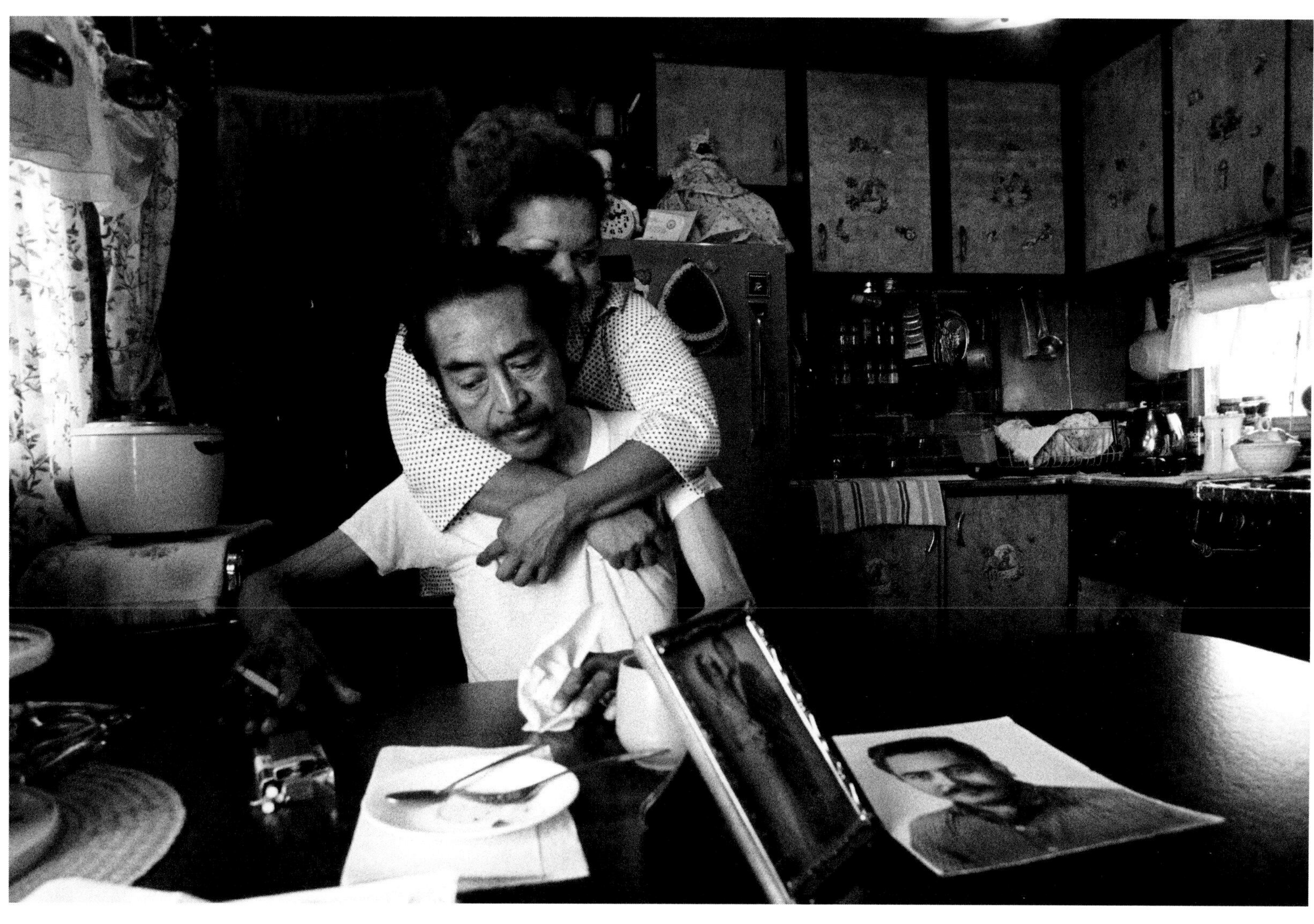

Daniel Salmon with his wife,
San Antonio, Texas, 1981

Daniel Salmon avec sa femme,
San Antonio, Texas, 1981

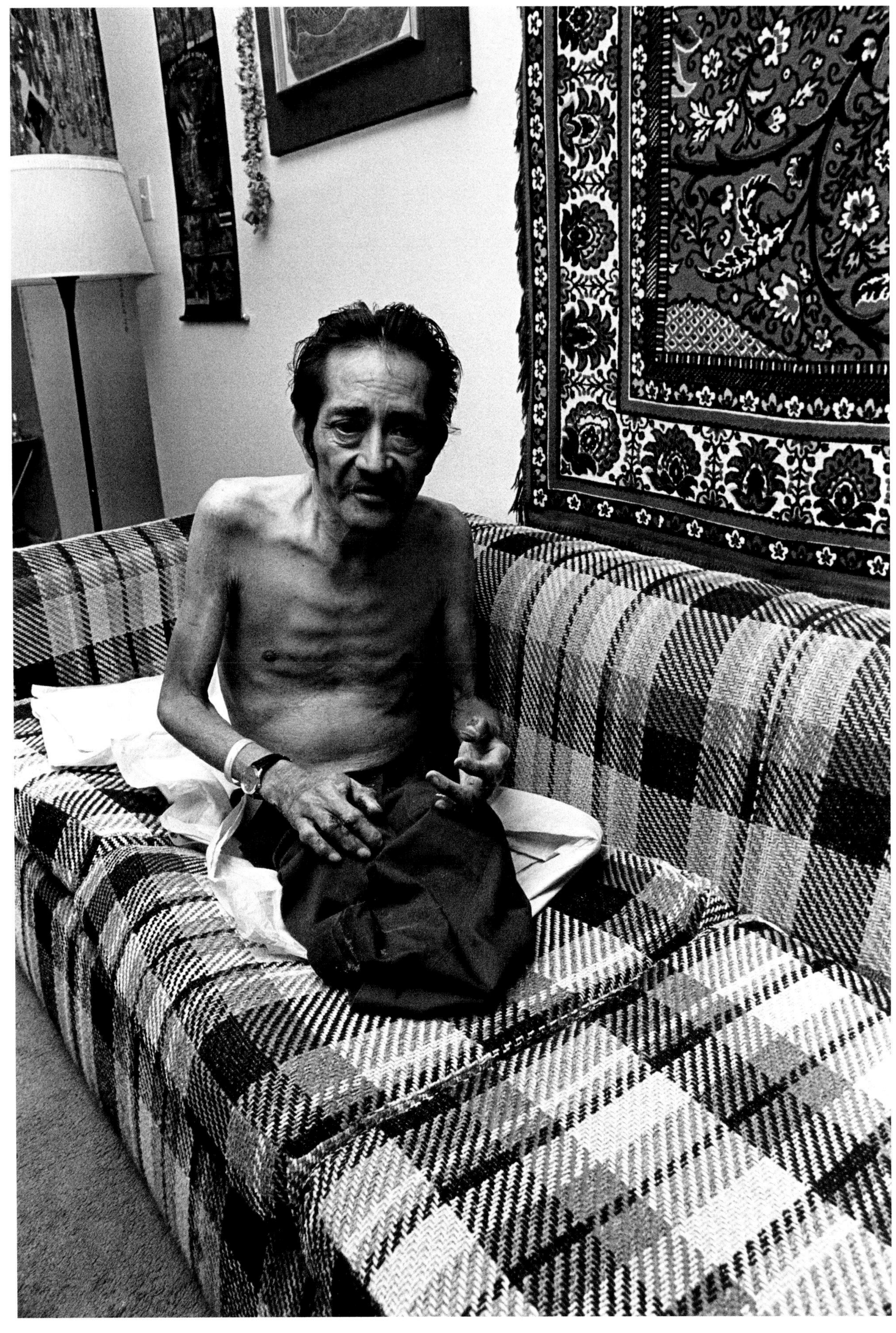

Daniel Salmon, shortly before his death,
San Antonio, Texas, 1986

Daniel Salmon, peu de temps avant son décès,
San Antonio, Texas, 1986

The Vietnam Veterans Memorial Washington D.C. 1982-1986

The Memorial does not exist because of an official act by the U.S. government, but because the veterans themselves created it. It is unlike any other war memorial in the United States. It does not heroicize or romanticize combat. It expresses the seriousness and tragedy of war, and it emphasizes the enormity of the sacrifice without diminishing the men and women who made that sacrifice. It has a life of its own. People stand and stare at it. They touch it. They run their fingers over and over the names of the dead. They lean against it. They trace the names and they cry. Men stand guard for the others who have died, and for those still missing.
It is an altar where people bring the remnants of war, their feelings about war and death, the relics of personal lives and tributes to the dead. The black granite and its names reflect the earth, the sky, the Washington Monument and the faces of all who look into it. It is a mirror. It is one of the few places where I have seen North Americans express their emotions publicly, communally and without shame. (WW)

Mémorial des Vétérans du Viêt-Nam Washington D.C. 1982-1986

Le *Memorial* n'existe pas en conséquence d'une décision officielle du gouvernement des Etats-Unis mais parce que les vétérans eux-mêmes l'ont créé. Il ne ressemble à aucun autre monument commémoratif de la guerre aux Etats-Unis. Il n'héroïse ou n'idéalise le combat. Il exprime la gravité et la tragédie de la guerre et insiste sur l'énormité du sacrifice, sans réduire les hommes et les femmes qui ont fait ce sacrifice. Il a sa propre existence. Les gens s'y arrêtent et le regardent fixement. Ils le touchent. Ils laissent leurs doigts glisser encore et encore au-dessus des noms et ils pleurent. Ils se reposent contre lui. Des hommes montent la garde pour ceux qui sont morts et pour ceux qui sont toujours portés disparus. C'est un autel où les gens apportent les témoignages de la guerre, leurs sentiments sur la guerre et la mort, les reliques de leur vie personnelle et leur hommages aux défunts. Le granit noir gravé de noms reflète la terre, le ciel, le *Washington Monument* et les visages de ceux qui le regardent. C'est un miroir. Il est l'un des rares endroits où j'ai vu des Nord-américains exprimer publiquement leur émotion, collectivement et sans honte. (WW)

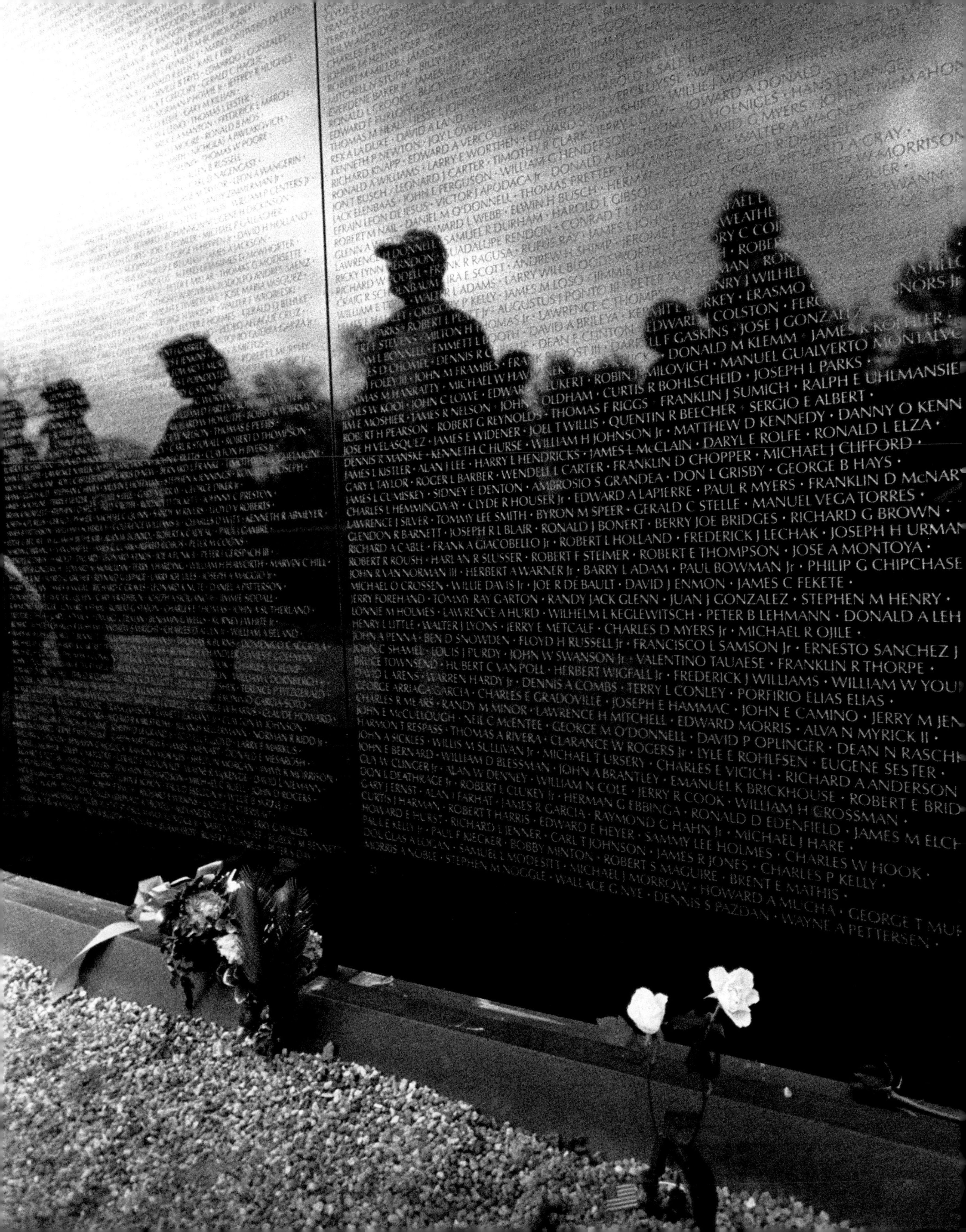

DENNIS R MANSKE · KENNETH C HURSE · HARRY L HENDRICKS · JAMES L McCLAIN · DARYL E ROLFE · RONALD L ELZA ·
JAMES L KISTLER · ALAN J LEE · WENDELL L CARTER · FRANKLIN D CHOPPER · MICHAEL J CLIFFORD ·
GARY L TAYLOR · ROGER L BARBER · AMBROSIO S GRANDEA · DON L GRISBY · GEORGE B HAYS ·
JAMES L CUMISKEY · SIDNEY E DENTON · EDWARD A LAPIERRE · PAUL R MYERS · FRANKLIN D
CHARLES L HEMMINGWAY · CLYDE R HOUSER Jr · GERALD C STELLE · MANUEL VEGA TORRES ·
LAWRENCE J SILVER · TOMMY LEE SMITH · BYRON M SPEER · BERRY JOE BRIDGES · RICHARD G BROWN ·
GLENDON R BARNETT · JOSEPH R L BLAIR · RONALD J BONERT · ROBERT L HOLLAND · FREDERICK J LECHAK · JOSEPH H
RICHARD A CABLE · FRANK A GIACOBELLO Jr · ROBERT F STEIMER · ROBERT E THOMPSON · JOSE A MONTOYA ·
ROBERT R ROUSH · HARLAN R SLUSSER · HERBERT A WARNER Jr · BARRY L ADAM · PAUL BOWMAN Jr · PHILIP G CHIPCHASE
JOHN R VAN NORMAN III · WILLIE DAVIS Jr · JOE R DE BAULT · DAVID J ENMON · JAMES C FEKETE ·
MICHAEL O CROSSEN · TOMMY RAY GARTON · RANDY JACK GLENN · JUAN J GONZALEZ · STEPHEN M HENRY ·
JERRY FOREHAND · LAWRENCE A HURD · WILHELM L KEGLEWITSCH · PETER B LEHMANN · DONALD A
LONNIE M HOLMES · WALTER J LYONS · JERRY E METCALF · CHARLES D MYERS Jr · MICHAEL R OJILE ·
HENRY L LITTLE · BEN D SNOWDEN · FLOYD H RUSSELL Jr · FRANCISCO L SAMSON Jr · ERNESTO SANCHEZ
JOHN A PENNA · LOUIS J PURDY · JOHN W SWANSON Jr · VALENTINO TAUAESE · FRANKLIN R THORPE ·
JOHN C SHAMEL · HUBERT C VAN POLL · HERBERT WIGFALL Jr · FREDERICK J WILLIAMS · WILLIAM W
BRUCE TOWNSEND · WARREN HARDY Jr · DENNIS A COMBS · TERRY L CONLEY · PORFIRIO ELIAS ELIAS ·
DAVID L ARENS · GEORGE ARRIAGA GARCIA · CHARLES E GRADOVILLE · JOSEPH E HAMMAC · JOHN E CAMINO · JERRY M
CHARLES R MEARS · RANDY M MINOR · LAWRENCE H MITCHELL · EDWARD MORRIS · ALVA N MYRICK II ·
JOHN E McCULLOUGH · NEIL C McENTEE · GEORGE M O'DONNELL · DAVID P OPLINGER · DEAN N
HARMON T RESPASS · THOMAS A RIVERA · CLARANCE W ROGERS Jr · LYLE E ROHLFSEN · EUGENE SESTER ·
JOHN A SICKLES · WILLIS M SULLIVAN Jr · MICHAEL T URSERY · CHARLES E VICICH · RICHARD A ANDERSON
JOHN E BERNARD · WILLIAM D BLESSMAN · JOHN A BRANTLEY · EMANUEL K BRICKHOUSE · ROBERT E
GUY W CLINGER Jr · ALAN W DENNEY · WILLIAM N COLE · JERRY R COOK · WILLIAM H CROSSMAN ·
DON L DEATHRAGE Jr · ROBERT L CLUKEY Jr · HERMAN G EBBINGA · RONALD D EDENFIELD · JAMES M
GARY J ERNST · ALAN J FARHAT · JAMES R GARCIA · RAYMOND G HAHN Jr · MICHAEL J HARE ·
CURTIS J HARMAN · ROBERT T HARRIS · EDWARD E HEYER · SAMMY LEE HOLMES · CHARLES W HOOK ·
HOWARD E HURST · RICHARD L JENNER · CARL T JOHNSON · JAMES R JONES · CHARLES P KELLY ·
PAUL E KELLY Jr · PAUL F KIECKER · BOBBY MINTON · ROBERT S MAGUIRE · BRENT E MATHIS ·
DOUGLAS A LOGAN · SAMUEL L MODESITT · MICHAEL J MORROW · HOWARD A MUCHA · GEORGE T
MORRIS A NOBLE · STEPHEN M NOGGLE · WALLACE G NYE · DENNIS S PAZDAN · WAYNE A PETTERSEN ·

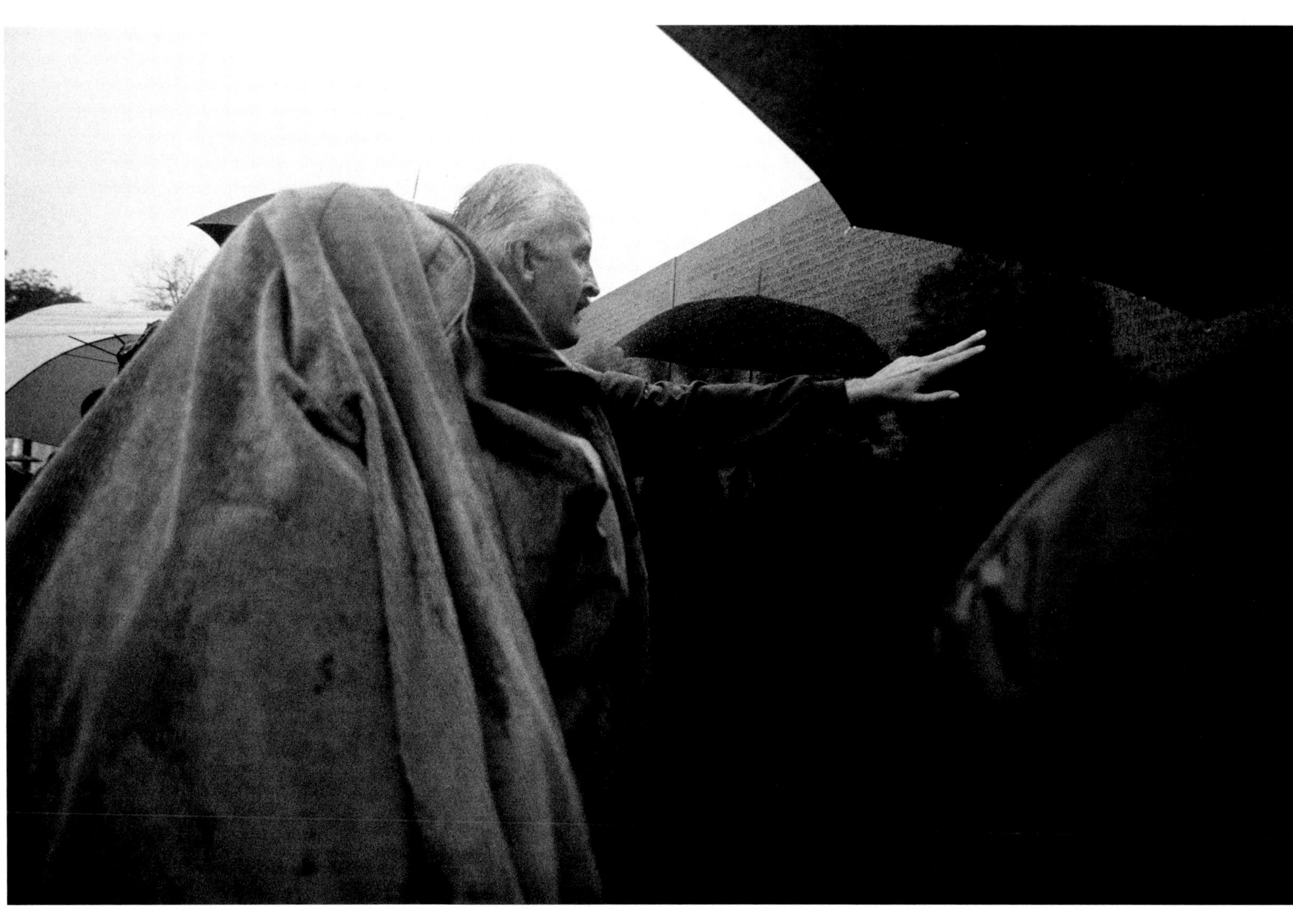

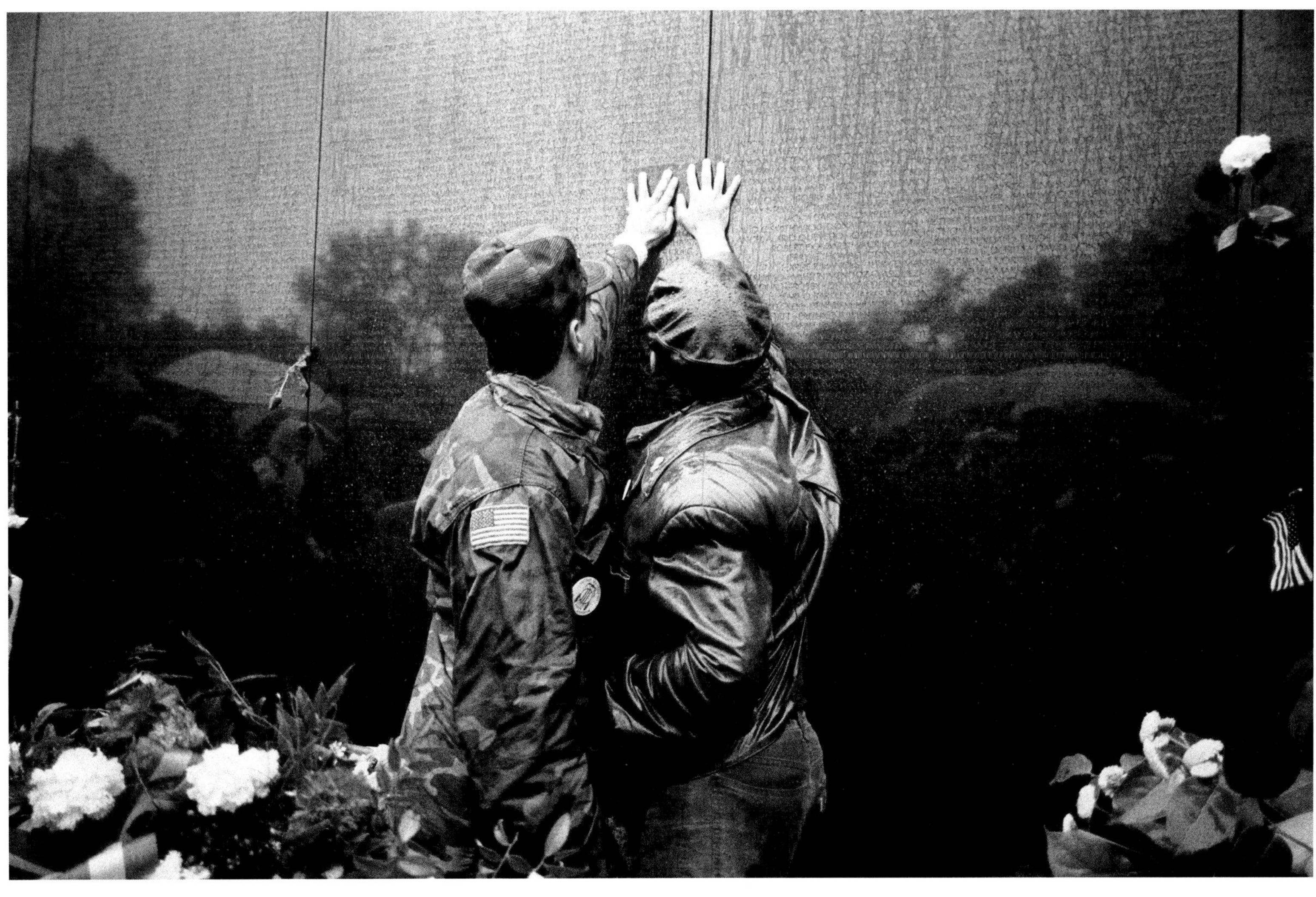

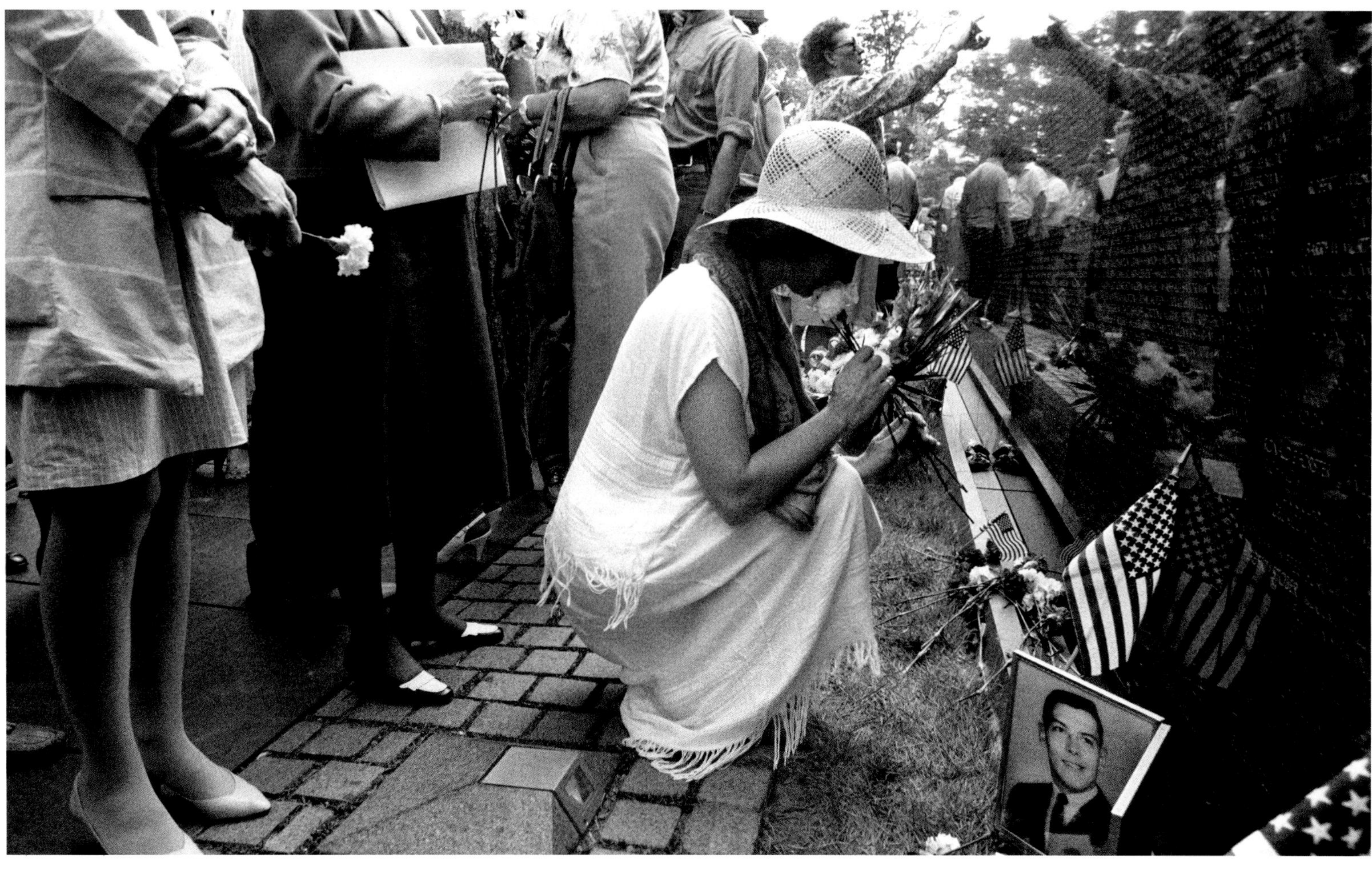

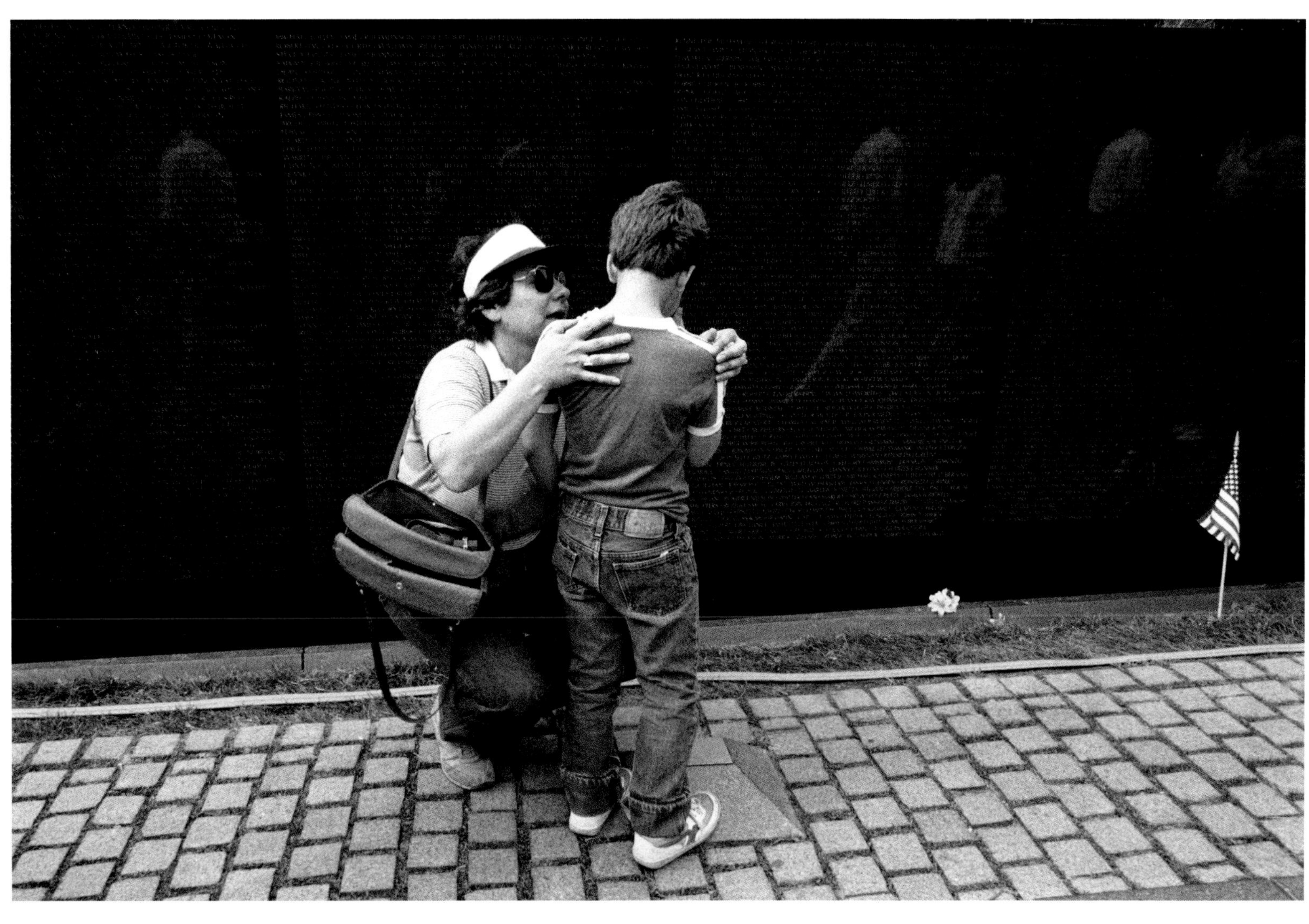

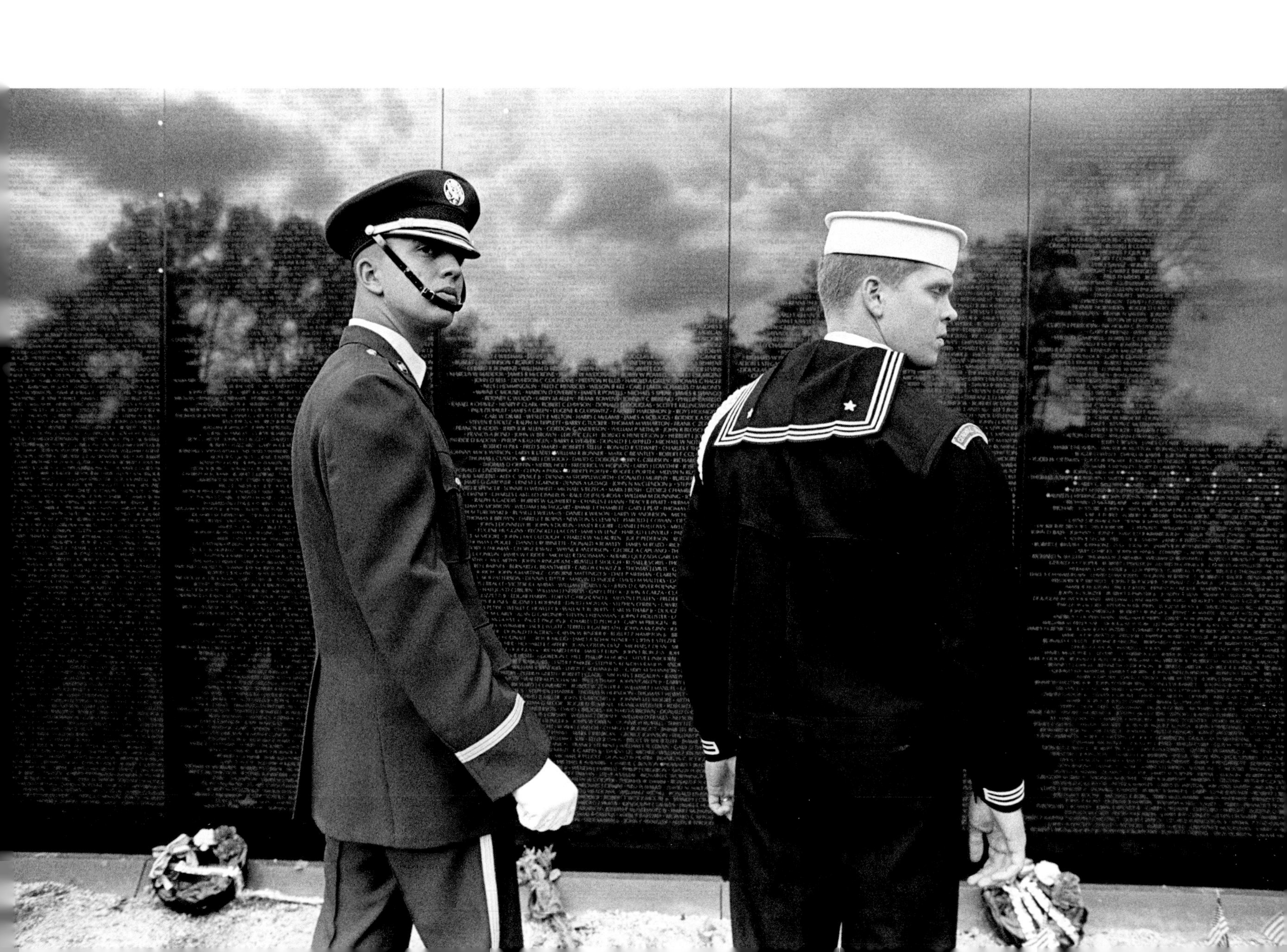

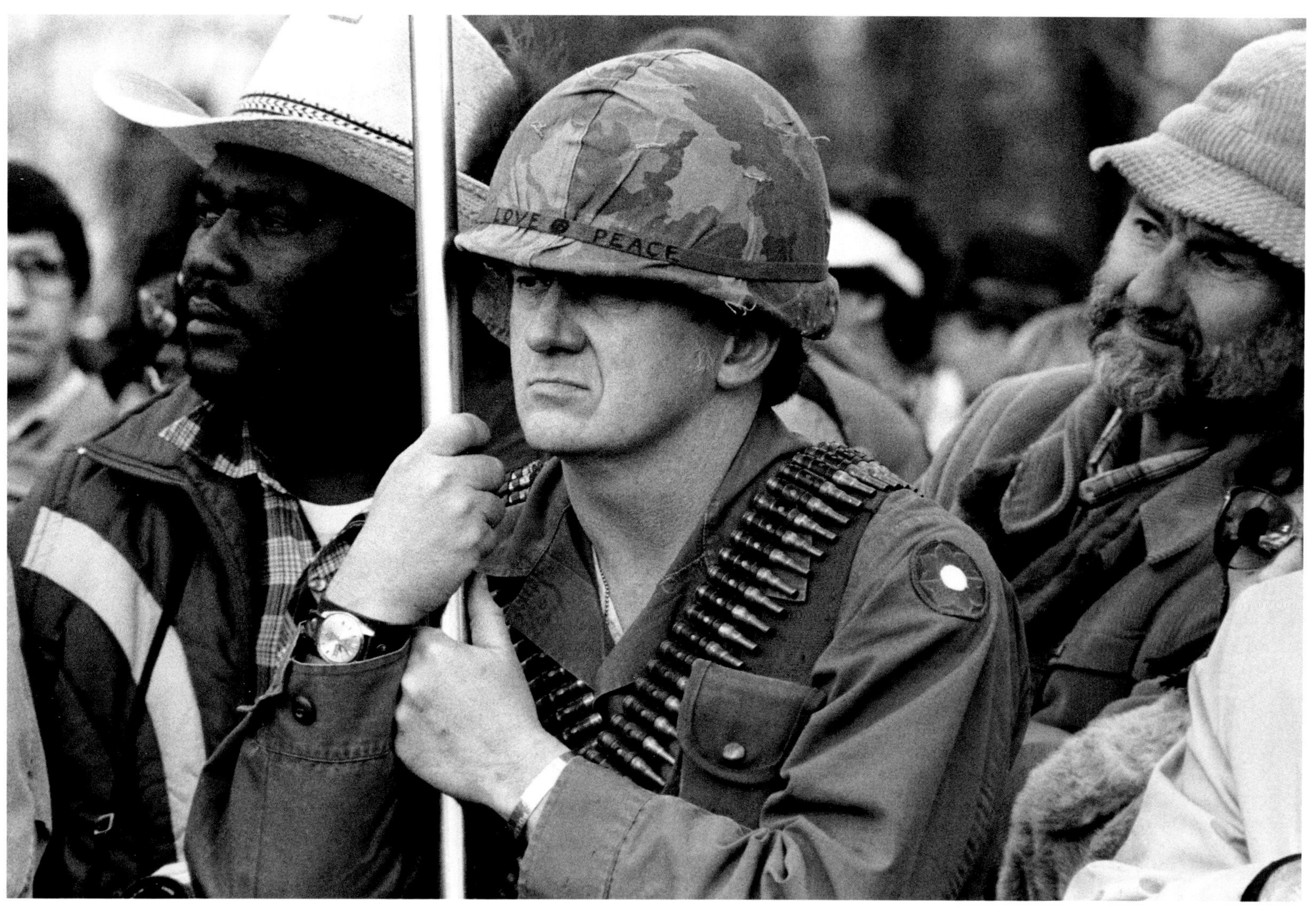
LOVE PEACE

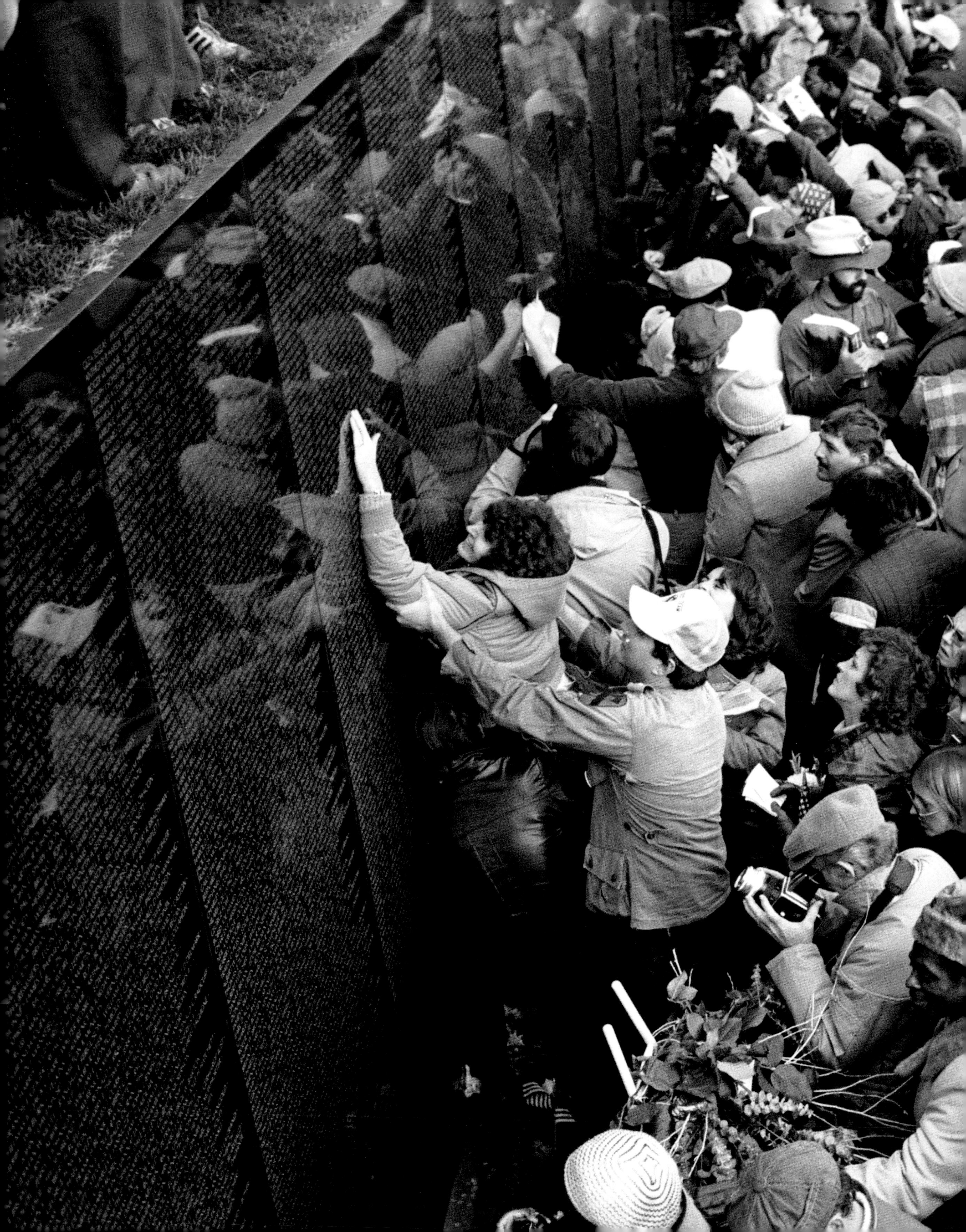

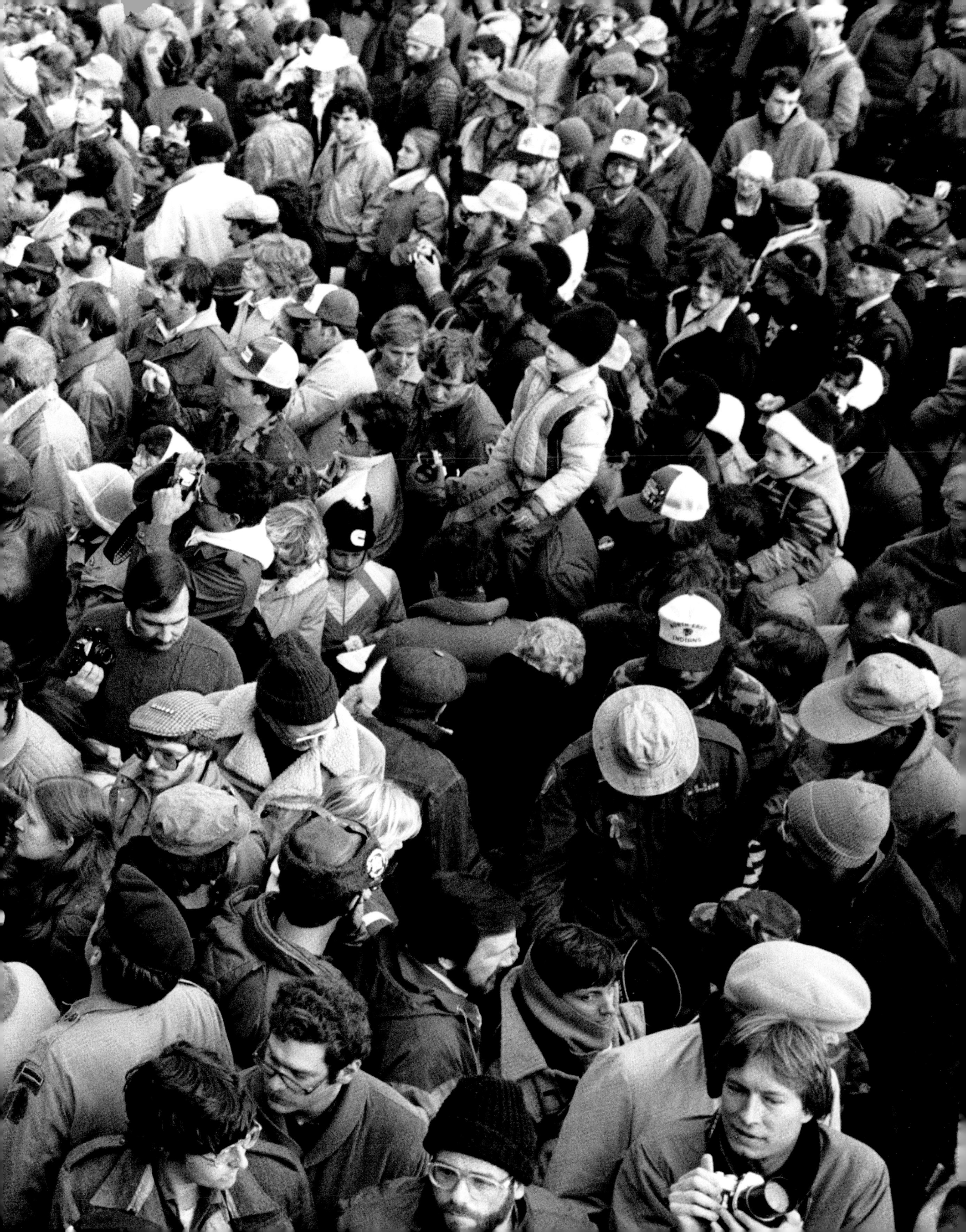

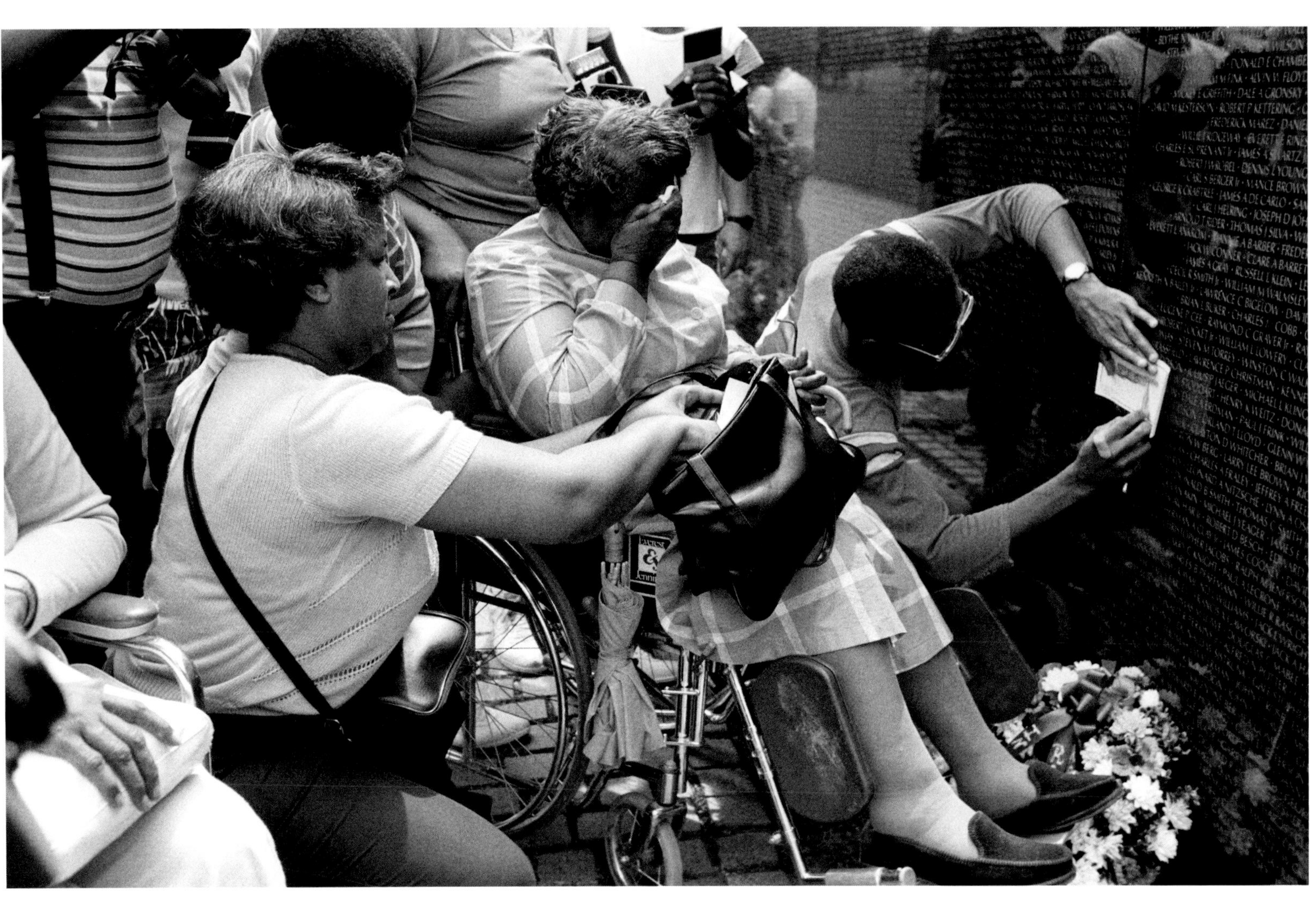

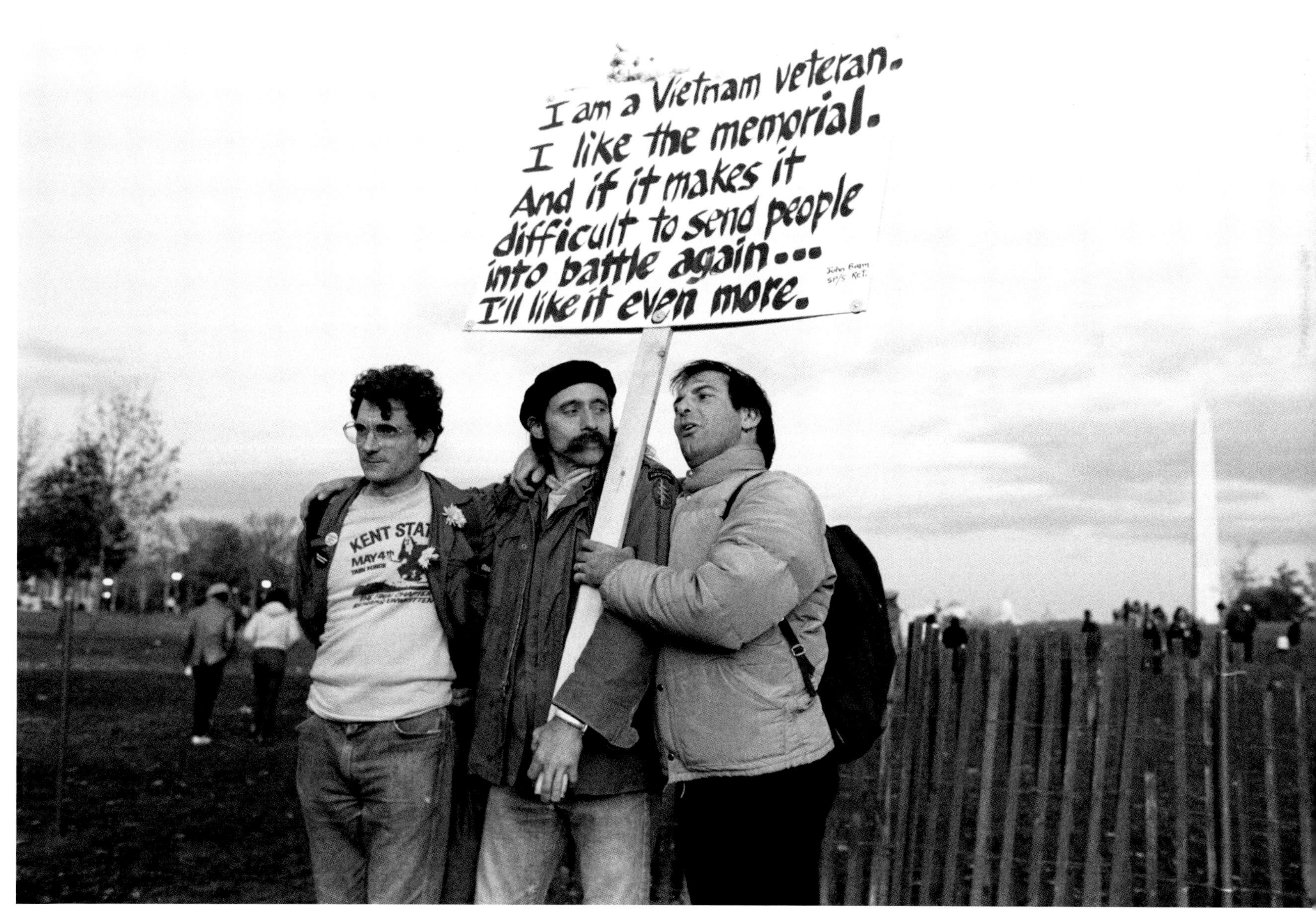
I am a Vietnam veteran.
I like the memorial.
And if it makes it
difficult to send people
into battle again...
I'll like it even more.

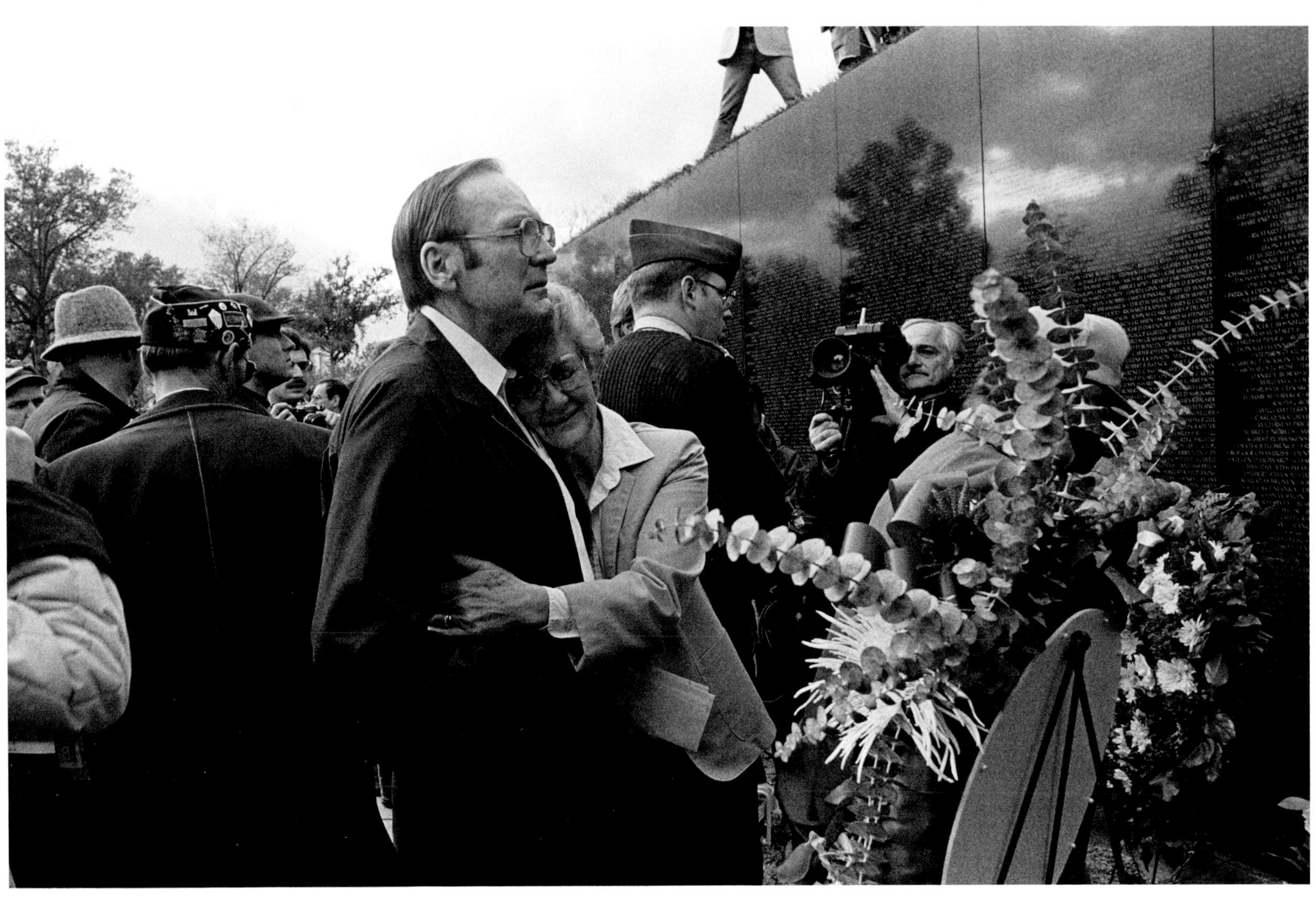

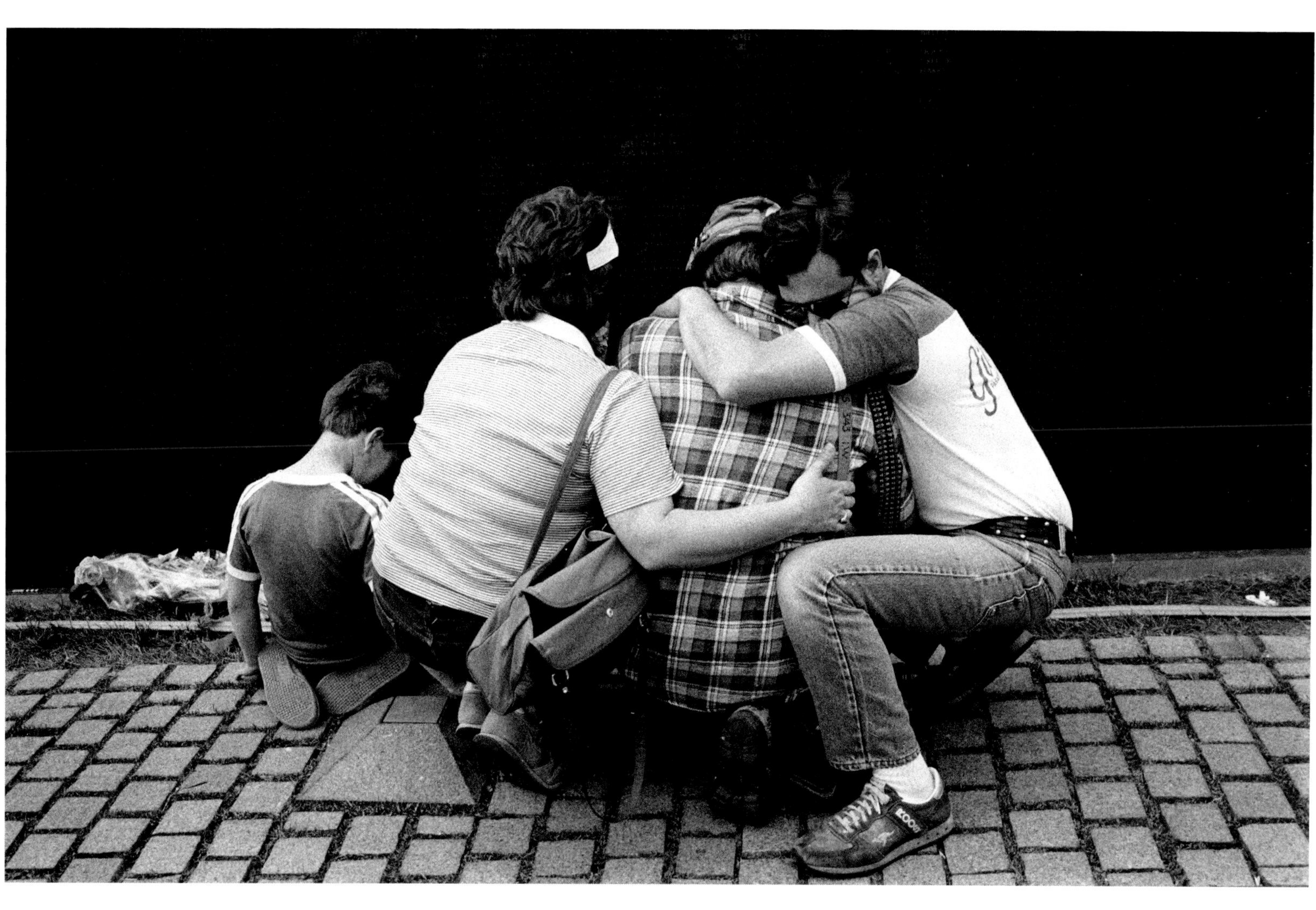

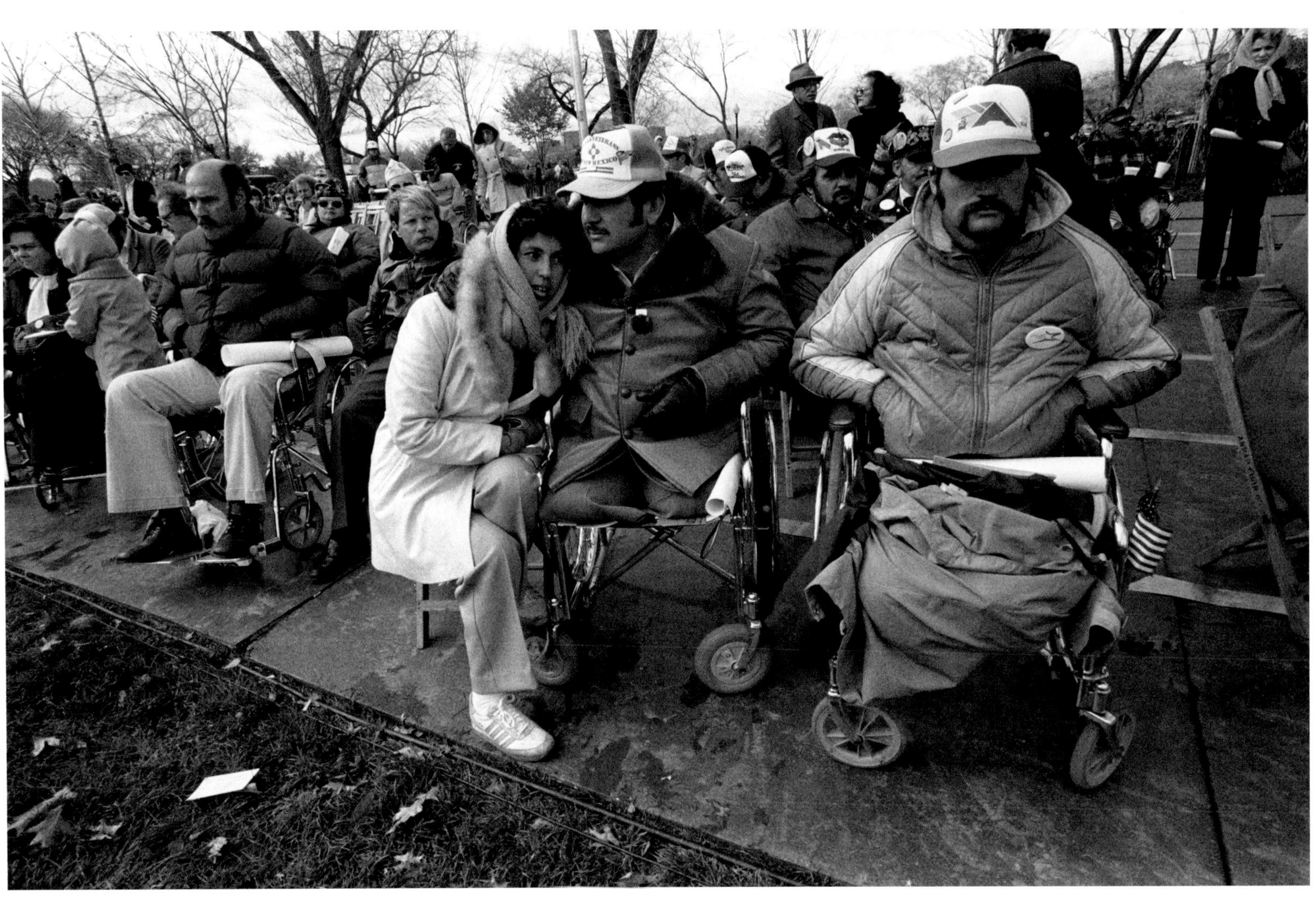

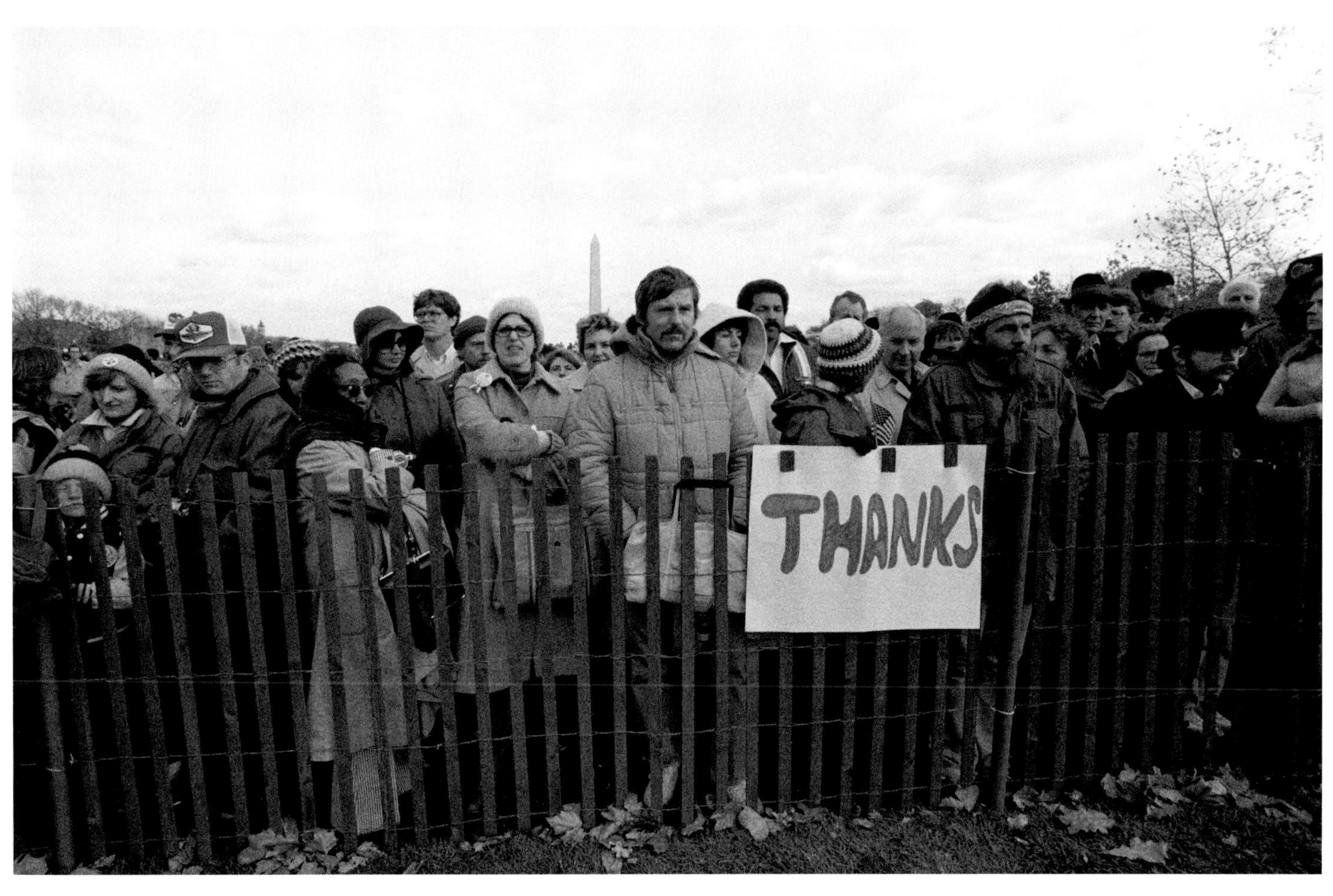
THANKS

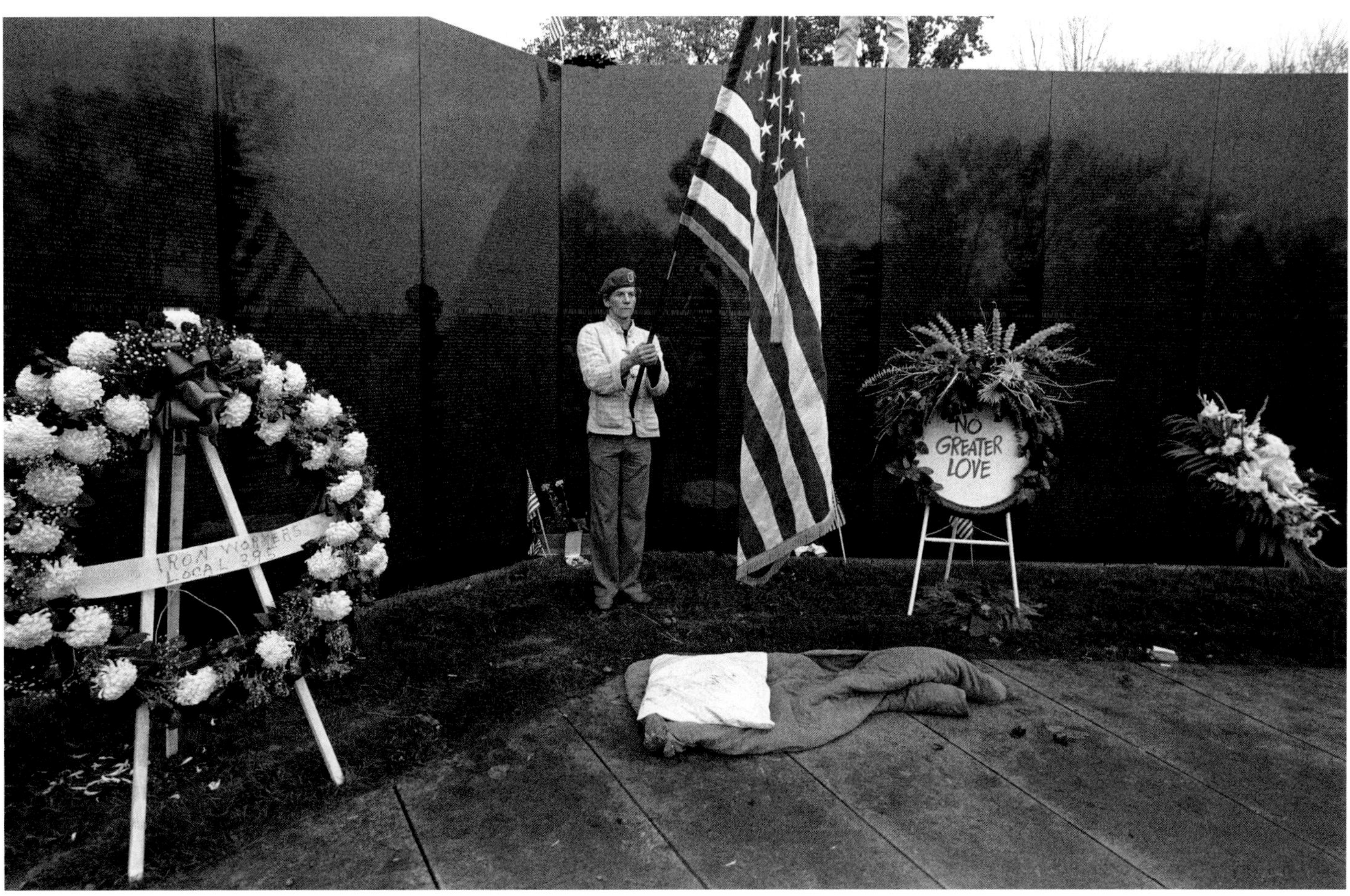
IRON WORKERS
LOCAL 395
NO
GREATER
LOVE

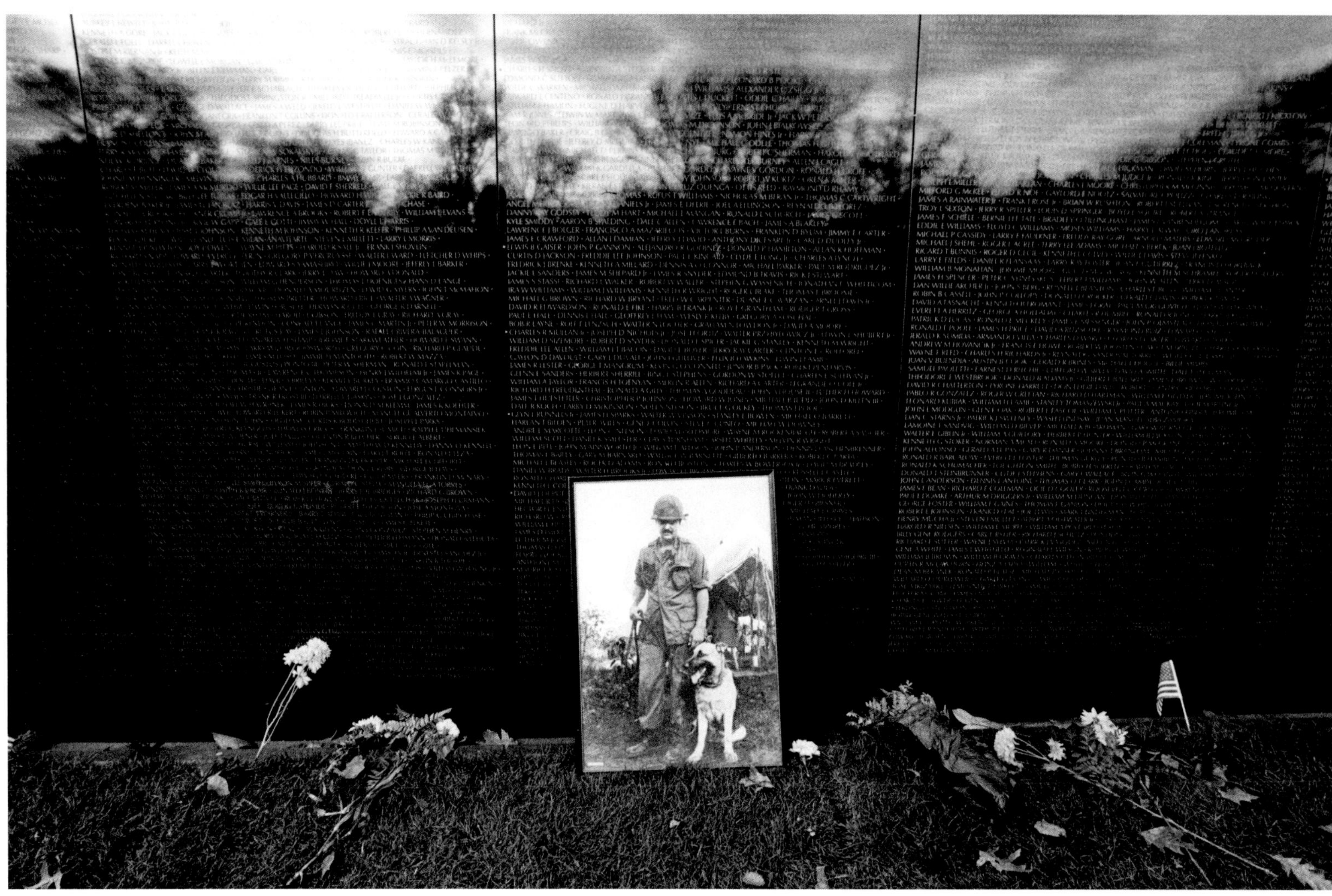

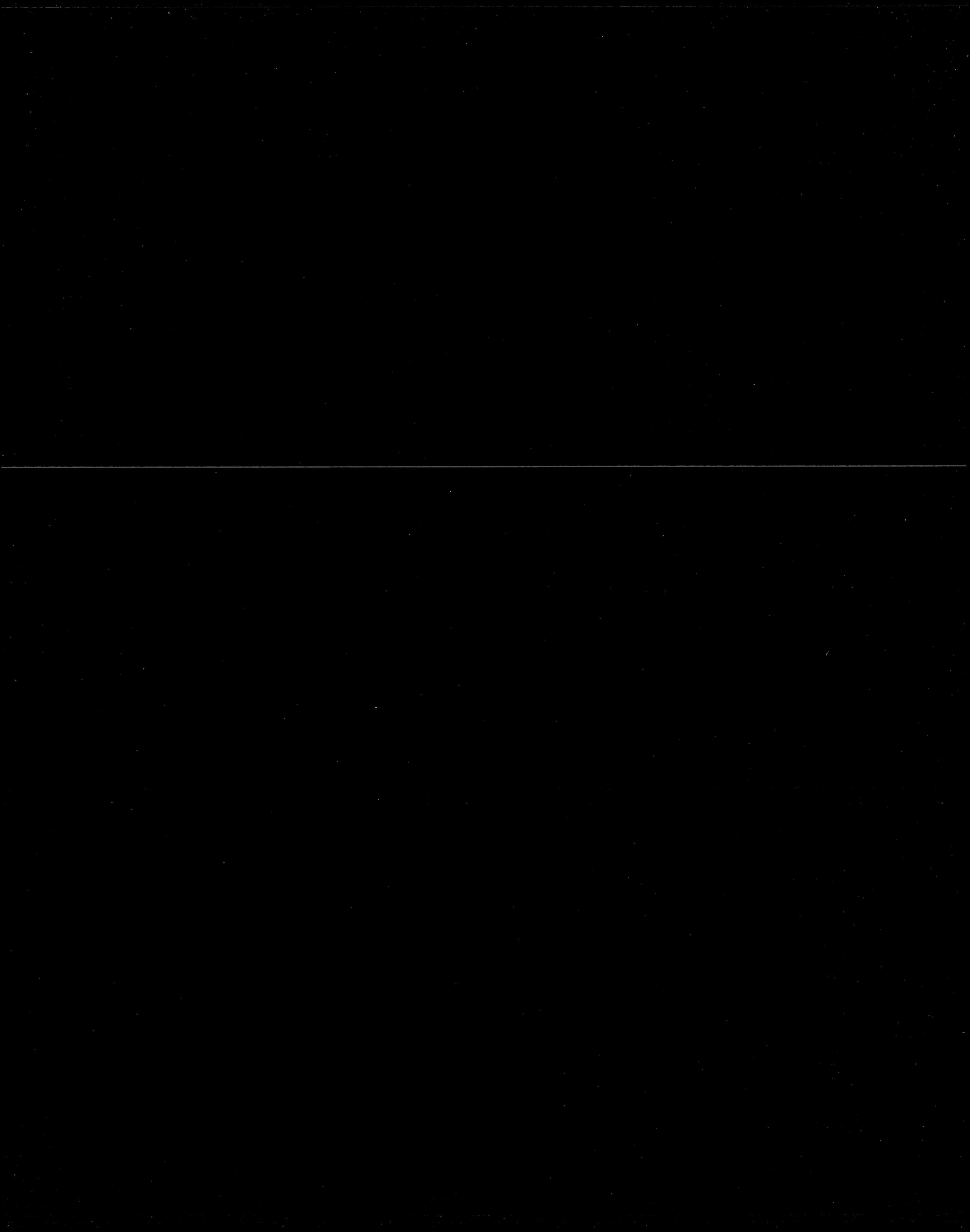

Interview by Xavier Canonne

What paths have you traveled as photographers?
FB: We were both explorers of the world and adventurers, in different ways. We became photographers at a time when the photographers of our generation and the previous generation were generally self-taught. The camera was a tool and a passport to the wider world. Both of us had had very peripatetic childhoods moving around the U.S. and the world. We were both from families involved in the U.S. Foreign Service.

WW: Before beginning photography in his early 20's, Fred had been in combat with the U.S. Marine Corps in Korea and had finished his last summers in college with self-defined adventures in Europe that would test his ingenuity and creativity, ranging from spending a day with Pablo Picasso to living with the gypsies in France. Returning to his family's home in Savannah, Georgia, in his early 20's, he made enough money photographing children to enable himself to set off again on a series of adventures with wild animals in remote parts of the world.

FB: I wanted to become a photojournalist by doing photographic projects that no one else had done before, in places where few other photographers had ever been. I became a photojournalist by attempting and finally succeeding in getting published by magazines on subjects that appealed to my sense of adventure. I trained myself in a self-imposed survival school with self-actuated assignments ranging from photographing polar bears in the high Arctic north of Norway and cod fish in the North Sea, to wild horses in Mexico and Marlin from underwater in Baja California. I had photographed the Knights of the Ku Klux Klan in Georgia, but it was not until I began working as a volunteer photographer for the emerging Civil Rights Movement in Savannah, Georgia that I gave up doing adventure stories that, in a sense, were ego driven, and began to become interested in stories that were involved with social and political issues beyond myself. I learned a lot in the Civil Rights Movement and went on to photograph poverty and isolation in rural Georgia. I worked with a doctor and we used my photographs to build medical facilities where there had been no access to health care. From there, inspired by President and Robert Kennedy, I took some time off from photography to become director of the Peace Corps in Borneo and later photographed the latter in India and Afghanistan.

Interview par Xavier Canonne

Quel est votre parcours en tant que photographes ?
FB : Nous étions tous deux des explorateurs du monde et des aventuriers, chacun à notre manière. Nous sommes devenus photographes à l'époque où les photographes de notre génération et ceux de la précédente étaient généralement autodidactes. L'appareil photo était un outil et un passeport vers un monde plus vaste. Nous avons tous deux eu des enfances «itinérantes» en déménageant aux quatre coins des Etats-Unis et du monde. Tous deux sommes issus de familles impliquées dans l'U.S. Foreign Service, les affaires étrangères du Gouvernement américain.

WW : Avant de s'initier à la photographie lorsqu'il avait une vingtaine d'années, Fred a combattu dans les U.S. Marines en Corée et passa ses derniers étés d'étudiants en partant à l'aventure en Europe pour tester son ingéniosité et sa créativité, ce qui allait de la journée passée en compagnie de Pablo Picasso à la vie parmi les gitans en France. Une fois revenu dans la maison familiale à Savannah, en Géorgie, alors âgé d'une vingtaine d'années, il gagna assez d'argent en photographiant des enfants pour lui permettre de repartir à l'aventure afin de photographier les peuples et les animaux sauvages dans les parties reculées du monde.

FB : Je voulais devenir photojournaliste en menant des projets photographiques innovateurs dans des endroits où très peu de photographes étaient allés auparavant. Je suis devenu photojournaliste en essayant et, finalement en réussissant, à être publié dans des magazines dont les sujets répondaient à mon sens de l'aventure. Je me suis entraîné dans une école d'auto-survie en m'assignant des tâches que je m'imposais allant de la photographie d'ours polaires dans le Grand Nord Arctique en Norvège, en passant par la pêche à la morue dans la Mer du Nord, les chevaux sauvages au Mexique aux marlins des fonds aquatiques de Baja en Californie. Avant ces aventures, j'avais photographié les Chevaliers du Klu Klux Klan en Géorgie, mais ce ne fut qu'à partir du moment où j'ai commencé à travailler comme photographe volontaire pour le mouvement des droits civiques noirs émergeant à Savannah en Géorgie que j'ai arrêté mes péripéties qui, en un sens, étaient menées par mon ego, et, que j'ai commencé à m'impliquer dans le social et la politique, au-delà de ma propre personne. J'ai beaucoup appris dans le mouvement des droits civiques avec les noirs et j'ai continué dans cette direction en photographiant la pauvreté et l'isolement de la Géorgie rurale. J'ai travaillé avec un médecin et nous avons utilisé mes photographies afin de construire des installations médicales à des endroits où les soins de santé étaient inexistants. A partir de là, inspiré par le Président et par Robert Kennedy, je me suis déconnecté un temps de la photographie pour devenir

What about you, Wendy?

WW: Having grown up in a family involved with the U.S. Foreign Service, I had lived in Greece, Spain, England and France by the time I was 20. I speak three languages, and I was deeply interested in foreign affairs. Growing up in the anti-government years of the early 1960's, a career in the State Department was unthinkable. Instead, I became a journalist. I wanted to be involved in the important issues of my time and I wanted to do things that women were not supposed to do. I wanted an independent life engaged with the world. Refusing the route of starting on the women's page or in the research department of major national news magazines and papers, I went to Florida to become a city hall reporter for a well-known newspaper. I honed my investigative skills and learned to work successfully in a predominantly male world. I was due to go to cover state politics in Tallahassee, the state capital of Florida and then to national politics in Washington D.C., but an exciting new television program started in New York and they offered me a job – a national experiment in public television, a prime time national hook-up every Sunday night on politics and culture. It was the time of the Civil Rights Movement, the Vietnam War, the Farmworkers Movement, the emergence of the Feminist Movements, and the international upheavals of 1968. I became one of the first women associate producers and then a full producer in television. I did stories on the Vietnam War, Women's Strike for Peace and drug use in the U.S. In the drug program (1967), we called for legalization of marihuana. That program prompted two years of investigation of myself and the co-producer by a U.S. Congressional Committee and the FBI. In 1968, I began a series on the evolution of socialism in East/Central Europe, and I was in Prague for four months during the Prague Spring. The Warsaw Pact invasion put an end to the TV project but I did radio reports from Europe. While working for television, I taught myself photography and took a night course with a well-known Photo League photographer Harold Feinstein, who had also taught Mary Ellen Mark. Frustrated by the intrusiveness of television doing news and social-interest stories and the necessity of working with teams of people when reporting for TV, I decided to start freelancing as a photojournalist, combining writing and photography. I started with a dream assignment in Africa, three months across West Africa photographing the travels of a New York travel writer. I was able to take time off the travel story to cover the civil conflict in Chad and northern Niger to do political stories for national newspapers.

directeur du Peace Corps à Bornéo et j'ai par après photographié les projets de ce dernier en Inde et en Afghanistan.

Et vous Wendy ?

WW : Ayant grandi dans une famille impliquée dans l'U.S. Foreign Service, j'ai vécu en Grèce, en Espagne, en Angleterre et en France jusqu'à mes 20 ans. Je parle trois langues et j'étais vraiment très intéressée par les affaires étrangères. Grandissant pendant la période anti-gouvernementale du début des années soixante, il m'était impensable de faire carrière dans le Département d'Etat. Au lieu de cela, je devins journaliste. Je voulais m'impliquer dans les questions socio-politiques et importantes de mon époque et je voulais accomplir des choses que les femmes n'étaient pas censées faire. Je voulais mener une vie indépendante en m'engageant dans le monde. Refusant de commencer par les pages féminines ou par le département de recherche des plus grands magazines et journaux nationaux, je suis allée en Floride pour devenir «reporter municipal» pour un célèbre journal. J'ai affûté mes compétences d'investigation et j'ai appris à travailler avec succès dans un monde à prédominance masculine. On m'attribuait comme tâche de couvrir la politique d'état dans le Tallahassee, la capitale de l'état de Floride, et ensuite la politique nationale à Washington D.C., mais une nouvelle et excitante émission de télévision commença à New York et m'offrit un job – une expérience nationale en matière de télévision publique, un prime-time national chaque dimanche soir sur la politique et la culture. C'était l'époque du mouvement des droits civiques, du mouvement des travailleurs agricoles exploités, de l'émergence des mouvements féministes, de la guerre du Viêt-Nam et les bouleversements nationaux de 1968. Je suis devenue une des premières femmes productrices associées et à part entière dans la télévision. J'ai fait des reportages sur les mouvements opposés à la guerre du Viêt-Nam, la lutte des femmes pour la paix et l'usage de la drogue aux Etats-Unis. Dans le programme sur la drogue, nous avons plaidé en faveur de la légalisation de la marijuana. Le Comité du Congrès américain et le FBI ont enquêté deux ans sur le co-producteur et sur moi-même suite à ce programme. En 1968, j'ai commencé une série sur l'évolution du socialisme en Europe Centrale et en Europe de l'Est et je suis restée pendant 4 mois à Prague lors du Printemps de Prague. La violation du Pacte de Varsovie mit fin au projet TV mais j'ai fait des reportages radio émis d'Europe. Pendant que je travaillais pour la télévision, j'ai moi-même appris la photographie et j'ai suivi des cours du soir avec le célèbre photographe de la Photo League, Harold Feinstein, qui avait enseigné à Mary Ellen Mark. Dérangée par le caractère intrusif de la télévision en faisant des reportages et des séries d'intérêt social ainsi que par la nécessité de travailler en grandes équipes lors de reportages pour la TV, j'ai décidé de me lancer en freelance dans le photojournalisme, en combinant l'écriture et la photographie. J'ai commencé par un reportage de rêve en Afrique,

When did you meet each other?
FB: We met at a cocktail party in New York in the summer of 1970. I had recently come back from East Asia and the Peace Corps. Wendy had just finished her assignment in Africa and was putting together that work. We had a lot to talk about...

How did you come to your first collaboration?
WW: Both of us had spent much of our lives since childhood living, being educated and working abroad. My professional career had taken me to Spain, France and to Communist societies in Central and Eastern Europe, and to West Africa. Fred had worked in northern Scandinavia for several years but he had also developed stories in France, Germany, Mexico, the Arctic, Borneo, India and Afghanistan. Although we had lived in many big cities in the USA, there were regions of Africa, Eastern and Western Europe and the Arctic that were more familiar to each of us than our own country. We had both been looking for professional partners with whom to collaborate on some projects. In talking about them, we decided what we wanted most to do was investigate our own country, experiencing it directly through the experiences and stories of different people whose lives were intimately tied to the U.S. This would entail doing the research, writing and photography for a book project that we preliminarily called *Back Roads of America*.

FB: Wendy was not certain she wanted to live in the U.S. In 1970-1971, she went back to Europe to live in Vienna and do reporting and photography assignments in East/Central Europe – Hungary, the former Czechoslovakia and Yugoslavia for *Newsweek*. She also did freelance work for the *New York Times* and the *Smithsonian Magazine*.

WW: However, the lure of partnering with a fellow adventurer like Fred and starting a project together that would put us deeply in touch with our own country and the meaning of its history brought us together again to begin our collaboration in the U.S. The collaboration has lasted for more than 37 years on five continents.

Why did you choose Texas for your first work together?
WW: We wanted to get to the roots of the American experience – to feel the land and listen to people whose lives were deeply part of the settlement and building of our country, the United States. We wanted to know about other experiences – how other people experienced the U.S., its, society and heritage. Individually, we had done this kind of project abroad but we had not spent that kind of trois mois en Afrique de l'Ouest à photographier le périple d'un écrivain voyageur new-yorkais. J'avais même le temps de couvrir le conflit civil au Tchad et au nord du Niger afin de faire des reportages politiques pour les journaux nationaux.

Quand vous êtes-vous rencontrés ?
FB : Nous nous sommes rencontrés lors d'un cocktail à New York pendant l'été 1970. Je venais de rentrer de l'est de l'Asie et du Corps de Paix. Wendy venait juste de terminer son reportage en Afrique et était en train de le monter. Nous avions vraiment de quoi parler ...

Comment êtes-vous arrivés à votre première collaboration ?
WW : Chacun de nous avait passé la majorité de sa vie depuis la petite enfance à vivre, à étudier et travailler à l'étranger. Ma carrière professionnelle m'avait conduite en Espagne, en France, dans les sociétés communistes en Europe Centrale et de l'Est et en Afrique occidentale. Fred avait travaillé en Scandinavie du nord pendant plusieurs années mais il avait aussi fait des reportages en France, en Allemagne, au Mexique, à Bornéo, en Inde et en Afghanistan. Bien que nous ayons vécu dans beaucoup de grandes villes américaines, il y avait des régions en Afrique, en Europe de l'Est et de l'Ouest et en Arctique qui nous étaient plus familières que notre propre pays. Nous avions chacun cherché des partenaires professionnels avec lesquels nous aurions pu collaborer sur divers projets. En les évoquant, nous avons convenu que ce que nous désirions le plus était d'investiguer sur notre propre pays en l'expérimentant directement à travers la vie et l'histoire de gens différents dont l'existence est intimement liée aux Etats-Unis. Ceci pouvait occasionner, avec les recherches, l'écriture et la photographie, un projet de livre que nous avons prématurément appelé *Back Roads of America*.

Fred Baldwin : Mais Wendy n'était pas certaine de vouloir vivre aux Etats-Unis. En 1970-1971, elle retourna en Europe pour vivre à Vienne et pour faire des reportages écrits et photographiques en Europe Centrale et de l'Est – Hongrie, Tchécoslovaquie et Yougoslavie – pour le *Newsweek*. Elle effectua aussi un travail en freelance pour le *New York Times* et le *Smithsonian Magazine*.

WW : Cependant, l'attrait de faire équipe avec un baroudeur comme Fred et le fait de commencer un projet ensemble qui nous permettrait d'être en contact direct avec notre propre pays ainsi qu'avec la signification de son histoire, nous ont ramenés aux Etats-Unis afin de commencer notre collaboration- une collaboration qui dure depuis plus de 37 ans sur cinq continents.

time deeply involved with the historical experience of our own country. Fred had done some of this kind of work in the U.S. with his Georgia work. Our beginning plan was to cross the whole country, starting in the south and going to Texas. Fred knew the South and had done adventure stories in Texas. For me, however, Texas seemed like a foreign land.

FB: Texas was to be the starting point because it represented so much U.S. mythology. Fifty years ago, it symbolized the American dream, rags to riches. Between cowboys and oilmen, Texas symbolized frontier achievement. Texas was also large, a state larger than France, and one which is big enough, we were to discover, to be (and have been) an important crossroads of settlement by diverse groups of people. Its population and geography would be able to serve as a model on how to do the whole country in *Back Roads of America*.

After researching Texas history, we began the journey from the East Coast, across Tennessee, Alabama, Mississippi and Arkansas into northeast Texas. From the outset, we began the process of traveling the back roads, stopping to meet people in small towns and along the road. We had an extraordinary two weeks traipsing across the Arkansas delta with migrant workers and farmers. The day after we crossed over the Texas state line near Texarakana, we had a remarkable experience that connected visual imagery with our historical research. We were going through a small east Texas town in mid-afternoon. On a hill at the top of Main Street there was a Victorian-style County Courthouse, the symbol and seat of rural county government across the U.S. South since the Civil War. Along an adjoining road below the courthouse, grade school students were walking home. The twenty students were all black. But in our Texas research, there had been no mention of black settlement or history in Texas. No mention in any of the state's histories we had read. The public face of Texas – the Texas that was known through stereotype, self-promotion and mythology – was white. African Americans were missing. We had stumbled upon something that would become important in our work, not only as regards African Americans, but other peoples and realities that had been left out of mainstream U.S. history and storytelling.

How did you determine the zones in Texas?
WW: We discovered more and more diversity, more than we had expected or had read about with regard to Texas. This was true of the geography and land of Texas as well as its many his-

Pourquoi avez-vous choisi le Texas pour votre premier travail commun?
WW : Nous voulions atteindre les racines du vécu américain, sentir la terre et écouter les gens dont la vie fait intégralement partie de l'établissement et de la construction de notre pays les Etats-Unis. Nous voulions connaître leur expérience, comment ils ont vécu leur pays, leur société et leur héritage. Individuellement, nous avions fait ce genre de projet à l'étranger mais nous n'avions pas passé tout ce temps en nous impliquant profondément dans le vécu historique de notre pays. Il n'y a que Fred qui avait déjà fait ce genre de travail aux Etats-Unis lors de son reportage sur la Géorgie. Notre plan de départ était de traverser le pays tout entier, en commençant au sud pour aller vers le Texas. Fred connaissait le sud et avait fait des reportages d'aventures au Texas, mais pour moi, le Texas ressemblait plus à une terre étrangère.

FB : Le Texas devait être le point de départ parce qu'il représentait si bien la mythologie américaine. Il y a cinquante ans, il symbolisait le rêve américain, ou comment passer de la pauvreté à la richesse. Par les cow-boys et les pétroliers, le Texas symbolisait l'accomplissement frontalier. Le Texas était également un très vaste état, plus vaste que la France, et qui était assez grand pour être, et avoir été, un carrefour important où des groupes différents de gens s'installaient. Sa population et sa géographie pourraient servir de modèle pour faire le pays entier dans *Back Roads of America*.

Après avoir fait des recherches sur l'histoire du Texas, nous avons commencé notre voyage en partant du nord-est des Etats-Unis, à travers le Tennessee, l'Alabama, le Mississippi et l'Arkansas vers le nord-est du Texas. Dès le début, nous avons commencé notre méthode selon laquelle nous voyagions en utilisant les routes secondaires, en nous arrêtant pour rencontrer les gens dans les petites villes et le long des routes. Nous avons passé deux extraordinaires semaines à traîner ça et là dans le delta en Arkansas avec des travailleurs et des fermiers itinérants. Le jour après que nous ayons franchi la frontière de l'état du Texas près de Texarakana, nous avons vécu une expérience formidable qui connecta l'imagerie visuelle aux références historiques. Nous nous dirigions vers une petite ville de l'est du Texas dans le courant de l'après-midi. Sur la colline en haut de la rue principale se dressait le Courthouse, le centre de gouvernement du comté, de style victorien, symbole et siège politique du gouvernement de comté rural dans le sud des Etats-Unis depuis la Guerre civile. Le long d'une rue voisine en bas de la maison des étudiants revenaient chez eux. Ces vingt étudiants étaient tous noirs. Mais dans nos recherches sur le Texas, on ne parlait nulle part de l'établissement ni de l'histoire noire au Texas. Aucune trace dans aucune des histoires sur l'état que nous avions lues. La face publique du Texas – le

tories and peoples. The reasons and ways in which people came to this region of the U.S. from 1700 to 1900 were connected to major aspects of U.S. history. Texas turned out to be so interesting and so far beyond the cliché version that is in the minds of most Americans and the world that we abandoned the *Back Roads of America* concept and decided to concentrate on Texas as microcosm of the country.

We decided to experience and document different cultural and geographic regions of the state. On the first phase, it took us eight months of travel around Texas, living in a cheap, 13-foot trailer, pulled by Fred's venerable Mercedes Cabriolet. We lived with the land and in the towns of the people we photographed and interviewed. In addition to our early research and reading, our photography was accompanied by historical and political studies, interviewing, recording and taking notes about people and their histories. We were living on $3.00 a day at the time.

We finally decided on three different regions that had been important to the history and character of the state and also important to the character and history of the U.S. as a whole. We chose east-central Texas that has a large African American population and represents the history and politics of the old South; the Hill County of central-west Texas that had been settled by Germans emigrating from Europe, and the Mexican border regions that encompass early Spanish migration and generations of later Mexican settlement. We had traveled and stayed in these areas on the first eight-month phase of the project.

After the initial research and field trips in 1971-1972, we left Texas in order to begin work in the darkroom, to fundraise and polish the project. In 1975, we returned to teach at the University of Texas and begin our project in depth. We returned to the East Texas area with its old Southern traditions where we had lived in our trailer on an African American farm. We lived there, in a back pasture, surrounded by a large extended African American family for three years from 1975 to 1978. In 1980, we moved to Houston to begin writing a book about the German settlements in central-west Texas, west of Austin. That book was published.

What was your method? How do you divide your work?

FB: We photographed, interviewed, listened to and interacted with people every day. We were always on the move, going from one event, one workplace or one family to another. It was often late at night before we would return to type notes, read and sleep. We shared all aspects of the work – photographing, interviewing, editing, working in the darkroom, fundraising and

Texas connu par ses stéréotypes, sa propre promotion et sa mythologie – était blanc. Il manquait les Américains d'origine africaine. Nous étions tombés sur quelque chose qui allait devenir important dans notre travail, pas seulement concernant les Américains d'origine africaine, mais également pour les autres peuples et réalités qui avaient été mis à l'écart de l'histoire américaine officielle et de la façon de la raconter.

Comment avez-vous déterminé les zones au Texas ?

WW : Nous avons découvert de plus en plus de diversités, plus que ce à quoi nous nous attendions et plus que ce que nous en avions lu. Ceci fut vrai pour sa géographie et ses terres mais également pour toute son histoire et ses habitants. Les raisons ainsi que les moyens pour et avec lesquels ils vinrent dans cette région des Etats-Unis de 1700 à 1900 étaient connectés aux aspects principaux de l'histoire des Etats-Unis. Le Texas s'avéra être si loin du cliché que la majorité des citoyens des Etats-Unis et du monde ont à l'esprit, que nous avons abandonné le concept des *Back Roads of Amercia* et que nous avons décidé de nous concentrer sur le Texas en tant que microcosme du pays.

Nous avons décidé de vivre dans différentes régions culturelles et géographiques de l'état ainsi que de se documenter sur celles-ci. Comme première phase, cela nous a pris huit mois à voyager dans tout le Texas, en vivant dans une caravane bon marché de 4 mètres tirée par la vieille Mercedes Cabriolet de Fred. Nous avons vécu sur les terres et dans les villes des gens que nous avons photographiés et interviewés. En plus de nos recherches et lectures préalables, nos photographies étaient accompagnées d'interviews, d'études historiques et politiques, d'enregistrements et de notes sur les gens et leurs histoires. A l'époque, on vivait avec 3 dollars par jour.

Finalement, nous avons décidé de nous concentrer sur trois différentes régions qui avaient été importantes dans l'histoire et le caractère de l'état mais également dans le caractère de l'histoire des Etats-Unis dans sa globalité. Nous avons choisi le centre-est du Texas qui possède une grande population américaine d'origine africaine et qui représente l'histoire et la politique du vieux sud des Etats-Unis ; Le Hill County de l'ouest et du centre-ouest du Texas qui fut peuplé par les Allemands émigrant de l'Europe ainsi que les régions sud de la frontière mexicaine qui englobent les premiers émigrants espagnols et, plus tard, les générations d'émigrants mexicains. Nous avons voyagé dans ces régions et y avons séjourné pendant toute la première phase de notre projet qui dura huit mois.

Après nos recherches initiales et nos voyages sur le terrain in 1971-1972, nous avons quitté le Texas pour commencer notre travail de laboratoire

planning. We both had our own cameras and we both took photographs. Wendy did most of the writing and research. I did most of the film development and investigation of audio equipment. We both printed. And we both had a good sense of humor.

What are the lessons you learnt from the long journey in Texas ?
WW: We learned first-hand, in a very visceral way, how the culture and social habits of societies develop and shape themselves, and through them, how the values and character of the country is formed – the influence and longevity of heritage, the immigrant experience, feelings about land, religious practice, class, race, economic struggle, attitudes about education, and attitudes about government. We learned how different historical experiences shaped the behavior of people and how the nature of geography and land helped shape people's economic history, which in turn affects how they look at politics and governance. There have been (and are) huge differences in opportunity between those who own the land and those who don't – then there is the question of how much land is owned, whether there is water and good soil. These were only a few of the beginning elements that influenced how histories were shaped in very different societies – black, white, European, Anglo southern, Spanish, and Mexican. We also learned how pre-immigrant histories impacted early settlements. Although what we discovered was fascinating, we learned that there is nothing romantic about rural life. We experienced the ubiquitousness of people's struggle. The (U.S.) American dream has not come easy, if at all, to many people who have settled in this country.

Who are the photographers you would compare yourselves to?
FB: The photographers that we admired at the time we were doing the Texas work would certainly include Eugene Smith, Henri Cartier-Bresson, Dorothea Lange, Walker Evans, Bruce Davidson, Bill Brandt, Eric Salomon, Russell Lee, and some of the Casasola archive work from the Mexican Revolution. When Wendy began the Agent Orange and Vietnam Memorial work, she admired the work of Donald McCullin, Susan Meiselas, Philip Jones Griffiths, and Mary Ellen Mark. But, actually, we would rather let somebody else pick to whom we can be compared.

Am I mistaken if I place you in the Farm Security Administration (FSA)?
WW: The Texas work certainly falls within the FSA tradition as does the work from southeast Georgia. A lot of interviewing and academic research went into the Texas work the way they did with the FSA photographers, thanks to Roy Stryker and Rexforth Tug-

et chercher des moyens financiers pour finaliser le projet. En 1975, nous y sommes retournés pour donner cours à l'Université du Texas et commencer à travailler à fond sur notre projet. Nous sommes retournés dans l'est du Texas avec ses anciennes traditions du sud où nous avons vécu dans notre caravane sur les terres d'une ferme d'un américain d'origine africaine. Nous avons vécu là-bas trois ans, de 1978 à 1980, dans un pré derrière la ferme, entourés par une très grande famille. En 1980, nous avons déménagé pour Houston afin de commencer à écrire un livre sur les implantations allemandes dans le centre et l'ouest du Texas, à l'ouest d'Austin.

Quelle était votre méthode ? Comment divisez-vous votre travail ?
FB : Nous avons photographié, interviewé, écouté et parlé avec des gens tous les jours. Nous étions tout le temps en déplacement, allant d'un événement, d'un lieu de travail ou d'une famille à une autre. Il était souvent tard le soir avant que nous ne puissions retourner travailler, taper nos notes ou dormir. Nous avons partagé tous les aspects du travail – la photographie, les interviews, l'édition, le travail en chambre noire, la récolte de fonds et la planification. Nous avions chacun notre appareil photo et nous prenions chacun des photographies. Wendy a fait le plus gros de la recherche et de l'écriture journalistique. J'ai fait majoritairement du développement de films et de la recherche sur l'équipement audio. Nous avons tous deux fait de l'impression. Et nous avions tous deux un grand sens de l'humour.

Quelles sont les leçons que vous avez tirées de votre long périple au Texas ?
WW : Nous avons d'abord appris, d'une manière très viscérale, comment la culture et les habitudes sociales des sociétés rurales se développent et se construisent, et, à travers elles, comment les valeurs et le caractère d'un pays se forment – l'influence et la longévité de l'héritage, le vécu des immigrants, les pratiques religieuses, la classe, la race, la lutte économique, les attitudes face à l'éducation, et les réactions vis-à-vis du gouvernement. Nous avons appris comment des vécus historiques différents ont forgé le comportement des gens et comment la nature de la géographie et de la terre a aidé à créer l'histoire économique des gens, ce qui, à son tour, affecte la manière dont ils regardent la politique et le gouvernement. Il y a d'énormes différences d'opportunités pour ceux qui possédaient des terres et ceux qui n'en possédaient pas – et combien de terres sont possédées ainsi que la richesse du sol. Tout ceci n'était que quelques éléments de départ qui ont influencé la manière dont les histoires se sont formées dans des sociétés très différentes – Noirs, Blancs, Européens, Anglophones du sud, Espagnols et Mexicains. Nous avons également appris à quel point les histoires des pré-immigrants ont eu un impact sur les premiers établissements.

well. The Agent Orange work involved extensive research. The Civil Rights and Ku Klux Klan works were more intuitive. The Vietnam Memorial work was also more intuitive. All our work is inspired and shaped by strong political ideas and values.

You have attached much importance to the preliminary inquiry and commentary written in your work...
FB: Yes. We did a lot of research, interviewing and collection of oral history for the Texas work. This is also the case with Agent Orange and southeast Georgia. We, particularly Wendy, did a lot of writing as well as magazine/newspaper stories along the way.

According to you, is there a relation between Fred's first photographs (Savannah) and Wendy's more recent ones on the Vietnam Memorial Wall or Agent Orange?
WW: The connections between the Savannah, Georgia work (Civil Rights, Ku Klux Klan and southeast Georgia) and the Vietnam/Agent Orange work have to do with our political and historical intentions. I had worked as a professional journalist in many branches of public media, but we both had/have strong political and social beliefs and an intense interest in history.

In all these works, there is an understanding of the importance of history and the record of that history. We have a deep understanding of the depth of human struggle and the need to continually document, expand the memory of this struggle and move forward with it. What is depicted in these works is still relevant to U.S. contemporary history. With the Civil Rights Movement, one of the young African American men who assisted Fred in working with the Civil Rights Movement in Savannah was the first black student to integrate Armstrong Junior College in Savannah. This man is now Mayor of Savannah. This story is very relevant to the current U.S. presidential election and what Barack Obama says he stands for. The realities and results of the Vietnam War interconnect with much of what is happening to U.S. soldiers in the Iraq and Afghanistan wars – and certainly the official treatment of veterans' health and psychological problems related to these wars and the first Gulf War. Once the visible combat wounds are treated, and hopefully, healed, current treatment of U.S. veterans is not dissimilar to what happened to U.S. veterans during and after the Vietnam War. This is especially true with post-traumatic stress syndrome problems, brain injuries, and immune system problems associated with the use of depleted uranium weaponry.

Nous avons appris, bien que ce que nous avions découvert était tout à fait fascinant, qu'il n'y avait rien de romantique dans la vie rurale. Nous avons aussi ressenti l'omniprésence de la lutte humaine. Le rêve américain ne se réalise pas facilement, ou du moins, pour beaucoup de ceux qui se sont établis aux Etats-Unis.

A quels photographes vous compareriez-vous ?
FB : Parmi les photographes que nous admirions à l'époque où nous faisions le travail sur le Texas, nous pouvons certainement mentionner Eugene Smith, Henri Cartier-Bresson, Dorothea Lange, Walker Evans, Brice Davidson, Bill Brandt, Eric Salomon, Russell Lee et quelques travaux des archives Casasola sur la Révolution Mexicaine. Quand Wendy commença son travail sur l'Agent Orange and Vietnam Memorial, elle admirait le travail de Donald McCullin, de Susan Meiselas, Philip Jones Griffiths et Mary Ellen Mark. Personnellement, nous préfèrerions laisser à quelqu'un autre le choix de savoir à qui nous ressemblons.

Est-ce que je me trompe si je vous situe plus volontiers dans la tradition de la Farm Security Administration ?
WW : Le travail sur le Texas rentre certainement dans la tradition de la FSA tout comme celui sur le sud-est de la Géorgie. Beaucoup d'interviews et de recherches académiques furent utilisées dans le travail sur le Texas de la même façon que les photographes de la FSA le furent grâce à Roy Stryker et Rexforth Tugwell. Le travail sur les Droits Civiques et le Ku Klux Klan fut plus intuitif. Le travail sur l'Agent Orange comprenait des recherches approfondies. Le travail sur le Vietnam Memorial était encore plus intuitif. Tout le travail est inspiré et créé par de fortes idées et valeurs politiques.

Vous avez attaché beaucoup d'importance à l'enquête préliminaire et aux commentaires écrits dans votre travail ...
FB : Oui. Nous avons effectué beaucoup de recherches, d'interviews et avons rassemblé beaucoup d'histoires orales pour le travail sur le Texas. C'est aussi le cas pour l'Agent Orange et le sud-est de la Géorgie. Nous, et plus particulièrement Wendy, avons d'ailleurs beaucoup écrit même pour des récits de magazines ou de journaux.

Selon vous, y a-t-il une relation entre les premières photos de Fred à Savannah et les plus récentes de Wendy sur le Vietnam Memorial Wall et l'Agent Orange ?
WW : Les points communs entre le travail sur Savannah, Géorgie (Droits Civiques, KKK et le sud-est de la Géorgie) et le travail sur le Vietnam/Agent Orange ont à voir avec nos intentions, politiques et historiques. J'ai travaillé comme journaliste professionnelle dans plusieurs branches des media publics, mais tous deux, avons de fortes croyances politiques et sociales ainsi qu'un vif intérêt pour l'histoire.

Certainly, the histories and ways of life we photographed in Texas 20-30 years ago continue to be relevant to contemporary political and social developments in Texas and the United States.

Why did you then decide to live in Houston, Texas?
FB: Our choice was to return to New York or stay in Texas, Houston in particular, after we finished our work in the German Hill Country. We chose Houston because we wanted to write the book on the German experience in Texas. We knew Dominique de Menil, the art patron who had shown our East Texas work in her art center at Rice University in 1975. The Menils had a lot of property around the site of the current Menil Museum that was rented to people who worked in the arts. We admired the Menils' work in the arts and human rights, and we liked the open entrepreneurial character of Houston. It seemed more adventurous to stay and work in Houston than return to New York. We rented one of the Menil houses in 1980 and we have been there ever since.

Can you talk about the creation of FotoFest in Houston?
WW: FotoFest grew out of the same social and political values that informed our photographic work. It was a way to open the doors to more aspects of the world, to provide new opportunities to talented and motivated people (artists and curators) who had not been able to get access to the mainstream art worlds of the U.S. and Western Europe, to expand the narrow hierarchies of our professional world.

FotoFest reflects our photographic work in that FotoFest itself operates globally and locally. In addition to creating an international event which makes it possible to present talented people from all over the world as well as Houston and Texas-based photographers, and create an international audience for them, we initiated a school-based program which uses photography as a tool for strengthening writing and cognitive learning skills, *Literacy Through Photography*. In the past eighteen years, this program has worked with over 27,000 students in public and private schools in Houston.

It seems that you stopped your photographic work at the same time as the first edition of the FotoFest. Is there a connection with your preceding photographic work?
FB: It was our intention, as photographers, to produce socially useful photojournalistic or documentary work to bring impor-

Dans tous ces travaux, on comprend l'importance de l'histoire ainsi que le fait de garder en mémoire cette histoire. Nous ressentons une profonde compréhension de la lutte humaine, du besoin de documenter continuellement ainsi que de perpétuer la mémoire de cette lutte. Ce qui est décrit dans ces travaux est toujours aussi pertinent dans l'histoire américaine contemporaine. Avec le Mouvement des Droits Civiques, l'un des jeunes américains d'origine africaine qui aida Fred dans son travail sur le Mouvement des Droits Civiques à Savannah fut un des premiers étudiants noirs à intégrer le Armstrong Junior College de Savannah. Cet homme est maintenant le maire de Savannah. Cette histoire est très pertinente par rapport à la campagne présidentielle américaine actuelle et à ce pourquoi Barak Obama s'est présenté aux élections. Les réalités et résultats de la Guerre du Viêtnam ressortent à travers les guerres en Iraq et en Afghanistan – et également le traitement officiel des problèmes de santé des vétérans ainsi que leurs problèmes psychologiques liés à ces guerres mais aussi à la Guerre du Golfe. Le traitement actuel des vétérans américains, une fois que leurs évidentes blessures de combat sont traitées et, on l'espère, guéries, n'est pas différent de ce qui est arrivé aux vétérans américains durant et après la Guerre du Viêtnam – surtout en ce qui concerne les problèmes liés aux syndromes de stress post-traumatique, blessures au cerveau, problèmes du système immunitaire associés à l'utilisation d'anciennes armes à uranium.

Il est certain également que les histoires et les modes de vie que nous avons photographiés au Texas il y a 20-30 ans continuent à avoir un impact et à se refléter dans l'histoire politique et sociale contemporaine du Texas et des Etats-Unis.

Pourquoi avez-vous finalement décidé d'aller vivre à Houston, Texas ?
FB : Notre choix était de retourner à New York ou de vivre au Texas, à Houston en particulier, après avoir fini notre travail dans le German Hill Country. Nous avons choisi Houston parce que nous voulions écrire un livre sur le vécu des Allemands au Texas. Nous connaissions Dominique de Menil, la directrice artistique qui avait exposé notre travail sur l'est du Texas dans son centre d'art à la Rice University en 1975. La famille Menil possédait beaucoup de propriétés aux alentours de l'actuel Musée Menil qui étaient louées à des gens travaillant dans le domaine de l'art. Nous admirions le travail des Menil en faveur de l'art ainsi que celle des droits de l'homme, et nous aimions l'esprit ouvert d'entreprise de Houston. Pour nous, c'était plus aventureux de rester et de travailler à Houston que de retourner à New York. Nous avons loué une des maisons Menil en 1980 et nous y sommes restés depuis.

tant issues to people's attention. We wanted to open doors to new ideas and create a broader understanding about art and social/political issues that we think are relevant. As our careers progressed, the magazine/newspaper media world changed. It became obvious to us that it was becoming increasingly difficult to carry out these goals in the way we thought was most effective. What happened to *Life* and *Paris Match* magazines perfectly illustrates this point.

WW: We decided that it was more interesting to put our creativity, artistic efforts and training as international freelance photographers to work on a bigger scale. Instead of our own photography, we would create an engine that could discover, encourage, deliver and support new talent and energy to the world via FotoFest. As a result, through FotoFest, thousands of photographic artists, from all over the world, have changed the way museums collect and curators look at photographic practice. FotoFest has launched new ideas, insights and knowledge of photography as well as creative energy from 60 countries over the last 22 years.

This book, this exhibition is a kind of retrospective. Why didn't you make this earlier?
WW: We were too busy and stimulated by what we were doing with FotoFest as described above. We were always discovering new works, new places, new people and new ways of seeing the world, and new ways to illuminate injustice.

FB: But it's wonderful to re-discover our own photographs now!

Houston / Charleroi, July-October 2008

Pouvez-vous nous parler de la création de la FotoFest à Houston ?
WW : La FotoFest est issue des mêmes valeurs sociales et politiques qui ont servi notre travail photographique. C'était une manière d'ouvrir les portes vers d'autres aspects du monde, de fournir de nouvelles opportunités à des gens talentueux et motivés (artistes et conservateurs) qui n'ont pas eu la possibilité d'accéder aux principaux mondes artistiques des Etats-Unis et de l'Europe de l'Ouest, d'élargir les hiérarchies limitées de notre monde professionnel.

La FotoFest reflète également notre travail photographique en ce sens que la FotoFest agit à la fois mondialement et localement. En plus de créer un événement qui permet aux photographes et conservateurs basés à Houston et au Texas de montrer leur travail à un public international, nous avons créé un programme scolaire qui utilise la photographie comme outil pour renforcer l'écriture et les connaissances d'apprentissage cognitif, *Literacy through Photography*. Pendant les dernières dix-huit années, ce programme a fonctionné avec plus de 27. 000 étudiants dans des écoles publiques et privées de Houston.

Il semble que vous ayez arrêté votre travail photographique en même temps que la première édition de la FotoFest. Y a-t-il un lien avec votre travail photographique précédent ?
FB : C'était notre intention, en tant que photographes, de produire un travail photojournalistique ou documentaire socialement utile afin d'attirer l'attention des gens sur des questions importantes. Nous voulions ouvrir des portes vers de nouvelles idées et créer une plus large compréhension des questions artistiques et socio-politiques que nous trouvons pertinentes. Comme nos carrières ont évolué et que le monde des media de la presse écrite a changé, il devint évident pour nous que cela devenait de plus en plus difficile de donner suite à nos projets de la manière que nous pensions être la plus efficace. Ce qui advint aux magazines *Life* et *Paris Match* illustre parfaitement ce point.

WW : Nous avons décidé qu'il était plus intéressant d'utiliser notre créativité, nos efforts artistiques et notre expérience comme photographes internationaux freelance afin de travailler à plus grande échelle. A la place de nos propres photographies, nous créerions un outil qui découvrirait, encouragerait, délivrerait, supporterait de nouveaux talents et donnerait de l'énergie au monde via la FotoFest. En finalité, grâce à la *FotoFest*, des milliers d'artistes photographes du monde entier ont changé la manière dont les musées font leur collection ainsi que la manière dont les conservateurs considèrent la pratique photographique. La *FotoFest* a lancé de nouvelles idées, de nouveaux aperçus

ainsi qu'une nouvelle connaissance de la photographie et une énergie créative provenant de 60 pays depuis les 22 dernières années.

Ce livre, cette exposition, constituent une sorte de rétrospective. Pourquoi ne pas avoir fait cela plus tôt ?
WW : Nous étions trop occupés et stimulés par ce que nous faisions avec la FotoFest comme nous venons de le dire. Nous découvrions tout le temps de nouveaux travaux, de nouveaux endroits, de nouvelles personnes et des nouvelles manières de voir le monde, ainsi que des nouvelles façons de mettre l'injustice en exergue.

FB : Mais c'est fabuleux de redécouvrir nos propres photographies !

Houston / Charleroi, juillet-octobre 2008

Wendy Watriss

1965-1990: Photographer, journalist and producer of television documentaries. Co-founder of FotoFest International and exhibition curator.

1990-2008: Artistic Director, chief curator and co-organizer for international exhibition programs for FotoFest 1990-2008. Developed and curated over 60 international exhibits for FotoFest: *Photography from China 1934-2008*; Latino photographers in the U.S.; contemporary Korean photography; Photography from Latin America 1865-1994; contemporary Mexican photography, 1998; the Global Environment; photography from Central and Eastern Europe, 1990; and a visual history of Kurdistan with Susan Meiselas, early 20th century Russian photography, multi-media/ new technology installations; issues of Water; and Artists Responding to Violence.

Curated traveling exhibit on Latin American photography: *Image and Memory, Photography from Latin America 1865-1994* (Independent Curators Inc., N.Y., 1994-1997). Co-curated and produced exhibit *American Voices, Latino Photographers in the United States* for The Smithsonian Institution (1997-1998).

Editor/producer of bilingual book *Image and Memory, Photography from Latin America 1866-1994* (University of Texas Press, 1998) – recipient of American Publisher Association's Art Book of the Year Award (1999), the Golden Light Award for the Best Photography Book of the Year (1998), and Choice's 35th Annual Outstanding Academic Books list (1998). Co-author of book, *Coming To Terms, The German Hill Country of Texas* (Texas A&M University Press, 1991).

Photographer and writer for essays and photo documentaries (1970-1992) on refugees in the Sahel region of West Africa; African American cowboys; U.S. veterans of the Vietnam War and effects of the chemical defoliant, Agent Orange; political events in East/Central Europe; socio-economic history and life in three cultural frontiers of Texas; effects of war in El Salvador and Nicaragua; Vietnam Veterans Memorial in Washington D.C. News-paper reporter (1964-1967) and producer of public affairs television documentaries (1968-1970) for National Educational Television, New York.

Her own photographic work (1970-1992) published in LIFE, GEO, *The New York Times, Stern, Newsweek, Smithsonian Magazine, Camerawork, The Village Voice, Photo-Reporter* (France), *Bild* (Sweden), *Camera* (Switzerland), *The Christian Science Monitor, Mother Jones, Texas Observer, Southern Exposure* and other international publications.

Recipient of The World Press Foundation Award (The Netherlands), Oskar Barnack Award and "Pictures of the Year" (Missouri School of Journalism for photography on Agent Orange. Winner of the XI International Interpress Photo award and The Women's International Democratic Federation (Germany) award for work on Vietnam Veterans Memorial. One-person museum exhibitions in the U.S., Western and Eastern Europe, Canada, Mexico. Work included in collections at The Amon Carter Museum, Fort Worth, Texas; Museum of Fine Arts, Houston; The Menil Collection; The Humanities Research Center, University of Texas at Austin; Bibliothèque Nationale in Paris; Musée de la Photographie, Charleroi, Belgium, and numerous private collections.

Recipient of grants for photography from The National Endowment for the Humanities, National Endowment for the Arts/Mid-Atlantic Arts Alliance, The Rockefeller Foundation, The Texas State Historical Foundation, the Texas Committee for the Humanities among others.

Fellow of the American Leadership Forum (1992). Co-founder of public foundation for social justice, The Live Oak Fund for Change (1980-1992). Recipient of 'Woman On The Move' Award from the Houston Post and Texas Executive Women (1990). Member of Advisory Board of the Texas Photographic Society and Board of Directors of the Texas Low Income Housing Service. Panelist and juror for National Endowment for the Arts, regional and state arts councils, international juried exhibitions and international photography conferences.

1965-1990 : Journaliste, photographe et productrice de documentaires télévisés. Co-fondatrice du FotoFest International et commissaire d'expositions.

1990-2008 : Directrice artistique, commissaire en chef, co-organisatrice pour les programmes d'expositions internationales de la FotoFest. À développé et dirigé plus de soixante expositions internationales pour la FotoFest : sur la photographie en Chine, photographes latinos aux Etats-Unis, la photographie coréenne contemporaine, la photographie en Amérique Latine 1965-1994, la photographie mexicaine contemporaine (1998), l'environnement mondial, la photographie de l'Europe centrale et de l'Europe de l'Est (1990) et ainsi qu'une histoire visuelle du Kurdistan par Susan Meiselas, la photographe russe au début du XXème siècle, des installations multimédia & nouvelles technologies, les problématiques de l'eau, la vision des artistes sur la violence.

Dirigea une exposition itinérante sur la photographie latino-américaine *Image and Memory, Photography from Latin America 1866-1994* (Independent curators, Inc., N.Y., 1994-1997). Co-commissaire et productrice de l'exposition *American Voices, Latino Photographers in the United States* pour la Smithsonian Institution (1997-1998).

Éditrice et productrice du livre bilingue *Image and Memory, Photography from Latin America 1866-1994* (University of Texas Press, 1998). Lauréate du prix de l'American Publisher Association's Art Book of the Year (1999), du prix du Golden Light pour the Best Photography Book of the Year (1998) et Choice's 35th Annual Outstanding Academic Books List (1998). Co-auteur du livre *Coming To Terms, The German Hill Country of Texas* (Texas A & M University Press, 1991).

Photographe et écrivain d'essais et de reportage (1970-1992) sur les réfugiés du Sahel en l'Afrique de l'Ouest, les cowboys afro-américains, les vétérans américains de la guerre du Viêt-Nam et les effets de l'Agent Orange, les évènements politiques de l'Europe de l'Est et de l'Europe Centrale ; l'histoire socio-économique et la vie sur les trois frontières culturelles du Texas, les effets de la guerre au Salvador et au Nicaragua, le mémorial des Vétérans du Viêt-Nam à Washington D.C. Rédactrice de presse (1964-1967) et productrice de documentaires télévisés sur les affaires publiques (1968-1970) pour la National Educational Television, New York.

Son propre travail photographique (1970-1992) a été publié dans *Life, Geo, The New York Times, Stern, Newsweek, Smithsonian Magazine, Camerawork, The Village Voice, Photo-Reporter* (France), *Bild* (Suède), *Camera* (Suisse), *The Christian Science Monitor, Mother Jones, Texas Observer, Southern Exposure* et d'autres publications internationales.

Lauréate du prix de la World Press Foundation (Pays-Bas), du prix Oskar Barnack et de «Pictures of the Year» (Missouri School of Journalism) pour ses photographies sur l'Agent Orange. Gagnante du XI International Interpress Photo Award et du prix de la Women's International Democratic Federation (Allemagne) pour son travail sur le mémorial des Vétérans du Viêt-Nam.

Expositions personnelles dans des musées américains, d'Europe de l'Ouest et d'Europe de l'Est, au Canada, au Mexique. Ses travaux font partie des collections du musée Amon Carter, à Fort Worth au Texas, du Musée des Beaux-Arts de Houston, de la Menil Collection, du Humanities Research Center de l'Université du Texas à Austin, de la Bibliothèque Nationale de Paris, du Musée de la Photographie à Charleroi en Belgique, et de nombreuses collections privées.

Bénéficiaire de bourses de subventions pour la photographie, entres autres du National Endowment for the Humanities for the Arts/Mid-Atlantic Arts Alliance, de la Rockefeller Foundation, de la Texas State Historical Foundation, du Texas Commitee for the Humanities. Membre du American Leadership Forum (1992).

Co-fondatrice d'une fondation publique pour la justice sociale *The Live Oak Found for Change* (1980-1992).
Lauréate du Prix «Women On The Move» du Houston Post et Texas Executive Women (1990).
Membre du Advisory Board of the Texas Photographic Society et du comité de direction du Texas Low Income Housing Service.
Jurée pour la National Endowment for the Arts, membre des conseils artistiques régionaux et d'état.
Juré dans des expositions internationales et conférencière internationale

Frederick Baldwin

Fred Baldwin was born in Switzerland where his father served as a U.S. diplomat. In 1950-1951, Baldwin served as a Marine rifleman in Korea. During the summer of his junior year at college he tried writing and photography in Europe. Baldwin persuaded Pablo Picasso to let him spend the day with him in Cannes. This became a major turning point in Baldwin's life. After earning his B.A. degree from Columbia College, New York in 1956, he began a free-lance photography career which continued until 1987. In 1957, a chance encounter with the Knights of the Ku Klux Klan in rural Georgia became his first picture story.

Baldwin worked for Audubon, LIFE, National Geographic, GEO, Camera (Switzerland), Bunte, Stern, Esquire, Sports Illustrated, Time Life Books, Natural History, Town and Country, Science Digest, Smithsonian Magazine, Newsweek, and the New York Times, among others.

1960-1962: Baldwin raised funds for a scientific expedition to the islands of Spitsbergen (600 miles from the North Pole) to determine the feasibility of capturing, marking and tracking polar bears. Sponsored by the New York Zoological Society, Baldwin led the expedition, and he was the first to film polar bears from underwater; his polar bear photos appeared in LIFE. In 1961, he worked in Baja California, Mexico making underwater photos of marlin fishing, as homage to Ernest Hemmingway who he met in Cuba some years before.

1963: Baldwin worked for U.S. Attorney General Robert Kennedy photographing street gangs and drug users in New York City's Mobilization for Youth program. In 1963 1964, he worked in the civil rights movement as a volunteer photographer for the Chatham County Crusade for Voters and raised money for an African American anti-juvenile delinquency group in Georgia. Baldwin's book, *We Ain't What We Used to Be*, published in 1984, includes oral histories and photographs dating from the Civil Rights period. An exhibition of this work, organized by the Telfair Museum and Anacostia Museum (Smithsonian), toured the U.S. from 1985-1986.

1964-1966: Baldwin directed the Peace Corps in Sarawak (Borneo) supervising 180 volunteers.

1966: Baldwin documented rural poverty in the South; his photos shown before Sen. McGovern's Select Committee on Nutrition and Human Needs resulted in a $600,000 federal grant to build the Beaufort-Jasper County Clinic in South Carolina.

1971-1981: Baldwin began a documentary collaboration on rural America with photographer Wendy Watriss. They completed a four-year photo/oral history project on two Texas counties, funded by The Rockefeller Foundation, The National Endowment for the Humanities, and Texas foundations. A special fellowship, The Winedale Fellowship of American Studies, was created for Baldwin and Watriss by the University of Texas in Austin. This project resulted in a series of exhibitions, as well as the 1991 book *Coming To Terms, The German Hill Country of Texas*. The work was exhibited at Houston's Museum of Fine Arts, Menil Collection, Amon Carter Museum, Baltimore Museum, Smithsonian, Phillips Collection, Santa Fe Museum, Philadelphia Museum, and the Library of Congress, USIA Traveling, and PhotoKina,

1981-1982: Baldwin taught documentary photography in the School of Communications at the University of Texas in Austin. From 1982-1987 he directed the Photojournalism Program at the University of Houston as Associate Professor.

1983 to present: Baldwin has served as Chairman of FotoFest, which he co-founded.

2007: Baldwin's photos and essay about his day with Pablo Picasso in 1955, *Dear Monsieur Picasso* were published as a book on Zone Zero, the electronic website www.zonezero.com.

2008: *Freedom's March* on the Civil Right's Movement was published in conjunction with an exhibit of his photographs taken in 1963-1964, at the Telfair Museum of Art in Savannah, Georgia.

Joseph Petzuval medal, Ministry of Culture of Czechoslovakia
Elected to Class XI of the American Leadership Forum Awarded Purple Heart medal twice for wounds received in Korea

Fred Baldwin est né en Suisse où son père résidait comme diplomate américain. En 1950-1951, Baldwin a servi en Corée comme fusilier dans la marine. Au cours de l'été de ses premières années au collège, il aborda l'écriture et la photographie en Europe. Baldwin persuada Pablo Picasso de le laisser passer une journée avec lui à Cannes, ce qui marquera un tournant majeur dans sa vie. Après avoir obtenu son diplôme de candidat au collège de Columbia à New York en 1956, il débuta une carrière de photographe indépendant qu'il poursuivit jusqu'en 1987.
En 1957, la rencontre déterminante avec les chevaliers du Ku Klux Klan de la Géorgie rurale devint son premier thème photographique.

Baldwin a travaillé, entre autres, pour *Audubon*, *Life*, *National Geographic*, *Geo*, *Camera* (Suisse), *Bunte*, *Stern*, *Esquire*, *Sport Illustrated*, *Time Life Books*, *Natural History*, *Town and Country*, *Science Digest*, *Smithsonian Magazine*, *Newsweek* et le *New York Times*.

1960-1962 : Baldwin a collecté des fonds pour une expédition scientifique dans les îles de Spitsbergen (à 960 km du Pôle Nord) en vue d'établir la possibilité de capturer, marquer et suivre des ours polaires. Sponsorisé par la *New York Zoological Society*, Baldwin a mené l'expédition et fût le premier à filmer des ours polaires sous l'eau. Ses photos furent publiées dans *Life*. En 1961, en hommage à Ernest Hemingway qu'il a rencontré à Cuba quelques années auparavant, il réalisa à Baja California (Mexico) des photos sous-marines de la pêche au marlin.

1963 : Baldwin a travaillé pour le procureur général des Etats-Unis Robert Kennedy en photographiant les gangs et des drogués dans le cadre du programme de mobilisation citoyenne de la ville de New York en faveur de la jeunesse. En 1963 et 1964, il fut photographe bénévole pour le Mouvement des Droits Civiques en faveur des électeurs du Chatham County Crusade et collecta des fonds pour un groupe luttant contre la délinquance juvénile afro-américaine en Géorgie. Le livre de Baldwin *We ain't what we used to be* publié en 1984, combine des témoignages oraux et des photos datant de l'époque de la lutte pour les droits civiques. L'exposition de ce travail, organisé par le Telfair Museum et l'Anacostia Museum (Smithsonian), a circulé aux Etats-Unis de 1985 à 1986.

1964-1966 : Baldwin dirigea le Corps de Paix à Sarawak (Bornéo), supervisant 180 volontaires.

1966 : Baldwin réalise un travail documentaire sur la pauvreté rurale dans le sud ; ses photos, présentées devant le comité du Sénateur McGovern pour la nutrition et les besoins humains permirent l'octroi d'une bourse fédérale de 600 000 dollars pour construire la clinique du Beaufort-Jasper County en Caroline du Sud.

1971-1981 : Baldwin débuta une collaboration documentaire sur l'Amérique rurale avec la photographe Wendy Watriss. Durant quatre années, ils ont réalisé un projet photographique et collecté des témoignages oraux sur deux comtés texans, grâce au financement de la Rockefeller Foundation, du National Endownent for the Humanities et de fondations texanes. Une bourse spéciale, The Winedale Fellowship of American Studies, fût créée par l'Université du Texas à Austin en faveur de Baldwin et Watriss.

Ce projet aboutit à la fois à une série d'expositions et à la publication en 1991 d'un livre *Coming To Terms, The German Hill Country of Texas*.
Ce travail fût exposé au Musée des Beaux-Arts de Houston, à la Menil Collection, au musée Amon Carter, au musée Baltimore, au Smithsonian, à la Phillipscollection, au musée de Santa Fe, au musée Philadelphia, à la Bibliothèque du Congrès, voyageant par l'USIA à la Photokina.

1981-1982 : Baldwin enseigna la photographie documentaire à l'Ecole de communication de l'Université du Texas à Austin. De 1982 à 1987, il dirigea le programme de photojournaliste de l'Université de Houston en tant que professeur associé.
Depuis 1983 : Baldwin préside la FotoFest qu'il a co-fondée.

2007 : Les photos et son témoignage sur sa journée avec Pablo Picasso en 1955 *Dear Monsieur Picasso* ont été publiées comme un livre par Zone Zero sur le site www.zonezero.com

2008 : *Freedom's March*, sur le mouvement des droits civiques, a été publié en collaboration avec une exposition de ses photos prises de 1963 à 1964, au Telfair Museum of Art à Savannah, Géorgie.

Fred Baldwin a reçu la médaille Joseph Petzuval du Ministère de la Culture de Tchécoslovaquie, il fait partie de la classe XI de l'American Leadership Forum, et a reçu à deux reprises la médaille Purple Heart pour les blessures qu'il a eu en Corée.

The artists would like to thank Xavier Cannone, director of the Musée de la Photographie in Charleroi, Belgium, and Maarten Schilt, director of Mets & Schilt publishers in Amsterdam, The Netherlands for 're-discovering' their lives as photographers. They thank Victor Levie, designer, for his remarkably sensitive and intelligent work in designing this book. The book's production would not have been possible without George Neykov, who did all the modern prints and initial scans, Annick Dekiouk who organized everything from FotoFest, Gao Lei who did the scans in China and Colorset in Amsterdam. And they especially thank the many people in these photographs who have generously shared their lives and stories with them.

Les artistes voudraient tiennent à remercier Xavier Canonne, directeur du Musée de la Photographie à Charleroi, Belgique et Maarten Schilt, directeur des Editions Mets & Schilt à Amsterdam, Pays-Bas pour avoir «re-découvert» leurs vies de photographes. Ils remercient Victor Levie, designer, pour son remarquable, sensible et intelligent travail dans la conception du livre. La production de ce livrere n'aurait pas été possible sans George Neykov, qui réalisa tous les tirages modernes et les premiers scans, Annick Dekiouk qui organisa tout depuis le FotoFest, Gao Lei qui réalisa les scans en Chine et Colorset à Amsterdam. Et ils remercient particulièrement toutes ces personnes sur ces photographies qui ont généreusement partagés leurs vies et leurs histoires avec eux.

ISBN 978 90 5330 673 4
NUR 653

Text correction, English | Correction de texte anglais
Kumar Jamdagni, Zwolle (NL)
www.language-matters.nl

Translation, English-French and text correction, French
Traduction anglais-français et correction de texte français
Musée de la Photographie, Charleroi

Design
MV LevievanderMeer, Amsterdam
www.levievandermeer.com

Printing | Imprimé
Wachter GmbH, Bönnigheim (D)
www.wachter.de

Distribution U.S.A./Canada
R.A.M. publication + distribution, inc.
www.rampub.com

www.metsenschilt.com | www.luxphotogallery.com
www.museephoto.be
www.fotofest.org

Cover photo Frederick Baldwin and Wendy Watriss by Evin Thayer, Houston

page 2-3
KKKK convoy passes pedestrians, Highway 288, Georgia, 1957
Convoi du KKKK passant devant des piétons, Route 288, Géorgie, 1957

page 4-5
Dawn. Mexican American farmworkers picking vegetables, southeast Texas, 1972
A l'aube. Ouvriers agricoles mexicano-américains récoltant des légumes, sud-est du Texas, 1972

page 6-7
Vietnam Veterans Memorial, Washington D.C., 1982
Mémorial des Vétérans du Viêt-Nam, Washington D.C., 1982